2013

北京市国土资源年鉴

BEIJINGSHI GUOTU ZIYUAN NIANJIAN

北京市国土资源局 编

中国社会科学出版社

图书在版编目(CIP)数据

北京市国土资源年鉴. 2013/北京市国土资源局编. —北京：中国社会科学出版社，2013. 12

ISBN 978 - 7 - 5161 - 3747 - 5

Ⅰ. ①北… Ⅱ. ①北… Ⅲ. ①国土资源 - 资源管理 - 北京市 - 2013 - 年鉴 Ⅳ. ①F129. 91 - 54

中国版本图书馆 CIP 数据核字(2013)第 293012 号

出 版 人　赵剑英
责任编辑　王　斌
责任校对　姚　颖
责任印刷　王　超

出　　版　中国社会科学出版社
社　　址　北京鼓楼西大街甲 158 号（邮编 100720）
网　　址　http://www.csspw.cn
　　　　　中文域名：中国社科网　010 - 64070619
发 行 部　010 - 84083685
门 市 部　010 - 84029450
经　　销　新华书店及其他书店

印刷装订　北京华睿林彩色印刷有限公司
版　　次　2013 年 12 月第 1 版
印　　次　2013 年 12 月第 1 次印刷

开　　本　880 × 1230mm　1/16
印　　张　23. 75
插　　页　12
字　　数　493 千字
定　　价　298. 00 元

国土资源部部长徐绍史到丰台区调研重点村拆迁改造情况

国土资源部副部长汪民到房山区检查指导抗汛救灾工作

北京市副市长陈刚、副市长夏占义出席农村土地确权登记颁证工作现场会

北京市国土资源工作会议暨党风廉政建设会议

北京市国土资源系统学习贯彻十八大精神动员部署会

北京市国土局纪念建党91周年暨表彰大会

北京市国土局党组书记张国玉带队赴未来科技城调研节约集约用地管理工作

北京市国土资源12336违法线索处理中心成立

北京市国土局局长魏成林到房山区检查指导抗汛救灾工作

深入基层　服务基层

实地参观考察浅层地温能示范工程项目

北京市国土局聘任政风行风社会监督员

全国首个“国土资源地籍管理和土地集约节约利用国际合作示范基地”挂牌

开展耕地保护工作调研

北京市国土局主动服务中央单位加快项目落地

北京土地青年学术论文交流演讲会

北京市开展突发性地质灾害应急演练

密云县土地整治项目梯田

"4·22"世界地球日科普进校园活动暨儿童绘画作品征集活动

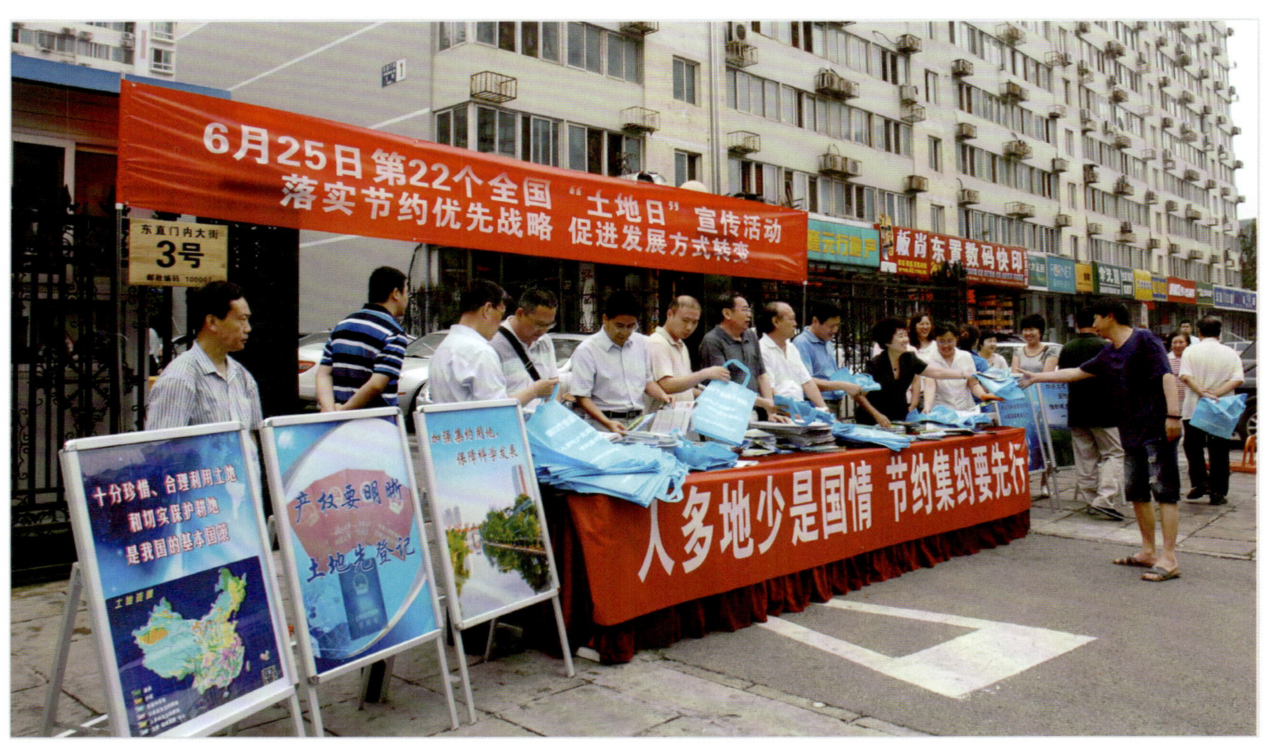

"6·25"全国土地日主题宣传活动

编辑说明

一、《北京市国土资源年鉴 2013》是一部全面记载 2012 年度北京市国土资源现状、国土资源利用与管理情况的综合性年刊，是北京市国土资源局主编的具有基础性、综合性、全面性特点的公报性、年史性的工具书，为各级领导、各级部门了解北京市国土资源情况、实施科学决策，为各行各业及有关单位查询资料、获取信息等提供服务。自 2007 年起，每年出版一期，本书为第 7 期。

二、《北京市国土资源年鉴 2013》篇目设置进行部分调整，主要由特稿、国土资源、行政管理、专业管理、区县国土、学术社团、附录及统计资料等 8 个部分构成，全面记录 2012 年北京市行政区域范围内的国土资源现状及国土资源利用管理等基本情况。为免累赘，凡年鉴表述只有月、日而未写年份，即为 2012 年。由于新一轮土地变更调查数据暂未公布，本书使用 2008 年度北京市土地变更调查数据。

三、参照《国家技术监督局、国家土地管理局、农业部关于改革全国土地面积计量单位的通知》（技监局量发〔1990〕660 号）要求，本书中平方公里（km^2）用于领土、地区疆域等大面积的测量统计；公顷（hm^2）用于较大的农田耕地面积、林地和草地面积等的测量统计；平方米（m^2）用于较小的耕地面积、建筑用地包括农村宅基地面积的测量统计；万平方米用于建筑用地面积统计。

四、《北京市国土资源年鉴 2013》编辑得到北京市国土资源局领导的高度重视。北京市国土资源局各区（县）分局、机关各处室、直属各事业单位、北京土地学会、北京市房地产估价师和土地估价师协会积极撰稿，提供资料，使年鉴编辑工作得以顺利进行，在此一并表示感谢。

五、文中纰漏与不足之处，恳请广大读者批评指正。

《北京市国土资源年鉴 2013》编辑部

2013 年 10 月

《北京市国土资源年鉴2013》

编　委　会

《北京市国土资源年鉴2013》

编　辑　部

主　　编： 丁　晓

副 主 编： 史贤英　张继安　高英军　刘俊兰

编　　辑： 王黎明　沈　彤　刘善顺　詹向雯

撰稿人员：（按姓氏笔画排序）

丁加良　王　琨　王永刚　王　艳　王建华

王京生　王钰红　王少军　付立恒　刘同民

许绪明　任欣欣　乔锦玉　刘　伟　李　静

张克锋　张洪克　张　宁　张　凯　张俊涛

张乐刚　李晓文　李绍学　李寅娇　苏兰英

孟文菊　范　晨　周丹丹　周俊峰　杨立新

杨燕群　独艳霞　胡舰波　高红亮　唐　玮

袁　雯　谢　伟　董海舰　薛守娥

《北京市国土资源年鉴2013》

规范性简称对照表

名称	规范性简称
北京市国土资源局	市国土局
办公室	办公室
研究室	研究室
法制处	法制处
科技与对外合作处	科技合作处
调控和监测处（综合处）	调控监测处
规划处	规划处
耕地保护处	耕保处
地籍处	地籍处
土地利用处	利用处
征地处	征地处
矿产资源勘查储量处	勘储处
矿产资源开发处	矿开处
地质环境处	地环处
地热处	地热处
财务处	财务处
审计处	审计处
信访处	信访处
人事处	人事处
机关党委（基层工作处）	机关党委
离退休干部处	离退处
监察处	监察处

北京市国土资源执法监察总队（执法监察处）	执法总队
北京市国土资源勘测规划中心	规划中心
北京市土地权属登记事务中心	登记中心
北京市土地利用事务中心	利用中心
北京市土地整理储备中心	储备中心
北京市国土资源局信息中心	信息中心
北京市国土资源局机关后勤服务中心	服务中心
北京市国土资源局东城分局	东城分局
北京市国土资源局西城分局	西城分局
北京市国土资源局朝阳分局	朝阳分局
北京市国土资源局海淀分局	海淀分局
北京市国土资源局丰台分局	丰台分局
北京市国土资源局石景山分局	石景山分局
北京市国土资源局昌平分局	昌平分局
北京市国土资源局通州分局	通州分局
北京市国土资源局大兴分局	大兴分局
北京市国土资源局门头沟分局	门头沟分局
北京市国土资源局顺义分局	顺义分局
北京市国土资源局房山分局	房山分局
北京市国土资源局平谷分局	平谷分局
北京市国土资源局密云分局	密云分局
北京市国土资源局延庆分局	延庆分局
北京市国土资源局怀柔分局	怀柔分局
北京市国土资源局经济技术开发区分局	经济技术开发区分局

目　　录

第一部分　重要文献及特稿

第二部分　国土资源篇

第三部分　北京市国土资源行政管理篇

第四部分 北京市国土资源专业管理篇

第五部分 区县国土资源篇

第六部分　学术社团篇

第七部分　附录

第八部分　统计资料

重要文献及特稿

在北京市第十四届人民代表大会第一次会议上的讲话（摘录）

北京市人民政府代市长　王安顺

（2013 年 1 月 22 日）

继续坚持房地产市场调控政策，加快建立和完善引导房地产业健康发展的长效机制。

积极推动农村改革发展。创新体制机制政策，促进城乡要素平等交换和公共资源均衡配置，推动集体土地流转起来、资产经营起来、农民组织起来。总结推广乡镇统筹经验，因地制宜盘活农村集体建设用地，发展现代农村股份合作经济，让农民共享城市化过程中的土地增值收益。

加大住房保障力度，重点发展公租房、限价房，探索建立保障与市场相结合的住房供应体系，确保新建、收购 16 万套，竣工交用 7 万套保障房。完成 1000 万平方米老旧小区综合整治，抓好房山灾后永久性安置房建设，加快长辛店等五片棚户区改造。严格落实房屋安全质量责任制，抓好保障房配租配售和后期管理，完善公租房租金定价机制和分档补贴政策，减少承租家庭租金支出，让群众住得舒心、住得放心。

落实最严格的耕地保护制度，加强土地节约集约利用评价。

以十八大精神统领国土资源工作
为全面建成小康社会作出新贡献

——在全国国土资源工作会议上的讲话

国土资源部部长　徐绍史

（2013年1月11日）

同志们：

这次会议的主要任务是：深入学习贯彻党的十八大精神，总结2012年和回顾5年来的国土资源工作，研究部署当前和今后一个时期重点工作，推动国土资源事业改革发展再上新台阶，为全面建成小康社会作出新贡献。我受部党组委托，讲四方面意见。

一、2012年工作和过去5年的基本总结

（一）2012年工作

2012年是国土资源事业发展的重要一年，全系统认真贯彻党中央、国务院决策部署，改革创新，扎实工作，努力打造服务大局的“六个平台”，亮点纷呈，成效突出。

——保障发展作出新贡献。全年新增建设用地计划稳中有增，存量国有建设用地供应量加大，土地出让合同价款2.69万亿元，新出让探矿权1006个、采矿权1768个，矿产品产量近100亿吨，支撑了经济平稳发展。

——高标准基本农田建设取得新进展。落实“十二五”4亿亩高标准基本农田建设任务，中央财政拨付资金273亿元，启动500个高标准基本农田示范县建设，完成了1亿亩高标准基本农田建设任务。全国新增耕地700万亩。

——地质找矿取得新突破。固体矿产勘查投入达360亿元（社会投入260亿元）。新增大中型矿产地近200处。新增石油探明储量超过17亿吨，天然气7000亿立方米。鄂尔多斯大营铀矿实现历史性突破，鞍本、攀西地区铁矿、新疆坡北镍矿勘查取得重要进展，内蒙古曹四岆钼矿、青海夏日哈木镍矿取得重大发现。

——节约集约再上新台阶。建立节约集约用地8项制度。国家级开发区用地集约水平明显提高。矿产资源节约与综合利用的力度不断加大，绿色矿山建设形成新成果。节约集约模范市、县创建活动深入推进，成功举办节约集约论坛。

——管理秩序呈现新局面。在54个城市开展例行督察，完成全国耕地占补平衡专项督察，开展省级政府2011年度耕地保护责任目标情况检查。立案查处违法用地案件和面积同比分别下降11.7%、37.3%。立案查处矿产违法案件同比下降18.1%。

——服务民生再上新水平。严格规范征地管理，推动征地方式从单一货币安置向住房、社保、就业、留地、留物业等多元化保障方式转变。700万套保障性安居工程用地计划单列、应保尽保。成功预报地质灾害3532起，避免人员伤亡39964人、直接经济损失8.1亿元。总结定点扶贫经验，出台支持集中连片特困地区发展的若干意见，加大对乌蒙山片区、赣南苏区等地的扶贫力度。

——队伍建设呈现新气象。开展“联创齐争”、“三进四同两送一改”活动，构建开放式党建工作新格局，树立国土资源系统良好社会形象。全系统受处理违纪违法人员同比下降12%，受理的信访举报案件数量下降30%。各级国土资源部门行风评议名次上升的占83%。

（二）过去5年的基本总结

5年来探索出一条破解“两难”问题的新道路，国土资源工作支撑了年均近10%的GDP增长和年均超过20%的固定资产投资增长，保障了发展，保护了资源，服务了民生，维护了秩序，支撑了生态。

——创新“1+8”组合政策，统筹保障与保护关系，提高服务大局的水平。5年来，我们立足发展大局需要，加大统筹保障与保护的力度，坚持控总量、扩增量、挤存量、放流量、提质量，加大政策创新力度，与地方共同探索形成了“1+8”组合政策：1是“增量计划”，8分别是“农村土地整治、增减挂钩试点、低丘缓坡开发、工矿废弃地复垦、城镇低效用地再开发、闲置土地处置、科学围填海造地和未利用地开发”。组合政策的实施，有力保障了合理用地需求，有效保护了耕地红线，促进了节约集约利用，支撑了我国粮食连年增产和生态文明建设。2008年至2011年，全国建设占用耕地1560万亩，同期补充耕地1630.5万亩；单位国内生产总值建设用地面积下降了30%。截至2012年底，全国10个土地整治示范省和9个土地整治重大工程取得重大进展，新增耕地516万亩，建成高标准基本农田2280万亩。2011年底，全国耕地保有量为18.2476亿亩。

——创新地质找矿机制，推进找矿突破，努力提高矿产资源保障水平。5年来，我们立足保障国家经济安全，探索找矿突破路径。在大调查摸清家底的基础上，部署开展“地质找矿改革发展大讨论”，从思想观念、体制机制、规范标准3个层面梳理总结、统一认识，结合地方探索实践，遵循地质工作规律和市场经济规律，形成了“公益先行、商业跟进、基金衔接、整装勘查、快速突破”的找矿新机制，并根据国家小康社会发展阶段部署，提出“358”（三年重大进展、五年重大突破、八到十年重塑勘查开发格局）的目标，推动形成国家层面的找矿突破战略。2008年至2012年，固体矿产勘查投入累计1500亿元（社会投入超过1000亿元），较前5年增长近4倍，钻探工作量超过10000万米，新发现大中型矿产地1200多处。2008年至2011年，全国油气勘探投入2531亿元，新增石油地质储量 50.1 亿吨、天然气 2.6 万亿立方米、煤炭资源储量 3080 亿吨，部分大宗矿产储量增长大于消耗，供需矛盾得到缓解，资源保障能力进一步提高。

——创新执法督察体系，提高监管效能，促进国土资源管理秩序持续向好。5 年来，我们积极探索国土资源监管的规律和特点，形成了“全国覆盖、全程监管、科技支撑、执法督察、社会监督”为一体的综合监管体系以及天上看、地上查、网上管、群众报、视频探的立体监管网络。土地矿产卫片执法 2009 年起覆盖全国，国土资源审批、征转、供应、开发利用、抵押融资的全过程管制实行督察和监管，形成了审核督察、例行督察、专项督察为核心的土地督察业务体系。建立了全国国土资源遥感监测“一张图”，构建计算机网络综合监管平台，开通部、省、市、县四级联网的 12336 国土资源违法举报电话，坚持每季度公开通报和挂牌督办一批重大案件，实行年度卫片执法检查集中约谈、进行问责，有力遏制违法势头。与前 5 年比，全国发现违法用地宗数、土地面积（耕地面积）同比分别下降 43.6%、43.2%（55.6%），立案查处矿产资源领域违法案件的宗数下降 50.6%。

——创新社会管理理念，坚持以人为本，全力维护人民群众权益。5 年来，我们立足和谐国土建设，坚持把维护人民群众权益作为国土资源工作的出发点和落脚点，发挥专业优势，创新社会管理理念，促进社会和谐。坚持“缩小征地范围、规范征地程序、提高补偿标准、多元安置保障”，全力维护被征地农民权益。2008 年至 2011 年，征地补偿标准提高 30% 以上，用于征地拆迁补偿、农民补助等支出 3.5 万亿元，2500 多万被征地农民纳入社会保障。将地质灾害防治作为生命任务纳入经济社会发展的总体部署，有效应对各种自然灾害。5 年成功避让地质灾害 5600 多起，避免人员伤亡 20 多万人，支援旱区应急找水打井 4745 眼，解决了 750 万人的饮水安全问题。积极参与房地产市场调控，保障性住房用地应保尽保，房地产用地供应保持在较高水平，年均达到 195 万亩，促进了土地市场平稳发展。全国 105 个城市居住地价平均水平同比增幅由 2010 年的 11% 下降到 2011 年的 6.4%、再下降到 2012 年的 2.3%。

——创新工作手段，夯实业务基础，不断增强事业发展后劲。5 年来，我们立足事业持续发展需要，坚持打基础、立长远。加快资源调查评价，陆域中比例尺区域地质调查实现了全覆盖，第二次全国土地调查全面完成，矿产资源潜力评价、储量利用现状调查、矿业权核查奠定了矿政管理的基础。加快信息化建设，初步建立了覆盖土地“批、供、用、补、查”以及矿业权和地质灾害等信息的计算机网络综合监管平台。加快土地确权登记颁证，农村集体土地所有权确权登记颁证基本完成，农村集体建设用地使用权和宅基地使用权确权登记率均达到 80% 以上，宗地统一代码取得积极进展。提高科技创新能力，青藏高原地质理论创新与找矿项目取得重大突破，资源卫星发射强化了监管服务能力，国家重点实验室建设取得突破。

——创新党建工作格局，促进党建科学化，提升干部队伍的素质和能力。5 年来，我们大力构建开放式党建新格局，提升素质、强化能力。狠抓队伍建设提升战斗力，开展形式多样的“联创齐争”活动，党员干部综合素质、业务水平、协调能力均有明显提升，涌现出浙江地质七队、韦寿增等一大批先进集体和个人。狠抓作风建设提高执行力，坚持高标准、严要求、快节奏，促进作风建设常态化，主动谋划意识、工作协调能力、贯彻落实能力不断提高。狠抓廉政建设提升公信力。大力推进制度创新和源头防腐，扭转了腐败易发、多发的势头。受到政纪党纪和刑事处分的人数同比 2008 年、2009 年、2010 年分别上升 16.9%、13.7% 和 1.5%，2011 年同比下降了 44%，2012 又下降了 12%，受到政纪党纪和刑事处分人数占整个系统人数的比例仅为 0.088%。

但是，面对新形势新要求，工作中仍然存在很多不足和困难。这些问题的产生与我国特殊的资源国情有关，与所处的特定发展阶段有关，也与深层次的体制、机制、法制障碍有关，还与我们的思想认识不到位、管理能力不适应以及改革跟不上、工作跟不上有关。“这要求我们必须加强总体设计，加快改革创新步伐。”

（三）过去五年国土资源工作五个方面的主要经验

第一、主动作为、敢于担当，始终保持干事创业的精神状态，是国土资源事业不断实现新跨越的内在源泉。过去 5 年，国土资源工作面临的困难之多、压力之大、挑战之严峻前所未有，我们本着对党、国家和人民高度负责的态度，主动作为、敢于担当，力戒由于精神懈怠给事业发展造成影响、埋下隐患，始终保持昂扬向上、干事创业的精神状态，迎接挑战、化解压力，促进事业发展不断实现新的跨越。正是这种精神，使我们在服务经济社会发展大局中主动担当，推动重大问题的解决，在关键时刻果断出台特殊支持政策，在服务民生的重大问题上坚决与中央保持高度一致，在应对各种大事、难事、急事时更加从容。这种精神既是我们的宝贵财富，也是促进事业发展不断实现跨越的源动力。

第二、理清工作思路、搞好工作布局，始终把握服务大局的方位，是国土资源事业不断实现新跨越的行动指南。十七大以来，面对复杂的工作局面和繁重的发展改革任务，我们没有零敲碎打，而是注重把握住方向、准确地定位，理清工作思路、科学谋划布局，形成以保障和促进科学发展新机制为主线、以顶层设计和基础工作为支撑的总体工作布局。在总体布局的指导下，我们谋划了服务大局的“双保工程”、“找矿突破战略”、“节约集约创建”、“国家可持续发展国土资源战略纲要”、“国土规划”等一系列大事，这些重大举措不仅推高了国土资源工作，而且还强化了国土资源服务大局的历史方位，反过来又为完善工作总体布局提供实践基础，使总体布局成为国土资源事业实现跨越发展的行动指南。

第三、解放思想、改革创新，始终坚持加快制度供给，是国土资源事业不断实现新跨越的核心动力。五年来，国土资源管理新情况、新问题不断涌现，有的已成为事业发展的障碍，退不得、躲不开、绕不过，必须通过深化改革来破解。一方面，我们坚持解放思想、与时俱进，大力推动职能转变，防止管理理念和管理方式的固化和僵化，更加注重服务监管，更加注重制度设计，更加注重经济、法律、行政和科技手段的综合运用，解决不想改革、不敢改革、不会改革的问题。另一方面，从工作上形成超前谋划——改革创新——试点示范——政策储备——总结提升——制度供给的链条，防止制度的老化和碎片化，不仅使新机制这条主线由一个抽象的概念变成一系列可以落地的政策措施，而且形成了“勇于革思想命、勇于削手中权、勇于去部门利”的生动局面，也使我们经受住了改革的考验。持续不断的制度供给，释放了改革红利，破除了前进中障碍，成为事业跨越发展的核心动力。

第四、加大协同力度、发挥两个积极性，始终推动构建工作新格局，是国土资源事业不断取得新跨越的强大助力。国土资源工作涉及面广、影响面大，需要方方面面的参与、支持和帮助。我们从构建共同责任机制着手，推动建立“党委领导、政府负责、部门协同、上下联动、公众参与”的工作格局，发挥部与省（区、市）两个积极性、部与部（委、局）两个积极性，实现国土资源管理由“一家管大家用”向“大家管大家用”转变。通过部与省、部与部合作平台，使我们在更高层面形成共识，有效解决土地管理改革、找矿突破、资源整规整合、土地融资风险防控、执法监管等方面共同面临的发展难题，并为今后的改革提供经验。两个积极性的发挥，规范和谐了部省（委）关系，完善了工作格局，提高了服务大局的效能，成为事业发展实现新跨越的强大助力。

第五，围绕中心、建设队伍，始终推进党务、业务、队伍融合，是国土资源事业不断实现新跨越的组织保障。十七大以来，我们从提高党的建设科学化水平出发，着力解决机关党建与业务工作“两张皮”和“一般化”问题，坚持把业务工作的薄弱环节作为党建工作的重要抓手，把权力监管的薄弱环节作为党风廉政建设的重点区位。一方面，在部署业务中融入党建的“软”要求，在强化党建中叠加业务的“硬”约束，开展丰富多彩的“联创齐争”活动，抓党务带队伍、以队伍促业务，保持党员队伍的纯洁性和先进性。另一方面，把党风廉政建设作为国土资源事业发展的生命线，开展“两整治一改革”行动，鲜明提出要“大喝一声、猛击一掌，进一步警醒起来”，以机关带系统，以系统促领域，大大降低消极腐败的危险。我们通过不断探索和完善党务、业务、队伍融合的路径和方式，提高党的建设科学化水平，为事业发展实现新跨越提供有力组织保障。

二、准确把握党的十八大对国土资源工作提出的新任务和新要求

党的十八大描绘了全面建成小康社会、加快推进社会主义现代化的宏伟蓝图，提出了“五位一体”总体布局和“四化同步”重大部署，对国土资源工作既有直接的、明确的任务，也有间接的、深层次的要求。做好当前和今后一段时期的国土资源工作，必须把思想统一到党的十八大精神上来，统一到中央对国际国内经济形势的分析判断上来，找准国土资源工作在经济社会发展全局中的方位，进一步明确总体思路和重点任务。

党的十八大为当前和今后一个时期国土资源工作指明了方向，要把国土资源工作放在经济社会全局中认识、谋划、推动，找准方位，进一步统一思想、坚定信心、凝聚力量、攻坚克难，努力在保发展、保资源、保民生、保生态中发挥基础保障作用，推动国

土资源事业改革发展再上新台阶。

三、2013 年国土资源主要工作

2013 年是全面贯彻落实党的十八大精神的开局之年，是实施“十二五”规划的关键之年，是为全面建成小康社会奠定坚实基础的重要一年。

2013 年国土资源工作总要求，即坚持以十八大精神为统领；坚持资源利用的经济效益、社会效益和生态效益相统一；落实最严格的资源保护制度和最严格的资源节约集约利用 制度；突出以优化城乡用地格局为促进城镇化健康发展的重要举措、以找矿突破战略行动为提高资源保障能力的重要途径、以国土综合开发整治为推进生态文明建设的重要平台、以执法督察为维护秩序和权益的重要手段、以深化改革创新加快制度供给为增强事业发展活力的重要源泉；实现保障发展更加有力，保护资源更加严格，利用资源更加有效，服务民生更加优质，人地关系更加和谐的目标。要求重点做好以下八大工作：

（一）加强和改善土地宏观调控，促进经济平稳健康发展。坚持控总量、稳增量、挤存量、放流量，进一步拓展建设用地新空间，保障经济社会发展合理用地需求，促进房地产健康发展。

一是坚持和完善“1＋8”组合政策。大力推进农村土地整治，加大闲置地处置力度。积极稳妥开展城镇低效土地再利用、低丘缓坡荒滩开发利用、工矿废弃地复垦调整利用等试点，及时总结经验。严格规范城乡建设用地增减挂钩试点。科学围填海造地，防止对生态环境的破坏。认真研究未利用地开发利用的条件和政策，严格水资源和生态环境保护。鼓励各地结合实际积极探索，进一步丰富“1＋8”组合政策内涵。

二是加强和改进新增建设用地年度计划管理。初步考虑今年新增建设用地计划指标原则上不低于去年。强化计划的差别化管理，加大对西部欠发达地区特别是集中连片特殊困难地区倾斜力度；优先安排农村建设用地，符合“一户一宅”要求的农民宅基地应保尽保，凡落实不到位的相应扣减计划指标；重点保障基础设施、民生工程和鼓励发展的产业用地，严格限制“两高一资”、产能过剩和重复建设项目用地。

三是强化土地规划统筹管控。全面建立土地利用总体规划评估调整机制，今年一季度完成土地利用总体规划数据的上图入库。严格规范建设用地规模边界调整，省级国土资源部门要按照部已出台的相关管理办法，上半年要制定规范性意见。严格土地利用总体规划实施管理，从严把关各地区、各部门、各行业相关规划，增强土地利用总体规划的科学性、权威性和严肃性。

四是加强房地产用地调控。坚持房地产用地调控政策不动摇，根据房地产市场形势，合理调整普通商品住房用地供应，确保不低于过去 5 年年均实际供应，保持土地市场平稳运行。加强对闲置土地和各类违规违约用地行为的查处，促进已供土地开发利用。各地要对部公布的房地产大企业和大地块名单加强监督并实现制度化、常态化。

（二）统筹国土资源保护、开发利用和整治，形成生态文明建设新平台。将生态文明建设的理念和要求贯穿国土资源管理、保护和利用的全过程，加强国土综合开发整治力度，使之成为推动生态文明建设的新抓手。

一是严守耕地保护红线。做好2012年度省级人民政府耕地保护责任目标检查。严格执行并不断完善耕地占补平衡制度，从严控制建设占用耕地。推进土地整治重大工程和500个示范县建设，建成1亿亩高标准基本农田。加强耕地质量等别年度更新和监测评价，积极开展“移土培肥”和优质耕地耕作层表土的剥离再利用等工作。严格受污染耕地变更管理。充分体现耕地保护的经济价值和生态价值，积极推进耕地保护补偿基金建设，将广东做法在经济发达省份推广。

二是大力推进节约集约用地。全面落实节约集约用地8项制度。完成单位GDP新增建设用地下降年度目标任务。继续加强开发区土地集约利用评价和30个重点城市土地集约利用潜力评价。对供地率低的省份和城市开展专项督办。严格执行土地使用标准并加强监管。持续深入开展节约集约模范市、县创建活动。

三是加强矿产资源保护和合理开发利用。实施有效的差别化管理政策，推进稀土等优势矿种保护和合理利用。完善矿产资源规划制度，开展规划实施情况的评估。加快“三稀”矿产、煤层气、准噶尔盆地等重点矿种、重点区域的专项规划编制和实施，促进综合勘查、综合评价、综合开发。严格对油气和其他重要矿产资源开发利用方案的审查。加强矿产资源勘查开发和监管服务，基本建成在线监管体系。深化矿产资源储量管理和评审体制改革，将储量管理贯穿矿产勘 查、开采和储量消耗全过程。加快铁、铜、铅、锌等大宗矿产“三率”标准建设，落实资源补偿费计征与矿产资源开采回采率挂钩的有关规定，探索运用经济技术手段提高资源利用效率。扩大矿产资源综合利用示范基地和绿色矿业建设范围。

四是积极推进国土综合开发整治。第一季度完成《全国国土规划纲要》编制和报批，启动省级和区域国土规划编制。论证设立一批国土综合开发整治试点示范工程。完善土地管理程序，促进受污染建设用地修复治理。制订和实施海域海岸带综合整治修复计划，在重要海湾、河口、旅游区及大中城市毗邻海域全面开展整治修复工程。全面落实矿山地质环境恢复治理保证金制度。大力发展绿色矿山，扎实推进“矿山复绿”行动和绿色矿业发展示范区建设。加大水文、工程、环境、农业等地质调查评价，为生态文明建设提供地质信息和技术服务。

（三）优化城乡土地利用格局，积极稳妥推进城镇化建设。以保障城镇化合理用地需求为重点，以提高城镇化质量为着力点，以统筹城乡发展为根本要求，为城镇化健康发展提供保障和优质服务。

一是保障城镇化建设合理用地。加强土地利用总体规划与城镇建设规划的衔接，合理安排城镇新增建设用地计划。规范城市新区和开发区土地利用秩序。推进城市立体开发，建设节地型城镇。研究制定城市地上地下空间土地权利设定与确权登记办法。积极探索城镇建设用地整治新模式，促进城镇低效用地再开发。

二是加强城镇建设用地调控。统筹增量和存量，科学制订和实施土地储备和供应计划，强化土地储备和供应的调控作用，进一步增强调控的预见性和科学性。规范土地储备和融资管理，支持以增强政府调控和供应能力为目的的土地储备融资。研究探索支持特大城市、大城市、中小城市、小城镇协调健康发展和促进产业转型升级的差别化用地政策。

三是促进城乡统筹发展。加快建立城乡统一的建设用地市场。推进城乡建设用地调整利用，不断完善和严格规范城乡建设用地增减挂钩试点，优化城乡土地利用布局和结构。大力支持新农村建设和发展现代农业，特别是都市农业、设施农业、观光农业、休闲农业。切实维护进城农民的土地权益。

（四）实现地质找矿重大进展，进一步提升资源保障能力。今年是找矿突破战略行动实施的第三年，要坚持和完善地质找矿新机制，认真研究解决地质找矿突破中存在的突出问题，既要确保完成三年既定目标任务，还要为实现五年目标提前作出部署、打好基础。

一是明确重点、加快突破。进一步突出整装勘查区和重点矿种，及时调整和完善地质找矿工作部署。会同发改委、财政部、科技部对找矿突破战略行动第一阶段成效进行考核评估。要认真研究和切实解决当前整装勘查区总体投入少、社会资金投入少，探矿权采矿权出让数量下降的“两少两降”突出问题，要尊重地质工作规律和市场经济规律，在经济增速放缓的大背景下，要加大财政支持力度，改善管理环境，减少不必要的和过细的行政干预，进而调动社会资本投资找矿的积极性、主动性和创造性。

二是加强基础、公益先行。完成首批 47 片整装勘查区 1∶5万地质矿产调查，部署第二批 31 片整装勘查区 1∶5万地质矿产调查。鼓励地勘单位和企业开展基础地质工作，取得重大发现的优先配置部分高风险矿种探矿权。加强原始地质资料汇交管理和地质资料信息服务集群化产业化，加大整装勘查区和重点成矿区带地质资料信息专题服务产品开发力度。

三是整装勘查、加快投放。建立整装勘查区“三公开三明确”制度，向社会公开整装勘查区找矿信息、公开探矿权投放安排、公开探矿权投放进度情况；明确 2014 年前全部完成探矿权投放，明确以“三优先”原则向社会公开出让的项目比例不得低于 70%，明确社会资金勘查投入不得低于 60%。各省级国土资源管理部门都要按照上述要求提出加快整装勘查区探矿权投放的具体方案，三月底前报部批准后实施。

四是完善政策、改善环境。鼓励包括民间资本在内的各类社会资金参与矿产勘查，保护投资者的合法权益。发挥中央和省级地勘基金对社会资本的引导作用。进一步优化完善矿业权设置方案制度，改进矿业权配号管理，提高运行效率。研究制定支持地勘单位改革发展的政策和措施。加快实施注册地质勘查师职业资格制度，尽快形成找矿单位与从业者共同负责的地质勘查诚信体系。健全勘查开采准入与退出制度。推动地质勘查行业文化建设。维护勘查工作环境和市场秩序。

五是优质服务、扩大开放。瞄准油气、铀、铁、铜、铝、钾盐等我国紧缺矿产及锂等新兴材料矿产，继续实施“走出去”战略，加强全球能源资源战略研究与国外地质矿产信息服务，加大国外矿产资源风险勘查专项的引导支持力度，开展对重点国家的援外地质调查，进一步发挥中国国际矿业大会的重要平台作用。

（五）加强权益保护，切实保障和改善民生。国土资源管理工作事关人民生命财产安全、事关社会和谐稳定。要始终把解决国土资源领域民生突出问题作为当务之急、重中之重，切实抓实、抓细、抓好。

一是做好保障性安居工程用地供应。对今年600万套保障性安居工程的新增建设用地，继续实行计划专项安排，提前单独报批，应保尽保。并要实行目标责任考核，地方各级国土资源部门主要负责同志要切实负起责任。深化利用集体土地建设租赁房试点。

二是切实维护农民土地权益。加强农村地籍调查和土地权属纠纷调处，加快推进包含农村宅基地在内的集体建设用地使用权确权登记颁证和宗地统一代码编制，完成全国土地登记信息动态监管查询系统建设。严格征地程序，约束征地行为，强化征地实施监管，补偿资金不落实的不得批准和实施征地，坚决维护被征地农民合法权益。认真做好土地信访工作。

三是积极推进和谐矿区建设。进一步扩大和谐矿区建设试点。探索矿产资源开发收益向资源所在地倾斜的政策措施，加快建立矿区群众共享资源开发利益新机制。研究制定推进和谐矿区建设的指导意见。

四是加强地质灾害防治。继续开展地质灾害防治“十有县”建设，推进落实防治机构、人员和经费，扎实开展调查评价，落实监测预警、搬迁避让、工程治理等防治措施。认真组织做好汛期地质灾害防治，重点开展巡查排查、专家驻守、应急演练、宣传培训和应急处置等。加强重点地区地质灾害防治和综合治理。按照三峡后续工作安排，实施监测预警和工程治理等任务。

（六）严格依法行政，维护国土资源管理良好秩序。坚持严字当头，坚持科学执法、公正执法、阳光执法，坚决遏制国土资源领域违法违规反弹，为国土资源保护和合理利用，为维护经济发展秩序和民生权益提供坚强后盾。

一是加强法制建设。配合有关部门，继续做好土地管理法修订和农民集体所有土地征收补偿安置条例的制定，深入推进矿产资源法修改。全面落实进一步推进依法行政实现国土资源管理法治化意见。继续推进依法行政制度建设，做好规范性文件的合法性审查和后评估。

二是加强土地矿产执法监察。认真组织开展2012年度土地矿产卫片执法检查，完善年度土地变更调查“一查多用”机制。坚持和督促省级国土资源管理部门落实公开通报和挂牌督办违法案件制度，重点查处违反国家产业政策、污染环境、粗放利用、损害群众利益等违法违规用地行为和无证勘查开采矿产资源行为。研究国土资源违法案件查处工作规范。提升15号令的行政规格。

三是进一步提升土地督察工作效用。加强例行督察、审核督察和专项督察的整合融合、统筹部署。加强督察法制、规范和能力建设，加快“在线土地督察系统”升级应用，继续完善与中央巡视机构等部门的协作机制和社会监督机制，探索建立与地方政府的共同责任机制。开展土地利用规划、年度计划执行情况、节约集约用地制度建设和落实情况的专项督察。对社会关注、媒体披露的重大问题加大专项督察力度。

（七）提升国土资源科技创新驱动能力，服务和支撑国土资源事业持续发展。科技创新要着力提高国土资源调查评价、规划、管理、保护和合理利用水平。

一是建强建实科技创新支撑体系。深化地质科技体制改革，确立地勘单位和矿山企业在科技创新中的主体地位，深入推进产学研有机结合、调查与科研深度融合。积极争取联合国教科文组织地球化学填图中心落户中国，加快推动建设若干个国土资源领域国家重点实验室，构建完善部级重点实验室、野外科学观测基地、软科学研究基地、质量监督检测中心、工程技术研究中心等科技基础条件平台体系。

二是建立科技创新人才培养机制。启动实施国土资源高层次创新型科技人才培养工程，组织实施国土资源科技领军人才开发和培养、杰出青年科技人才培养、科技创新团队培育三项计划。

三是开展重点领域科技攻关。加强地质找矿理论、方法、技术、装备研发及成果推广应用。加强国土资源规划与土地调查利用技术方法攻关，深入开展矿产资源综合开发、地质灾害防治、全球气候变化地质响应等研究，充分发挥卫星等高新技术在资源调查、评价、管理与保护中的支撑作用。加快推进国土资源技术标准的制定修订。完成全国宗地统一代码电子文件管理试点。

四是加强重大基础和应用研究。推进地壳探测工程立项，推动地球深部探测与观测技术、极地与探月、非常规能源勘查开发等前沿领域科技研究，抢占未来科技竞争制高点。

（八）深化改革创新，为国土资源管理注入活力与动力。

切实尊重基层和群众首创精神，完善改革顶层设计，按照总结、扩大、深化、新设四个一批的要求，深入推进改革试点，强化系统上下联动，深入推进国土资源重点领域和关键环节的改革。

一是深化土地管理制度改革。按照“产权明晰、权能完整、流转顺畅、保护严格”的原则，深化农村土地产权制度改革研究和探索。深入推进征地制度改革试点。研究出台集体经营性建设用地流转指导意见。部署开展宅基地制度改革试点。总结推广农村土地股份制改革经验和做法。加快推进国有经营性基础设施和各类社会事业用地的有偿使

科学谋划　乘势而上
实现首都国土资源管理新突破

——在2013年北京市国土资源工作会议暨党风廉政建设会议上的报告

北京市国土资源局局长、党组副书记　魏成林

（2013年2月5日）

同志们：

这次会议的主要任务是，认真贯彻落实党的十八大、市委第十一次党代会、北京市“两会”和全国国土资源工作会议精神，回顾总结去年工作，研究分析新形势，安排部署今年任务。会议的主题是“科学谋划、乘势而上，实现首都国土资源管理工作新突破”。

一、2012年工作回顾

2012年，全市国土资源系统在北京市委、市政府和国土资源部的坚强领导下，深入贯彻落实科学发展观，坚持主题主线，牢牢把握“稳中求进”的总基调，统筹保发展、保资源、保民生，较好的完成了各项工作任务，为促进首都经济社会科学发展做出了积极贡献。

（一）坚决贯彻中央宏观调控政策，积极促进首都经济社会平稳健康发展

实施差别化供地政策，保障全市经济社会发展用地需求。深入开展保发展保红线工程，土地供应向保障性安居工程、战略性新兴产业、现代服务业、基础设施建设倾斜，全年计划安排国有建设用地供应总量5700公顷，已供应土地4115公顷，完成计划的72%。全年共办理建设用地预审1081件，用地总规模9954公顷。安排使用新增建设用地计划指标2892.6公顷，完成计划的90.68%，安排使用农用地转用指标2672公顷，完成计划的93.1%，安排使用耕地指标1179公顷，完成计划的70.6%。

严控新增，消化存量，稳步推进土地储备开发工作。全年新增土地储备开发面积约1035公顷，同比下降71%；基本完成土地储备开发面积约2755公顷；实现投资约955亿元。积极拓展土地储备融资渠道，争取信贷政策和资金支持。2012年全市储备机构筹措

资金1263亿元，归还当年到期贷款915亿元，提前还款47亿元。

巩固宏观调控成果，保障土地市场平稳健康发展。改进和完善招拍挂出让方式，实现房地产市场宏观调控目标。全年共推出经营性用地178宗，土地面积1474公顷，成交169宗，土地面积1340公顷，成交额671亿元，其中政府土地收益238亿元；上缴土地出让收入976.70亿元，其中政府收益447.02亿元，超额完成年初财政收入计划。

（二）着力保障和改善民生，切实维护群众利益

加强地质灾害防治，积极应对“7·21”特大自然灾害。开展汛前地质灾害排查，建立健全地质灾害群测群防体系和监测预警体系，制作避险自救宣传片，提高群众的防灾和避灾意识。“7·21”发生后，先后委派60个工作组对我市10个山区县村庄、人口密集区等新增隐患点，村级以上道路安全隐患及房山区等临时安置房安全性进行调查评价并增设警示牌。全系统同心协力，及时将雨情传达到乡镇、及时深入灾区指导抢险避险、及时开展地质灾害隐患排查、及时提供调查成果及防治建议。

全力推进农村集体土地确权发证，依法保护农民财产性权利。加强部门、区县统筹协调，重点解决历史遗留问题和权属纠纷，全年共调查农村集体土地所有权24451宗，面积16.95万公顷，确权登记23067宗，发证率达到94.3%，完成政府折子工程和新农村折子工程确定的2012年底发证率90%目标。土地登记规范化水平全面提升，共办理国有土地登记业务17857件，土地使用权抵押权登记5476件，抵押贷款金额5035.21亿元，土地资产利用效益不断提升。

提前超额完成中央下达保障性安居工程供地任务。克服出让收入下降、还贷压力大等困难，加大统筹协调督办力度，全年落实保障性安居工程用地850公顷，可满足北京市保障性安居工程16万套任务的用地需求。同时，积极研究政策，鼓励企业利用自有用地开发建设公租房。

积极保障农民的合法权益和长远生计。稳步推进集体建设用地租赁房试点工作。先后启动海淀区唐家岭地区等3批4个试点项目，利用集体建设用地37.98公顷，规划建设17000余套、总面积约96.465万平方米的租赁住房。不断完善试点政策措施，拟订《北京市利用农村集体土地建设租赁住房试点实施意见（试行）》，确保试点工作规范有序，封闭运行，风险可控。全面推进征地补偿多元化安置工作。组织开展征地拆迁工作专项检查，严格审查征地补偿标准和征地程序的合法性，督促用地单位及时落实征地补偿。

（三）落实节约优先战略，以资源利用方式转变促进经济发展方式转变

加强土地利用总体规划和年度计划管控。开展土地利用总体规划实施评估，探索规划动态管理。完成乡镇级土地利用总体规划修编和区乡级规划数据库建设。推进市区乡三级基本农田保护区专项规划编制。编制2012年25万亩林地空间落地方案，初步完成2013年新增35万亩林地的空间落地方案及平原地区造林工程总体规划。协助开展中关村

空间范围和布局调整工作。

坚守耕地红线。强化地方政府及其主要领导的耕地保护责任。完善耕地破坏程度鉴定工作机制。建立健全耕地补偿指标分配机制，全面落实耕地占补平衡。大力实施土地整治，初步完成《北京市土地整治规划（2011－2015）年》编制和30万亩高标准基本农田建设任务分解。在施开发整理项目131个，新增耕地1.22万亩。

大力推进节约集约用地。研究搭建节约集约用地制度框架体系和工作组织架构。分解下达各区县单位国内生产总值建设用地下降30%的任务。推荐东城、海淀、丰台和平谷参加全国第二届国土资源节约集约模范县（市）创优评选。积极推进城市建设用地节约集约利用情况评价，完成开发区土地节约集约利用评价成果更新。加强土地利用政策研究，规范审批程序，盘活存量用地，清理闲置土地，催缴地价款80亿元。

加大执法监察力度，有效遏制违法用地行为。全年发现土地违法用地行为897件，立案查处违法用地案件583件，同比分别下降17.02%和13.88%，违法用地占用耕地面积减少60%以上。通过巡查发现违法行为327件，制止226件，挽回经济损失4856万元。立案查处矿产违法违规案件13件，同比下降85.23%，结案13件，收缴罚没款25.5万元。积极开展2011年度土地矿产卫片执法检查工作。开展土地执法专项行动，清理整治在建在售利用集体土地违法建设销售（变相销售）住宅行为，试点探索历史形成“小产权房”项目的处置政策。配合市发展改革委大力推进全市高尔夫球场清理整治工作。加大科技执法试点建设，探索逐步实现对耕地、基本农田、矿产违法的全面监控。

（四）提高矿产资源保障能力，增强地质公共服务能力

加强矿产资源勘查与调查评价。严格矿产资源勘查行政许可和地质勘查单位资质审批。城市地质土壤调查与评价、页岩气资源前期研究和潜力调查评价进展顺利。矿产资源潜力评价已完成锰、钼、铬、银、萤石5个矿种的资源潜力预测评价。矿产资源储量利用现状调查走在全国前列。

严格规范矿产资源开发秩序。采矿权交易全部进入矿业权交易市场进行公开交易。积极推进绿色矿山建设，加大关闭矿山环境治理力度。开展安全生产领域“打非治违”专项行动，严厉打击非法开采矿产资源行为。开展矿产资源开发利用情况年度检查和重要矿产“三率”综合调查与评价，逐步提高资源利用水平。

加强地热资源管理。基本完成《北京市浅层地热能资源规划文本》。全面展开矿业权设置方案编制工作。地热资源管理基础数据库初步建立，地热温泉经营服务规范化和标准化工作取得阶段性进展，编制完成第一期地热温泉导引图。

拓展地质服务工作领域。深入开展地质资料信息服务集群化产业化，稳步推进数字城市地质工作，积极建设地质资料汇交监管平台和地质资料共享服务平台，实物地质资料汇交成效明显，重要工程地质资料汇交取得较大突破。地质遗迹、矿山遗迹和古生物化石保护工作持续推进。积极配合延庆县申报和创建世界地质公园。

（五）夯实基础工作，对国土资源管理的支撑作用进一步加强

加快科技化信息化建设步伐。“首都国土资源高频度监测技术系统研制与示范”项目全国领先，已具备推广应用条件。争取各级各类资金支持我局加强科技创新能力建设。编制完成“十二五”科普计划，建设国土规划与开发重点实验室和野外科研基地。西城分局建成全国国土资源第一个国际合作基地。制定《北京市国土资源信息化“十二五”发展规划》，“管、建、用”三位一体的信息化管理机制初具雏形。行政审批业务实现网上办理并带图审批，核心业务信息实现网上公开。综合监管平台建设和应用持续推进，国土资源“一张图”数据更新和汇交不断加强。

保障机关规范运转，深入推进依法行政。加强财务规范化管理，完善财务管理制度架构，严格控制“三公”费用，提高资金使用效益。完成全系统资产清查，配合完成2011年度预算执行审计及局长经济责任审计。加强政府采购监管，深化项目招标程序管理。开展领导干部经济责任审计，组织预算项目专项审计检查和审计整改落实工作，土地储备项目和开发整理项目实行跟踪审计。加大行政审批改革力度，清理行政审批事项，我局窗口在市固定资产投资审批大厅年度评优中被授予" 2012 年度最佳服务窗口" 称号。全年共发生行政复议案件216件，行政诉讼案件83件。加大信息公开力度，主动公开政府信息6545件，比2011年增加3倍。严谨、规范、高效处理公文，被评为“办理人大代表建议、政协提案先进单位”。创新信访工作机制，来信、来访、重复上访、集体上访量均明显下降。自主调研工作取得新进展。正式开通“国土北京”政务微博，主动宣传和舆论引导能力逐步加强。加强离退休干部工作，不断提高服务管理水平。后勤工作保障到位。

（六）加强党建工作，有力促进中心工作开展

围绕中心工作加强党建工作。认真学习宣传贯彻党的十八大精神，不断推进学习型、服务型、创新型党组织建设。扎实开展创先争优活动，加强基层组织建设和党员教育，不断提高机关党建工作科学化水平。开展民主评议基层站所和“对外服务承诺”活动，努力践行北京精神，作风建设明显加强。工会活动丰富多彩、贴近职工，获得“北京市模范职工之家”荣誉称号。

扎实推进党风廉政建设和反腐败工作。严格执行党风廉政建设责任制，各级干部的责任意识进一步增强，较好地完成了市委下达的牵头任务。强化反腐倡廉教育，普遍开展廉政文化进机关活动，形成了良好的工作氛围。积极探索、完善和推进廉政风险防控管理“三个体系”建设。通过明确职责，梳理涉权事项，编制集体决策事项目录，初步形成了既相互协调又相互制约的权力科学配置体系。大力推行权力网上运行，推进行政监察现代化工程二级监察平台建设，不断提升权力监督的时效性。

（七）深化干部人事制度改革，领导班子和干部队伍活力得到增强

首次开展了正处级领导干部竞争上岗工作，选拔产生7名正处级领导干部；首次参

与全市公开选拔“80后”副处级领导干部，公选产生一名分局副局长；兼顾不同年龄干部情况，采取民主推荐的形式，提拔8名业绩突出、群众公认的老同志任处级非领导职务。各分局积极通过竞争上岗选拔科级领导干部，共有9个分局及事业单位的55名干部通过竞争上岗走上科级领导岗位。在干部选拔中，首次将资历评价应用于选拔工作中，强化了注重品行、崇尚实干、群众公认的用人导向。

在市委组织部和区县委组织部的大力支持下，通过竞争上岗和组织推荐，输送1名副处级干部到市属国有企业任职，输送11名科级干部到区县有关部门和单位担任副处级领导职务。对7个机关处（室）处长（主任）、11个分局局长和2个局直属事业单位的党政“一把手”进行调整，共交流正处级领导干部20人，其中平级交流10人、提拔交流10人。加强市局与分局及事业单位干部交流，有6名年轻干部从分局交流到市局机关任职，有4名年轻干部从局属单位交流到分局任职。各分局和局属事业单位也加大干部交流力度，共有54名科级干部进行轮岗交流。加强干部挂职锻炼，派出5名处科级领导干部到中央单位、金融机构及外省市挂职，同时接收11名外单位干部到我局挂职。

对局内设机构和直属单位主要职责进行梳理、调整、细化和分解，编制《北京市国土资源局职责文件资料汇编》，使各部门、各单位职责配置更加合理，权力责任更加明确。积极向市编办报批成立局信访处和审计处，部分分局实行党政分设。加强公务员日常考核，制定《北京市国土资源局公务员考核暂行办法》，完善平时考核、量化考核和全方位考核机制。加强对处级领导干部的考核与管理，对交流任职满一年的6名正处级领导干部进行考核，进一步促进领导班子和干部队伍建设。

总结2012年的工作，主要体会有五个方面：

一是服务大局，主动作为，才能更好地为首都科学发展做贡献。随着首都经济社会的快速发展，国土资源部门作为资源的供给、保障和参与宏观调控部门之一，在经济社会发展中的职能作用越来越突出。一年来，我们始终把国土资源管理工作置于全市经济社会发展全局来谋划，坚决贯彻落实中央领导同志对国土资源工作的重要指示，坚决贯彻落实中央对房地产市场的宏观调控政策，围绕市委、市政府提出的发展目标，严格依法管理，科学配置资源。

二是民生为本，群众利益优先，才能更好的实践科学发展观。一年来，始终把保障和改善民生作为国土资源管理工作的出发点和落脚点，将坚持群众路线、维护群众合法权益作为我们工作的重要原则，变上访为下访，深入基层，切实解决了一批群众关心的信访纠纷、化解了积案；我们本着“依法依规、尊重历史、面对现实、保护主体利益、有利于社会和谐稳定”的原则，重点解决了一批历史遗留问题和权属纠纷；我们把保障低收入群体的住房需求放在优先位置，加强效能督查和区县统筹，千方百计增加供地量，提前完成保障性住房供地任务；特别是在“7·21”特大自然灾害发生后，各相关处室、各单位，特别是房山等各分局的同志快速反映、指挥有力、措施得当，为保障人民群众生命财产安全，构建和谐社会首善之区做出了积极贡献。

三是统筹协调，形成共识，才能缓解两难局面。保障发展与保护资源既是我们的基本任务，又是一个“两难”问题。一年来，全市国土资源系统始终坚持统筹协调，加快建立“党委领导、政府负责、部门协同、上下联动、公众参与”的工作新格局。面对耕地保护、资源节约集约利用、违法违规用地处理、保障房供地、集体土地所有权发证等重点难点问题，我们加强沟通协调，充分调动区县政府的积极性，发挥其主体作用，强化其属地责任，同时加强市属各部门协同，拓宽公众参与渠道，很大程度上缓解了两难局面。

四是求真务实，真抓实干，才能取得工作实效。我们要求每一位干部职工坚持一切从实际出发，讲实话，出实招，办实事，求实效。面对复杂局面和难点工作，要抓住主要矛盾，找准问题所在，有针对性的开展工作，不摆花架子、不做表面文章，关键是解决问题，取得实效。去年我们开展了自主调研，围绕工作中遇到的重点、热点、难点问题展开调查，摸清问题的症结，提出解决的建议，取得了很好的成效。

五是改革创新，依法行政，才能破解发展难题。改革创新要考虑法律法规界定的底线，依法行政为改革创新创造良好的外部环境。一年来，全市国土资源系统不断解放思想，既坚持改革创新，又坚持依法行政，不断破解发展难题。在推进集体建设用地建租赁住房试点过程中，我们既考虑与小产权房严格区分，又保证试点工作规范有序，封闭运行，风险可控；在贯彻落实中央宏观调控政策过程中，我们既坚持加强市场研判、创新出让方式、维护市场稳定，又坚持依法依规供地、维护市场公平；在土地执法过程中，我们既坚持对违法用地坚决查处，又探索运用科技手段，提升执法效能，从而为进一步破解发展难题，提高发展质量提供了动力。

回首过去的一年，我们深刻感到成绩的取得来之不易，这是市委、市政府和国土资源部正确领导的结果，是各区县党委、政府和有关部门理解、支持的结果，是全市国土资源系统广大干部职工开拓创新和不懈努力的结果。在此我代表局党组和领导班子向全系统广大干部职工表示衷心的感谢！

二、深刻认识国土资源管理工作面临的形势

今年是全面贯彻落实十八大精神的开局之年，是实施“十二五”规划承前启后的关键一年，是为全面建设成小康社会奠定坚实基础的重要一年。做好今年的国土资源管理工作，我们必须深刻领会党的十八大精神，准确把握市委、市政府和国土资源部的工作要求，进一步统一思想、理清思路、明确目标，以更大的信心和决心做好国土资源管理工作。

（一）准确把握党的十八大后国土资源工作面临的新形势

党的十八大描绘了全面建成小康社会，加快推进社会主义现代化，实现中华民族伟大复兴的宏伟蓝图。报告多处内容涉及国土资源工作，为国土资源事业改革发展指明了方向。全面建成小康社会要求我们进一步提高保障首都经济社会科学发展的能力和水平，

全力保障首都科学发展所需资源和土地供应；加快转变经济发展方式要求我们进一步提高资源节约集约利用水平和参与宏观调控的能力，以资源利用方式转变促进经济发展方式转变；积极稳妥推进城镇化要求我们进一步增强统筹首都城乡发展的能力，不但要完善国有土地的管理更要探索和加强集体土地的利用；推进生态文明建设要求我们加大统筹资源开发与保护的力度，促进人地和谐、建设美丽首都；深化改革创新要求我们深入推进国土资源重点领域改革，瞄准突出问题、完善管理体制，转变政府职能。我们必须把思想统一到党的十八大精神上来，找准国土资源工作在经济社会发展全局中的方位，进一步明确总体思路和重点任务。

（二）准确把握市委、市政府、国土资源部的工作要求

准确地把握首都发展的阶段性特征，扎实做好今年的工作。在经济发展方面，我市进入了发展方式转变的攻坚阶段。深度调整三次产业内部结构，充分发挥市场在资源配置中的基础性作用，营造良好的发展环境，还有很多工作要做。在城市建设管理方面，我市进入了实施精细化管理阶段。我们面临的人口资源环境压力越来越大，提高城市管理精细化水平的任务越来越繁重。在社会建设和管理方面，我市进入了加强服务管理创新阶段。进一步加强基本公共服务体系建设，提高公共服务的覆盖面和保障水平，还需进一步积极探索。在文化建设方面，我市进入了推动文化大发展大繁荣的阶段。继续加快文化体制改革，进一步提升首都文化软实力的任务仍然非常艰巨。在生态文明建设方面，我市进入了高度重视人与自然和谐发展的阶段。资源约束越来越紧，环境压力越来越大，防治污染、加强节能减排、发展循环经济的任务十分繁重，加快转变经济发展方式，推动经济与人口资源环境协调发展，已成为十分紧迫的问题。

国土资源部结合行业特点，要求在2013年重点做好以下八项工作：一是加强和改善土地宏观调控，促进经济平稳健康发展。二是统筹国土资源保护、开发利用和整治，形成生态文明建设新平台。三是优化城乡土地利用格局，积极稳妥推进城镇化建设。四是实现地质找矿重大进展，进一步提升资源保障能力。五是加强权益保护，切实保障和改善民生。六是严格依法行政，维护国土资源管理良好秩序。七是提升国土资源科技创新驱动能力，服务和支撑国土资源事业持续发展。八是深化改革创新，为国土资源管理注入活力与动力。对于上级的要求，我们要深刻领会，切实贯彻落实到各项具体工作中去。

（三）正确认识全市国土资源管理工作面临的困难和问题

一是首都经济社会发展与资源环境保护的矛盾更加复杂，社会利益协调难度加大，国土资源管理面临保障发展和保护资源的两难局面、面临资源需求刚性上升和资源供给刚性约束的双重压力。二是土地粗放利用，新增建设用地增速较快，存量挖潜力度不足，提高节约集约用地水平、促进经济发展方式转变，提升经济增长质量和效益的任务更加艰巨。三是违法违规用地、私挖盗采矿产资源的现象时有发生。重点工程违法违规用地问题仍待解决，村级公益、民生项目和农民建房违法违规用地占比大，需要我们进一步

强化执法监管。四是土地产权管理仍然薄弱，农村建设用地使用权、宅基地使用权发证率低，仍有部分国有土地尚需确权登记，需要我们进一步强化地籍管理。五是全系统自身建设和服务管理创新还需要加大力度，依法行政的能力和水平与依法行政的目标和要求还存在不相适应的地方，一些工作落实还有差距，少数工作人员责任意识、服务意识不强，作风建设和廉政建设需要进一步加强。我们要正视这些困难和问题，深入分析原因，采取更加积极有效的措施，切实加以解决。

三、以党的十八大精神为指导，全力做好2013年各项工作

2013年全市国土资源系统工作的总体要求是：在市委、市政府和国土资源部的正确领导下，深入学习贯彻党的十八大精神，坚持以邓小平理论、“三个代表”重要思想、科学发展观为指导，紧紧围绕主题主线，全面落实中央和市委市政府的工作部署，牢牢把握提高经济增长质量和效益这个中心任务，以保障科学发展用地需求为重点，以转变资源利用方式促进转变经济发展方式为抓手，以保障和改善民生为出发点和落脚点，坚持资源利用的经济效益、社会效益和生态效益相统一，为推进首都经济、政治、文化、社会和生态文明建设做出新的贡献，投入首都创造更加幸福美好生活和建设中国特色世界城市的伟大实践。

（一）全力服务首都经济社会发展，在保障科学发展上有新作为

保障首都科学发展用地需求。统筹考虑人口、资源、环境承载力对土地供应的影响，科学制定2013年土地供应计划。充分发挥宏调处的综合服务协调督办职能，推进重大项目加快落地。通过新建、收购、趸租等多种方式，确保2013年中央下达16万套保障性安居工程任务用地落实。落实区县政府组织实施保障性安居工程建设任务的主体责任，采取“集中为主、配建为辅”的供地原则，力争上半年完成计划任务的70%。继续加大普通商品住宅用地供应，加强养老设施、体育设施、水利及水域设施用地供应。

稳步推进土地储备开发工作。继续加快在施项目消化，着重支持一批重点项目尽快完成开发和实现供应。严把新增项目准入门槛，持续引导全市形成合理的土地储备开发规模。积极争取银行贷款、财政资金、保险资金的支持，统筹投资、还款与融资，科学掌控储备机构负债率。

确保土地市场平稳运行。加强形势研判，把握土地出让节奏、时序和价格，兼顾地块供应区域、用途、大小，保障土地市场平稳运行。探索完善土地交易方式，构建良性竞争的市场环境。建立房地产重点企业和重点地块跟踪机制，加强土地供后监管。建立地价监测工作考核机制，开展工业用地监测专项研究，完善基准地价初步成果。

加强集体土地管理和改革。继续推进集体土地租赁住房建设试点工作，加快试点项目的建设实施，推进后续批次试点项目的筛选论证。因地制宜盘活农村集体建设用地，稳步推进集体建设用地使用权流转和产业经营试点，让农民共享城市化过程中的土地增值收益。加强征地制度改革研究，严格界定公益性和经营性用地，完善征地补偿机制，

提高征地补偿标准。

（二）科学构建资源保护、开发、利用齐抓共管的保障体系，力求在生态文明建设上有新成效

加大耕地保护力度。做好我市2012年度省级政府耕地保护责任目标履行情况检查。全面落实高标准基本农田建设任务。进一步完善耕地质量等级成果，推进大兴区耕地等级监测试点建设。积极探索研究耕地保护经济补偿机制，调动农民保护耕地的积极性。进一步完善耕地占补平衡工作机制，加强项目统筹平衡。在摸清现状的基础上，加快市、区两级土地整治规划编制，积极推进土地整治实施，探索建立全市统一的补充耕地指标交易平台。

继续保持对违法违规行为的高压态势。加强执法监察体系建设，建立健全市、区县、乡镇、村四级执法监察网络，发挥共同责任机制作用，进一步调动区县积极性，强化属地管理责任。强化动态巡查，建立应对突发、重大违法行为案件查处快速反应机制，加大公开通报、挂牌督办、警示约谈、追究责任的配合，促进依法依规用地。坚决制止和严肃查处新建续建小产权房、违规建设高尔夫球场等违法违规行为。全面落实土地卫片执法检查和我市自有卫片执法检查，加强对14个郊区县新增建设用地变化情况的常规监测。积极探索土地监管新方式，推进国土资源远程视频监控系统建设。

加大力度推进节约集约用地。成立北京市大力推进节约集约用地工作领导小组，制定《关于大力推进首都节约集约用地工作的意见》，构建节约集约制度体系。继续开展节约集约模范县市创建活动。继续落实单位GDP增长新增建设用地消耗下降30%的任务。适度控制新增建设用地，积极盘活存量建设用地，稳步推进低效用地“二次开发”试点工作，加强利用自有用地政策研究。继续推进闲置土地清理和处置工作。进一步规范用地手续办理流程，提高办事效率。

突出地质灾害防治，加强地质环境保护。开展10个山区县1：5万比例尺地质灾害调查和村庄地质灾害避险场所安全性调查评价。加强基层地质灾害应急演练和防灾避险知识培训。针对2012年“7·21”造成的灾害和重点隐患开展地质灾害工程治理，逐步开展地灾隐患点监测和预警工作。进一步落实矿山地质环境治理恢复保证金制度、矿山地质环境保护和治理恢复备案制度，加强对矿山地质环境保护的监管。加强地质遗迹保护和地质公园建设，开展地质遗迹详细调查与评价和古生物化石综合现状调查，编制《北京市古生物化石保护规划》。

（三）加强矿产资源管理、提高地质服务水平，力求在提高资源可持续利用能力上有新突破

深化矿产资源管理。进一步健全矿政管理制度，加快网上交易系统研发，推进矿业权有形市场建设。落实矿产资源规划，促进矿产资源勘查开采合理布局，构建矿产资源开发整合的长效机制。编制绿色矿业发展规划，指导矿山企业科学开采，提高资源利用

水平。加强矿山企业日常监管，开展矿产资源开发利用情况检查，督促矿山土地复垦。加大打击非法开采矿产资源的宣传、巡查和惩治力度，做好破坏矿产资源价值鉴定工作。

深化地热资源管理。完成北京市浅层地热能开发利用规划文本验收，启动地热资源开发利用规划修编。优化地热矿业权挂牌出让交易方式、程序，制定地热矿业权价款评估规范和机制。开展地热井综合性调查，建立地热井管理台帐。加强计量设备更新和远程系统的升级换代，提高地热资源动态监测的科技信息化水平。

加强城市地质工作。制定地质矿产调查评价项目管理办法和地质资料管理办法。推进地质资料汇交监管平台、地质资料共享服务平台和电子阅览室建设。完成矿产资源潜力评价项目和城市地质土壤调查与评价项目收尾工作。继续推进页岩气资源调查评价、北京市地质资料集群化产业化工作试点和42个重点小城镇综合基础地质调查试点建设。开展北京市数字城市地质建设和平原区1∶5万高精度重力调查可行性研究。建设北京市重要地质钻孔数据库。

（四）夯实业务基础，力求在管理和服务水平上有新提高

全面提升地籍管理水平。加大权属争议调处力度，稳步推进农村集体建设用地使用权确权登记发证工作，争取2013年底完成全部任务的70%。进一步强化农村集体所有权确权登记发证成果、土地变更调查与遥感监测成果和北京市宗地全国统一编码成果的应用。不断加强土地登记、土地调查、土地权属的规范化建设。

全面加强规划管控。加大预审工作力度，引导项目选址符合土地规划。开展2012年土地利用总体规划实施评价和北京市集体产业用地节约集约利用规划研究工作。全面完成市区乡三级基本农田保护区专项规划编制，继续推进平原地区新增林地空间落地。

全面实现管理信息化。贯彻落实北京市“智慧国土”顶层设计，深化应用综合监管平台和“一张图”数据库，完成监管信息系统、批后监管系统、业务信息推送系统等系统建设，整合集成地籍和规划管理信息系统。加强和改进国土资源数据统计分析工作，局系统综合统计数据采集和汇总均要通过综合监管平台完成。加快推进信息共享、协同办公和监测指挥中心建设工作。强化网络与信息系统安全管理工作。

全面提升科技化水平。加强重点领域、重点项目的科技支撑与投入。加快推进“首都国土资源高频度监测技术系统研制与示范”项目成果在全市的推广应用。规范公益性行业科研专项的管理，推进野外观测科学研究基地和国土资源部重点实验室建设。制定《北京市国土资源局标准化管理办法》，加强标准化建设。严格因公出国管理，推进“国际友好国土局”和“国际合作基地”建设。

全面推进依法行政。强化法制观念，落实《进一步推进依法行政实现国土资源管理法治化的实施意见》中确定的目标和任务。开展行政审批事项清理和规范工作。进一步完善有关工作制度，制定《行政处罚案件催告和申请人民法院强制执行程序规定》、《行政规范性文件管理办法》等文件。根据国家对《土地管理法》的修改，做好本市立法的准备工作。进一步加强财务工作与业务工作相互促进良性运转，保证制度落实监督到位。

进一步加大信访工作力度，形成合力化解信访问题的联动机制和工作网络。继续开展自主调研工作，增强调研的实用性和针对性。

（五）加强党建工作科学化水平，力求在干部队伍建设上有新气象

加强机关党建工作。采取多种形式深入学习宣传贯彻落实十八大精神。组织开展具有国土特色的主题实践活动和以“为民、务实、清廉”为主要内容的党的群众路线教育实践活动。加强基层党组织建设，健全党建工作责任制。加强党员干部作风建设，创新“三进两促”活动，深化民主评议基层站所和“党务公开”。开展“文明单位”、“文明处室”创建活动，培育国土精神，锻造国土形象。开展形式多样的工会活动，建设“职工之家”。

加强队伍建设。加大竞争性选拔干部力度，组织开展领导干部竞争上岗，探索开展公务员遴选。加大干部交流力度，开展常规性交流、培养性交流，不断扩展输出性交流。加强干部培训，进一步提高培训质量。健全干部管理体制机制，积极推进事业单位分类改革，协调推进中关村示范区和未来科技城土地储备分中心的设立。认真做好离退休干部服务管理工作，为老同志办实事、做好事、解难事。

加强党风廉政建设。坚决落实中央和市委重大决策部署，保证政令畅通。认真学习党章，严守党的政治纪律，维护党的集中统一。认真落实中央关于改进工作作风、密切联系群众的八项规定，严格执行廉洁从政有关规定，坚决制止奢侈浪费。坚持有案必查、有腐必惩，严肃查办违纪违法案件。要把预防腐败工作与业务结合起来，加强岗位反腐倡廉教育，强化对权力运行的制约和监督。加强基层党风廉政建设，深入开展纠风和专项治理，认真解决发生在群众身边的不正之风和腐败问题。

同志们，做好今年的工作，任务艰巨，责任重大，让我们在北京市委、市政府和国土资源部的坚强领导下，以奋发有为的精神状态，昂扬向上的斗志，攻坚克难的勇气，科学谋划，乘势而上，扎实工作，实现首都国土资源管理新突破，为推动首都科学发展，创造更加幸福美好生活、建设中国特色世界城市，实现党的十八大确定的奋斗目标和工作任务做出更大的贡献！

在2013年全市国土资源工作会议暨党风廉政建设会议上的讲话

北京市国土资源局党组书记、副局长　张国玉

（2013年2月5日）

同志们：

这次会议系统地总结了2012年的工作，分析了全市国土资源系统面临的形势和存在的问题，明确了今年的各项任务，对党风廉政建设工作也进行了部署。去年工作成果显著，成绩来之不易，全年工作面临不少困难，全系统干部职工付出了努力和心血，取得的成果值得珍惜。我市国土资源工作面临新的形式和任务，刚才成林局长专门进行了分析，会后各单位要认真组织传达学习，结合工作实际抓好贯彻落实。下面，我讲四点意见。

一、深入学习贯彻党的十八大精神

前一阶段，全市国土资源系统广大干部职工通过多种形式开展了学习宣传贯彻党的十八大精神的活动，收到了很好的效果。但我们的学习贯彻仍然是初步的。党的十八大内容丰富、思想深刻，全系统各级党组织要以强烈的政治责任感、昂扬向上的精神状态和良好的作风，密切联系实际，认真学习领会，把学习贯彻活动作为一项长期任务不断引向深入，并进一步抓好贯彻落实。十八大报告对国土资源工作的重视全所未有，国土资源管理工作与国家发展的战略大局紧密相连，作为国土人我们要坚持把学习贯彻党的十八大精神与中央和市委市政府对国土资源工作的新要求结合起来，增强做好国土资源工作的责任感和使命感，把学习贯彻活动落实到凝聚力量、攻坚克难上来，落实到指导实践、推动工作中去。

二、切实抓好年度各项工作的落实

成林同志的工作报告明确指出了当前全市国土资源工作面临的“两难”局面以及违法用地等五大问题，从五个大的方面部署了今年的工作任务，大家要正确认识我们工作中存在的问题和面临的形势，统一思想、提高认识，真抓实干、有效落实。

一要正确认识问题和困难。去年我局的各项工作得到了市委、市政府的充分肯定，可以说是成效显著。近年来全局通过努力，在保发展、保红线、保民生等方面不断取得新成效，但我们依然面临保障发展和保护资源的两难局面，依然面临资源需求的刚性上升和资源供给的刚性约束形成的双重压力，依然面临违法违规用地频发、耕地占补平衡难、土地市场调控难度大等一系列问题。面对复杂的工作局面和繁重的工作压力，我们要正视这些问题，要增强解决问题的责任感和自觉性。要抓住问题的关键，积极寻找破解难题的方法和途径。

二要科学分析形势。最近召开的中央经济工作会议对当前国际国内形势作出了正确的分析和判断，对国土资源管理工作提出了更高的要求，国土资源部对新形势下的国土资源工作也进行了周密部署。市第十一次党代会确定了未来五年首都经济社会的发展蓝图，提出了创造更加幸福美好生活、建设中国特色世界城市的奋斗目标。我们要全面贯彻落实市第十一次党代会、北京市“两会”和“全国国土资源工作会议”对国土资源工作提出的具体要求，进一步解放思想，锐意进取，在保障首都经济科学发展，促进经济发展方式转变方面，在提高参与宏观调控能力促进土地市场平稳健康发展方面、在保障和改善民生促进社会和谐稳定等方面不断取得新成效。

三要确保工作取得实效。对于2013年的工作，刚才成林同志作了详细部署，我要强调的就是抓有效落实。一是加强工作的主动性和针对性，把握经济社会发展要求我们做什么、维护人民群众的利益需要我们做什么等目标，抓住重点，有的放矢。二是注重调查研究，敢于和善于剖析错综复杂的问题。找出突出原因，研究对策，对症下药。去年全局开展的自主调研工作就很好，课题的设计和研究切合我们工作的实际，达到了想办法、出实招的目的，锻炼了我们的队伍，今年要继续坚持这样的做法。三是加大制度供给，加强工作规范化。要充分考虑政策的连续性和实操性，出台和完善一些管用、好用、实用的政策措施。四是提高执行力。对于确定的工作任务要坚决执行，不拖沓、不打折扣。困难再多、情况再复杂也要一个问题一个问题地去解决，一个环节一个环节地去抓落实。五是加强工作的预见性。要认真排查隐患，提早发现问题，积极研究办法，妥善解决矛盾。

三、加强全系统的党建工作

全系统的党建工作是完成各项工作的基础和保障。面对繁重的工作任务，我们的组织建设、队伍建设、廉政建设要紧紧围绕中心工作开展，力促进全局中心任务的完成。

一是在党建工作科学化水平上要有新思路。坚决贯彻落实党的十八大和市十一次党代会关于加强党的建设工作的要求，认真学习遵守党章，进一步坚定广大党员干部的理想信念，提高理论水平。要抓好党性教育这个核心，引导党员干部牢固树立正确的世界观、权力观、事业观，坚定政治立场，明辨大是大非。要把加强执政能力建设、先进性建设和纯洁性建设作为党的建设主线，切实加强各级党组织的建设。要坚持民主集中制，加强党组织对各项工作的领导，抓好理论中心组学习，认真研究国土资源工作服务经济社会协调发展的重大问题。要坚持推进党建工作与业务工作深度融合。要坚持走群众路线，在全系统开展以为民务实清廉为主要内容的群众路线教育实践活动，以深入学习贯彻十八大精神为契机，创新活动载体，巩固“三进两促”等活动成果，着重在服务中心工作、促进和保障切实履职上做出实效。

二是在班子和队伍建设上要有新推进。各部门各单位的工作好不好，关键在于领导班子有没有凝聚力和战斗力。领导班子建设要从思想政治抓起，把加强学习放在重要位置，以良好的学风带动工作、研究工作、促进工作。一把手要带头、班子成员要协力共促，形成合力。要切实履职，推进科学决策、民主决策、依法决策，进一步提高妥善化解矛盾、协调利益关系、做好群众工作的能力。要加强队伍建设。提高干部队伍素质是推动国土资源事业发展的根本，各级党组织和领导要从战略上认真考虑，坚持正确的用人导向，保持干部队伍整体向好态势，有意识地培养想干事、能干事、干成事、不出事的干部，要使优秀干部充分涌现、各尽其能、才尽其用，打造一支素质高、作风硬、业务精、能力强的国土干部队伍。要从关心干部成长的角度，激发干部自身潜能，调动干部的积极性，继续坚持做好干部交流和任用工作，提供好平台，拓宽好渠道，把握好原则。

三是在党风廉政建设上要有新提高。对于党风廉政建设和反腐败斗争这一长期、复杂、艰巨的任务，我们必须常抓不懈。刚才新华同志对党风廉政建设工作进行了总结和部署，大家要认真落实。在此我要强调三点：第一要严守党的政治纪律。全系统各级党组织和党员干部要在思想上、政治上、行动上与中央和市委保持高度一致，自觉遵守和维护党章，遵守纪律不打折扣、不做选择、不搞变通。决不允许“上有政策、下有对策”，决不允许有令不行、有禁不止。第二要坚持惩防并举。中央和市委对腐败的惩治力度进一步加大，全体党员干部都要警醒起来，严格依纪依法办事。要继续加强惩治和预防腐败体系建设，深化前期工作成果应用，提升预防腐败的科学性和有效性。同时要加强反腐倡廉教育，防微杜渐，从源头抓起。对于发现的腐败问题决不姑息，坚决严肃查处。第三要有效落实党风廉政建设责任制。坚决按照中央提出的“要加强对权力运行的制约和监督，把权力关进制度的笼子里”要求，坚持和完善党委统一领导、党政齐抓共管、纪委组织协调、部门各负其责、干部群众支持参与的领导体制和工作机制。工作中，领导干部要以身作则、负起责任，对待问题要坚持原则、敢抓敢管，认真履行“一岗双责”。坚持把反腐倡廉建设与业务工作相结合，放在心上，抓在手上，共同部署，共同促进。

四、继续保持昂扬奋进的工作状态

近年来，虽然我们全系统共同努力，为首都经济社会的发展做出了积极的贡献，但形势的发展对我们提出了更高的要求，各级领导和人民群众对我们工作提出了更高的要求。面对繁重的工作任务和各方面的关切，我们要继续保持求真务实、真抓实干的优良传统和作风，锻造“国土精神”、“国土形象”。去年，在应对“7·21”特大自然灾害过程中，全系统快速反应、同心协力，各级领导干部、特别是分局的领导干部投身一线，深入灾害现场开展抢险救灾工作，为全市抢险救灾工作做出了贡献。这就是我们国土精神的具体体现。今年，我们要继续保持和发扬这种精神，进一步树立我们的国土形象，切实增强责任感和自觉性，鼓足干劲力争上游。要继续努力提高工作水平，全面掌握情况，加强分析研究，制定行之有效的措施，扎实推进。要继续改进工作作风，进一步规范工作流程，减少审批程序，提高办事效率。要继续强化服务意识，加强自身建设和服务创新，营造风清气正的工作氛围，让群众更加了解、理解我们的工作，让各委办局和区县政府更加支持我们的工作。

最后，我还要再强调一下关于切实落实中央改进工作作风，厉行节约，反对浪费的问题。1 月 24 日，我们专门学习传达了习近平同志关于厉行节约、反对浪费的重要批示和市委的通知精神，全局干部职工要坚决贯彻落实中央关于改进工作作风、密切联系群众的“八项规定”和“六项禁令”。要倡导节约简朴新风，按照我局细化的若干规定要求，改进文风会风，规范安排活动。要深入实际、深入基层，紧密联系群众、掌握突出矛盾、解决实际问题。春节将至各单位要切实落实通知精神，要持续抓好落实，不能“一阵风”，走过场。另外对于发生在身边、视而不见的事要引起注意，不能麻痹大意。

同志们，2013 年是全面贯彻落实十八大精神的开局之年，是实施“十二五”规划承前启后的关键一年，是为全面建设成小康社会奠定坚实基础的重要一年。我们要进一步振奋精神，凝聚力量，攻坚克难，扎实工作，完成好各项任务，为全面建成小康社会做出新贡献。

值此农历蛇年到来之际，我代表局党组，向全系统广大干部职工致以新春问候和良好祝愿！

深入学习贯彻党的十八大精神 扎实推进首都国土资源系统党风廉政建设和反腐败斗争

——在2013年国土资源工作会议暨党风廉政建设会议上的报告

北京市国土资源局纪检组长　周新华

（2013年2月5日）

同志们：

我受局党组委托，就全市国土资源系统党风廉政建设和反腐败工作报告如下。

一、2012年工作回顾

2012年，全市国土资源系统各级党组织，认真落实中央和市委市政府关于反腐倡廉建设的工作部署，深入开展党风廉政建设和反腐败工作，为推动首都国土资源事业科学发展提供了有力保障。主要表现在以下几个方面。

（一）开展国土资源重大决策部署落实情况的监督检查。全市各级国土资源部门紧紧围绕加快转变经济发展方式这条主线，以保障经济发展、改善民生为出发点和落脚点，加强监督检查，确保中央和市委市政府关于国土资源管理的决策部署落到实处。纪检监察、法制、审计等部门认真履行监督职能，采取效能监察、行政检查和执法监察等不同形式，加强了对行政许可、行政服务、行政执法事项的监督检查。特别是加大对保障性安居工程供地、重点村城市化建设、土地和矿业权市场管理、土地储备资金运行等事项的跟踪检查督导力度，为落实中央和市委市政府加强和改善宏观调控、耕地保护、规范和节约集约用地、改善民生等重大决策部署，起到了重要的保障作用。

（二）组织完成惩防体系建设牵头任务。认真开展2012年市里赋予我局的“严格执行征地补偿有关规定，强化征地拆迁监管”的惩防体系建设牵头任务，建立了征地补偿最低保护和协商机制，实现了全市所有征地项目的“带图作业”，完成了征地补偿区片指导价的制定工作。组织开展了征地拆迁工作专项检查，进一步规范了全市集体土地征收和拆迁工作。同时，各分局组织完成了所在区县赋予的惩防体系建设牵头任务。根据

《北京市建立健全惩治和预防腐败体系2008—2012年实施办法》和《任务分工表》，全面梳理了2008年以来我局承担的各项牵头任务完成情况，总结了牵头、协办、督导的工作经验，为实施惩防体系建设2013—2017年规划打下了扎实基础。

（三）认真落实教育和监督制度。组织全系统开展了党性党风党纪主题教育活动，进行了《深刻认识，强化意识，始终做到廉洁从政》等专题教育讲课，开展了保持党员、干部纯洁性“四查找四分析”活动；深入组织学习《廉政准则》，广泛开展廉政文化建设和廉政教育活动，局机关和各单位分别以组织干部职工参观北京市警示教育基地和反腐倡廉专题宣传展览、征集廉政格言、举办“清风国土”勤政廉政书法作品展览等形式，有效增强了党员干部的廉洁从政意识。严格执行领导干部述职述廉、廉政谈话、诫勉谈话等党内监督制度，认真落实《关于领导干部报告个人有关事项的规定》和《关于对配偶子女均已移居国（境）外的国家工作人员加强管理的暂行规定》等，全系统执行领导干部述职述廉442人次，处以上领导干部报告个人有关事项254人次，进行领导干部任前廉政谈话150人次，有计划安排了7名处级领导干部的经济责任审计。

（四）扎实推进廉政风险防控管理工作。制定了局廉政风险防控管理“三个体系”建设的工作实施细则，局处两级党政主要领导亲自动员部署，精心组织实施，有力推进工作开展，受到了市纪委领导的肯定和鼓励。梳理了局本级和各单位行政许可、行政服务、行政执法、其他政务管理、内部管理等5大类涉权事项，对应每一项职权事项，逐一编制了涉权事项权力运行流程图。将“三重一大”等涉及重要权力行使的内容列为集体决策事项，编制形成了局处两级领导班子的集体决策事项目录；落实了局本级和各分局领导班子成员分工中，主要领导不直接分管人、财、物的规定；加大信息化防控力度，大力推行权力网上运行，进一步完善了国土资源管理综合监管平台。制定了《北京市国土资源局重大项目安排和大额度资金使用相关问题的规定》等规范权力运行的制度，进一步完善了国土资源执法、国有建设用地出让地价确定、土地利用规划调整、土地整理立项等裁量权基准制度。目前全市国土资源系统“三个体系”建设的基本框架已经初步建立，对加强行政权力运行和干部队伍建设的监督管理起到了积极的促进作用。

（五）进一步加强政风行风建设。认真开展民主评议基层站所专项活动，建立健全民主评议基层站所工作机制，制定了《北京市国土资源局聘任政风行风社会监督员工作暂行办法》、《北京市国土资源局政风行风建设七项制度》等；开展了“对外服务承诺”征集活动，各单位围绕“廉政建设、依法办事、服务环境、履职效率、管理效能、服务效果”六个方面的民主评议内容，制定了服务承诺措施；推行了政风行风服务指标体系规范化做法，共聘请政风行风社会监督员65名，设立服务电话58部，意见箱53个，广泛听取群众意见，及时改进服务工作，有力提升了全系统政风行风建设水平。在已公布政风行风2012年评议名次的区县，国土分局排名均比较靠前。加大公务用车专项治理力度，清查认定违规车辆56辆，已全部按照市公务用车问题专项治理的有关要求处理完毕，制定完善车辆管理制度，自2012年1月起，实行了单车费用公示制度。针对群众信访反映的倾向性问题，严格规范纪检监察信访举报工作程序，严肃查办违规违纪案件线索，对个别党员干部存在的苗头性问题分别进行了函询或警示性诫勉谈话。

一年来，全系统党风廉政建设和反腐败工作取得了新成效，但也存在一些问题和不足。我们所面临的考验是长期的、复杂的、严峻的，国土资源供需矛盾日益突出，围绕土地、矿产开发利用的利益关系和国土资源管理的行政环境更加复杂，各级干部时刻面临着腐败与反腐败的严峻考验。个别党员干部经不住考验，2 名干部因受贿犯罪受到司法追究，教训十分深刻；少数党员干部宗旨意识淡薄、作风不实，存在慵懒散奢现象；权力运行的个别环节和部位，监督机制需进一步完善；一些党组织和纪检监察部门的执纪能力、监督能力有待加强。我们必须高度重视这些问题，采取有力措施认真加以解决。

二、2013 年主要工作任务

2013 年，是全面贯彻落实党的十八大精神和中央惩防体系建设 2013—2017 年工作规划的开局之年，做好首都国土资源系统党风廉政建设和反腐败工作意义重大。中纪委十八届二次全会、市纪委十一届二次全会和国土部党组已经对今年的党风廉政建设和反腐败工作做出了全面部署，我们要认真学习领会，切实抓好落实。2013 年，全市国土资源系统党风廉政建设和反腐败工作的总体要求是：深入学习和全面贯彻党的十八大和十八届中央纪委二次全会、十一届北京市纪委二次全会、全国国土资源系统党风廉政建设工作会议的部署和要求，以邓小平理论、“三个代表”重要思想和科学发展观为指导，紧紧围绕国土资源管理的中心任务，坚持党要管党、从严治党，严明党的纪律特别是政治纪律，坚持标本兼治、综合治理、惩防并举、注重预防方针，着力转变领导机关和领导干部作风，深入推进惩治和预防腐败体系建设，深化廉政风险防控管理，努力开创首都国土资源系统党风廉政建设和反腐败工作新局面。

（一）严明党的纪律，加强对中央和市委市政府关于国土资源重大决策部署落实情况的监督检查

各级党组织和广大党员干部特别是领导干部，要坚持把维护党章的权威性和严肃性作为严明党的纪律的核心要求，认真学习党章、严格遵守党章，对照党章认真查找和纠正党性党风党纪方面存在的问题，加强党性修养和党性锻炼，不断增强党员意识。深入开展政治纪律教育，促使广大党员干部坚定中国特色社会主义道路自信、理论自信、制度自信，在思想上政治上行动上同党中央保持高度一致，维护党的集中统一。纪检机关要把维护政治纪律放在首位，加强对以党章为核心的党内法规制度执行情况的监督检查。严格执行组织人事纪律，加强对干部选拔任用工作的监督，加大对拟提拔干部廉政考察的力度。

加强对中央和市委市政府关于国土资源重大决策部署落实情况的监督检查。要进一步加大转变经济发展方式监督检查力度，重点开展对土地和矿业权市场建设、耕地保护和节约集约用地、保障性住房和改善民生等决策措施落实情况的监督检查；加强对首都

新机场建设等重大工程建设供地任务落实情况的监督检查。各级党组织要加强组织领导，各级纪检监察机关要加强对业务责任单位履行职责情况的监督检查，严格实施问责，确保政令畅通。

（二）坚决落实中央和市委关于改进作风的要求，切实转变机关和干部作风

各级机关和领导干部要不折不扣地落实中央关于改进工作作风、密切联系群众的“八项规定”和市委实施意见，结合实际狠抓落实，切实改进文风、会风、学风、工作作风，着力整治慵懒散奢等不良风气，坚决克服脱离群众、形式主义、官僚主义，严肃处理不作为、乱作为等行为。开展以为民务实清廉为主要内容的党的群众路线教育实践活动，督促落实领导干部联系基层、下基层调研、定期接访下访制度。各级纪检监察机关要把监督落实上级关于改进工作作风的意见、措施和要求作为一项经常性工作，强化日常监督和纪律追究，对没有做到的要督促做到，违反规定的要责令整改，情节严重的要严肃处理并予以通报，切实在转变机关和干部作风方面取得明显成效。

严格执行关于厉行勤俭节约、制止奢侈浪费有关规定。加大“三公”经费支出公开公示力度，严格控制行政经费支出，严禁以各种名义用公款互相宴请和安排高消费娱乐活动。严肃整治公款旅游、违反规定购建装修办公用房和配置高档办公用品等行为。继续巩固公务用车专项治理、公款出国（境）旅游、“小金库”等专项治理工作成果，建立健全党政机关厉行勤俭节约长效机制。

（三）进一步健全完善廉政风险防控管理“三个体系”，继续推进国土资源管理制度改革

按照市纪委对试点单位的要求，今年，我局的廉政风险防控管理“三个体系”建设工作将进入健全完善阶段，这一阶段的主要任务是，进一步健全完善“三个体系”的工作制度和运行模式，实现全系统工作机制的统一规范。一是在权力结构科学化配置方面，要进一步完善各单位职权目录、集体决策事项目录和权力运行流程图，抓好廉政风险防控管理责任的分解落实，确保重点工作、关键环节的防控责任落实到岗、到人。加强标准制约机制建设，完善裁量权基准制度；二是在权力运行规范化监督方面，要进一步加大信息公开工作力度，完善信息公开方式，加强项目化管理，各单位要按要求确定上报项目化管理项目台账，制定专项防控工作方案并分时段进行评估、结项。要针对各项监督工作中发现的廉政风险苗头性、倾向性问题，建立并落实廉政风险信息采集制度和信息评估处置制度，化解廉政风险；三是在廉政风险信息化防控工作方面，要继续优化完善综合监管平台建设，规范网上办理电子流程，将业务审批流程中的风险防控措施嵌入综合监管平台，强化对行政审批事项网上办理的监督功能。扩充局二级监察平台与市级监察平台对接内容，实现面向社会公众的涉权事项廉政风险防控信息对接运行。运用信息化手段，及时评估分析廉政风险信息，预警处置廉政风险行为。各级党组织要把廉政风险防控管理工作作为一项政治任务，列入党政领导班子重要议事日程，纳入党风廉政

责任制考核和领导班子、领导干部工作目标考核的范围，切实加强组织领导，强力推进工作落实。

深化国土资源管理制度改革。进一步削减、调整和规范行政审批事项，提高行政审批的监管水平和公共服务质量。要通过深化改革和源头治理，推动解决一些反腐倡廉突出问题和深层次问题，以实际成效取信于民。提高制度的执行力，加强对制度执行情况的监督检查，建立健全制度执行监督和问责机制。

（四）深入推进惩防体系建设，强化对党员领导干部的教育和监督

中央将制订下发《建立健全惩治和预防腐败体系 2013—2017 年工作规划》，北京市也将研究制订具体的实施办法。我局要坚持把深入推进惩治和预防腐败体系建设放在更加突出的位置，紧紧围绕牵头任务，健全完善领导体制，明确工作目标要求，做好责任分解细化，加强督促检查考核，逐步完善具有首都国土资源系统特色的惩治和预防腐败体系基本制度框架。

切实加强教育监督工作。教育和监督工作是党风廉政建设打基础、管长远的一项长期性经常性工作，各级必须始终坚持长期抓、经常抓。一是深入开展理想信念、宗旨教育和廉政法规教育，重点加强党员领导干部从政道德教育和警示教育，领导干部特别是主要领导干部要深入一线带头抓教育。继续深化廉政文化创建活动，采取多种形式积极营造崇廉倡廉的浓厚氛围；二是加强对权力运行的制约和监督。认真落实党内监督条例，严格执行民主集中制，纪检监察机关要认真履行监督职责，加强对领导干部特别是主要领导干部行使权力的监督；三是继续推进党务公开、政务公开和政府信息公开，提高工作透明度，自觉接受群众和社会监督。

进一步加大查办案件工作力度，坚持有案必查、有腐必惩。严肃查办土地和矿产资源领域中滥用职权、贪污贿赂、腐化堕落、失职渎职的案件，严厉惩处利用审批权、执法权、项目管理权、大额资金支配权等以权谋私的行为，严肃查处国土资源部门工作人员的腐败问题。完善重要案件线索统一管理和排查制度，健全查办案件组织协调机制。深入剖析典型案件，强化查办案件的治本功能。对反映党员干部和领导班子的苗头性、倾向性问题，要及时运用信访监督等形式进行警示提醒，防止小错酿成大错；对反映失实的要及时澄清，保护党员干部干事创业的积极性。

（五）认真落实《廉政准则》，针对突出问题开展专项治理

各级领导干部既要严于律己，又要加强对亲属和身边工作人员的教育约束，认真落实《中国共产党党员领导干部廉洁从政若干准则》。纪检监察机关要加大对相关制度规定执行情况的监督检查力度，重点查处领导干部违规干预和插手市场经济活动，违规收送现金、有价证券和支付凭证，利用职权和职务影响为配偶、子女及其配偶以及其他亲属经商办企业提供便利条件，违规多占住房、明显低于市场价购房、违规买卖经济适用房或租赁廉租房等保障性住房等行为。严格规范领导干部离职或退休后的从业行为，坚

决纠正党员领导干部在廉洁自律方面存在的突出问题。要按照规定开展领导干部报告个人有关事项制度抽查核实工作。

深入开展纠风和专项治理。重点纠正违法违规办理征地等行政审批和服务事项、执法不严以及服务态度粗暴等问题，继续深化民主评议基层站所工作，规范服务窗口和基层国土所工作，重视发挥社会监督员作用，加大群众参与和监督力度。深入推进工程建设领域突出问题等专项治理。按照上级部署，集中开展市场中介组织突出问题专项治理。

（六）进一步加强组织领导，切实落实党风廉政建设责任制

坚决惩治和预防腐败，是各级组织和全体干部职工共同的任务，各级党组织和行政领导班子要担负起反腐倡廉建设的政治责任。要严格执行党风廉政建设责任制，党政主要负责人要认真履行第一责任人的职责，领导班子其他成员要认真抓好职责范围内的反腐倡廉工作，对不负责任、不抓不管导致发生重大违纪违法问题的，要严肃追究责任。要落实反腐败领导体制和工作机制，做到党委（党组）统一领导、党政齐抓共管、纪委组织协调、部门各负其责、依靠群众支持和参与，形成推进反腐倡廉工作的合力。

纪检监察机关承担着反腐倡廉建设的重要工作职责，要始终把加强自身建设作为一项基础性工程抓紧抓好。不断健全基层纪检监察组织，加强纪检监察干部的培训和实践锻炼，提高监督检查能力、执纪办案能力、组织协调能力和自身建设能力，全面加强思想政治建设、能力建设、组织建设和作风建设；全体纪检监察干部要坚定理想信念，严格要求自己，正确履行职责，强化信任不能代替监督的理念，严肃办案纪律，严肃工作作风，自觉维护纪检监察干部可亲、可信、可敬的良好形象。

同志们，抓好今年的党风廉政建设和反腐败工作，对于保证我们完成国土资源各项中心工作和提升干部队伍建设水平，意义重大，任务艰巨。我们要按照党的十八大和中央纪委、市委市政府、市纪委的部署要求，围绕中心、坚定信心，埋头苦干、扎实工作，不断取得党风廉政建设和反腐败斗争新成效，为推动全市国土资源事业科学发展做出新的贡献。

国土资源篇

土地资源管理

土地资源概况

【辖区范围】

北京市是中华人民共和国首都，地理坐标是，南起北纬39°28′，北到北纬41°05′，西起东经115°25′，东至东经117°30′。市域北接滦平、丰宁、赤城和承德等县（市）；西临怀来、涿鹿等县（市），南临涞水、涿州、永清、固安、廊坊及天津市的武清等县（市）；东与大厂、香河、三河、兴隆和天津市的蓟县等县（市）为邻。

北京市位于华北平原西北隅，地势西北高，东南低，海拔最高处2303米，最低处仅为10米。西部山地属太行山脉；北部山地属燕山山脉，与内蒙古高原相连；东北与松辽大平原相通，东南面向华北平原，距渤海仅约150公里；往南与黄淮海平原连片。北京市平原的海拔高度在20至60米，山地一般海拔1000至1500米。境内主要河流有永定河、潮白河、北运河、拒马河、泃河等，均属海河水系，其中永定河斜贯本市西南部，是北京地区的最大河流。

北京市下辖14个区、2个县，辖区总面积16410.537平方公里（1641053.7公顷），地类数据详见表2-1。

表2-1 北京市各地类数据汇总表

地类		面积（公顷）
合计		1641053.7
农用地	小计	1095981.0
	耕地	231688.2
	园地	119926.0
	林地	687078.0
	牧草地	2043.1
	其他农用地	55245.7

续表

地类		面积（公顷）
建设用地	小计	337715.1
	居民点及工矿	278821.3
	交通运输用地	32585.9
	水利设施用地	26307.9
未利用地	小计	207357.6
	未利用地	174774.7
	其他土地	32582.9

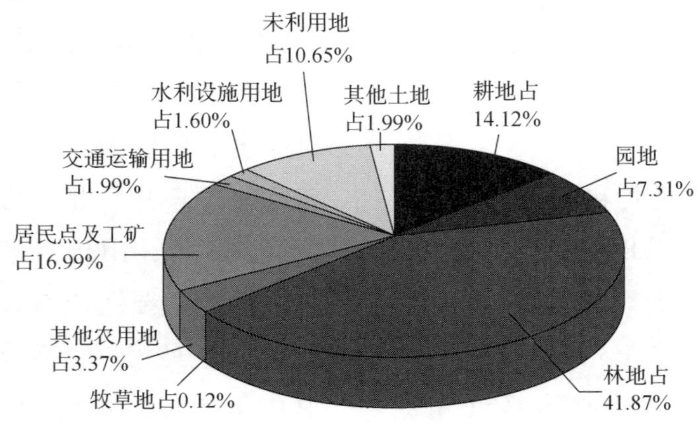

图 2-1　北京市各地类比例图

土地利用规划

【总体规划】

1. 完成乡（镇）级土地利用总体规划修编。

年内，北京市14个区（县）的区乡两级土地利用总体规划（除朝阳区乡镇级规划已报市政府待批外）获得市政府批准。

2. 完成区（县）乡土地利用规划数据库审查汇交工作。

年内，根据国土资源部（简称国土部）相关文件要求和工作部署，市国土局推进并完成14个区（县）的区（县）乡两级土地利用总体规划数据库审查及汇交工作，并通过国土部规划司的技术审查。区（县）乡数据库相关成果纳入市国土局综合监管平台管理供市国土局系统使用。

3. 完成区（县）乡土地利用总体规划宣传。

年内，制定印发《区县级土地利用总体规划公告及宣传技术要求》、《乡镇级土地利用总体规划公告及宣传技术要求》及《规划成果备案有关要求》，规范土地利用总体规划公告及宣传工作使用的公告文本及图件等。

4. 开展土地利用总体规划实施评价工作。

年内，根据《国务院关于北京市土地利用总体规划的批复》（国发函〔2009〕116 号）及市政府对各区（县）级规划的批复精神，全面分析总结 2011 年度土地利用变化和规划执行情况，对全市及各区（县）年度土地利用规划和管理存在的问题提出解决方案和政策建议。

【专项规划】

按照国土部、农业部有关文件精神和市国土局的有关要求，北京市于 2011 年启动市区乡三级基本农田保护区专项规划（简称专项规划）编制工作，开展大兴区和延庆县专项规划试点工作。年内，市国土局制定印发《北京市市区（县）乡三级基本农田保护区专项规划编制技术指导意见》，指导各区分局的专项规划编制。

年内，顺义区专项规划获得市国土局正式批复；平谷区规划成果通过专家部门联审会。怀柔区规划成果正式上报审查。丰台、通州、大兴、延庆等区（县）规划成果进入征求意见阶段。海淀、密云、昌平、房山、门头沟等区（县）正在加快推进相关工作。

【土地利用年度计划】

按照“控制总量、节约用地”的原则，结合近几年北京市土地利用年度计划实施情况及 2013 年经济社会发展对土地利用的需求预测，充分与《北京市土地利用总体规划（2006－2020 年）》、《北京市“十二五”时期土地资源保护与开发利用规划》等相关规划进行衔接，编制完成《北京市 2013 年土地利用计划（草案）》（简称《计划（草案）》）。在对北京市土地利用现状、建设用地特点和历年新增建设用地占用农用地、耕地比例关系深入分析的基础上，《计划（草案）》建议 2013 年新增建设用地指标控制在 2700 公顷，其中农转用指标 2400 公顷，耕地指标 1400 公顷，经市政府批准后上报国土部。

【土地利用规划实施管理】

1. 建设用地预审。

年内，印发《北京市国土资源局关于进一步规范建设项目用地预审工作的规定（试行）》（京国土规〔2013〕68 号），进一步明确预审工作的工作原则、预审范围、工作权限、预审程序、审查内容以及监督检查等 7 个方面的内容；进一步明确了建设项目用地预审审查的核心内容，要求重点审查是否符合土地利用总体规划，以及是否符合保护耕地、节约用地两项基本国策；进一步明确建设项目用地预审的工作标准，并就工作程序以及相关办理格式、文字表格进行统一规范。

截至年底，全市共批复建设用地预审项目 1022 件，用地总规模 9634.78 公顷，其中农用地 3669.85 公顷，耕地 1686.2 公顷，建设用地 5720.91 公顷，未利用地 244 公顷。

2. 规划实施评估。

为实现土地利用总体规划实施的动态管理和监控，对 2011 年规划实施基本情况进行全面分析，查找规划实施中存在的问题，针对规划实施评价情况提出对策建议。

通过对新一轮市级土地利用总体规划实施评估，此轮规划为北京市争取了更大的发展空间，支撑了经济社会平稳较快发展。保障了重点功能区、三大设施建设和保障性安居工程用地需求，保障经济社会发展，改善了民生，提高城市服务水平；体现首都功能定位，优先保障中央党政军用地；各区域土地供应用途逐步优化，引导了区域土地功能的完善、优化；建设用地节约集约用地水平不断提高，经济发展方式逐渐转变；耕地和基本农田保护逐步加强；规划实施各项机制日趋健全。

规划实施取得社会、经济、生态效益，但仍存在问题：耕地快速减少和补充能力不足并存，保护形势严峻；全市城乡建设用地突破规划目标；未批先建占用新增问题突出；平原地区土地生态建设尚需强化；制度体系需进一步完善。

土地供应

【年度土地供应计划编制】

年内，根据《国有建设用地供应计划编制规范》要求，结合《北京市国民经济和社会发展第十二个五年规划纲要》、《北京市 2011 - 2015 年度国有建设用地供应计划》和市政府本年度工作部署，市国土局会同市发展改革委、市规划委共同编制《2012 年度国有建设用地供应计划》并正式公布实施，印发《关于印发北京市 2012 年度土地供应计划的通知》（京国土调〔2012〕142 号）并正式实施。

国有建设用地供应总量控制在 5700 公顷左右，新增建设用地严格控制在 2800 公顷以内，鼓励和引导利用存量建设用地 2900 公顷左右。

土地供应总量按用途类型分：交通运输用地 1100 公顷，水域及水利设施用地 80 公顷，特殊用地 170 公顷，公共管理与公共服务用地 1200 公顷，工矿仓储用地 1100 公顷，住宅用地 1700 公顷，商服用地 350 公顷。

土地供应总量按空间结构分，首都功能核心区和生态涵养发展区的土地供应量不高于全市土地供应总量的 20%，城市功能拓展区和城市发展新区的土地供应量不低于全市土地供应总量的 80%。其中，规划新城范围内土地供应量占土地供应总量的 60% 以上，重点新城规划范围内土地供应量约占土地供应总量的 20%。

【年度供应计划实施】

1. 土地供应总量有所下降。

本年全市实际供应土地总量 4115 公顷，年内完成国有建设用地供应计划的 72%，与 2011 年相比下降 22%，符合宏观经济运行下行预期，基本满足首都经济社会平稳较快发展和民生用地需求。本年国有建设用地供应计划执行情况详见图 2-2。

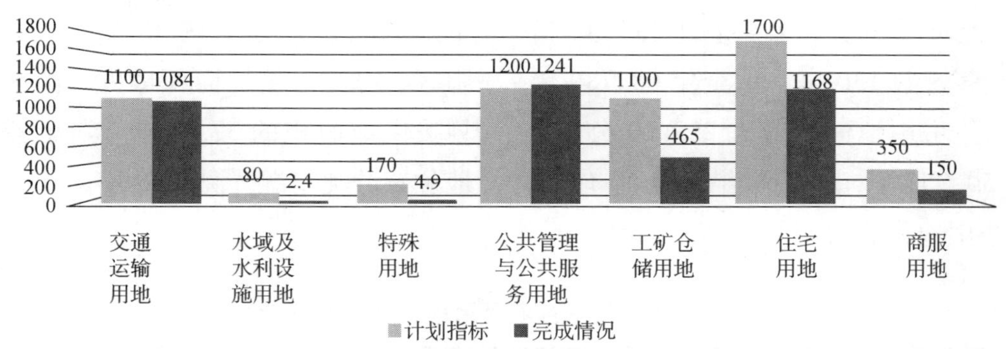

图 2-2 北京市 2012 年国有建设用地供应计划执行情况（单位：公顷）

2. 足额保证保障性安居工程用地供应。

本年，全市房地产用地供应突出民生用地优先。受国家房地产宏观调控政策影响，上半年土地市场低迷，普通商品住房用地配建保障性安居工程用地市场接受程度低，优先优质安排保障性安居工程用地供应，足额完成 850 公顷保障性安居工程用地供应任务，保证中央下达全市保障性安居工程建设任务用地落实。

3. 公共管理和公共服务用地、交通运输等基础设施用地按计划执行。

全市公共管理和公共服务用地供应 1241 公顷、完成计划 103%，交通运输用地供应 1084 公顷、完成计划 99%，两项用地量占到土地供应总量的 56%，保障轨道交通、高速公路、城市道路、基础能源设施建设等的用地需求。

4. 商品住宅、工矿仓储和商服等经营性用地供应下降明显。

全市商品住宅用地实际供应 318 公顷、完成计划的 37%，工矿仓储用地 465 公顷、完成计划的 42%，商服用地 150 公顷、完成计划的 43%，符合宏观经济运行、房地产调控预期及土地市场运行态势。

【国有土地使用权划拨】

1. 划拨城镇建设用地情况。

自 2011 年 3 月 1 日起，北京市实施国土部《划拨用地目录》细则范围内的用地由各区（县）政府审批，其中涉及中央国家机关及其直属单位、驻京部队以及跨区的建设项目的用地仍由市政府审批。本年共办理划拨城镇建设用地 189 宗，总用地面积 449.84 公顷。本年划拨土地按用途分类情况详见表 2-2。

表 2-2 2012 年按划拨土地用途分类统计表

项目类型	宗数（宗）	比例	面积（公顷）	比例
经济适用住房用地	48	25.40%	229.20	50.95%
公共管理与公共服务用地	130	68.78%	196.69	43.73%
特殊用地	3	1.59%	4.89	1.09%
交通运输用地	7	3.70%	16.67	3.70%
水域及水利设施用地	1	0.53%	2.38	0.53%
总计	189	100.00%	449.84	100.00%

按用地项目分类，公共管理和公共服务宗数最多，共 130 宗，占全年 68.78%；经济适用住房用地面积最大 229.20 公顷，占全年 50.95%；审批项目涉及所有区（县），按用地位置分类，大兴、海淀、昌平宗数较多，分别达 33、31、22 宗，朝阳区、海淀区供地面积最大，两区占全年划拨供地面积的 37.64%。本年各项目用地位置分类情况详见表 2-3。

表 2-3　2012 年按各项目用地位置分类统计表

区县	宗数（宗）	比例	用地面积（公顷）	比例
东城区	1	0.53%	0.57	0.13%
西城区	5	2.65%	3.09	0.69%
朝阳区	11	5.82%	85.35	18.97%
丰台区	18	9.52%	55.32	12.30%
石景山区	4	2.12%	4.06	0.90%
海淀区	31	16.40%	83.99	18.67%
门头沟区	10	5.29%	19.62	4.36%
房山区	11	5.82%	34.75	7.72%
通州区	10	5.29%	12.29	2.73%
顺义区	15	7.94%	26.38	5.87%
昌平区	22	11.64%	36.43	8.10%
大兴区	33	17.46%	62.61	13.92%
怀柔区	4	2.12%	11.11	2.47%
平谷区	4	2.12%	5.44	1.21%
亦庄开发区	1	0.53%	0.39	0.09%
密云县	5	2.65%	2.62	0.58%
延庆县	4	2.12%	5.83	1.30%
总计	189	100.00%	449.84	100.00%

【国有土地使用权出让】

1. 国有土地使用权协议出让情况。

本年北京市共协议出让土地 310 宗（包括现状经营性用地补办出让手续、教科文卫用地等），出让土地总面积约 618.9427 公顷，合同地价款总额为人民币 45.9199 亿元（表 2-4）。其中协议出让新建项目用地 74 宗，出让土地面积约为 232.5389 公顷，占协议出让总土地面积的 37.6%，合同地价款总额约为人民币 22.6312 亿元，占协议出让地价款总额的 49.3%；以现状补办出让项目用地 236 宗，出让土地面积约 386.4038 公顷，占出让总土地面积的 62.4%，合同地价款总额约为人民币 23.2887 亿元，占全市协议出让地价款总额的 50.7%。

表 2-4　北京市国有土地使用权协议出让情况（按用途划分）

		宗地数	面积（公顷）		规划建筑面积	成交价款（万元）
				新增		
甲		1	2	3	4	5
合　计		310	618.9427	358.6507	867.2069	459199.1800
商服用地		150	70.4380	33.8396	157.6838	171334.49
工矿仓储用地		61	247.0452	49.8145	92.1650	50490.31
住宅用地		54	194.2692	185.7564	453.0787	142403.97
其中	高档住宅用地					
	普通商品住房用地	35	34.8534	26.5822	102.2861	40278.86
	中低价位、中小套型用地					
	经济适用住房用地					
	廉租住房用地					
	其他住房用地	19	159.4158	159.1742	350.7926	102125.11
公共管理与公共服务用地		45	107.1903	89.2402	164.2794	94970.41
特殊用地						
交通运输用地						
水利设施用地						

2. 土地交易市场招拍挂。

（1）土地市场供应。

年内，市土地交易市场和 10 个远郊区（县）、北京经济技术开发区土地交易分市场共成交土地 169 宗，土地面积 1340.4 万平方米，规划建筑面积约 1722.22 万平方米，成交价款 670.61 亿元，其中，政府土地收益 238.09 亿元。

上半年受宏观经济形势影响，土地市场需求量明显降低。下半年逐渐加大经营性用地供应力度，通过加快住宅用地供应节奏、提高竞买保证金支付比例、严格控制单宗用地出让规模和总价、适时加大在商品住宅用地中配建保障性住房面积比例等措施，确保土地市场平稳运行。

（2）国有建设用地使用权交易。

年内，市土地交易市场和 10 个远郊区（县）、北京经济技术开发区土地交易分市场共成交土地 169 宗，土地面积 1340.4 万平方米，规划建筑面积约 1722.22 万平方米，成交价款 670.61 亿元，其中，政府土地收益 238.09 亿元。

国有建设用地使用权入市交易成交情况详见表2-5、国有建设用地使用权入市交易成交情况（按用途分类）详见表2-6、国有建设用地使用权入市交易成交情况（按区域分类）详见表2-7。

表2-5　2012年北京市国有建设用地使用权入市交易成交统计表

交易地点	成交宗数（总）	土地总面积（万平方米）		规划建筑面积（万平方米）	成交价款（亿元）
		合计	其中建设用地		
市土地交易市场	64	553.3	347.91	777.91	573.47
远郊区(县)土地交易市场	105	787.1	647.26	944.31	97.14
合计	169	1340.4	995.17	1722.22	670.61

表2-6　2012年北京市国有建设用地使用权入市交易成交统计表（按用途分类）

	合计	住宅用地	商业用地	工业用地
面积（公顷）	1340.4	444.29	178.38	717.73
结构比例	100.00%	33.15%	13.31%	53.55%

表2-7　2012年北京市国有建设用地使用权入市交易成交统计表（按区域分类）

区域	面积（公顷）	比例
首都功能核心区	9.31	0.69%
城市功能拓展区	78.23	5.84%
城市发展新区	1053.69	78.61%
生态涵养发展区	199.17	14.86%
合计	1340.4	100.00%

【落实重点项目、保障性住房建设用地供应】

本年按照绿通项目审批程序，对受理的涉及保障性住房项目，采取一系列制度、措施，保障项目供地手续办理。落实督办、周报制度，项目受理单独登记、督办，项目办理情况每周报进展。缩减审批时限，对涉及保障性住房的项目的审批时限均进行缩减，先按地价评审办公室建议价格签订土地出让合同，待地价标准审核后，再按规定调整地价款，缩短地价评审30个工作日。

年内，办理保障房项目出让53件（不含招拍挂出让项目配建）、出让宗地面积128公顷；办结中央在京单位项目22件、宗地面积54公顷；办结产业用地项目24件、宗地面积78公顷。

继续优先保障各类保障性安居工程用地供应，本年实现保障性安居工程用地供应850公顷。

【土地出让项目批后监管】

继续完善出让项目后期跟踪管理的制度、流程，充分利用科技手段，协同相关部门，把跟踪管理工作逐步纳入制度化、日常化管理的轨道，形成市、区（县）分工合作机制。

年内，向各区（县）分局印发《北京市国土资源局关于开展建设用地开发利用情况专项调查工作的通知》，对北京市2007年1月1日－2011年12月31日间签订国有建设用地使用权出让合同的新建项目用地和2006年12月31日前签订国有建设用地使用权出让合同中历史遗留的涉嫌闲置的项目用地进行调查，通过调查结果和前期建设用地开发利用情况申报工作收集的项目宗地开、竣工数据成果向国土部监管系统进行更新，完成300余宗（包括交地、开工、竣工信息等约700条数据）用地的开发利用情况的填报工作。

【出让土地批后监管系统建设】

根据2010年《关于加强土地出让合同批后监管的通知》要求，开发建设基于北京市国土局政务系统的出让土地批后监管平台，取代原出让土地批后监管系统。新“出让土地批后监管系统”原则可实现季度频次监测、地块影像资料可纵向对比、成果可视化、查询统计等原有功能；可与市国土局政务系统衔接，出让合同签订后，市国土局、各区（县）国土分局可以实时共享信息。出让合同变更数据，如出让面积、价款以及建设延期后的开竣工时间可以同步到此监管平台，不再人工查对；可适应批后监管市、区（县）分工合作机制要求，市国土局、各区（县）国土分局可以按照系统权限分工进行相关操作；可将建设用地开发申报工作调整入监管系统。

上半年，基本完成批后监管系统建设，并选择5个区（县）分局对该系统进行测试和试运行，对试运中的问题及时进行修改和调整。年内，批后监管系统通过专家验收。

【配合落实国土部第53号令】

年内，根据国土部正式印发《闲置土地处置办法》（部令第53号），市国土局认真贯彻落实，加强调研，深入研究，并与国土部多次沟通，先后采取多项措施。重点就涉嫌闲置和违约的项目在办理土地出转让相关问题进行研究，并形成材料报国土部备案。同时按照国土部要求，起草了对闲置土地处置中各类文书格式的修改意见，上报国土部。

地价管理

【城市地价动态监测】

1. 北京市地价监测基本情况。

北京市地价动态监测分国家级监测范围及市级监测范围，国家级监测范围为城市建成区及工业集聚区内的居住、商业、工业三种用途，市级监测范围为11个规划新城内居住、商业、办公3种用途。国家级监测范围内标准宗地共257宗（居住105宗、商业91宗、工业61宗），市级监测范围内标准宗地共241宗（居住55宗、商业53宗、办公133宗）。北京市共55家土地估价机构的233名土地估价师参与地价监测工作。标准宗地信息采集仍然采取同1宗地由2名估价师背对背分别评估的方式进行。地价监测结果客观地反映北京市土地价格水平及地价变化情况，对于政府部门全面、系统、及时地掌握地价水平及动态变化情况，宏观调控土地市场提供参考依据。本年地价监测标准宗地详见表2-8。

表2-8　北京市2012年地价监测标准宗地

土地用途	居住	商业	综合	工业	合计
国家级监测	105	91	—	61	257
市级监测	55	53	133	—	241
总　计	160	144	133	61	498

2. 本年北京市地价监测结果。

以2001年地价指数100为基准，本年北京市平均定基地价指数为278，较2011年上涨3个百分点。居住用途地价指数为379，较2011年上涨3个百分点；工业用途地价指数为220，较2011年上涨7个百分点；商业用途地价指数为234，较2011年上涨2个百分点。本年地价动态监测指数对比情况详见表2-9，本年国家级监测范围各用途地价水平值及增长率情况详见表2-10。

表2-9　北京市地价动态监测指数对比（年度）

年度	2011年（%）	2012年（%）
全市平均水平	275	278
住宅用地	376	379
工业仓储用地	213	220
商业、旅游、娱乐用地	232	234

表2-10　2012年1－4季度北京市国家级监测范围各用途地价水平值及增长率

土地用途	2012年一季度		2012年二季度		2012年三季度		2012年四季度	
	地价水平值（元/平方米）	环比地价增长率	地价水平值（元/平方米）	环比地价增长率	地价水平值（元/平方米）	环比地价增长率	地价水平值（元/平方米）	环比地价增长率
居住	13467	-0.04%	13456	-0.08%	13455	-0.01%	13587	0.98%
商业	12804	0.13%	12819	0.12%	12856	0.29%	12944	0.68%
工业	1527	0.46%	1546	1.24%	1555	0.58%	1569	0.90%
平均	8988	0.02%	8990	0.02%	8998	0.09%	9080	0.91%

【地价评审】

年内，召开地价办公室会 37 次，初审地价评估报告 480 余份；召开地价评审专家会 9 次，审定项目 453 个。

【年度地价纪录】

截至年底，全市共有 1508 宗 13051.15 万平方米土地入市成交，成交价款为 5969.82 亿元，其中政府土地收益 2780.07 亿元。2001 －2012 年国有建设用地使用权入市交易成交情况详见表 2-11。

表 2-11　2001 －2012 年北京市国有建设用地使用权入市交易成交统计表

年度	成交宗数	交易类型			土地面积(万平方米)		规划建筑面积（万平方米）	成交价款（亿元）	
		招标	拍卖	挂牌	合计	其中建设用地		合计	其中政府收益
2001	1	1	0	0	13.97	13.97	14.14	3.17	0.59
2002	8	2	1	5	250.48	174.79	331.26	61.35	14.93
2003	48	3	1	44	201.7	158.7	277.87	49.14	19.05
2004	89	4	0	85	537.92	403.53	609.51	115.31	32.85
2005	50	2	0	48	357.39	242.12	451.97	117.51	39.31
2006	87	29	1	57	856.2	594.96	935.05	257.67	92.11
2007	85	41	0	44	897.92	600.63	1233.01	438.1	204.34
2008	184	26	0	158	1573.43	1110.19	1810.43	500.12	170.82
2009	250	20	1	229	1965.16	1385.27	2391.19	966.28	556.76
2010	280	81	0	199	3012.04	2070.15	3350.46	1677.27	948.05
2011	257	52	0	205	2044.54	1447.75	2481.32	1113.29	463.17
2012	169	27	0	142	1340.4	995.17	1722.22	670.61	238.09
合计	1508	288	4	1216	13051.15	9197.23	15608.43	5969.82	2780.07

土地储备

【土地储备计划编制及实施】

本年计划完成开发面积 2800 公顷；用途结构上，居住用地、商服及其他用地各占 65%、35%；空间布局上，中心城和规划新城占 65%；计划安排土地储备开发投资 900 亿元。重点加快推进在施项目消化，严格控制新增土地储备开发项目，除市政府重点工程、保障性住房、存量建设用地盘活等重点项目外，原则上不新增项目。同时优先保证市政府重点工程、城乡结合部建设和定向安置用房等用地的储备开发。

核批土地一级开发授权批复 61 个（含延期），土地总面积 3273 公顷。全市新增土地储备开发面积 1035 公顷，基本完成土地储备开发面积 2755.02 公顷，实现土地储备开发投资及重点区域专项投资 955 亿元。本年土地储备开发完成区域分布情况详见表 2-12。

表 2-12　2012 年土地储备开发完成区域分布

区域	完成开发面积（公顷）	比例
首都功能核心区	9.4	0.35%
城市功能拓展区	833.43	30.25%
城市发展新区	1355	49.18%
生态涵养发展区	557.19	20.22%
合计	2755.02	100.00%

【政府土地储备】

年内，新增收购储备项目 7 个，土地面积 22.83 公顷。组织办理储备土地证宗地 28 宗，土地面积 270 公顷。

【土地储备资金筹措】

年内，筹措市级土地储备开发项目资金 431.4 亿元，其中银行贷款 253 亿元，委托贷款 12 亿元，信托贷款 35.3 亿元，市财政返还前期成本 110 亿元，市财政拨付国有土地收益基金 20 亿元，利息及其他收入 1.1 亿元。

【征（占）地审批】

1. 征（占）地及农用地转用审批情况。

年内，国务院及北京市政府共审批农用地转用、集体土地征收（征占）总用地面积约 4543 公顷，其中国务院批准用地面积约 1246 公顷，北京市政府批准用地面积约 3297 公顷。为地铁 8 号线二期平西府车辆段、10 号线二期五路综合交通站、沙阳路（颐阳路－八达岭高速公路西辅路）改建、双大路一期（双塘涧－柏峪村）道路、南水北调配套工程大宁调蓄水库等市政基础设施工程，轨道交通 S1 线门头沟沿线、L2 线通州沿线、未来科技城、雁栖湖生态发展示范区、中关村临空国际高新技术产业基地土地一级开发等重点项目落地提供保障。

2. 征地管理。

全面推行征地网上审批。全市所有征（占）地及农用地转用项目实施“一张图”带图作业，明确审核要点，统一审查内容，规范报批流程，实现在国土部“批、供、用、补、查”系统中审批数据共享。

进一步加强征（占）地及农用地转用管理、规范建设用地报批等工作，对征地报批材料表单进行修订。11 月 22 日，市国土局印发《关于规范建设用地报批等有关问题的通知》（京国土征〔2012〕565 号），要求区（县）分局在受理建设项目用地申报后，重点对项目用地是否符合规划、地类面积是否准确、权属界限有无争议、征地补偿标准是否符合法律规定、征地程序是否合法、是否开工等情况进行审查，并拟定审查意见，作为征地报批材料上报。

完善健全征地程序。解决制约宅基地项目农用地转用报批进度的问题，会同相关部门研究行政审批流程，本着既依法依规，又切实可行，既有利于加快项目报批进度，又确保农民根本利益的原则，调整简化报批材料，明确宅基地项目农用地转用审批程序。

【征地补偿】

1. 积极开展征地补偿多元化试点。

积极稳妥推进留地安置、实物补偿等征地补偿多元化补偿安置方式，在未来科技城、轨道交通 S1 线等具备条件的土地一级开发、重点基础设施项目中采取实物补偿方式，既保护被征地农民合法权益，又加快重点工程用地尤其是基础设施项目建设用地进度。在 50 个挂账村整治项目中采取“一村一策”的补偿安置方式，切实给农村集体经济组织和农民预留产业发展空间，保障其长远生计。

2. 做好征地信息主动公开。

切实做好征地补偿方案、补偿标准、补偿结果等几个环节的信息公开工作，全市建设项目征地批复率先实现网上主动公开。9 月 27 日，市国土局印发《关于推进征地信息公开有关工作的通知》（京国土征〔2012〕489 号），要求区（县）分局将征地公示、征地公告、征地结案在外网及市政府信息公开系统上予以公开。

【土地利用年度计划执行情况】

年内，国土部下达含奖励北京市新增建设用地指标为 3190 公顷，其中农用地 2870 公顷，耕地指标 1670 公顷。北京市安排使用本年度新增建设用地指标 2893 公顷，农转用指标 2672 公顷，耕地指标 1179 公顷。

耕地保护

【耕地和基本农田保护】

组织召开本年北京市耕地保护工作暨培训会议，研究确立以保护耕地资源为中心，以土地综合整治为平台，以提升耕地质量为重点，以机制创新为支撑的耕地保护工作思路；组织区（县）政府完成 2011 年度耕地保护责任目标履行情况自查工作；组织完成市、区（县）、乡（镇）三级本年度耕地保护目标管理责任书签订工作，以及全市 2011 年度省级政府耕地保护责任目标履行情况自查工作；编制完成《大兴区耕地质量等级监测试点工作方案》，对大兴区农用地分等级以来新增耕地进行评定，全面掌握大兴区数量、质量及粮食产能的变化情况，并初步形成大兴区耕地质量等级监测体系；编制完成《北京市农用地分等成果完善实施方案》和《北京市农用地分等成果完善技术方案》，形成北京市耕地质量等级补充完善初步成果，并上报国土部审核；组织拟订并印发《关于涉嫌非法占用耕地案件有关鉴定事项的通知》（京国土耕〔2012〕234 号），进一步完善耕地破坏程度鉴定工作机制，加大对非法占用耕地案件的查处力度。

【耕地占补平衡】

按照国家和北京市“占补平衡”的相关规定，前置补充耕地方案审核工作，规范项目实施，全面落实占补平衡任务，推进保障性安居工程、未来科技城、国家地理信息产业园等国家和北京市重点工程的顺利落地；完善耕地补偿指标分配机制，调动区（县）政府开展土地整治和参与指标有偿转让的积极性，促进北京市现有耕地指标的充分高效利用；初步研究耕地易地占补平衡问题，着力克服北京市耕地后备资源少、开发整理难度大等困难，促进全市耕地补充指标的统筹安排使用和占补平衡任务全面落实。

【土地综合整治】

本年批准土地开发整理项目立项 16 个，建设规模 12.89 万亩，计划新增耕地 0.97 万亩；完成项目竣工验收 25 个，建设规模为 8.78 万亩，新增耕地 1.22 万亩；在施项目总数 132 个，正按项目实施计划有效推进；加快推进土地整治规划编制，印发《北京市国土资源局关于开展区县级土地整治规划编制工作的通知》（京国土耕〔2012〕181 号），同步开展市、区（县）两级土地整治规划编制工作，并完成《北京市土地整治规划（2011－2015）年》编制；印发《北京市国土资源局关于开展高标准基本农田建设工作的通知》（京国土耕〔2012〕107 号）、《北京市 2012 年高标准基本农田实施方案》，印发《关于开展高标准基本农田建设的意见》；组织各区（县）国土分局签订《北京市年度高标准基本农田建设责任书》，建立月报工作制度，完成本年 30 万亩高标准基本农田建设任务。

【集体建设用地管理和新农村建设】

继续规范集体建设用地审批和备案管理工作。审核乡（镇）企业和乡（镇）村公益事业占用现状农村集体建设用地项目 3 宗，占地 13.51 公顷；指导区（县）审批并备案农村宅基地 247 宗，占地 4.2661 公顷；备案平谷、密云、顺义、门头沟、昌平、延庆、房山等区（县）上报的农村道路用地 49 条；指导海淀、平谷、怀柔和房山等区（县）审批和备案设施农业项目用地 21 宗。

推进新农村和小城镇建设。继续推进集体建设用地租赁房试点工作，经报市政府批准同意，先后启动海淀区唐家岭地区、海淀区温泉镇 3－3 街区 351 地块、朝阳区平房乡平房村和海淀区西北旺镇 021 地块等 3 批 4 个试点项目，共涉及集体建设用地 37.98 公顷，总面积约 96.465 万平方米的租赁住房；组织拟订《北京市利用农村集体土地建设租赁住房试点实施意见（试行）》，不断完善试点政策措施；将北京市利用农村集体土地建设租赁住房试点，作为本年市国土局参与市级国家行政机关绩效管理创新创优的唯一申报项目，完成相关考评工作。

针对“7·21”特大自然灾害对北京市部分区（县）造成的严重灾害，认真研究灾毁土地整治复垦、灾毁土地生产能力恢复，以及险村搬迁用地等方面的扶持政策；加强农村拆迁上楼、集体土地集约利用和产业升级的相关用地政策措施研究，全力支持北京市42个重点小城镇、城乡结合部50个重点村和12个市级新型农村社区试点建设工作，优化农村集体产业用地的空间布局，提高集体建设用地利用效率。

地籍管理

【土地调查】

补充和完善2011年度土地利用变更调查成果，完成2011年度变更调查成果资料汇编。

开展2013年度变更调查与动态遥感监测工作。在完成季度遥感监测工作的基础上，按照国家下发的遥感影像数据，查清北京市本年土地利用变化的情况，包括新增建设用地、耕地变化等情况，更新土地利用现状数据库，涉及地类变更的土地面积为4772.98公顷。

开展城镇土地数据更新汇总，共完成北京市16个区（县）289个街道（乡、镇）161828.53公顷的城镇土地更新与汇总。

【地籍调查】

本年城市市区应完成地籍调查面积1104.43平方公里，完成率100%；建制镇147个，应完成地籍调查面积为515.88平方公里，完成率100%；行政村3954个，应完成地籍调查面积为1150.55平方公里，已完成了555.71平方公里，完成率48.3%。

截至年底，北京市现有土地权属争议534件（含本年度受理373件），各区（县）分局已累计处理土地权属争议2247件，其中本年处理1118件（含本年受理本年处理627件）。

受理地籍资料公开查询达4126次，累计受理公开查询18545次。

【农村集体土地确权登记颁证】

年内，组织开展对乡（镇）干部、区（县）颁证办工作人员、测绘队伍进行政策及操作程序的培训。先后多次商请市区文物部门，市交通委、路政局、水务局、国资委，北京铁路局、北京卫戍区及北京武警总队等单位召开协调会，大力推动发证工作。同时在落实市颁证办《关于进一步加强农村集体土地所有权权属争议调处工作的通知》工作中，组织“争议调处月活动”，市区两级按照分级协调处理的原则，充分发挥乡（镇）作用，建立“条块结合、部门联动”的协调处理机制。按照国土部下发的《农村集体土地所有权确权登记发证成果检查验收办法》要求，制定印发北京市的检查验收办法。本年全市涉及13个区（县），195个街道（乡、镇），3958个行政村，调查农村集体土地所有权24610宗，面积1286227.76公顷，确权登记23252宗，发证率达到94.48%，圆满完成发证率达到90%的既定目标。

【土地权属管理】

协调系统内外关系，进一步统一政策口径，妥善处理和调解各种权属纠纷，化解社会矛盾。完成中石化与金隅集团轻型建材公司之间、中旅大厦与北京衬衫厂之间的权属争议案件的调处工作。协调解决市药监局、北汽集团所属企业重点项目确权发证问题。落实市国土局《权属审查办法》，处理信访事项，按时办结信访和信访复核。

【土地登记】

在坚持土地登记季度检查制度的同时，加大土地登记规范化的软件、硬件建设，确保日常土地登记工作的规范有序。落实国土部《关于规范土地登记的意见》精神，年内，制定印发《北京市国土资源局储备土地登记办法》（京国土籍〔2012〕633号）和《北京市国土资源局关于进一步规范土地登记工作的通知》（京国土籍〔2012〕634号），并组织专项培训。认真落实市国土局重大项目服务工作，积极支持和配合完成市保障房用地土地登记办理和中央在京单位和驻京部队的土地登记相关工作。办结市十三届人大五次会议第0817号代表建议会办件。配合首农集团、基础设施投资公司、路桥集团、金隅集团、城建集团、京城机电公司、环卫集团、二商集团等国企做好企业改革、改制涉及土地确权登记发证工作。同时，严格土地登记持证上岗制度，组织开展本年度土地登记人员持证上岗培训及考试。

【土地登记发证】

1. 国有土地使用权登记发证情况。

年内，国有土地累计登记17857宗。其中：国有土地使用权登记7782宗，登记面积7795.53公顷；国有土地抵押权登记5476宗，贷款金额5035.21亿元；国有土地抵押权注销登记4526件，注销金额3754.02亿元。

（1）国有土地使用权登记。

国有土地使用权登记7782宗，土地登记面积为7795.53公顷，包括：

国有土地使用权初始登记1256宗，面积3174.46公顷，其中：出让675宗，面积1780.17公顷；划拨544宗，面积908.03公顷；政府储备35宗，面积475.41公顷；国家租赁2宗，面积10.85公顷。全市国有土地初始登记宗数同比减少15.87%，面积同比减少35.98%。

国有土地使用权变更登记6526宗，面积4621.06公顷。其中：转移登记5598宗（其中含“小业主”即：386套外销商品房转移登记共5193宗），面积2082.43公顷；其他类型（更名、更址、面积变更等）登记928宗，登记面积：2538.64公顷。全市国有土地变更登记宗数同比减少38.88%，面积同比减少12.65%。

国有土地使用权注销73宗，注销面积286.38公顷。

（2）国有土地使用权抵押登记。

国有土地累计抵押登记5476宗，抵押面积6918.63公顷，累计贷款额5035.21亿元，与2011年同期相比，抵押宗数减少9.61%，抵押面积减少6.58%，贷款金额减少6.13%。包括：

国有土地使用权抵押初始登记5297宗，贷款金额4369.27亿元，其中以出让方式取得国有土地使用权进行抵押的为5070宗，累计贷款金额3306.88亿元；以划拨方式取得国有土地使用权进行抵押的为67宗，累计贷款金额102.37亿元；以政府储备方式进行抵押的为160宗，累计贷款金额960.02亿元。全市国有土地抵押初始登记宗数同比减少10.64%，贷款金额同比减少10.83%。

国有土地使用权抵押变更登记179宗，变更抵押土地面积693.15公顷，变更抵押贷款金额665.95亿元。

（3）国有土地使用权抵押注销登记。

年内，共完成国有土地使用权抵押土地注销登记4526宗，累计注销抵押贷款3754.02亿元。

2. 开展土地登记规范化制度建设、业务建设和队伍建设。

拟订《北京市土地登记规范化建设考核办法》，初步编制了《土地登记服务指南》、《北京市国有土地登记工作手册》。规范土地登记审核环节，实行土地登记“两审制”，编制印发了23项常用登记事项的《土地审批表》样表，供分局审批人员参考，14个分局现已实现两审制。推行小业主登记楼盘表管理模式，东城、西城、朝阳、石景山分局已利用楼盘表管理模式开展小业主登记发证；西城、石景山、平谷、延庆、开发区分局已实现抵押注销登记即时办结。

3. 落实分局自检、市局季检、重点巡检“三检制”。

增加分局自检和重点巡检两个环节，注重整改反馈，土地登记案卷质量得到提高。平均优秀案卷达到94.4%。

4. 推进法人和其他组织的土地登记信息主动公开。

研究土地登记结果主动公开内容，搭建全市统一发布平台、规范发布操作流程、建立专人负责制，逐步实现法人和其他组织的土地登记结果信息主动公开。年内，土地登记结果信息累计公开19957条，其中，国有土地使用权15487条，土地抵押权4470条。

5. 在京中央单位、驻京部队及保密单位的土地登记服务。

年内，共完成央产军产保密产土地登记310件。其中：在京中央单位252件，驻京军队、武警、保密单位58件。

6. 北京市土地登记代理制度研制。

借鉴全国各省市土地登记代理市场的经验，研究北京市潜在的土地登记代理市场，起草《北京市国土资源局土地登记代理管理办法》及配套制度。

【地籍信息系统建设】

结合全市农村集体土地确权登记发证工作，组织农村集体土地确权登记发证数据建库及系统应用培训，完成相关系统功能的升级开发。

【北京市宗地全国统一编码】

按照国土部关于印发《宗地代码编制规则（试行）》的通知要求，2011年底，市国土局启动此项工作。按照选取城区、近郊、山区等典型地区的原则，完成对东城、朝阳、延庆3个区（县）的地籍区、地籍子区划分试点。聘请有关专家对试点成果评审论证。初步对全市16个区（县）的地籍区、地籍子区划分，按照市国土局统一组织转换编码的工作模式，拟制全市宗地全国统一编码转换工作方案。

【土地利用现状调查】

在组织完成2011年度土地变更调查国家级核查、数据对接、更新年度数据库和最终数据成果上报的基础上，及时启动本年度土地变更调查与遥感监测工作。严格按照政府采购规定，招标确定本年度土地变更调查与遥感监测项目作业单位。采取收集用地管理信息的方式完成第1、2、3季度新增建设用地季报工作，开展第1、2、3季度土地遥感监测和部分区（县）“7·21”特大自然灾害灾毁土地调查工作。按照国土部要求，及时组织年度变更调查与遥感监测工作，截至年底，全面完成外业调查、日常用地信息收集和数据汇总，形成并上报年度土地变更调查与遥感监测初步成果。

【信息统计】

1. 集体土地发证系统和数据库建设。

组织相关人员整理编写了《北京市农村土地确权登记颁证数据库建设技术方案》及配套标准，组织各分局基本建成数据库，利用数据库和系统开展了农村集体土地所有权的登记发证。

2. 编写《北京市地类认定规范》。

在完成《地类认定规范》项目的立项申报、经费申报审核、项目招投标工作基础上，编制完成《地类认定规范》（征求意见稿）。

3. 上报土地市场网动态监测与监管系统中抵押交易数据。

年内，在市国土局内网坚持每周公布通报上报数据检查情况及相关数据。汇总上报本年度统计报表1份，月季度统计报表16份。

【档案管理】

1. 档案管理规范化、制度化建设。

梳理档案管理制度，对原有制度进行修改和完善，制定印发了《档案管理工作手册》，指导市国土局系统档案工作。

2. 开展档案管理达标考核。

制定本年度考核标准，并在全局系统开展了年度考核，较2011年度相比，考核优秀率提高了27%，全局档案管理工作更加规范，在档案管理体制建立、管理设备投入和人员配备等方面都有了明显改善。

3. 文书档案和专业档案的指导。

组织召开“国土资源系统档案工作会”，总结了2011年北京市国土系统档案工作，并对本年档案工作进行了部署。指导市局专业档案归档工作，对卷内文件排列、案卷号编制、目录填写等问题进行了统一规范，并将7个局属事业单位的文书档案纳入了接收范围。

4. 继续推进历史遗留档案数字化。

配合项目研发单位进行市局一、二、三期档案数字化成果初步整合工作，解决了数据兼容问题。年内，完成档案数字化作业12999卷，1278159页。

5. 接待各类数据查询。

年内，接收各类档案4628卷、3252件，向市档案馆移交档案884卷，馆藏档案达294956卷、28678件。为公检法及监察部门办理案件和社会公众获取政府信息的利用需求以及市国土局系统工作业务查考提供档案借阅23643卷次/1084人次。

地质矿产资源

地质矿产资源概况

【地质资源概况】

1. 北京市地质灾害基本情况。

北京市突发性地质灾害和缓变性地质灾害均有发育，突发性地质灾害主要有泥石流、崩塌、采空塌陷和滑坡等类型，主要分布在西山和北山的沟谷、陡坡、采煤分布集中地区及构造活动较强烈的地区。突发性地质灾害易发区面积为9327 km^2，占全市总面积的56.84%。其中高、中、低易发区面积分别为1870km^2、3665 km^2、3792 km^2，占全市总面积的11.40%、22.33%、23.11%，北京市地质灾害隐患点共1525处，威胁乡（镇）72个，行政村358个，受威胁住户7069户，人数24450人。缓变性地质灾害主要有地面沉降和地裂缝两种，主要分布在朝阳区、昌平区、顺义区、大兴区和通州区等平原区。

2. 地质勘查工作指导思想。

本年是贯彻落实“十二五”规划的重要一年，北京市地质勘查工作按照国土部的统一部署，紧紧围绕北京市城市建设重点工作和市国土局中心工作开展，在城市地质、环境地质、农业基础地质、新型清洁能源等方面取得明显成效；地质勘查资质管理严格按照《地质勘查资质管理条例》（国务院令520号）及国土部配套文件执行；完成年度探矿权年度检查工作总结和地质勘查资质审批及监督管理工作。

3. 基础地质调查。

本年，北京市基础地质调查共投入资金2178.95万元。其中，中央财政700万元，地方财政1478.95万元。

实施7个基础地质调查项目：

（1）《北京密云－怀柔地区深部铁矿资源潜力评估》项目为本年基础地质调查续作项目，中央财政下拨资金为100万元。目前完成了1∶1万地质草测填图22km^2；1∶1万地面磁法测量工作41.5km；1∶2千磁法剖面11.36km，通过这些野外工作，对区内铁矿床分布、矿床成因、分布规律进行分析，划分矿集区，进行特征总结，初步编制完成成果报告。

（2）《北京城市地质土壤调查与评价》项目为本年基础地质调查续作项目，市财政年度下拨续作经费为248.35万元。项目整体工作进展顺利，野外调查取样，样品测试，成果分析，完成数据库建设等相关工作，取得全市土壤环境与质量方面的重要成果。目前该项目已完成野外工作验收。

（3）《北京市典型地区乡镇级土地质量地球化学评估试点》项目为本年基础地质调查续作项目，中央财政年度下拨资金为140万元，项目周期为3年（2011－2013年）。野外调查及取样已完成设计工作总量的90%。

（4）《北京市农业土地资源综合调查与评价》项目为本年基础地质调查续作项目，市财政下拨资金1230.6万；该项目周期为2年（2011－2012年）。基本完成项目野外调查取样，样品测试，成果分析，数据库建设，成果报告编写等相关工作。项目采用地球化学基础调查方法，摸清农业土地资源家底，查明农业种植土壤形成的地质背景、农业种植环境、肥力水平，评价土壤元素供给潜力和农作物品质状况等。

（5）《北京市矿产资源潜力评价》项目为本年基础地质调查续作项目，中央财政年度拨付资金200万元。

年内，完成锰、钼、铬、银、萤石5个矿种的资源潜力预测评价，编写成果报告和各专业专题报告7份，编制图件273张，数据库156个，图件说明书185份。完成汇交阶段性成果资料。

（6）《京津地区矿山开发遥感调查与监测》项目，为年度大调查续作项目，中央财政年度拨付资金180万。完成1:5万工作区14500km^{2}范围矿产资源开发利用状况、矿山地质环境和矿产资源规划执行情况遥感调查工作；1:1万工作区3500km^{2}范围矿产资源开发利用状况、矿山地质环境和矿产资源规划执行情况遥感调查工作。

（7）《北京市矿产资源利用现状调查》项目：本年中央财政预算资金80万元。经过四年努力，完成煤、铁、铅、锌、钨、铝土矿等16个矿种177个矿区的储量核查工作，提交141个矿区核查成果报告、16个矿种汇总成果报告和数据库、图件4255张、收集资料988份。北京市煤、铁等主要矿种的核查成果经全国项目办考评为全优，铁矿被选为全国试点矿种，在全国率先完成矿产资源利用现状调查成果与矿产资源储量库衔接工作。项目结束，成果资料全部汇交。

【矿产资源概况】

1. 矿产资源现状。

截至年底，北京市共发现各类矿产127种（含亚矿种，下同），其中固体矿产121种，水气矿产6种。有查明资源储量并编入《北京市矿产资源储量表》的有67种352处矿产地。其中有能源矿产1种29个矿产地；金属矿产19种116处矿产地；非金属矿产47种207处矿产地。

北京市矿产资源分布不均衡，具有分布广泛、矿种相对集中，以远郊区（县）为主的特点：煤矿80%以上的查明资源储量分布于京西门头沟和房山区；铁矿90%以上的查明资源储量分布于密云县；有色金属矿产主要集中分布于密云县、延庆县及怀柔区；化工、冶金及建筑用各类石灰岩、白云岩等矿产主要分布于山区与平原交界的西部与北部山前地带。

《固体矿产资源/储量分类》（GB/T17766—1999），将资源储量分为储量、基础储量、资源量3大类16种类型。储量是指基础储量中的经济可采部分；基础储量是经详查、勘探所获控制的、探明的资源量中通过可行性研究、预可行性研究认为属于经济的、边际经济的部分；资源量包括经可行性研究或预可行性研究证实为次边际经济的矿产资源、经过勘查未进行可行性研究的内蕴经济的矿产资源，以及经过预查后预测的矿产资源。截至年底，北京市重要矿产资源储量保有情况详见第九部分。

2. 饮用天然矿泉水资源。

北京市矿泉水主要为低钠、低矿化度或中等矿化度的淡矿泉水，有4种类型：锶型、锶—偏硅酸型、偏硅酸型、高矿化度型（溶解性总固体 > 1000mg/L）。截至本年年底，共勘查评价矿泉水水源地147处，批准每日允许开采量31166立方米，每年允许开采量1137.56万立方米。按类型划分：

锶型：有75处，约占全市矿泉水总量的一半，主要分布在西部奥陶系灰岩地层中；

锶—偏硅酸型：有50处，约占总量的1/3，主要为平原区第四系承压水；

偏硅酸型：有20处，占总量的1/7以上，主要分布在北部山区岩浆岩中；

高矿化度型：有2处，分别位于门头沟区和房山区。经勘查评价属三项达标的高矿化度矿泉水。

本年，矿泉水生产厂家34家，开采总量4.78万吨。

【地热资源概况】

北京市地热水资源主要分布于平原地区（含延庆盆地），出水温度一般为50～70℃（目前最高为117℃）。地热水开发除作为能源利用热能外，还有一定的医疗、保健、养生作用，但不宜直接饮用。

根据《北京市2006－2020年地热资源可持续利用规划》，北京市平原地区深度3500m内、井出水温度大于50℃的地区面积约2760km^2，构成相对独立又有一定联系的10个地热田。地热田基本情况详见表2-13。

表2-13 北京市地热田基本情况一览表

序号	地热田	面积（km^2）	地热田最高温度地热井		
			编号	温度（℃）	井深（m）
1	延　庆	121.88	延热－2	70	2500
2	小汤山	186.42	汤热－30	70	1905
3	后沙峪	239.85	顺后热－2	75	2920
4	京西北（沙河）	363.21	沙热－13	76	2603
5	天　竺	290.75	京热－128	89	3688
6	李　遂	273.04	遂热－13	55	1300
7	东南城区	207.44	京热－59	88	3610
8	双　桥	339	通热－4	58	2509
9	良　乡	475.77	京热－96	70	2950
10	凤河营	262.51	兴热－12	117	3356

截至年底，北京市已实施地热钻井486眼，其中在用198眼、未成井21眼、报废37眼、观测15眼、待用215眼。主要分布于东南城区、小汤山和良乡地热田。最大单井深度已超过4000m，最高出水温度117℃。北京市地热井分布情况详见图2-3。

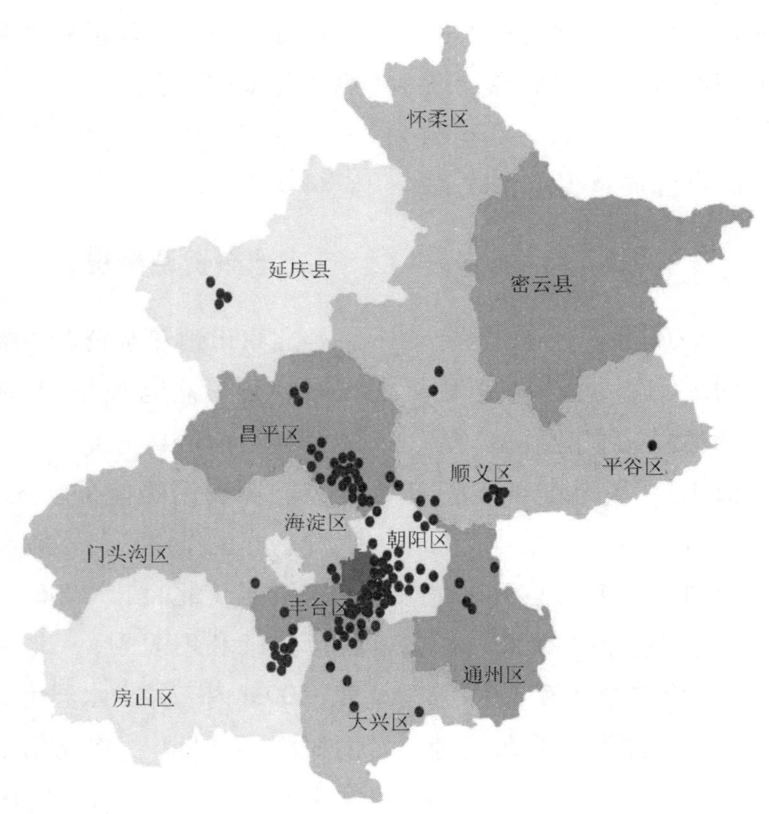

图2-3　北京市地热井分布示意图

从目前掌握的情况看，以开采量为统计依据，北京市地热开发用途仍以供暖和居民生活为主。主要用途占比情况如图所示。地热资源开发用途统计详见图2-4。

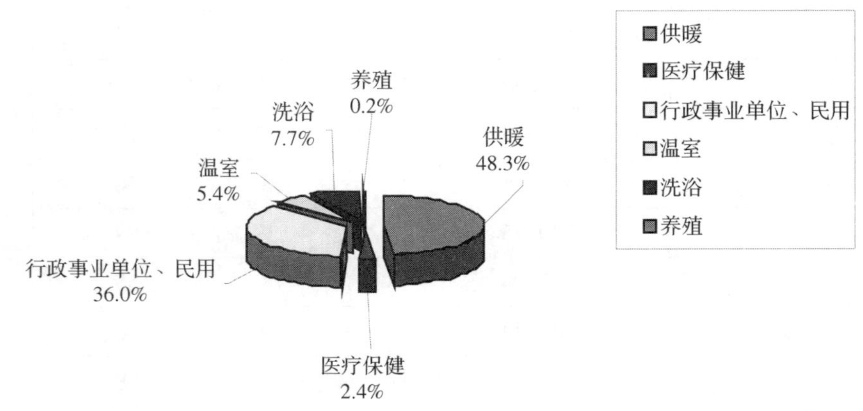

图2-4　2012年北京市地热资源开发用途统计

矿产资源规划

【《“十二五”地质勘查规划》实施】

完成北京市42个重点小城镇综合基础地质调查评价项目可行性研究，可行性研究报告通过专家评审；北京市数字城市地质建设前期可行性研究，可行性研究报告通过专家评审；北京城市地质土壤调查与评价项目已完成全部野外工作并通过专家验收；开展页岩气资源前期研究和潜力调查评价工作。

【地热资源规划】

依据《北京市城市总体规划（2004—2020年）》、《北京市矿产资源总体规划（2006—2020）》的要求，结合地热资源开发利用现状，编制《北京市地热资源2006—2020年可持续利用规划》，作为实施矿产资源总体规划的地热专项规划。年内，重点发展以能源利用为主的可实现回灌的地热供暖，支持发展新农村建设的地热利用，特别是精品农业项目的发展，适量发展高效低耗的休闲健身项目，控制发展单一洗浴等纯消耗性项目。

依据《北京市城市总体规划（2004—2020年）》、《北京市浅层地热能资源调查评价》成果等的要求，编制《北京市浅层地热能资源开发利用规划（2011—2020）》。规划结合浅层地热能资源条件和需求，明确适宜区划和资源量，提出开发利用浅层地热能资源的指导思想、基本原则和发展目标，继续修改完善开发利用规划，并制订规划方案和保障措施。

矿产资源勘查和储量管理

【矿产资源勘查】

本年共投入资金15044.59万元。其中，中央财政242万元、地方财政8983.6万元、社会资金5818.99万元。年内，共实施矿产勘查项目28项次，完成钻探工作量60413.16米。开展煤炭勘查项目2个，投入资金310万元，完成钻探工作量3200米；开展地热勘查项目18个，投入资金8420.79万元，完成钻探工作量33945米；实施地下水勘查项目8个，投入资金1313.8万元，完成钻探工作量3541米；岩溶水项目市财政投入5000万元，完成钻探工作量19727.16米。

开展页岩气资源前期研究和潜力评价工作。会同市发改委向市政府报送《关于开展北京地区页岩气资源勘探开发有关问题的意见》；起草并向国土部报送《北京市人民政府关于申请北京能源投资（集团）公司（简称京能集团）开展北京地区页岩气资源调查及勘查工作的函》给予支持的正式函件；开展北京地区页岩气资源调查与评价可行性研究，编制《北京地区页岩气资源调查与评价可行性研究报告》并通过专家评审；会同京能集团初步起草《国土资源部与北京市人民政府关于共同推进北京地区页岩气勘查开发合作协议书》。

北京岩溶水资源勘查评价工程项目。

本年，市财政下拨经费为5000万元。完成主要工作量为钻探：竣工18眼井，总进尺19727.16米；水文地质测绘：完成测绘面积9780km^2，完成野外调查点3673个；物探：完成可控源音频大地电磁测深、高密度电法的设计工作量，完成电测深设计工作量的90%，完成浅层地震设计工作量的37.14%；建立5个入渗试验站；遥感解译：完成9940km^2；水化学分析：采集样品451件；同位素分析：432件；水位普测：627点；工程测量：高程测量379眼，GPS测量249眼。取得的主要成果为水文地质遥感解译（房山长沟－周口店地区、西山鲁家滩－玉泉山地区、昌平高崖口－南口地区）标段，成果报告评审结果为优秀级。其它标段的项目在推进中。

【矿产资源勘查登记】

本年，探矿权登记项目2个，为地热探矿权延续登记。由于北京市矿业权设置方案未经国土部批准，不能进行矿业权新立勘查登记。

【探矿权有偿取得】

按照《北京市矿业权出让转让公开交易办法（试行)》的规定，北京市近年来登记的矿种主要是地热，都按照规定在指定的矿业权交易市场进行公开交易。本年没有新立探矿权，没有收取探矿权价款。

【地质勘查资质管理】

截至年底，共有132家地质勘查单位取得地质勘查资质证书，其中66家单位通过国土部审批，获得甲级资质（包括石油天然气、航空物探、航空遥感)，市国土局批准了108个单位的乙级、丙级地质勘查资质（有42家单位同时取得国土部、市国土局颁发的地质勘查资质证书)。

本年，共集中受理地质勘查资质新立、升级登记25家，变更登记17家；批准新立申请20家，变更申请15家。

开展127家单位年度地质勘查资质监督检查工作，在单位自查的基础让，聘请专家按要求开展抽查工作，按时向国土部报送监督检查工作总结。

【地质勘查“走出去”】

1. 自主投资国外风险勘查。

本年，除去国家投资的境外项目之外，涉及北京市到境外开展矿产资源勘查项目的单位共计8个，项目总共19个。其中，预查、普查和详查项目12个，勘探和矿山建设项目7个；矿产规模中型3个，小型16个。涉及到的国家13个，主要为非洲国家。

本年，上述8个单位境外矿产资源勘查项目投资总额12518.53万元，其中社会资金投入11942.5万元；完成主要实物工作量：钻探总计10.8149万米，槽探总计0.816万立方米，浅井总计0.1225万米；境外矿产资源勘查项目取得了可喜的成果，333及以上新增资源量：铜17.05万吨，富铁矿石0.454亿吨，贫铁矿石0.021亿吨；334及以上新增资源量：铜20万吨，富铁矿石0.086亿吨，贫铁矿石0.033亿吨。

2. 中央补助国外风险勘查。

本年，共4家单位获得国外风险勘查中央财政补助专项项目6个，获得专项资金补助3875万元。配合国土部、财政部监督检查2010年国外风险勘查专项项目；总结近三年国外风险勘查项目。在全球重要成矿带部署2个选区评价项目，发现综合异常点10个，新增靶区5个，登记矿权新增23个；部署预查、普查、详查项目17项，发现矿产10处（大中型6处，小型4处）；新增一批国内急需和短缺的矿产资源量，其中铁矿8.37亿吨，锰矿372.89万吨，铜矿80.15万吨，钴矿6.8万吨。

年内，从制度上对项目实施全过程的监管进行规范，制定《关于国外矿产资源风险勘查专项项目内部工作规范（试行）》及《国外矿产资源风险勘查专项项目实施监管工作流程》。

【矿山储量动态监督管理】

矿山储量动态监管工作得到进一步加强。在工作思路上，由过去以推动为主逐步向全面推进与提高质量相结合转变。在业务指导上，规范工作方法和要求，开展全市生产矿山储量动态监管工作。

【矿产资源登记统计】

开展年度矿产资源统计工作，根据矿山企业报送的年度统计基础表，审核汇总并录入数据库，建立北京市年度矿产资源储量统计数据库。掌握矿山企业开采消耗资源储量情况及矿山保有资源储量情况。

登记统计数据在矿产资源储量核实的基础上，结合北京市矿产资源储量数据，完成核查数据库与储量数据库的“两库衔接”，衔接后的数据库通过国土部的验收。根据统计结果，印制《截至2011年底北京市矿产资源储量表》。

【建设项目压覆矿产资源核查】

调整完善建设项目压覆矿产资源核查工作程序。编制并印发《北京市建设项目压覆矿产资源储量核查技术要求》。本年，共办理283件压覆矿产资源核查审批。市国土局办理压覆矿产资源申请批复8件。2003年以来共完成1084个建设项目是否压覆矿产资源核查工作。

【编制矿产资源年报】

编写《2011年度北京市地质矿产年报》，系统反映北京市矿产资源家底和矿产资源勘查、资源储量、开发利用、地质环境的管理情况。

矿产资源开发管理

【采矿权管理及矿业权市场建设】

本年，办理采矿权延续2个，变更1个，转让1个。全部进入矿业权交易市场进行公开交易。矿业权交易网上监测系统运转正常，对矿业权交易的过程实施全程监督。

截至年底，北京市有各类矿山69个（不含地热），其中固体矿山35个、矿泉水34个。完成33家固体矿山《土地复垦方案》的编制，完成13份《土地复垦方案》的评审工作。

【采矿权管理及矿业权市场建设】

年内，办理采矿权延续2个，变更1个，转让1个。全部进入矿业权交易市场进行公开交易。矿业权交易网上监测系统运转正常，对矿业权交易的过程实施全程监督。

截至年底，北京市有各类矿山69个(不含地热)，其中固体矿山35个、矿泉水34个。完成33家固体矿山《土地复垦方案》的编制，并完成13份《土地复垦方案》的评审工作。

【矿产资源开发监督管理】

年内，对开采矿山进行开发利用情况年检，采用属地和分级管理相结合的方式。应检矿山57个，实检矿山57个，抽检矿山57个，抽检率为100%。参加年检的矿山中有1个未通过年检，通过率98.55%。通过检查发现矿山企业基本做到按照《矿产资源规划》和《开发利用方案》等要求进行开采，各种费用基本能及时、足额缴纳。

完成本年矿产资源开发利用情况统计表的审核和汇总工作。

【矿产资源相关费用征收】

完善矿产资源补偿费征收管理制度建设，制定并印发《北京市矿产资源补偿费免（减）审批办法》。

本年，征收矿产资源补偿费6065.5万元、入库5184.4万元（征收、入库均不含地热）。

严格采矿权出让价款管理工作，按照程序及时确认并收取采矿权出让价款。本年确认4家矿山企业采矿权出让价款229.19万元，共收取采矿权出让价款2456.558万元（其中包括当年确认的229.19万元，往年确认分期缴纳的2227.368万元）。

【绿色矿山建设】

按照确定的2015年基本建立绿色矿山格局的战略目标，开展相关工作。举办绿色矿山建设工作培训会议；启动《北京市绿色矿业发展规划》编制研究，制定绿色矿山管理办法等配套制度，指导北京市绿色矿山建设工作。

组织矿山企业申请创建国家级绿色矿山，指导试点单位编制《绿色矿山建设规划》，并及时组织专家进行审查，完成前二批9个矿山企业编制的《绿色矿山建设规划》的审查工作。

【打击非法开采矿产资源工作】

年内，根据国务院、国土部和北京市的有关要求，制定全市《国土资源系统“打非治违”的工作方案》。开展安全生产领域“打非治违”专项行动，认真做好非法违法行为的查处工作，严厉打击非法勘查、开采矿产资源和非法转让探矿权、采矿权的违法行为。

截至年底，全市共出动执法人员近2万多人，执法车辆3千多台次，没收非法矿产品2万多吨，查扣、销毁非法运输车辆和非法开采设备170多辆（台），罚款15万元，毁闭非法开采窑口19个，清理非法加工场13家，拆除非法加工设备22台（套），没收销毁非法开采工具100多件，没收没法开采的矿石近1.5万吨，拘留22人，批捕8人。

【非法采矿破坏性采矿造成矿产资源破坏价值鉴定工作】

按照《北京市非法开采、破坏性采矿造成矿产资源破坏价值鉴定实施办法》（京国土矿〔2005〕745号）的规定，本年组织完成并出具非法开采矿造成矿产资源破坏价值鉴定意见52份。

【矿产资源节约与综合利用专项工作】

规范矿产资源节约与综合利用专项工作，结合北京市具体情况，起草《北京市国土资源局矿产资源节约与综合利用专项工作管理办法》。

完成国土部年度矿产资源节约与综合利用专项工作的申报、评审、汇总和上报工作，上报专项工作5个。

按照国土部的要求，组织市财政局和有关专家完成2011年度矿产资源节约与综合利用专项工作的检查。

【开展重要矿产“三率”综合调查与评价专项工作】

年内，按照国土部《关于开展重要矿产资源“三率”调查与评价工作的通知》（国土资发〔2012〕105号）要求，历时3个月，开展煤炭、铁矿开采回收率、选矿回收率、综合利用率（简称“三率”）的调查与评价工作。制定《北京市重要矿产“三率”综合调查与评价实施方案》，按照实施方案完成实地调查和室内数据初步审核与现场核查工作。

【相关工作】

完成上年度全市矿产资源开发利用情况统计工作，并上报国土部。完成煤炭、铁矿全国网络直报系统和矿产资源补偿费全国网络直报系统的填报工作。完成本年矿泉水远程监控系统维护项目，实现对矿泉水企业采水量的远程动态监测。

地热资源管理

【地热资源勘查管理】

年内，推动《未来科技城地热资源详细勘查和统一规划开发利用》项目立项工作，完成各项野外调查；《凤河营热田专项资源评价和利用规划》通过专家论证评审；延庆城西地热供暖一期工程已完成勘查实施方案的评审工作。

【地热资源开发管理】

1. 地热资源矿业权管理。

按照国土部《关于进一步完善矿业权管理促进整装勘查的通知》（国土资发〔2011〕55号）要求，继续完善地热矿业权方案编制工作。在矿业权方案编制期间，停止审批新立地热资源探矿权、采矿权，并对其他涉及矿业权的行政许可和服务类事项进行严格审批、严格控制。

开采矿产资源（地热）审批（注销）1件、开采矿产资源（地热）审批（变更）4件、开采矿产资源（地热）审批（延续）8件、矿产资源勘查（地热）答复意见9件。截至年底，北京市共设置地热采矿权147个。

2. 浅层地热能开发利用。

配合市发改委开展热泵应用与发展课题研究工作，承担《北京市热泵重点项目后期评估工作》和《地源（地热）热泵技术对地质环境的影响研究》两项子课题，年内，按照要求完成全部调研工作和成果报告。

本年，共办理浅层地热（地埋管地源热泵）申请项目的地质条件评估7件，申请项目的服务面积共49.21万m^2。浅层地热（地埋管地源热泵）申请项目的地质条件评估项目详见表2-14。

表2-14　浅层地热（地埋管地源热泵）申请项目的地质条件评估项目一览表

序号	项目名称	项目所属区（县）	服务面积（万m^2）
1	北京市海淀区温泉镇中心区F07地块101中学项目	海淀区	3.3404
2	北京市海淀区海淀卫生学校多功能辅助教学楼	海淀区	1.449735
3	北京市昌平区沙河镇北京铁科首钢轨道技术股份有限公司项目	昌平区	1.0692
4	北京市朝阳区来广营乡土地储备项目	朝阳区	8.6817
5	中国建筑股份有限公司技术中心试验楼改扩建工程	顺义区	5.227309
6	北京市牛栏山一中实验学校改扩建工程	顺义区	6.023733
7	北京市顺义区丽来花园富华地块别墅项目	顺义区	23.418
总计			49.21

3. 地热资源监督管理。

继续对各热田的开采量以及各主要热田的热储水位、水温和水质实施监测。

北京市开采地热水总量比2011年（936.78万m^3）增加120.63万m^3；回灌量比上年（407.43万m^3）增加92.69万m^3；净开采量比2011年（529.35万m^3）增加27.94万m^3。全市各热田开采量详见表2-15。

表 2-15 2012 年北京市各热田开采量统计表

热田名称	开采量（万 m^3）	回灌量（万 m^3）	净开采量（万 m^3）
小汤山	251.49	178.49	73.00
东南城区	222.10	54.04	168.06
京西北	177.86	57.83	120.03
良乡	72.77	12.97	59.81
天竺	87.60	21.19	66.41
李遂	106.02	84.91	21.11
延庆	93.94	90.69	3.24
后沙峪	3.99	0.00	3.99
双桥	24.97	0.00	24.97
凤河营	0.00	0.00	0.00
其他	16.68	0.00	16.68
合计	1057.42	500.12	557.29

各热田热储的水位总体仍呈下降趋势，东南城区热田铁岭组及李遂热田雾迷山组水位下降最为明显，年水位降幅均超过 2m。

北京市各地热田地热水温度无明显变化。

北京市各地热田的多年水质动态表现出基本统一的规律。它们显示冷地下水补给和深部热源水补给两个方面的变化。热田的增大开采也加速冷地下水对热田的补给，表现在主要化学成分阴离子重碳酸根毫克当量百分数的增长趋势，但地热水中总溶解固体含量的增长趋势说明总体还是热补给更占优势。东南城区热田和小汤山热田基本继续既往的规律，阳离子钠钾毫克当量百分数代表热源补给略有增加，阴离子代表的冷水补给曾略增加，但近些年减弱，而总溶解固体的趋势表明热补给明显略增，所以总体热补给仍占优势，说明在维持目前开采水平的条件下地热资源能保障热田的可持续开发。李遂热田显示热补给大于冷补给，开发规模的扩大尚具潜力。良乡热田阳离子代表的热源补给略有减小，阴离子代表的冷水补给也有减少，但总溶解固体仍反映热补给占优势，这预示仍可在维持目前开采水平的条件继续开采。北京市各监测井水位监测情况详见表 2-16。

4. 矿产资源补偿费收缴。

矿产资源补偿费的追缴和催缴工作。本年地热资源补偿费征收额总计 2049.5 万元。针对欠费问题，探索完善的处置措施和程序，并根据欠费单位情况，逐一开展催缴工作，取得预期的成果。

5. 地热采矿权的年检。

组织涉及地热工作的 11 个区（县）分局开展本年地热资源采矿权年检工作，各区（县）分局在接到工作任务后，积极配合，按照要求迅速启动所辖区内的地热采矿权年检工作，并认真的部署和安排，完成年检工作。

表 2-16　2012 年北京市各监测井水位监测汇总表

地热田	井号	观测储层	水位埋深（m）				
			最大	最小	年平均	比上年下降	年均下降
东南城区	京热 -50	雾迷山	73.09	65.08	69.01	1.61	1.12
	京热 -66		86.60	78.64	82.46	0.71	
	京热 -60		84.95	75.76	80.02	1.03	
	京热 -71		86.95	79.13	82.88	—	
	京热 -2	铁岭	90.57	84.37	87.49	1.61	2.22
	京热 -51		87.56	79.79	83.50	2.83	
小汤山	汤热观 -1	雾迷山	49.07	39.67	44.36	1.32	1.32
	苗圃观测井	铁岭	41.41	35.20	38.77	2.04	2.04
李遂	208 -4	雾迷山	50.68	47.80	49.14	2.63	2.63
良乡	碧溪 -4	雾迷山	95.29	89.60	92.95	-1.03	-1.03

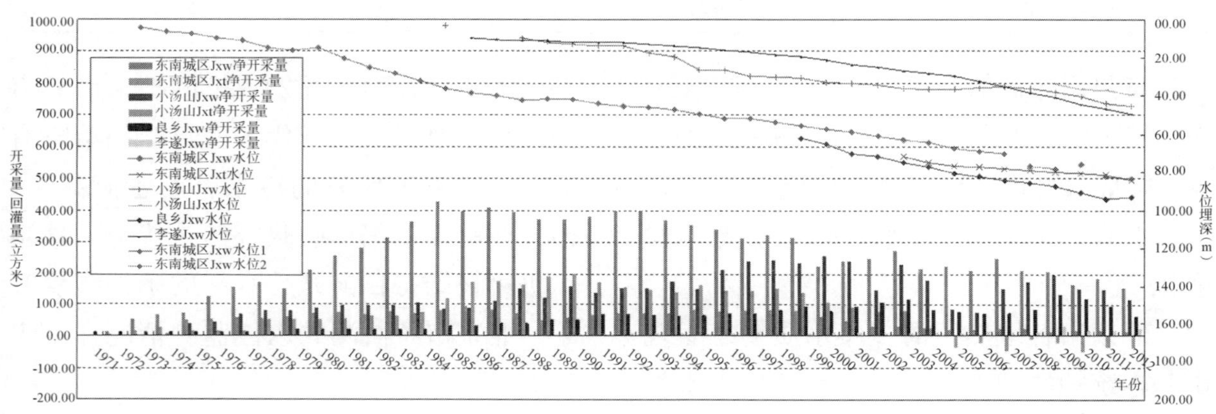

图 2-5　北京市主要热田地热水位和净开采历年

矿产储量评审及地质资料管理

【矿产资源储量评审备案工作】

严格按规定开展矿产资源储量评审备案工作。本年完成矿产资源储量评审备案并出具备案证明 42 份，完成占用储量登记工作。

矿产资源储量报告评审工作。年内共受理 32 份储量报告的评审申请，审查储量登记表 26 份，完成评审备案 30 份；受理并完成 9 份地热勘查实施方案的评审；召开评审会 16 次，矿山实地检查 5 次。

【地质资料管理】

探索地质资料管理新方法、新思路，采取地质资料与地勘资质管理、工程建设项目压矿审批、储量管理等其它矿政管理联动的方法。在工作内容上，逐步由重收轻用向收集与提供服务并重转变。工作手段上，由简单的催交向提供服务、政策宣传与催交并举转变，由单靠自身的力量向依靠多方形成的合力转变。

积极推动“地质资料汇交监管平台、地质资料共享服务平台”两个平台建设，取得良好进展。

实物地质资料汇交成效显著：积极申请并获得财政立项和资金支持；采集城市地质土壤调查与评价项目土样样品 47553 件；催交并接收 12 口地热井的岩屑样品共计 145 箱 5566 件，做到了应交全交。目前北京市已收集 101 口井，近 6 万件岩屑样品（2011 年 89 口，5 万余件）。

重要工程地质资料汇交取得历史性的突破。本年，共催缴单位 180 个，汇交 270 档工程地质资料及千余张附图。其中城建方面资料 150 档，地铁建设资料 60 档，道路施工资料 40 档，其他建设方面 20 档；一批市重点工程项目的工程地质资料得到汇交，填补多年以来的空白。

推进地质资料电子阅览室建设。配备必要的硬件，完善管理系统，导入全市全部 6380 条地质资料目录信息及 100 档电子版数据。电子阅览室基本建成并投入试用。

推动地质资料管理信息系统建设。初步完成硬件建设，安装地质资料管理信息系统。相关工作正在深入推进。

钻孔基本信息清查年度工作目标超额完成，得到部储量司等有关方面的表扬。

北京市地质资料信息服务集群化产业化工作试点深入推进。

推动北京市数字城市地质建设前期可行性研究，提交可行性研究报告并通过专家评审。

完善市国土局矿政管理“一张图”建设。全市储量利用调查、潜力评价两个项目的所有成果报告、数据库全部纳入市国土局矿政管理“一张图”，极大地丰富了“一张图”的信息和数据。

继续推动北京地质资料管理办法的出台。

地质环境管理

【地质灾害发生和防治】

1. 北京市地质灾害基本情况。

北京市突发性地质灾害和缓变性地质灾害均有发育，突发性地质灾害主要有泥石流、崩塌、采空塌陷和滑坡等类型，主要分布在西山和北山的沟谷、陡坡、采煤分布集中地区及构造活动较强烈的地区。突发性地质灾害易发区面积为 9327 km^2，占全市总面积的 56. 84%。其中高、中、低易发区面积分别为 1870km^2、3665 km^2、3792 km^2，占全市总面积的 11. 40%、22. 33%、23. 11%，北京市地质灾害隐患点共 1525 处，威胁乡（镇）72 个，行政村 358 个，受威胁住户 7069 户，人数 24450 人。缓变性地质灾害主要有地面沉降和地裂缝两种，主要分布在朝阳区、昌平区、顺义区、大兴区和通州区等平原区。

2. 地质灾害发生情况。

本年北京市共发生 18 起突发性地质灾害，以小型崩塌、滑坡和地面塌陷为主，造成两次交通阻断。北京市突发性地质灾害隐患点详见表 2-17，突发性地质灾害发生情况详见表 2-18。

表 2-17　北京市突发性地质灾害隐患点统计表

区(县)名称	涉及乡镇、行政村数(个)		户数(户)	受威胁人数(人)	隐患点数(个)	威胁对象类型及数量						隐患点灾害类型及数量				
	乡镇数	行政村数				自然村	道路	度假村	景区	矿山	中小学	崩塌	不稳定斜坡	地面塌陷	滑坡	泥石流
北京市	72	358	7069	24450	1525	539	183	28	85	16	4	1149	73	39	25	239
昌平区	5	38	427	1358	336	54	24	0	6	4	0	318	3	0	0	15
房山区	12	82	1672	8880	199	147	16	1	3	8	1	111	24	17	12	35
丰台区	1	1	9	24	27	1	0	0	26	0	0	24	0	0	0	3
海淀区	4	6	43	289	19	6	3	1	3	0	0	8	4	1	0	6
怀柔区	10	38	927	2469	106	62	0	11	31	2	0	38	5	0	3	60
门头沟区	11	60	930	2119	566	92	71	0	3	1	3	518	5	20	6	17
密云县	6	31	605	1570	77	46	19	12	0	0	0	31	1	0	1	44
平谷区	9	36	1537	4887	60	51	2	1	8	0	0	20	8	1	1	30
石景山区	4	11	351	1196	15	11	2	0	1	1	0	3	9	0	2	1
延庆县	10	55	568	1658	120	69	46	1	4	0	0	78	14	0	0	28

表 2-18　北京市 2012 年突发性地质灾害发生情况一览表

序号	时间	地　点	灾害类型	灾害级别	备注
1	2012.03.15	海淀区四季青镇塔后身村甲 19 号居民房屋北侧斜坡	崩塌	小型	
2	2012.04.11	延庆县千家店镇花盆村（耗眼梁村）	地裂缝	小型	威胁住户 3 户。
3	2012.04.23	房山区霞云岭乡四马台村白草畔景区公路	地面塌陷	小型	
4	2012.06.05	门头沟区石担路 K12 + 800m	崩塌	小型	
5	2012.06.27	房山区佛子庄乡山川村	崩塌	小型	损坏了斜坡下方道路、供水水管、电话及有线电视线路等人工建筑。
6	2012.06.29	门头沟区军装镇灰峪村	崩塌	小型	约 $6m^3$ 崩塌岩块崩落致使道路通行受影响，砸毁村民储物房一间。
7	2012.07.02	房山区史家营乡史家营村	地面塌陷	小型	60 余户房屋开裂，威胁 200 余人。
8	2012.07.09	门头沟区 G109 国道 K32 + 690m 处	崩塌	小型	崩塌物致使行驶中一辆货车被砸，司机重伤，路边防护堤被撞毁。
9	2012.07.22	石景山区金顶街街道赵山小区	滑坡	小型	造成约 10m 长范围内的平房受损，威胁坡脚平房及坡顶楼房基础的安全。
10	2012.07.22	石景山区首钢特钢厂宿舍楼	滑坡	小型	造成约 12m 长范围内的砖混结构挡墙损毁，北侧一空置厂房出现多处裂缝，严重威胁宿舍内人员安全以及边坡东北侧坡顶高压电塔的基础安全。
11	2012.07.22	海淀区四季青镇香山地区塔后身村	崩塌	小型	对坡脚居民及房屋造成安全隐患。
12	2012.07.22	房山区霞云岭乡庄户台鱼骨寺村	滑坡	小型	造成坡脚处 1 户村民房屋被毁。
13	2012.07.25	房山区大安山乡乡政府	崩塌	小型	造成水泥平台开裂，地面下沉，围墙拉裂。
14	2012.07.31	房山区史家营乡史金路青林台村村口	崩塌	小型	
15	2012.07.26	门头沟区潭柘寺镇北村西北侧	崩塌	小型	

续表

序号	时间	地　点	灾害类型	灾害级别	备注
16	2012. 08. 01	门头沟区南雁公路 K29 + 750m 处	崩塌	小型	
17	2012. 08. 01	海淀区香山街道办事处公主坟村	崩塌	小型	未造成人员伤亡，所形成的不稳地斜坡隐患威胁住户 2 户，人口 60 人，房屋 30 间。
18	2012. 11. 19	房山区大安山乡中心幼儿园	地裂缝	小型	造成幼儿园围墙、房屋开裂，威胁房屋 13 间，人口 9 人，暂时搬迁。

缓变性地质灾害：

①地面沉降

近年来，发生地面沉降的区域面积变化不大，地面沉降区总体格局基本保持不变。全市地面沉降区分为南北两个大区，7 个沉降中心。北区面积较大，主要包含平原东部和北部的昌平区北七家，海淀区西小营，朝阳区金盏、三间房、黑庄户，通州城区等 6 个沉降中心；南区面积较小，主要包括平原区南部的大兴区榆垡沉降中心。自 1955 年—2012 年，全市累计地面沉降量大于 100mm 的面积达 3957km^2，大于 500mm 的面积达 1225km^2，大于 1000mm 的面积达 134 km^2。昌平沙河－八仙庄沉降中心最大累计沉降量达 1414mm，是全市沉降量最大的地方。

本年，北京平原地面沉降区平均沉降速率为 25. 5mm/a，与 2011 年相比增大 2. 5mm/a，“北区”地面沉降总体加速，“南区”地面沉降较 2011 年稍缓。近年来各主要沉降中心最大年沉降量详见表 2-19。北京平原区沉降量等值线及水准测量点位置详见图 2-6。

表 2-19　近年来各主要沉降中心最大年沉降量统计表

单位：mm/a

沉降中心			2012 年	2011 年	2010 年	2009 年	2008 年
北区	昌平沙河－八仙庄		111. 6	92. 8	83. 9	75. 14	32. 51
	朝阳来广营（金盏、楼梓庄）		159. 2	125	131. 4	137. 51	134. 51
	顺义平各庄（南法信、董各庄）		65. 6	38. 1	50. 8	48. 26	44. 46
	东郊八里庄－大郊亭	三间房	142. 4	122. 6	129. 9	111. 68	66. 81
		通州城区	130. 7	105	90. 7	89. 32	61. 77
		台湖－黑庄户	159. 6	128. 2	135. 8	91. 37	85. 32
南区	大兴榆垡－礼贤		70. 6	76. 4	78. 7	53. 82	42. 51

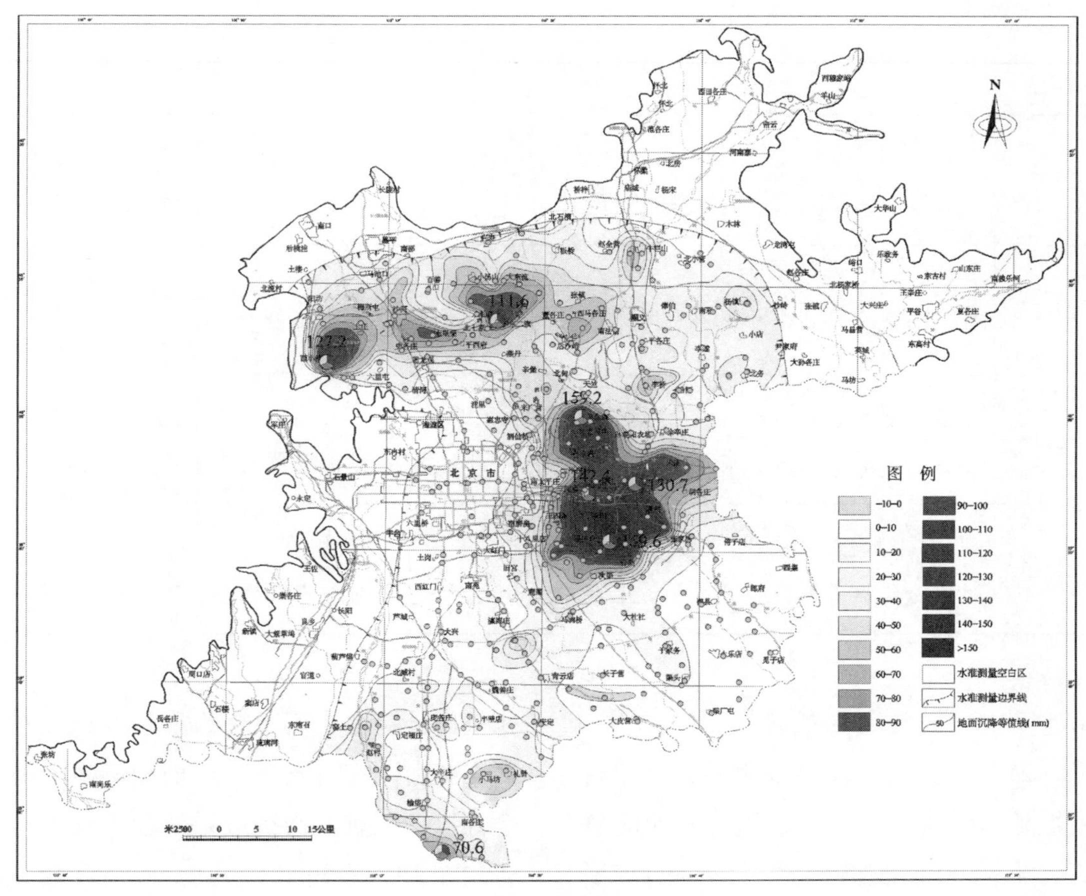

图 2-6　2012 年度北京平原区沉降量等值线及水准测量点位置图

②地裂缝

截至年底，发现的地裂缝主要有顺义地裂缝、高丽营地裂缝、羊房地裂缝、北彩地裂缝、庙卷地裂缝等。2006—2012 年由地裂缝引起房屋破坏 47 处，地表和道路破坏 32 处。本年监测成果显示，高丽营地裂缝垂直变形量较 2011 年变形量有所增大。

3. 汛期地质灾害防治。

制作地质灾害避险自救宣传片，在北京电视台多个频道进行播放；邀请专家进行"在线访谈"宣传地质灾害防治常识；组织 6 次地质灾害应急演练；开展 19 次应急调查；与北京市气象局合作发布 5 期地质灾害预警信息。本年北京市汛期地质灾害气象预警情况详见表 2-20。

表 2-20　2012 年北京市汛期地质灾害气象预警情况一览表

时间	地区	等级	灾种
7 月 21 日	房山、门头沟、密云、怀柔、平谷等部分山区及海淀、石景山、丰台部分浅山地带	3 级黄色 可能性较大	泥石流、崩塌、滑坡、地面塌陷等

续表

时间	地区	等级	灾种
7月25日	房山、门头沟、密云、怀柔、平谷等部分山区及海淀、石景山、丰台部分浅山地带	3级黄色 可能性较大	泥石流、崩塌、滑坡、地面塌陷等
7月27日	平谷、密云、怀柔、房山、门头沟等部分山区	3级黄色 可能性较大	泥石流、崩塌、滑坡等
7月30日	平谷、房山、门头沟山区，密云、怀柔的部分山区及丰台、海淀、石景山等浅山地带	3级黄色 可能性较大	泥石流、崩塌、滑坡、地面塌陷等
9月01日	房山、门头沟、昌平、延庆、怀柔、密云、平谷的部分山区及海淀、石景山、丰台等浅山地带	3级黄色 可能性较大	泥石流、崩塌、滑坡、地面塌陷等

4. “7·21”特大自然灾害。

“7·21”特大自然灾害发生后，立即启动突发性地质灾害应急预案，组建专业应急调查组，出动60多支队伍开展灾后调查工作。共调查地质灾害隐患点478处（其中新增196处）、公路366条（总里程3761km），排查出公路地质灾害及隐患2335处。对房山区、丰台区临时安置房选址和避险场地的安全性进行调查。调查成果及隐患处置建议报告均在第一时间向区（县）政府和相关部门进行移交。“7·21”特大自然灾害调查成果报告详见表2-21。

表2-21　北京市“7·21”特大自然灾害调查成果报告一览表

序号	报告名称	内容	数量
1	北京市“7·21”特大自然灾害地质灾害应急调查报告	地质灾害应急调查	11份
2	北京市房山区“7·21”特大自然灾害地质灾害应急调查报告		
3	北京市门头沟区“7·21”特大自然灾害地质灾害应急调查报告		
4	北京市昌平区“7·21”特大自然灾害地质灾害应急调查报告		
5	北京市延庆县“7·21”特大自然灾害地质灾害应急调查报告		
6	北京市怀柔区“7·21”特大自然灾害地质灾害应急调查报告		
7	北京市密云县“7·21”特大自然灾害地质灾害应急调查报告		
8	北京市平谷区“7·21”特大自然灾害地质灾害应急调查报告		
9	北京市海淀区“7·21”特大自然灾害地质灾害应急调查报告		
10	北京市石景山区“7·21”特大自然灾害地质灾害应急调查报告		
11	北京市丰台区“7·21”特大自然灾害地质灾害应急调查报告		

续表

序号	报告名称	内容	数量
12	北京市“7·21”特大自然灾害国道、省道地质灾害应急调查报告	公路地质灾害应急调查	11份
13	北京市房山区“7·21”特大自然灾害公路地质灾害应急调查报告		
14	北京市门头沟区“7·21”特大自然灾害公路地质灾害应急调查报告		
15	北京市昌平区“7·21”特大自然灾害公路地质灾害应急调查报告		
16	北京市延庆县“7·21”特大自然灾害公路地质灾害应急调查报告		
17	北京市怀柔区“7·21”特大自然灾害公路地质灾害应急调查报告		
18	北京市密云县“7·21”特大自然灾害公路地质灾害应急调查报告		
19	北京市平谷区“7·21”特大自然灾害公路地质灾害应急调查报告		
20	北京市海淀区“7·21”特大自然灾害公路地质灾害应急调查报告		
21	北京市石景山区“7·21”特大自然灾害公路地质灾害应急调查报告		
22	北京市丰台区“7·21”特大自然灾害公路地质灾害应急调查报告		
23	北京市“7·21”特大自然灾害地质灾害隐患应急处置建议报告	地质灾害隐患应急处置建议	1份
24	北京市房山区安置房地质灾害隐患应急调查报告	安置房地质灾害隐患应急调查	2份

5. 地质灾害治理工程。

自2011年以来，财政部、国土部累计批复北京市地质灾害治理补助资金1592万元，其中本年批复资金744.72万元，用于开展7个地质灾害治理项目，主要通过清除危岩体、削坡、砌挡墙、护坡等工程措施改善区域地质环境，消除或减轻地质灾害威胁。北京市地质灾害治理项目详见表2-22。

表2-22 2012年北京市地质灾害治理项目一览表

序号	项目名称	隐患类型	治理措施
1	平谷区金海湖镇红石门村不稳定斜坡治理工程	不稳定斜坡	清除危岩、削坡，浆砌挡墙，预制块护坡，辅助台阶
2	密云县新城子镇遥桥峪村泥石流灾害防治工程	泥石流	排导槽，排水沟，浆砌挡墙，削坡卸载
3	怀柔区琉璃庙镇老公营村崩塌治理工程	崩塌	清除危岩体，主动和被动防护网

续表

序号	项目名称	隐患类型	治理措施
4	怀柔区九渡河镇石湖峪村南沟地质灾害防治工程	崩塌、不稳定斜坡	清除危岩体，浆砌挡墙，整治地形，恢复植被
5	延庆县珍珠泉乡南天门村崩塌治理工程	崩塌	排除危石、削方卸载，主动防护网
6	门头沟区潭柘寺镇平原村涧沟泥石流防治工程	泥石流	建沉砂池，削坡，挡土墙，清理排水沟及集水池
7	房山区史家营长沟关闭矿山矿山地质环境治理项目（史家营煤矿治理区）	不稳定斜坡	整治坡面，支挡，排水，恢复植被

6. 地质灾害危险性评估。

年内，共对491个建设项目进行地质灾害危险性评估，其中一级备案32份，二级备案291份，三级备案168份。

7. 地质灾害资质管理。

全市现有86家单位获得地质灾害危险性评估、勘查、设计、施工、监理资质，共197项，其中本年新增4家单位。地质灾害治理工程单位资质数量详见表2-23。

表2-23　2012年北京市地质灾害治理工程单位资质数量统计表

等级＼资质	评估	勘查	设计	施工	监理	小计
甲级	33	30	28	30	6	127
乙级	5	7	9	5	2	28
丙级	17	6	7	11	1	42
合计	55	43	44	46	9	197

【地质遗址和地质公园】

1. 地质遗迹。

北京市地质遗迹资源丰富，种类较多，主要以地质地貌遗迹为主，占总数的48%左右，此外还有构造行迹、典型地层剖面、地质灾害遗迹、古人类和古生物化石及遗址、有特殊意义的水体资源等类型。经初步调查，全市共有地质遗迹171处，区域分布较为集中，70%以上分布在房山区、门头沟区、怀柔区、平谷区、昌平区、延庆县和密云县。

2. 地质遗迹保护。

自然保护区：北京市共建立地质遗迹

自然保护区3处，其中2处市级自然保护区，1处县级自然保护区，总面积为57.37 km^2。地质遗迹自然保护区情况详见表2-24。

表2-24 北京市地质遗迹自然保护区一览表

序号	保护区名称	级别	所在区（县）	面积（km^2）	批建时间
1	房山石花洞地质遗迹自然保护区	市级	房山区	36.5	2000.12
2	延庆下德龙湾木化石自然保护区	市级	延庆县	20.5	2001.12
3	平谷大溶洞地质遗迹自然保护区	县级	平谷区	0.37	1997

地质遗迹保护项目：北京石花洞（银狐洞景区）、北京十渡（仙栖洞景区）及平谷黄松峪3个国家级地质遗迹保护项目的设计方案均通过专家评审，2013年组织实施。

编制《北京市地质遗迹保护“十二五”规划》。

古生物化石保护：立项开展《北京市古生物化石综合现状调查》项目，旨在通过调查摸清北京市古生物化石资源家底，为建立古生物化石数据库及编制保护规划等后续工作奠定基础，2013年组织实施。

3. 地质公园。

北京市共建立地质公园7处，其中1处世界地质公园，5处国家地质公园，1处市级地质公园，北京市地质公园详见表2-30。

完成北京平谷黄松峪国家地质公园、北京密云云蒙山国家地质公园总体规划修编工作，通过了国土部组织的专家评审，并以区（县）政府名义发布实施。

制作北京市地质公园导览图，于“4·22”世界地球日投放各地质公园、矿山公园及其它宣传场所。北京市地质公园详见表2-25。

表2-25 北京市地质公园一览表

地质公园名称	级别	遗迹类型	面积（km^2）	审批文号	批建时间
中国房山世界地质公园	世界级	古人类、古生物遗迹、碳酸盐岩地貌	953.95	联合国教科文组织	2006.9.17
北京石花洞国家地质公园	国家级	地质地貌类型遗迹（碳酸盐岩地貌）	36.5	国土资发〔2001〕388号	2001.12.10
北京延庆硅化木国家地质公园	国家级	古生物遗迹、水文遗迹	226	国土资发〔2001〕388号	2001.12.10
北京十渡国家地质公园	国家级	碳酸盐岩地貌、水文遗迹	301	国土资发〔2004〕16号	2004.1.19
北京平谷黄松峪国家地质公园	国家级	火山遗迹、岩溶遗迹、构造遗迹	36.4	国土资发〔2009〕110号	2009.8.19

续表

地质公园名称	级别	遗迹类型	面积（km^2）	审批文号	批建时间
北京密云云蒙山国家地质公园	国家级	地质地貌类型遗迹（花岗岩地貌）	238.2	国土资发〔2009〕110号	2009.8.19
北京房山区圣莲山地质公园	市级	碳酸盐岩地貌、水文遗迹	28	市国土房管环〔2004〕666号	2004.6.10

4. 矿山公园。

全市共建立国家矿山公园3处，本年北京平谷黄松峪、北京首云两个国家矿山公园揭碑开园；完成北京首云国家矿山公园总体规划；组织房山区申报北京史家营国家矿山公园。北京市矿山公园详见表2-26。

表2-26 北京市矿山公园一览表

序号	矿山公园名称	所在区（县）	面积（km^2）	批建时间
1	北京平谷黄松峪国家矿山公园	平谷区	1.86	2005年
2	北京首云国家矿山公园	密云县	3.58	2009年
3	北京圆金梦国家矿山公园	怀柔区	5.56	2009年

【矿山地质环境】

1. 矿山地质环境问题。

北京市矿山地质环境问题主要表现为矿山地质灾害、地貌景观破坏、水环境破坏、土地资源破坏、环境污染5种类型。地貌景观的破坏主要由露天开采矿山引起的；水环境破坏主要表现为地下采矿形成水位下降漏斗区、造成地下水资源漏失和地下水污染；土地资源破坏主要表现为矿山采场、固体废弃物、尾矿和煤矿地面塌陷引起的资源占用和破坏；环境污染主要表现为不同程度的土壤、地下水和大气污染。

2. 矿山地质环境治理。

2004年至本年年底全市共关闭矿山企业842处，现有矿山企业69家，其中固体矿山35家，矿泉水34家。矿山地质环境问题主要表现为矿山地质灾害、地貌景观破坏、水环境破坏、土地资源破坏、环境污染5种类型。

3. 矿山地质环境治理项目。

自2003年至本年年底，财政部、国土部累计批复北京市矿山地质环境治理项目补助资金5.23亿元，其中本年批复2亿元用于开展2个矿山地质环境治理示范工程。已完工的矿山环境治理项目总治理面积2.5万亩，其中恢复土地面积6330亩，治理地质灾害1695亩，绿化数量14.99万株。

年内，实施矿山地质环境治理项目6个，共13个治理区，主要分布在门头沟区、房山区、怀柔区和密云县。北京市矿山地质环境治理项目详见表2-27。

表 2-27　2012 年北京市矿山地质环境治理项目一览表

序号	项目名称	矿种类型	治理面积（公顷）
1	北京市门头沟区清水达摩长峪沟煤矿矿山地质环境治理项目（清水煤矿治理区）	煤矿	41.67
	北京市门头沟区清水达摩长峪沟煤矿矿山地质环境治理项目（斋堂长峪沟煤矿治理区）	煤矿	22
2	北京市房山区史家营长沟关闭矿山矿山地质环境治理项目（史家营煤矿治理区）	煤矿	14
	北京市房山区史家营长沟关闭矿山矿山地质环境治理项目（长沟白云岩治理区）	白云岩	25
	北京市房山区史家营长沟关闭矿山矿山地质环境治理项目（霞云岭板岩治理区）	板岩	3
3	北京市白河上游废弃矿山地质环境治理项目（高岭白河涧铁矿治理区）	铁矿	7.5
	北京市白河上游废弃矿山地质环境治理项目（高岭辛庄铁矿治理区）	铁矿	5.54
	北京市白河上游废弃矿山地质环境治理项目（穆家峪后栗园金矿治理区）	金矿	6
	北京市白河上游废弃矿山地质环境治理项目（崎峰茶大北湾金矿治理区）	金矿	9.33
4	北京水泥厂有限责任公司凤山矿矿山地质环境治理项目（凤山矿石灰石治理区）	石灰石	60.01
	北京水泥厂有限责任公司凤山矿矿山地质环境治理项目（延寿川北河花岗石治理区）	花岗石	2.25
5	北京威克冶金有限责任公司巨各庄铁矿矿山地质环境治理项目	铁矿	32.67
6	首云矿业股份有限公司首云矿矿山地质环境治理项目	铁矿	72.22

4. 矿山环境恢复治理保证金缴存。

自 2009 年建立保证金制度以来，全市累计缴存保证金 2.7 亿元，其中本年缴存 6868 万元，已返还矿山企业 1.12 亿元。21 家矿山企业编制了恢复治理方案，项目均已组织实施，部分已完工，总投资约 1.8 亿元。21 个矿山环境恢复治理保证金项目详见表 2-28。

表 2-28　21 个矿山环境恢复治理保证金项目一览表

序号	方案名称
1	北京昊华能源股份有限公司木城涧煤矿矿山环境保护与治理恢复方案
2	北京昊华能源股份有限公司大台煤矿矿山环境保护与治理恢复方案
3	北京市门头沟区西宝煤矿矿山地质环境保护与治理恢复方案
4	北京市门头沟区兴华煤矿矿山地质环境保护与治理恢复方案
5	北京市门头沟区平安煤矿矿山地质环境保护与治理恢复方案
6	北京市门头沟区西达么煤矿矿山地质环境保护与治理恢复方案
7	北京市密云县放马峪铁矿矿山地质环境保护与治理恢复方案
8	北京市首云矿业股份有限公司矿山地质环境保护与治理恢复方案
9	北京市密云县冯家峪铁矿矿山地质环境保护与治理恢复方案
10	北京市密云县建昌铁矿矿山地质环境保护与治理恢复方案
11	北京威克铁矿矿山地质环境保护与治理恢复方案
12	北京市昌平区凤山石灰岩矿保护与治理恢复方案
13	北京昊华能源股份有限公司大安山煤矿矿山地质环境保护与治理恢复方案
14	北京昊华能源股份有限公司长沟峪煤矿矿山地质环境保护与治理恢复方案
15	北京立马长流水矿业有限公司长流水－黄院矿区长流水矿段水泥用灰岩矿矿山地质环境保护与治理恢复方案
16	北京金隅矿业有限公司长流水－黄院矿区龙宝峪和黄院矿段水泥用灰岩矿矿山地质环境保护与治理恢复方案
17	北京强尼特新型建筑材料有限公司采石厂矿山环境保护与治理恢复方案
18	北京昌平牛蹄岭建筑石料用白云岩矿矿山地质环境保护与治理恢复方案
19	北京市兴寿海宇石材销售中心矿山环境保护与治理恢复方案
20	北京兴发水泥有限公司矿山地质环境保护与治理恢复方案
21	北京顺发水泥有限公司矿山地质环境保护与治理恢复方案

5. 矿泉水年检。

北京市矿泉水以低钠、低矿化度淡矿泉水为主，主要分布于近郊区和部分山区。矿泉水类型主要包括锶型、锶—偏硅酸型、偏硅酸型、锶—锂高矿化度型 4 种。本年，全市共有饮用天然矿泉水水源水水质检验合格品牌 21 家。

北京市饮用天然矿泉水水源水水质检验合格品牌详见表 2-29。

表 2-29　2012 年度北京市饮用天然矿泉水水源水水质检验合格品牌

品牌名称	生 产 厂 家	抽 样 地 点
燕　京	北京燕京啤酒集团矿泉水厂	北京市顺义区双河路 9 号
九渡桥	北京东方九渡桥饮料有限公司	北京市房山区燕山羊耳峪双泉滨河路 2 号
蓝　涧	北京中宝饮用水有限公司	北京市门头沟区新桥南大街 33 号
中门清泉	北京中门清泉矿泉水厂	北京市门头沟区中门寺街 16 号
龙清泉	北京龙之泉技术开发有限公司	北京市昌平区十三陵水库南侧
宇亚麦饭石	北京宇亚麦饭石矿泉饮料有限公司	北京市昌平区长陵镇黑山寨村
天怡然	北京天怡然饮料有限公司	北京市昌平区居庸关南口镇
岳　岩	北京奥陶矿泉饮料有限公司	北京市石景山区八角东路 15 号
帝　思	北京帝思矿泉水厂	北京市石景山区八大处路
翠微山	北京市翠微山天然矿泉水公司	北京市石景山区模式口 1 号院
石　雪	北京市华城饮料有限责任公司	北京市石景山区高井电厂水塔院内
龙庆峡	北京乐得天然矿泉水有限责任公司	北京市延庆县四海镇西沟外村南水泉
双　源	北京双源矿泉水厂	北京市大兴区黄村镇黄良路口北侧东起 19 号
乐百氏	乐百氏(广东)饮用水有限公司—北京分公司	北京市怀柔区桥梓镇山立庄村
庄园雪	北京大唐庄园饮品有限公司	北京市怀柔区北宅村 86 号
不老村	北京不老保健饮料有限公司	北京市密云县不老屯镇转山子村
赛　冰	北京山口饮料有限公司	北京市密云县河南寨镇山口庄村
樱桃泉	北京樱桃泉矿泉水厂	北京市海淀区香山丰户营
京润泉	北京市自来水集团京润泉饮用水有限公司板井分公司	北京市海淀区昆明湖南路路北 312 号
领　先	北京领先饮食品工业公司	北京市海淀区太舟坞 408 号
品　露	北京品露饮品有限责任公司	北京市朝阳区甘露园 19 号

【地质科普】

1. “4·22” 世界地球日主题宣传活动。

策划编制北京市突发地质灾害防治知识宣传折页、北京市突发地质灾害宣传手册以及北京市地质公园导览等宣传资料，在“4·22” 世界地球日活动中发放宣传。

2. “5·12” 防灾减灾日宣传活动。

在门头沟区开展以预防泥石流为演练主要科目的实战演练，检验应急预案执行能力及险户转移反应能力，强化防灾减灾宣传教育，提升应急反应能力。广泛发放各类地质灾害防治避险宣传品，并利用市国土局官方微博同时发布。

北京市国土资源行政管理篇

交管理。

负责本市矿产资源和地质勘查的监督管理；拟订矿产资源开发、利用和保护规划，并组织实施；负责矿产资源储量管理，组织矿产资源的登记、统计、分析；负责地质勘查成果登记和地质资料汇交管理。

负责本市地质环境保护的监督管理；拟订地质灾害防治工作规划、计划及应急预案，并组织实施；负责地下水环境监测；负责地热资源勘查、开发、保护的管理；组织协调重大地质灾害的整治工作。

依法征收资源收益，规范、监督资金使用；依法组织土地、矿产资源专项收入的征管，配合有关部门拟订收益分配制度，指导、监督本市土地整理复垦开发资金的收取和使用。

负责本市国土资源执法监察工作，依法查处各种违法违章行为；依法调处各种土地权属、探矿权属、采矿权属纠纷。

拟订本市国土资源方面的科技发展规划，并组织实施；负责国土资源信息管理系统建设及信息、档案、综合统计工作。

承办市政府交办的其他事项。

内设机构

根据上述职责，市国土局设 22 个内设机构。

办公室

负责机关政务工作；负责文电、会务、机要、档案等机关日常运转工作；承担信息、信访、建议、议案、提案、安全保密等工作；承担重要事项的组织和督查工作。

研究室

承担北京市国土资源管理重大问题的调查研究，并提出意见建议；承担重要文稿的起草；组织、指导本系统的调查研究工作；承担新闻发布、对外宣传有关工作；组织有关地方志、年鉴的编纂。

法制处

负责本系统推进依法行政综合工作；起草国土资源管理方面的地方性法规草案、政府规章草案；负责行政执法工作的监督、指导和协调；承担行政复议、应诉的有关工作；承担机关行政规范性文件的合法性审核和备案工作。

科技与对外合作处

承担本市国土资源、科技管理工作；拟订国土资源科技工的发展规划和年度计划，并组织实施；拟订国土资源对外交流与合作的工作规划、计划，并组织实施；承担本系统外事工作；组织协调国土资源科研开发、新技术推广、科技成果评审、学术交流等工作；承担有关软科学项目的管理工作。

调控和监测处（综合处）

负责本市国土资源经济形势分析，研究提出国土资源供需总量平衡的政策建议，参与本市宏观经济运行及相关改革研究；拟订土地供应政策，编制土地供应计划；拟订土地市场管理、地价调控等政策措施；承担土地价格动态监测和地价指数编制工作；承担国土资源行政许可工作的组织协调和督查考核；承担行政许可事项的接待受理、证件核发、档案验收、业务档案管理等工作；承担国土资源管理业务的内部综合以及与相关部门的协调联系工作；组织政府信息公开工作，承担国土资源综合统计、专业统计和数据资源共享工作，分析、上报、发布有关统计信息；指导本系统行政许可工作。

规划处

承担本市国土资源综合规划的管理及各类规划的协调工作；拟订土地利用、矿产资源、地质环境等总体规划；编制、修订基本农田保护，土地整理、复垦、开发，矿产资源开发、利用、保护，以及地质环境保护等专项规划；指导和审核区（县）、乡（镇）土地利用总体规划，并监督落实；依法承担建设用地预审工作。

耕地保护处

承担本市耕地保护、集体建设用地利用、农用地使用等方面的监督管理，拟订有关管理办法和政策措施，依法承担相关的行政许可工作；编制土地复垦、整理的工作规划和年度计划，拟订耕地开发复垦费标准，并组织实施；监督落实占用耕地的建设项目的占补平衡措施；组织实施土地整理储备以及宜耕土地后备资源库、补充耕地储备库建设管理等工作。

地籍处

承担本市地籍管理工作，拟订有关管理办法和政策措施；承担土地调查（地籍调查、土地利用现状调查）、登记、统计和动态监测工作，拟订地籍管理技术规范；承担土地确权、登记、变更、抵押、终止等监督管理，依法调处重大土地权属纠纷；承担地籍管理信息系统建设工作。

土地利用处

承担本市国有建设用地和土地市场管理工作，拟订有关管理办法和政策措施，依法承担相关的行政许可工作；指导土地价格评估工作；承担国有土地使用权招标、拍卖、挂牌出让的组织实施；承担企业土地资产处置的有关管理工作。

征地处

承担本市农用地转为建设用地、征用集体土地等方面的监督管理，拟订有关管理办法和政策措施，依法承担相关的行政许可工作；承担农用地用途管制工作；监督管理土地征用安置补偿工作；组织实施征地区片综合地价测算工作。

矿产资源勘查储量处

承担本市矿产资源储量管理和地质勘查管理工作，拟订有关管理办法和政策措施，依法承担相关的行政许可工作；组织矿产资源储量的登记、统计以及动态监测、供需形势分析；承担矿产资源储量评审机构和专业技术人员的管理工作；承担地 质科技成果登记、推广，地质勘查行业技术监督，以及地质资料汇交管理等工作。

矿产资源开发处

承担本市矿产资源开发、利用、保护的监督管理，拟订有关管理办法和政策措施，依法承担相关的行政许可工作；承担矿产资源开发秩序的整顿和规范工作；征收、管理矿产资源补偿费。

地质环境处

承担本市地质环境保护和地质遗址保护的监督管理，拟订有关管理办法和政策措施，依法承担相关的行政许可工作；组织实施矿山环境保护与恢复治理规划；组织地质环境动态监测；承担地质灾害突发事件的应急管理；承担地下水勘查、评价、规划、监测、统计、分析的管理；承担地质遗迹管理工作；编制、发布地质环境公报。

地热处

承担本市地热资源开发、利用、保护

的监督管理，拟订有关管理办法和政策措施，依法承担相关的行政许可工作；承担地热资源勘查、开采及地热井开凿的监督管理；承担地热资源勘查开发计划的编制和勘查报告的审查；征收、管理地热资源有关费用。

财务处

负责机关及直属单位的财务、固定资产、内部审计等工作；依法承担国土资源有关专项收入的征管工作；拟订本系统财务、资产管理制度，并组织实施。

人事处

负责机关及直属单位的人事、机构编制等工作；组织有关教育培训、专业技术职务评定等工作；承担本系统干部队伍建设规划及部署的组织实施工作。

机关党委（基层工作处）

负责机关及直属单位的党群工作；承担本系统思想政治工作及基层建设工作。

工会

负责机关及直属单位的工会工作。

离退休干部处

负责机关及直属单位离退休人员的管理与服务的工作。

审计处

市国土局根据市编办 4 月 1 日《关于同意市国土局增设信访处审计处的函》（京编办行〔2012〕53 号）文件，增设审计处，5 月 18 日局党组决定任命审计处领导干部，5 月 30 日正式下达任命通知。8 月 7 日市局印发《内设机构职责的通知》，进一步明确审计处负责局系统内部审计工作管理；组织拟定相关管理政策和制度；负责领导干部经济责任审计；负责对局系统重大项目的审计监督；负责局系统财务制度执行情况、预算编制及执行情况、财务核算审计监督；承办领导交办的其他事项。

信访处

市国土局信访处于 4 月正式成立，前身为局信访室，2004 年 10 月成立，隶属于市局办公室。信访处现有信访工作人员 5 名。信访处主要接收办理群众来信、来访、“政风行风热线”、“市长信箱”、局外网投诉，以及国土部、市信访办等上级部门转办的信访件。主要工作有：一是接访；二是办理电子信访；三是办理群众来信；四是统计报送；五是催办、督办；六是做好市局领导班子成员下访约访有关工作；七是维稳工作；八是完成领导交办的其他任务。

纪检、监察机构按有关规定派驻。

综合行政

【公文管理】

年内，共收到公文 8908 件，与 2011 年相比增加 2.16%。其中：督办件 175 件。

印制外发公文 2803 件，与 2011 年相比减少 8.07%。其中：正式编号公文 642 件，便函 1438 件，党组文件 86 件，代市政府发文（划拨决定书）22 件，简报 46 期，信息及大事记 117 期，局长办公会议纪要 17 期，局长专题会议纪要 24 期，一般性会议纪要 37 期，党组会议纪要 7 期，人大代表建议 49 件，政协委员提案 16 件，一般信函 302 件。

【会议管理】

年内，处理外来会议通知 2239 件，与 2011 年相比增加 0.54%。组织局长办公会 17 次。

【绩效管理】

年内，印发《北市国土资源局 2012 年度绩效管理工作任务书》，任务分解表涉及 9 大类 58 个子项。绩效管理领导小组采取日常督察、重点任务及时督办、重点情况及时通报等形式，进一步加大监督检查的力度，推动各项工作任务的落实。

【保密管理】

年内，制定印发《北京市国土资源局"六五"保密法制宣传教育工作意见》和《北京市国土资源局"十二五"时期保密工作意见》，开展涉密、非涉密计算机、移动存储介质、传真机、复印机、扫描仪等清理工作；组织安装涉密计算机防护监控系统、政务内网融合工作，提高保密防护水平。组织开展保密知识专题讲座，各区（县）分局、机关各处室、直属各单位主管领导、保密员以及部分涉密工作人员共 70 余人参加培训。

【重大任务完成情况】

1. 协助国土部组织"4·22"世界地球日纪念活动。

4 月 25 日，按照国土部要求，在北京市举办"4·22"世界地球日大型纪念活动，市国土局协助并报请北京市政府同意，配合国土部在北京市世纪坛广场举办大型纪念活动。

2. 协助北京市政府组织国土部部长北京调研活动。

10月19日，国土部部长徐绍史带队赴北京市就土地管理有关工作调研，北京市副市长陈刚全程陪同，调研后国土部班子成员与郭金龙、王安顺等北京市委市政府班子在北京饭店举行座谈。市国土局负责会同海淀区政府、丰台区政府就调研内容（集体土地上建设公租房试点情况、北京百万亩造林行动计划进展情况、城中村拆迁改造情况）、地点（海淀区、丰台区）、方式、行程等制定具体的工作方案，提供相关背景材料和讲话稿件，并配合市政府办公厅相关会议服务工作，确保调研和座谈工作顺利实施。

3. 签署《京蒙国土资源管理合作框架协议》。

市国土局党组决定与内蒙古自治区国土资源厅签订《京蒙国土资源管理合作框架协议》。10月24日，市国土局局长魏成林和内蒙古自治区国土资源厅厅长李世镕在呼和浩特市正式签署协议。

4. 援藏工作。

按照国土部统一部署，市国土局负责对口援助西藏拉萨市和青海玉树自治州。市国土局办公室高英军代表市国土局出席国土部援藏工作会及专题座谈会，落实“十二五”援藏工作计划，督促援藏项目快速推进。

5. 贯彻落实《党政机关公文处理工作条例》。

年内，根据全市办公部门贯彻落实中央文件精神，修订完善市国土局公文处理办法，并印发执行。组织开展市国土局系统党政机关公文处理、督查、信息工作培训会，邀请市政府办公厅周雁结合新《条例》，为市国土局系统干部职工进行公文处理讲解。

【人大代表建议、政协委员提案办理情况】

年内，共收到市人大代表建议、市政协委员提案65件。其中建议49件（非会办类15件，会办类34件），提案16件（非会办类7件，会办类9件）。承办的建议、提案主要涉及土地储备一级开发、土地市场调控、征地、土地利用、耕地保护、矿产资源管理、保障性住房供地等热点问题。

【市领导批示件落实情况】

年内，共收到市政府等上级部门领导批示件773件，与2011相比减少2.64%。其中需研提意见及报送决策督查项目进展情况的公文179件，截至年底，179件督办文中，已完成150件，办理中29件，办结率84%；阅示、阅处、落实的公文594件（含上报市政府请示、报告的批示件）。共上报市政府请示317件，报告36件，印发各区（县）分局市领导批示转阅单150件。

【政务信息收集报送情况】

年内，收集市国土局系统各类信息约2600条，与2011年相比增加62.5%。编辑《国土资源信息》普刊62期、专刊12期、动态43期。向市委、市政府、国土部报送信息295条，完成约稿6条。市委

《北京信息》采用94条；市政府《昨日市情》采用99条，市领导批示1条；国土部《部内要情》采用128条。在国土部31家省级厅（局）中排名第一，较2011年的第6名有较大进步。

组织2次信息写作培训，结合信息报送情况和存在的问题有针对性地讲解如何写好国土资源信息。开发国土资源信息管理系统，7月正式运行，具有信息存储、模板打印、采用记录、评分管理、查询统计等功能，提高政务信息管理的科学化、规范化水平。

【安全保卫和值班工作】

法定节假日以及十八大召开期间，加强安全保卫和值班工作部署，强化巡视制度，领导在岗带班，业务人员24小时值班值守，检查、督促分局值班情况和信息报送情况，确保市国土局节假日和十八大召开期间的安全稳定。

调查研究

【调研工作概况】

根据市国土局领导有关指示精神，积极组织开展自主调研工作。完善调研管理制度，印发《北京市国土资源局2012年自主调查研究工作方案》和《北京市国土资源局调查研究工作管理办法》。自主调研采取公开竞争方式确定课题承担者。改革了调研成果评审验收方式，由各主管局长主持相关课题评审，促进了成果的转化和应用。本年自主调查研究工作，共计完成2项重点课题和10项关注课题，共完成15份调研成果，均通过专家评审验收。信息中心承担的《国土资源信息化体系建设工作研究》等5项调研课题被评为优秀，东城分局等5家单位获得优秀组织奖，经推荐和评比，燕彦等18名同志被评为本年度自主调查研究工作先进个人。

初步统计，本年市国土局系统共完成各类调查研究报告49篇，其中：分局完成19篇，机关和事业单位完成30篇。

【政策研究】

注重理论研究，加强政策创新。研究室牵头《北京市地价评审制度研究》和《北京市节约集约用地管理机制建设研究》重点调研课题。《北京市地价评审制度研究》全面介绍了北京市地价评审制度的由来和评审的流程，深入分析地价评审制度在运行中存在的问题，提出完善地价评审制度的意见建议。根据课题研究成果，现已启动地价评审系统建设方案的论证工作。《北京市节约集约用地管理机制建设研究》总结北京市节约集约用地管理机制建设情况，分析存在的不足之处，借鉴其它省市的经验和做法，提出完善节约集约用地管理机制的思路和对策。市国土局已向市政府上报了《关于全市大力推进节约用地有关工作的请示》，起草《北京市人民政府关于大力推进首都节约集约用地工作的意见（代拟稿）》。

【综合性文稿撰写】

完成本系统重要文稿、总结计划，及上报市委、市政府、国土部重要文稿，共计二十多篇综合性文稿的撰写工作。主要包括组织撰写《北京市国土资源局2011年度工作总结》、《2012年度工作计划》、《2012年上半年工作总结和下半年工作思路》、《2012年重点工作总结和2013年重点工作建议》；撰写国土资源管理工作座谈会、全国国土资源厅局长座谈会、城建系统务虚会等发言材料；起草2季度经济形势分析、第129次政府常务会、市委十一届二次全会、北京市经济社会发展和国土资源工作情况等汇报材料；起草《局党组关于认真学习宣传贯彻十八大精神的通知》等重要文稿。

【宣传工作】

首次开通市国土局官方微博“国土北京”，并纳入北京微博发布厅统一运行管理。经过10个月的运行，微博关注达6万余人。

有效应对特大事件。“7·21”特大自然灾害发生后，通过北京电视台和官方微博发布地质灾害黄色预警信息，及时介绍地质灾害防治工作和避险知识。在北京电视台和市国土局网站播放地质灾害避险宣传片，通过微博和网站发布全市开展的地质灾害隐患点排查情况。

加强主动宣传力度。通过市国土局网站和首都之窗进行“在线访谈”，向社会公众广泛宣传地质灾害防治、土地供应计划执行情况、保障性住房供地、落实房地产调控维护土地市场健康发展、耕地保护和土地整治工作情况、征地多元化政策、节约集约用地、遏制违法用地等多项重点工作，组织向主流媒体主动发布“北京市土地供应计划”专题。大力推进保障性住房供地宣传。北京日报在头版头条刊登《本市保障房供地量5年增6倍》的文章，从保障房供地的供应时序、制度保障和方便群众等多个方面进行报道。人民日报就节约集约用地整版推出特刊。

本年，共印发《舆情监测》66期，《舆情快报》1期。坚持每天进行舆情监测，加强对重大热点、敏感问题的监测提示，认真落实舆情及时上报制度。

【《北京志·国土资源志》】

《北京志·国土资源志》本年进入攻坚阶段。2月，研究室委托北京土地学会协助完成《国土资源志》的编纂工作。明确工作要求，加强组织指导，做好修志培训。重点推进志书初稿的撰写，截至年底，基本完成资料长编。召开志书编纂工作会，邀请市地方志领导段柄仁、王铁鹏对修志工作进行指导，邀请市地方志办运子微处长进行业务培训。组织专家研讨，对完成初稿进行内部评议。加强修志力量，充实修志队伍，与市地勘局加强协作，落实涉矿部分修志任务。年内，市地勘局完成了第二篇地质矿产部分资料长编。

【年鉴】

承担完成《北京市国土资源年鉴2012》的编撰、出版工作。分别组织完成国土部《国土资源年鉴2012》、北京市2012年《北京年鉴》和《北京市房地产年鉴2012》涉及市国土局职能部门的编撰供稿工作。

信息公开

【主动公开】

年内，市国土局主动公开政府信息6545条，全文电子化率100%，主动公开数量比2011年增加4324件。其中机构职能类54条，占0.8%；法规文件类16条，占0.2%；规划计划类68条，占1%；行政职责148条，占2.3%；业务动态6259条，占95.7%。

主动公开情况

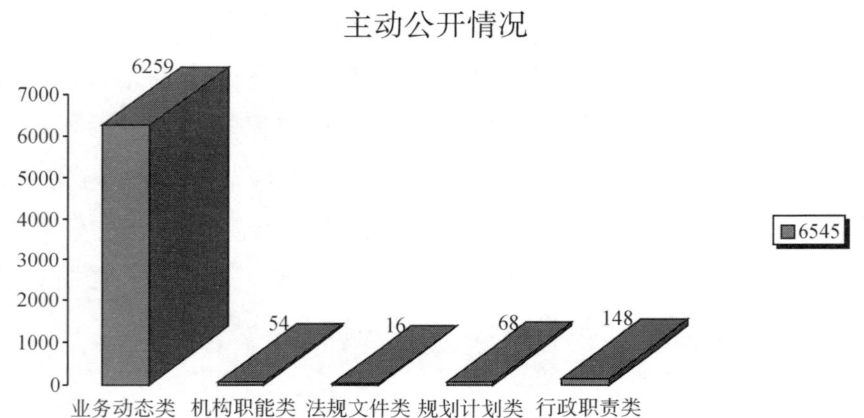

【依申请公开】

本年，市国土局收到公民、法人和其它组织提交的政府信息公开申请3598件，比2011年减少1244件。其中当面申请3091件，占86%；以传真形式申请6件，占0.2%；以信函形式申请501件，占13.8%。内容主要涉及土地预审、征地、土地利用、土地登记、土地储备及相关政策信息。答复政府信息公开申请4192件，比2011年减少765件。其中“同意公开”1894件，占45.2%；“同意部分公开”49件，占1.2%；“不予公开”40件，占1%；“信息不存在”1569件，占37.4%；“非本机关掌握”240件，占5.7%；“申请内容不明确”218件，占5.2%；“非政府信息”11件，占0.3%；“已主动公开”81件，占1.9%。

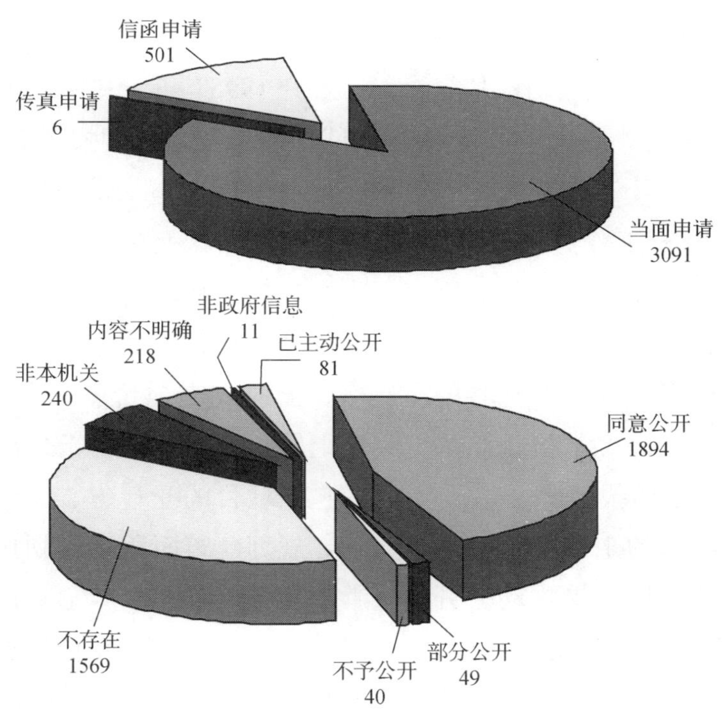

【收费情况】

本年共收取依申请公开政府信息检索费、复印费2353元。

【咨询服务】

年内，接受公民、法人及其他组织政府信息公开方面的咨询7188人次，比2011年减少404人次。其中现场咨询4006人次，占总数的55.7%；电话咨询3182人次，占总数的44.3%。

【其它工作】

年内，印发《关于进一步加强国土资源政府信息主动公开工作的通知》，要求市国土局所属各单位对历史信息研究制定公开的具体计划和方案。

按照《北京市人民政府办公厅关于做好重点领域政府信息公开工作的通知》要求，先后4次组织召开专题会议，研究征地、土地招拍挂、三公经费等重点领域的政府信息公开问题。制定印发《北京市国土资源局关于推进征地信息公开有关工作的通知》、《关于在政府网站上主动公开土地划拨公示及划拨结果有关问题的通知》。

启动《国土资源政府信息公开重难点问题研究》调研课题。由市国土局调控监测处、法制处、征地处、利用处、利用中心、储备中心、朝阳分局、朝阳区政府信息公开办公室8个单位组成课题研究组。围绕国土资源管理中土地征收、土地利用、土地储备等方面政府信息公开的重点、难点、热点和焦点问题，通过座谈交流、实地考察等形式，进行调查研究，年内完成课题调研报告。

组织开展政府信息公开工作培训会，邀请国土部、市政府信息公开办公室领导，就当前政府信息公开工作形势分析、具体工作标准和要求等，进行专题辅导。市国土局法制处、调控监测处、信息中心分别从法律法规、实际操作和技术支撑等不同层面做好政府信息公开工作进行培训。

年内，对政府信息公开工作进行专项检查。组成政府信息公开工作检查小组，由市国土局领导带队，先后对 10 个区（县）国土分局政府信息公开工作进行专项检查。采取现场办公形式，能够解答的现场答复，复杂问题专题研究。检查结果在市国土局系统内进行了通报。

推进法人和其他组织的土地登记信息主动公开。在研究土地登记结果主动公开内容的基础上，搭建全市统一发布平台、规范发布操作流程、建立专人负责制，逐步实现法人和其他组织的土地登记结果信息主动公开。本年，土地登记结果信息累计公开 19957 条，其中，国有土地使用权 15487 条，土地抵押权 4470 条。

在市国土局外网网站上发布出让结果、土地出让变更信息，公示的出让结果内容包括项目的受让方、土地位置、宗地面积、规划建筑面积、签约时间、规划用途、土地成交地价款、合同开竣工时间、地上容积率；公示的土地出让变更项目内容包括项目的受让方、土地位置、宗地面积、规划建筑面积、规划用途、合同地价款、变更事项。本年土地出让合同办理情况和土地出让合同变更情况均已按月向社会公示。办理依申请政府信息公开事项 93 件，全部办结。

法制管理

【规范行政审批事项】

年内，将服务事项中“办理建设用地批准书”和“集体土地征收结案”两项合并为一项，设立“集体土地征收结案，核发建设用地批准书”；将“办理建设用地批准书”下放至区（县）分局；取消服务事项中《矿产资源勘查（地热）答复意见》。编制矿业权设置方案并报国土部备案。矿业权设置方案包括现行“矿产资源勘查（地热）答复意见”的所有内容，将该服务事项与矿业权设置方案工作合并办理，不再单独设立。

【组织行政案卷评查】

年内，对市国土局系统自2011年8月1日至本年3月31日实施《北京市国土资源局行政许可事项和行政服务事项办理规则》以来，行政许可事项和行政服务事项立项行政检查，对承担涉地、涉矿主要业务事项的12个处室、事业单位和16个分局开展立项行政检查。抽查案卷共193卷。从检查结果看，所抽查案卷的整体质量与上年度相比，有明显提高，专项检查进一步促进了依法行政审批工作。

【开展依法行政培训工作】

组织召开2011年行政诉讼和行政复议案件情况通报视频会，通报2011年行政诉讼和行政复议案件情况并结合典型案例分析，查找工作中存在的问题，总结经验教训，改进和规范工作方法，提高依法行政的能力，逐步实现国土资源管理法治化目标。

在政府信息公开培训会上从法律层面就如何做好市国土局政府信息公开工作进行讲解。全系统部分人员参加政府信息公开行政诉讼案件审判旁听。

【立法工作】

组织研究储备土地登记问题，形成《北京市国土资源局储备土地登记办法》，并经市国土局局长办公会审议通过。

鉴于城镇国有土地总登记发证工作已经结束，本年11月，市国土局发文决定《关于北京市开展土地总登记发证工作的若干意见》（京国土籍〔2008〕87号）不再执行。

【行政复议和行政诉讼】

年内，共发生行政复议案件216件，

其中接受市政府行政复议审查 197 件，接受国务院行政复议裁决审查 19 件，216 件接受市政府或者国务院审查的行政复议案件，183 件已经审结，33 件尚未审结；183 件审结案件中，维持 150 件，终止审理 9 件，驳回复议申请 13 件，被确认违法 2 件，撤销 9 件。

人民法院受理行政诉讼案件 83 件，其中法院驳回诉讼请求和裁定驳回起诉 29 件，原告撤诉 19 件，维持 4 件，判决撤消并限期重新作出的 17 件，判决撤销的 5 件，判决限期履责的 4 件，判决原具体行政行为违法的 1 件，确定原具体行政行为无效的 1 件，尚未审结 3 件。行政诉讼和行政复议败诉案件已报市国土局监察处和人事处。

【规范性文件合法性审查和备案】

年内，按照《北京市行政规范性文件备案监督办法》的规定，市国土局发布的规范性文件《北京市矿产资源补偿费免（减）审批办法》市政府法制办予以登记备案。

【组织完成“6·25”全国土地日宣传活动】

本年，“6·25”全国土地日的宣传主题是“建设高标准基本农田，保障国家粮食安全”。市国土局在圆明园南广场举行主题宣传活动，包括全国高标准基本农田建设示范县和基本农田保护示范区代表作典型发言、签订北京市本年度高标准基本农田建设责任书，展板参观、发放宣传资料、土地管理相关知识竞猜等。通过本次系列活动，达到宣传土地资源国情国策、在全社会营造保护耕地、节约集约用地的良好氛围的目的。

【其他】

年内，办理各级人民法院协助执行事项 1300 件；为拟上市公司出具守法证明答复 100 件；完成《行政强制执行催告程序研究（国土资源）》调研课题；组织协调处理市国土局办公楼历史遗留问题并取得土地证；办理人大代表提案和信访答复、复查 15 件，其中人大代表关于皮革厂土地问题提案除答复外，还协调市规划委、市高院、市一中院具体落实解决方案；完成廉政风险防控第一阶段、第二阶段相关职权目录和办理事项流程图的编制审定，以及职权事项廉政风险识别防控表的填报工作；解决 $CBDZ_3$、Z_6 等地块招投标后的后续法律问题，推进项目进展；组织完成行政审批事项遗留问题的处理。

科技与对外合作

【科技工作情况】

年内，获得国土资源公益性行业科研专项资金支持2项；获得市科委资金支持2项；获得国土资源科技奖励1项。初步确定争取项目资金支持共计2240万元。采取措施督促重点项目有序推进，在科技项目申报成功的数量、组织实施的有序性、科研成果与实际需求的吻合性、获得科技奖励等方面都取得显著成效，科技引领支撑作用更加显现。

1. 国土资源公益性行业科研专项工作情况。

（1）推动《典型城镇村节地技术研究与示范》项目实施，履行课题管理与服务职责。年内，市国土局科技与对外合作处与有关单位4次召开项目专题会议，听取工作汇报，督促课题进度，并及时向国土部科技合作司汇报课题工作情况。

（2）启动《面向公众的首都土地利用服务关键技术研究与应用》项目。该项目被列入本年度国土资源公益性行业科研专项。项目执行年限为2012—2014年，预期成果是研制面向公众的首都土地利用信息服务原型系统，并实现网络共享与交互；研制面向公众服务的土地利用信息整合与转化技术指南、面向公众服务的土地利用信息数据库构建导则等。

2. 组织申报2013年度国土资源公益性行业科研专项。

按照国土部申报2013年国土资源公益性行业科研专项的工作要求，市国土局科技合作处与规划中心联合天津市国土资源勘测规划中心和河北国土资源勘测规划院共同申报《京津冀土地规划统筹与实施决策支持系统构建示范》项目；市国土局科技合作处联合中国地质大学（北京）申报《网格化国土资源综合勘察技术研发与示范》项目，均通过国土部、财政部立项审核。

3. 组织开展市科委（绿通）项目实施和申报工作。

推动《首都国土资源高频度监测技术系统研制与示范》（简称“早发现、早报告、早处理”或“三早系统”）项目成果显著。该项目集成了“卫星、视频探头、雷达、12336电话举报、微博、彩信、地面巡查”等多种监测手段，研发了首都国土资源高频度监测技术原型系统，在全国首创“时间连续、空间无缝、信息现势”天空地一体化的国土资源高频度综合监管技术系统与服务模式。

课题成果通过了由中科院院士童庆禧、中国工程院院士张光义等7名专家组成的评审组审核验收。市国土局局长办公会对课题研究成果全市推广应用工作做出明确部署。课题得到国土部科技合作司司长姜建军、国土部土地执法局局长李建勤等领导好评。

开展2个批次共7个项目申报市级科技计划储备（绿通）项目申报工作。其中，《北京地区页岩气资源成藏机理及关键技术研究》、《地热及浅层地温资源智能监管系统研发及应用示范》项目获得市科委资金支持。

4. 推动科普工作、拓宽科普形式。

编制《北京市国土资源“十二五”科学技术普及计划》。该计划是北京市第一个以行业名义编制和实施的科学技术普及行动计划，明确北京市“十二五”国土资源科普工作的重点目标和工作任务，主要内容涉及“十二五”期间本市国土资源分年度科普工作项目、科普活动、国土资源科普基地建设、科普人才培养、期末目标以及工作经费安排等，为“十二五”期间国土资源科普工作提供行动指南。

按照国土部关于开展“4·22”世界地球日主题宣传活动周的工作要求于4月16日—22日，举办“4·22”世界地球日主题宣传周科普活动。第43个“4·22”世界地球日主题为“珍惜地球资源，转变发展方式——推进找矿突破，保障科学发展”。宣传周期间，组织市国土局系统600余人，参加在北京中华世纪坛举办的“4·22”世界地球日大型主题宣传活动。举办“我心中的地球”主题绘画作品征集活动。宣传活动，做到“报纸有文章、电视有图像、广播有声音、网络有信息”，宣传国土资源国情国策，提高北京市社会各界爱护地球、保护家园、节约资源的意识。现场发放国土资源报地球日专刊20000份；宣传挂图340份；宣传手册10000份；宣传折页20000份；科普进校园图书共360本。各区（县）国土分局开展丰富多彩的宣传活动，将宣传资料发送至各街道（乡、镇）。

开展国土资源科普基地自评估工作。按照国土部关于开展第一批国土资源科普基地评估工作的要求，对北京延庆硅化木国家地质公园、北京房山世界地质公园组织开展自评估工作，对这两个资源保护类科普基地的科普工作及专题活动情况进行实地考察和专家评审，推动科普基地建设。

5. 加强国土资源标准化工作。

配合做好国土资源标准化管理工作。组织申报的《北京市土地信息共享数据元标准》、《北京市地类认定标准》制订项目列入本年度北京市地方标准制订计划项目。组织召开项目启动会，明确两项标准制订的工作流程、各环节要件、预计结题时间等。《北京市土地信息共享数据元标准》将规定土地信息共享数据元的分类方法、数据元编制规则、数据元值域引用代码编制规则；《北京市地类认定标准》将规定地类认定的原则、方法等，对易混淆地类进行界定。对《北京市土地信息共享数据元标准》项目进行拆分，拆分为7个部分，完成该标准第一、二、三部分送审稿的报送工作。

6. 其它科技工作情况。

申报推荐国土资源科学技术奖。根据

国土部关于“推荐申报2012年度国土资源科学技术奖”工作要求，市国土局推荐7个项目申报“国土资源科学技术奖”。其中《土地利用规划和空间管制的生态学途径与案例》项目，获得本年度国土资源科技进步二等奖，实现了市国土局自“十一五”以来活动国土部“国土资源科学技术奖”项目零的突破。

组织申报建设“国土规划与开发重点实验室”初步获国土部同意。该实验室由市国土局主管，依托北京大学建设，开展土地资源规划与开发利用领域高水平基础性和创新性研究。下一步市国土局将与北京大学共同编制完成重点实验室建设计划，明确实验室建设方向和目标。

推进北京市3个国土资源野外科学观测研究基地建设。按照国土部相关要求，制定“综合勘查技术—北京房山野外基地、平原区地下水—北京野外基地、浅层地温能—北京野外基地”3个野外基地建设计划方案，为加快推进野外科学观测研究基地建设提供保障。

推进由北京市地质工程设计研究院承担的《矿山地质环境监测修复技术研究及示范》工作进展。

【对外交流工作情况】

1. 组织因公出国（境）考察、培训工作情况。

按照“量力而行、按需派出、注重实效、精简节约”的管理原则，组织市国土局系统各单位的出访活动。本年，在党政干部出访指标和出访经费与上年度持平的条件下，年内组织市国土局系统出国人数共89人次，出访人数比上年度年多3人。其中，自组出国考察团10批次，47人、自组培训团1批次，19人、承办随团考察21人、承办随团培训2人。

2. 规范外事管理措施。

规范和更新因公出国（境）行前教育内容，开展行前外事纪律、安全等方面的专题教育。规范外事服务机构的行为，制作意见反馈表，建立每日出访情况报告制度。规范证照管理，实行证照密码柜按单位分类存放，在出访人员回国后及时收缴证照，证照收缴率100%。年内，在市纪委、市外办、市财政局组成的联合检查组专项检察中，对市国土局组织对外交流工作给予肯定。

10月25日，在市国土局西城分局建成国土资源地籍管理和土地集约节约利用国际合作示范基地。经过近一年时间的筹备建设，国土部科技与国际合作司、市国土局联合为国土资源地籍管理和土地集约节约利用国际合作示范基地举行授牌仪式，该基地是全国国土资源领域第一个国际合作基地。

先后承接中瑞地籍管理培训团、德国地热商务代表团、孟加拉国国土部代表团、匈牙利地方发展部代表团的交流与合作任务，共4批次，85人次。在承接国际交流任务过程中，积极开展对外宣传，不断提高接待质量和水平，周密安排部署，完成外国代表团来局访问的接待任务。

财务审计

【落实预算资金及筹资管理】

本年，共落实预算资金127.26亿元，其中市级财政121.65亿元（经费预算7.2亿元，储备专项114.45亿元），中央项目资金1.58亿元，区（县）财政4.03亿元（其中土地确权发证资金8784.01万元）；截至年底，土地储备资金累计筹措资金规模达到3231亿元，其中银行贷款2087亿元，保险资金210亿元，财政部门拨付财政资金611亿元。保证了各项重点工作的资金需求。

【非税收入上缴】

本年，上缴土地出让收入976.70亿元，超额完成年初收入计划，其中前期成本529.68亿元，政府收益447.02亿元。

涉矿收入8178.15万元，与2011年同期基本持平；共向财政部门缴纳土地违法查处罚没收入4149.49万元，代收防洪费5.81亿元。

【预算经费支出】

严把立项关口，加大前期审核力度。在编制2013年预算项目时实行综合评定制度，200万元以上的项目，一律要求科研、技术方案和专家意见书；一般预算项目采取综合会审方式；中央投资项目资金采取事前评审制度。

规范审批程序，加强经费支出审核。全面落实控制“三公”费用，严格控制一般性开支。坚持对“三公”开支实行计划管理、过程监督。出台车辆管理办法，实行车辆费用中间控制；出国费用集中统管，逐个团组地控制支出规模；公务招待执行局长审批制。

项目经费支出严格按照预算执行，严禁超预算、无预算支出；支付尾款提交项目成果。

提高执行进度，落实预算执行责任制。印发《关于实行预算责任制管理的通知》（京国土财〔2012〕43号），将预算执行情况纳入年中干部考核范畴。预算分解到处室，项目落实到责任人，定期公示项目执行进度，督促有关部门开展工作。

重视投资效益，加强绩效管理。开展上年度项目绩效考评工作，本年共完成市级绩效考评项目5个，均为自评项目，1个财政再评价项目。通过项目绩效管理，推进预算项目的过程管理，转变为重视投资效益的项目管理理念，从项目执行、财务管理、资料归档等方面规范预算项目的审核验收。

做好信息公开，接受公众监督。本年预算情况、上年度决算情况，“三公”经费使用情况，上年度预算执行审计结果等有关情况，及时在内外网公示，接受内部及公众监督。

【资产清查】

资产管理。结合市财政局统一组织的资产清查工作，系统清理全局所有资产情况，彻底清查处理长期挂账资产，实现摸清“家底”的工作目标。截至2011年末，全局共有资产117.01亿元，其中固定资产账面数据为8.29亿元，房屋5.85亿元，设备2.43亿元，车辆1.0亿元。

账户管理。逐一甄别全局300多个账户，按照市财政局管理要求，共清理账户47个，规范账户管理工作。

公务用车管理。公务用车管理完成40多辆公车的补充登记入库工作，使实际使用车辆情况与财政车辆库一致。

【局领导经济责任审计】

按照全市统一部署，市国土局局长魏成林被列为第一批经济责任任中审计的局领导。财务处积极配合协调相关部门完成局长经济责任审计的迎审工作。

【2011年度预算执行审计】

完成2011年度预算执行审计，对审计提出的完善预算管理，规范房租收入“收支两条线”管理，对政府采购的项目招投标管理进行重点整改，提高财务管理的刚性要求。通过市人大财经委对2011年预算执行审计整改落实情况专项检查，整改工作受到市审计局及人大代表的肯定。

【政府采购及项目招标程序管理】

完善管理制度，全局统一管理。印发《北京市国土资源局政府采购预算项目公开招标流程》(京国土财〔2012〕297号)、《关于进一步规范政府采购行为的通知》(京国土财〔2012〕429号) 等文件，对全局系统招标管理、流程进行规范统一，建立招标程序有序执行，招标代理机构统一管理，招标文件集中审核的管理模式，并设置专人专岗负责政府采购工作，推进市国土局政府采购工作规范性系统化管理。

建立中介服务备选库，确保项目规范高效推进。针对业务性质，结合工作实际，市国土局先后完成了审计机构、工程设计、监理机构的入围招标，建立7个入围机构库，项目承担单位从中择优选取，保障项目及时推进；2012年严格执行政府采购程序，依托重点项目服务实际需求。本年共有69个项目进行了规范招标，包括矿山治理、开发整理、信息化建设、设备采购等大型专项，涉及资金3.2亿元。

【非税收入管理】

继续做好非税收入的征收工作，征收方式全部按照市财政局要求，实现直接缴库。为加强全市土地出让收入的预测，与业务部门及信息部门共同研发土地收入预测系统，通过梳理工作流程，借助信息化手段实现实时监控功能，逐步建立出让金催缴机制；涉矿收入启用动态管理系统，并将土地罚没收入等逐步列入收缴系统。

【应急工作】

“7·21”特大自然灾害发生后，及时做好全局汛期间资金申报，支出，物资采购工作，紧急调拨设备保证受灾严重分局的需求，配合业务处室做好紧急物资购置工作，保证汛期间应急服务工作，统筹安排资金200多万元。及时印发《关于加强汛期专项资金及物资管理的通知》（京国土财〔2012〕440号），保障汛期资金安全有效。

【基础工作】

加强制度建设，先后出台大额资金管理、预算、非税收入、核算、政府采购和应急专项资金等方面30多项管理规定。

储备资金规范化管理，由市国土局、市监察局、市财政局和市审计局成立土地储备专项检查领导小组，在全市开展土地储备资金专项检查。

加强系统财务人员培训。继续做好财务人员继续教育培训工作，分两批120余人参加培训。

2011年度决算工作，获得北京市评比优秀表彰。

【审计制度建设】

政策宣传。通过局内网开辟审计工作专栏，刊登部分审计法律法规、财经法规、政策解读、内部审计制度等，便于日常工作中学习掌握。

业务交流。在审计专栏中开展业务交流，通报问题整改，报告内审工作动态，提示防范一些问题的出现。

政策制定。拟订《北京市国土资源局内部审计工作准则》和《北京市国土资源局行政事业单位主要领导干部经济责任审计办法》，经办公会审议已印发执行。

【领导干部经济责任审计】

规范领导干部经济责任审计工作任务流程：由局党组会议决定，局组织人事部门下达经济责任审计通知，审计处负责实施。根据经济责任审计要求，通过编制审计方案、送达审计通知、实施审计调查、开展进点检查、编写审计报告、征求审计意见等程序，开展领导干部经济责任审计工作。

继续完成2011年度立项市储备中心、海淀分局、昌平分局、延庆分局4位领导干部经济责任审计工作。

启动本年东城分局、西城分局、丰台分局3位领导干部经济责任审计工作。

【重大项目审计】

牵头开展上年度24个矿山环境治理项目的审计问题整改检查，督查督办项目承担分局逐项落实审计整改工作；

在认真总结第一批24个项目审计经验的基础上，完成19个矿山地质环境治理项目的审计检查和报告编写工作；

首次开展年度出国出境经费预算执行情况审计检查；

编写《2011年中央投资北京矿产资源节约与综合利用专项资金取得显著成效》的报告和《中央财政预算资金监督管理情况》等调研报告，反映政府投资在资源节约与综合利用的项目选择，实施管理的履职情况，反映选择项目取得的成果和社会经济效益。

协助市审计局开展全市社保资金专项审计做好区（县）分局协调工作；

协助审计署重庆特派办协调中央单位经济责任审计的调查协调工作。

信访工作

【主要工作情况】

年内，印发《北京市国土资源局关于进一步规范信访工作秩序有关问题的通知》，并制定“关于对异常上访进行处置的程序和分工的办法”。指定专人与内保局、属地派出所及后勤服务中心联系和沟通，共同处理异常上访情况。在处理异常上访情况时，严格做到4个“第一时间”，即“第一时间赶赴现场、第一时间疏导劝解、第一时间拍摄取证、第一时间通报情况”，最大限度地维护正常的信访秩序，最大限度地维护市国土局正常工作秩序。

年内，印发《北京市国土资源局关于准确界定国土资源管理信访范围有关问题的通知》（京国土访〔2012〕326号），界定信访工作范围，明确区分局办理信访事项职责和履行行政管理职责，明确规定举报事项的处理和程序。该“通知”印发以来，市国土局信访量、申请复查量同期相比均大幅度下降。

落实市委、市政府《关于北京市重大决策社会稳定风险评估实施细则》，年内，市国土局制定《关于重大事项社会稳定风险评估实施意见》（京国土访〔2012〕329号），对重大决策事项的出台要求做到“应评尽评”。

落实市区两级信访工作例会，定期研究分析信访工作。

【年度信访情况统计】

1. 办理来信情况。

年内，共办理来信851件次，同比下降9.2%，其中新件412件次，重复件439件次。851件次来信中，联名信共98件次6459人次，同比下降15.5%。

办理的851件次来信中，有11个区（县）呈下降趋势，其中怀柔分局、延庆分局、石景山分局3个分局下降幅度在50%以上。

2. 办理来访情况。

年内，共办理来访1005批次3505人次，其中登记受理来访365批次1243人次，同期相比批次、人次分别下降43.8%、53.9%。有14个区（县）分局呈下降趋势，其中10个区（县）分局来访批次下降幅度在50%以上，包括：石景山分局、西城分局、通州分局，大兴分局、延庆分局、怀柔分局、海淀分局、顺义分局、房山分局、密云分局。

3. 办理集体访情况。

年内，受理登记集体访58批次783人

次，同比批次、人次分别下降38.6%和29.2%。有12个区（县）集体访批次下降，分别为：东城分局、西城分局、石景山分局、通州分局、房山分局、大兴分局、延庆分局，怀柔分局，昌平分局，丰台分局、门头沟分局、密云分局。朝阳分局集体访批次上升1050。

4. 办理重复上访情况。

年内，受理重复访183批次451人次，同比批次、人次分别下降16.9%和29.3%。有11个区（县）国土分局重复上访下降，分别为：东城分局、西城分局、石景山分局、门头沟分局、海淀分局、丰台分局、通州分局、大兴分局、房山分局、怀柔分局、密云分局。也有个别区（县）分局重复访批次上升，其中朝阳分局重复访批次上升1275、人次上升6100。

5. 办理复查件情况。

年内，共受理复查申请103件次，占区（县）国土分局信访量的3.55%，复查量同比下降了42.5%。有10个区（县）分局信访复查量下降，包括：西城分局、海淀分局、石景山分局、房山分局、通州分局、顺义分局、大兴分局、昌平分局、密云分局、延庆分局。6月，印发《北京市国土资源局关于准确界定国土资源管理信访范围有关问题的通知》（京国土访〔2012〕326号）后，各单位认真贯彻落实，信访复查量下降幅度较大。

6. 办理电子信访件和上级部门转、交办信访件情况。

年内，共办理电子信访件167件次，其中政风行风14件次，市长信箱20件次，局网投诉133件次。办理上级部门转、交办信访件118件次，全部办理完毕。

信访处登记受理的1501件次信访件按反映主要问题性质，处于前4位的分别是：违法占地问题1055件次，占登记信访总数70.3%；政策咨询和建议问题107件次，占登记信访总数7.1%；非法盗采沙、矿石问题99件次，占登记信访总数6.6%；征占地补偿安置问题70件次，占登记信访总数4.7%。

人事教育

【机构编制工作】

细化岗位职责。根据市政府办公厅《关于印发北京市国土资源局主要职责内设机构和人员编制规定的通知》（京政办发〔2009〕53 号），6 月，市国土局党组对局内设机构和直属单位主要职责进行梳理、调整、细化和分解，并结合实际进行职位设置和职责分工，编制《北京市国土资源局职责文件资料汇编》，使各部门、各单位职责配置更加合理，权力责任更加明确。

完善机构设置。经市编办批准，市国土局机关设立信访处、审计处，西城分局设立北京市土地整理储备中心金融街分中心；经市编委批准，为市国土局朝阳分局等 13 个分局增设专职党组书记职位。

【领导班子和干部队伍建设工作】

首次开展竞争性选拔正处级领导干部。本年 9 月，市国土局党组推出 7 个正处级领导职位开展竞争性选拔，全局系统 33 名符合条件干部参与竞争，选拔产生 7 名正处级领导干部。选拔中，注重竞争性选拔与民主推荐相结合，并首次将资历评价应用在干部选拔任用工作中，树立注重品行、崇尚实干、群众公认的用人导向，得到广大干部群众的一致肯定。目前，竞争性选拔干部已成为全局系统干部选拔任用的主要方式。本年，9 个分局及事业单位有 55 名干部通过竞争走上科级领导岗位。同时，注重以人为本，用足政策，兼顾不同年龄干部情况，提拔 8 名业绩突出、群众公认的老同志任处级非领导职务。

首次公开选拔“80 后”副处级领导干部。本年 8 月，根据市委组织部的要求，推出平谷分局副局长的职位，在全市“80 后”年轻干部中公开选拔。全市 32 名符合条件的年轻干部参加公开选拔，市局执法总队一名干部被选拔到平谷分局任副局长。

【干部交流工作】

做好干部系统外交流。在市委组织部和区（县）委组织部的大力支持下，本年，通过竞争上岗和组织推荐，输送 1 名副处级干部到国有企业任职，输送 11 名科级干部到系统外担任副处级领导职务。

做好干部系统内交流。本年，对 7 个机关处（室）处长（主任）、11 个分局局长和 2 个局直属事业单位的党政“一把手”进行调整，共交流处级干部22人，其中平级交流12人、提拔交流10人。此外，年内有6名年轻干部从分局交流到市局机关任职，其中1人提任机关副处长；有4名年轻干部从局属单位交流到分局任职，其中1人提任分局副局长。分局和局属事业单位也加大干部交流力度，共有54名科级干部轮岗交流。

加强干部挂职锻炼。按照市委组织部“三个一百”的要求，2011年派出5名处科级领导干部到中央单位、金融机构及外省市挂职，同时接收11名外单位干部到市国土局挂职。

【教育培训工作】

围绕国土资源管理中心工作，以提高干部队伍整体素质、努力培训造就一支政治素质高、大局意识强、业务知识熟、工作作风好的国土资源干部队伍为目标，组织干部教育培训工作，本年累计培训9160人次，其中：局级干部55人次，处级干部1476人次，科级及以下干部6893人次，专业技术人员716人次，基本完成干部教育培训的目标任务。在干部教育培训方面，主要有两个方面的成效：一是培训的渠道进一步拓宽。在依托上级平台加强干部培训的基础上，通过派优秀年轻干部出国培训、开展处长大讲堂、土地登记持证上岗、国土资源执法监察持证上岗等各类专业培训班，着力提高干部业务能力。二是培训的内容进一步多元。在政治理论方面，始终坚持用党的最新理论成果武装和教育干部，始终把党性教育贯彻教育培训全过程，始终突出反腐倡廉教育；在政策法规方面，注重加强新出台的与国土资源管理密切相关的法律法规的学习培训；在业务知识方面，注重按照不同类别干部的要求和特点，有针对性地加强国土资源管理业务知识培训。

【人才引进工作】

年内，先后2次招录公务员25名，17人具有研究生学历，平均年龄28岁。组织7个分局和3个事业单位招聘事业单位工作人员35名，具有大学以上学历的34人，平均年龄24岁。共接收军队转业干部21人，其中副团以上10人，全部具有大学以上学历。

【职位管理工作】

本年，共调整处、科级干部职务264人次，其中晋升干部职务161人次。无超编制、超职数、超机构规格配备干部现象。

【干部考核工作】

加强日常考核。年内，制定《北京市国土资源局公务员考核暂行办法》，建立相应的考核信息管理系统，完善平时考核、量化考核和全方位考核机制。注重加强对处级领导干部的日常考核与管理，年内对交流任职满一年的6名正处级领导干部进行考核，分别取本单位干部职工的意见建议和交流任职区（县）领导的意见，考察情况向市国土局党组汇报后，由局党组书记分别向本人进行反馈，指出不足，提出努力方向。

完成年终考核。市国土局党组织对各分局、局属各单位领导班子进行考核测评，并对全系统公务员进行量化考评。局系统公务员共1131人参加考核，221人考核等次为优秀，57人获三等功，221人获嘉奖。事业单位（不含参照公务员管理事业单位和工资规范管理的事业单位）共1005人参加考核，154人考核等次为优秀。

【工资管理工作】

按照市人保局公务员工资处的要求，组织完成对新工资系统基础数据的审核与修正工作，本年5月正式启用新系统报送工资。完成市人保局关于事业单位本年度工资总额执行情况的审核、汇总和上报工作，开展市国土局系统事业单位工资检查。按有关政策规定发放返聘费、生活困难补助、一次性节日补助、丧葬费等临时补助。

【事业单位管理工作】

严格规范事业单位公开招聘工作。在深入调研的基础上，针对市国土局系统事业单位公开招聘工作存在的问题，制定《北京市国土资源局关于进一步加强和规范事业单位公开招聘工作有关问题的通知》，从强化招聘计划的管理、规范招聘信息的发布、严格招聘考试的程序、统一招聘结果的公示、严把招聘制度的要求和加强招聘工作的领导6个方面具体细化和严格规范，加强事业单位公开招聘工作的统筹和监管力度。及时正规做好招收录用、职务变动、转正定级和退休审批各项服务工作。

【其他工作】

做好市委考核组对局领导班子和领导干部任期综合考核有关工作，做好考核组接待、会议安排、有关材料的准备工作。

开展公务员信息库的采集与维护工作，完成干部人事各项统计工作，市国土局连续4年被市委组织部和市人力社保局评为公务员统计“全优”报表单位。

做好档案管理、领导干部收入申报和个人有关事项报告、事业单位法人证书年检、组织机构代码证书年检等其他工作。

抓好人事干部队伍建设。采取“以会代训”的形式，先后3次组织市国土局系统人事干部进行干部职位管理、公务员考核、统计等工作培训；以分期轮训的方式选调分局人事干部到人事处实践锻炼；利用调研的机会，加强对区（县）分局和事业单位人事工作的指导，提高人事干部能力素质。

市国土局系统干部队伍结构，特别是处级领导干部结构进一步优化。从学历看，市国土局系统59名正处级领导干部，具有研究生学历的19人，占总数的35%，相比2011年上升了26%。从年龄看，市国土局系统59名正处级领导干部，年龄在45岁（含）以下的23人，占总数的39%，相比上年度上升了15%。从任职经历看，25名区（县）分局党政一把手，13人具有市局机关、直属事业单位工作经历，3人具有当地区（县）政府部门任职经历。

党群工作

【学习型党组织建设】

加强政治理论学习。制定学习方案，抓好计划落实，组织广大党员干部学习宣传贯彻十八大精神。坚持“中心组”学习制度，市国土局党组和基层党组织两级中心组 带头定期学习。加强学习辅导，提高学习质量，组织处级干部集中培训，邀请十八大代表和专家重点解读，系统学习十八大精神。

组织开展读书活动。在市国土局系统组织开展“书香国土，智慧人生”主题读书活动，并举行了市国土局领导赠书活动。

促进理论联系实际。年内，在深入组织学习基础上，组织开展《围绕中心，服务大局，迎接十八大综合业务知识竞赛”》活动。

【基层党组织建设】

1. 推进机关党建规范化建设。

认真学习中央新修订的《中国共产党党和国家机关基层组织工作条例》。制定党建工作制度10多项。建立健全党员组织生活会制度，坚持领导班子成员过双重组织生活、基层党支部每年至少召开两次生活会。

(1) 开展“争优创先”活动。

“7·21”特大自然灾害发生后，广大党员自觉为灾区捐款58000元。本年七一前夕，33个先进基层党组织、208名优秀共产党员、31名优秀党务工作者受到局党组的表彰，黄蔚、监测调控处党支部受到市直机关工委的表彰。市国土局局长魏成林、利用处黄蔚被选为北京市第十一次党代会代表。

市国土局祁博义务捐献造血干细胞，荣获“北京市优秀共青团员”称号，是2011年度北京市直机关中唯一获得此称号的同志。

(2) 加强基层党组织建设和党员管理。

年内，组织市国土局系统党务干部集中培训，组织15名入党积极份子参加集中培训，发展9名新党员，11名预备党员按期转正。在基层党组织建设年活动中，市国土局机关44个基层党支部在分类定级工作中，分数均在90分以上，没有不合格党支部。

【精神文明创建活动】

1. 继续扎实开展精神文明创建活动。

2011年－2012年，市国土局和储备

中心党总支被评为精神文明创建首都文明单位，执法总队、利用中心、登记中心、服务中心党组织被市直机关工委评为精神文明创建文明单位。

2. 加强作风建设。

年内，在市国土局系统开展“对外服务承诺”征集活动，市国土局系统有对外服务承诺职能的部门参与率达100%；制定政风行风建设7项制度；建立监督机制，制定《北京市国土资源局聘任社会监督员工作暂行办法》，聘请市区两级社会监督员71人。

3. 开展践行“北京精神”活动。

组织开展学习实践北京精神辅导讲座，邀请市委副秘书长傅华，对践行北京精神进行专题辅导。会同东城分局共同举办《映象颐和园》摄影展，展现首都文明古城的风貌。

【党员干部党风廉政建设】

组织党员干部认真学习《廉政准则》和《中国共产党纪律处分条例》等内容。深入开展“党性、党风、党纪”主题教育，为全体党员购买学习教材40多本。十八大前夕，局纪检组长周新华以“深刻认识、强化意识、始终做到廉洁从政”为主题，为机关党员干部作党课辅导。

在市国土局系统开展廉政文化进机关系列活动，包括参观学习、书画展览、上廉政党课、观警示教育片、帮扶思廉、设置电视屏保、制作廉政桌签7个部分。

市国土局机关23个处室和7个局属事业单位党总支和党支部，采取“一帮一”形式帮户，确定1－5户困难帮扶对象，共确定帮扶户困难户65户。本年，先后慰问结对帮扶的怀柔区怀柔镇红军庄村和卧龙岗村困难党员63名，困难群众945人，赠送慰问品价值近20万元，慰问金3万多元。相关业务处室党支部还与房山区南窖乡南窖村结对共建，帮助该乡申报立项2个矿山环境治理项目，争取项目总投资500万元，目前2个项目均已竣工。

【开展“服务职工在基层”活动】

年内，积极组织各种文化娱乐活动，为职工减压、释压。组织心理健康辅导讲座，邀请中国人民大学胡邓教授为干部职工进行“压力管理，阳光心态”的心理健康辅导。组织“太极拳短期培训班”，邀请陈家沟国际太极拳学院教练郑赢全教授陈式太极拳。邀请东直门中医研究院研究生为广大会员中医义诊，为130余人咨询问诊。

【促进精神文明建设与和谐机关建设】

年内，组织系列和谐机关建设活动。市国土局机关工会组建健步走、摄影、羽毛球、烹饪、乒乓球、书法和台球7个兴趣小组（协会），共有365名会员报名参加兴趣小组活动，参与率超过会员总人数的70%。组织“市国土局春节联欢会”，机关处室、机关事业单位自编自演文艺节目，400多名干部职工参加联欢会。年内，组织局机关踏春赏景春游活动，80余名干部职工积极报名参加；会同市国土局健步走协会组织20名干部职工参加本年度北京国际长走大会；组织50名干部职工参加国家体育总局组织的奥林匹克日长跑活动；组织“处长深入基层、服务基层”活动；组织开展市国土局第九套广播操比赛”，组织干部职工每天下午定时做工间操；组织“迎新春扑克牌比赛”，开办健身舞蹈和交谊舞培训班，丰富职工文化娱乐活动。

参加市直机关第三届文化艺术节活动，分别报送文艺节目、书画及摄影作品，其中报送的摄影作品“学习雷锋好榜样组照”获得艺术节“优秀摄影作品奖”。

【加强工会组织建设】

1. 注重制度建设。

年内，印发《工会会员缴纳会费的规定》，《工会拨付工会经费的规定》等政策规定。工会委员会实行例会制，集体研究审议有关工会工作的重要事项。

指导协助储备中心、利用中心、执法总队工会组建基层工会委员会。协助市国土局机关19个处室及5个局属单位完成工会换届选举工作。

2. 做好工会干部培训工作。

年内，召开工会干部培训会，对工会干部进行培训。市局直属机关工会“三委”委员、各基层工会委员会负责人、各工会分会负责人以及机关各处室工会小组长共计40余人参加的工会干部培训会。邀请市直机关工会主席时代新参加会议，对市国土机关党委工会工作开展情况调研和指导，专题辅导市局直属机关工会“三委”委员、各基层工会委员负责人、各工会分会负责人以及机关各处室工会小组长。

本年，局直属机关工会共有会员528名，职工入会率在100%。

【加强机关团组织建设】

1. 加强学习型团组织建设。

举办本年度市国土局系统共青团干部培训班，市国土局系统各单位团支部书记、各区（县）分局团组织负责人共计30余人参加培训。

开展“四个一”活动。年内，邀请市国土局领导上一堂《努力培养三个意识 推动国土科学发展》主题团课；五四青年节一次团日活动；组织市国土局机关团员青年在密云白乙化烈士纪念馆开展一次重温入团誓词活动；组织一次探寻团史足迹爱国主义主题团日活动，相关部门的团员青年共计40余人参加活动。

2. 组织开展青年联谊会。

年内，会同京报集团机关团委、市检验检疫局团委、同仁医院团委，在颐和园联合举办“市直机关青年联谊活动”。来自机关党委和局属单位的10位单身青年参加了这一活动。七夕节，与国土部联合举办“相识国土 携手幸福－国土系统单身青年联谊活动”。

3. 开展共青团“三进两促”活动。

依托“4·22”世界地球日宣传周平台，开展“青年进社区”活动。4月20日，市国土局在和平里四小举办“4·22”世界地球日科普进校园暨儿童绘画作品征集活动颁奖仪式。国土部科技与国际合作司副司长孙宝亮、市国土局副局长张维以及局科技处、机关党委负责同志参加活动。

深化“三进两促”内涵，与和平里四小联合组织“我心中的地球”主题绘画作品征集活动。市国土局与东城区和平里第四小学联合面向两单位14周岁（含）以下儿童进行“我心中的地球”主题绘画作品征集活动，宣传“节约资源、保护环境”的理念。

【完成市第十三次团代会代表选举工作和团代会参加工作】

经过严格规范的选举程序，市国土局王永刚正式当选为北京市十三次团代会团代表（北京市直机关共6名代表）。

离退休干部管理

【工作概况】

截至年底，市国土局系统现有离退休干部职工 597 名。其中，离休干部 43 名（局机关 40 名，局属事业单位 3 名），退休干部职工 554 名（局机关 307 名，各分局 115 名，局属事业单位 132 名）。

现有离退休干部党总支 1 个，党支部 15 个（其中，离休干部党支部 2 个，离退休干部混编党支部 1 个，退休干部党支部 12 个）。

现有离退休干部党员 458 名。其中，局机关离退休干部党员 280 名，分局退休干部党员 84 名，局属事业单位离退休干部党员 94 名。

现有离退休干部专职工作人员 13 名。其中，离退休干部处 6 名，老干部活动站 7 名。

【服务与管理】

离退休干部工作领导体制和运行机制进一步健全。本年，局两级领导班子进行了一些调整，局党组能够及时调整离退休干部工作领导小组成员，健全离退休干部工作组织机构。春节和国庆前夕，党组书记张国玉、局长魏成林带领局领导和局离退休干部工作领导小组成员参加“老同志新春团拜会”和“老同志迎国庆茶话会”，并向老同志通报市国土局的建设发展情况。分管局领导张川北和郭创兴，经常深入离退休干部处（站），密切联系离退休老同志，及时了解情况，指导工作，妥善解决离退休干部工作中的问题。离退休干部处继续发挥“离退休干部工作领导小组”办公室作用，认真做好《责任制》的分解和细化工作。领导小组各成员单位在离退休干部工作计划安排、资金使用、车辆保障等方面，尽最大限度地给予支持、协助、配合，保证了《责任制》的全面落实。

离退休干部“两项建设”进一步加强。一是认真抓好离退休干部党支部建设。通过组织离退休干部党总支委员会换届选举、基层党组织分类定级和评选“优秀共产党员”等工作，引导离退休干部在思想政治、道德品行、教育后代、文化学习和活动等方面创先争优。二是认真抓好离退休干部政治理论学习。围绕迎接党的十八大和学习、贯彻党的十八大精神，通过举办报告会、辅导班、读书班、座谈会等形式，增强离退休干部集中学习的实效；通过引导离退休干部浏览局离退休工作网页、参阅党总支编印的《资料选编》、借阅学习光盘，就近参加社区学习活动等方式，切实组织好离退休干部的同步自学。

离退休干部各项生活待遇进一步落实。对市国土局系统离退休干部的离退休费进行归并调整；补发11名去世的离退休干部的一次性抚恤金；发放退休干部医疗卡，并做好使用的解释说明工作；组织300多名离退休干部职工参加健康体检；编印《保健与养生》12期计4200多份；为18位老同志祝金婚、贺寿；协助家属为4名去世的离退休干部办理善后事宜。年内，共慰问走访看望离退休干部450人次。

【开展各类文体活动】

以“北京精神我践行、创先争优乐晚年”为主题，开展“身体力行率先垂范、弘扬践行北京精神”自愿签名承诺与心语征集活动和“喜迎十八大”书画笔会，组织离退休干部参观游览“圆明园”和“念坛公园”活动。开展好离退休老同志兴趣小组的活动，努力提高兴趣小组的活动质量。其中，书画和篆刻小组的狄从等6人的作品入选了在“军博”举办的全国老年书画展；王学德等3人的书画篆刻作品刊登在《北京老干部》杂志；棋类小组的肖宏凡等3人代表全局老同志参加了国土部离退休职工“赣韵杯”象棋邀请赛，获得体育道德风尚奖。为向十八大献礼，印制了《我在党旗下成长－老照片纪念册》，分发到老同志手中。

【加强自身建设】

1. 认真抓好市国土局系统退休干部管理的业务指导工作。

年内，对市国土局系统各单位贯彻落实《进一步加强退休干部服务管理工作的意见》的情况进行专项检查，对局系统各区（县）分局退休干部“双重管理”的现状进行调研，撰写《关于市国土资源系统退休干部服务管理工作的调查与思考》的调研报告，提出改进的意见和建议，推动全局离退休干部服务管理工作的开展。

2. 做好工作人员队伍建设。

通过健全完善各项规章制度，加强工作制度化和规范化；通过组织学习离退休干部的各项方针政策，提高工作人员的业务素质；通过严格工作考核，提升工作人员的责任心；通过开展积极健康有益的健身活动，改变工作人员的精神面貌。处（站）先后被评为市直系统老干部信息工作先进单位和老干部调研工作先进单位。此外，处（站）在局系统开展的“迎接十八大、创新国土党建”主题党日评比中获得三等奖，在“第九套广播体操比赛”中获得三等奖，在“对外服务承诺”征集活动中获得优秀奖。7.1前夕，处党支部再次被局党组评为先进基层党组织，范晨等2人被评为局系统优秀共产党员。年底，离退休干部处被评为国土系统文明处室标兵，王建苗等3人在年终考核中获嘉奖。

处（站）基础设施建设。修缮和调整办公用房，粉刷和整理库房，补充和完善办公设备，改善处（站）的工作环境和办公条件。增设电话线路，调整网络流量，大幅减少处（站）的通讯经费开支，提升处（站）信息化建设水平。通过完善细化安全责任制、严格落实值班制度、严格对临时用工人员管理、定期进行安全检查等措施，加强处（站）安全防范工作的力度。

3. 抓好党风廉政建设。

以党性、党风、党纪教育为主题，以廉政风险防控管理“三个体系”建设工作为抓手，在认真学习《关于推进廉政风险防控管理“三个体系”建设的工作实施细则》的基础上，围绕岗位权力、权力运行这个核心，梳理单位职责范围内的涉权事项，编制职权目录，并按照职权目录逐一编制权力运行流程图，制定集体决策事项目录，切实把领导干部权力运行置于有效的监督下，把党风廉政建设细化到具体工作中。

纪检监察

【贯彻执行党风廉政建设责任制】

认真贯彻执行党风廉政建设责任制，落实“一岗双责”，坚持党风廉政建设和国土资源业务工作同部署、同落实、同检查、同考核。针对市责任制办公室2011年责任制检查结果和反腐倡廉民意调查结果反映的突出问题和提出的工作建议，制定整改措施并督促落实。召开国土资源系统工作会议暨党风廉政建设会议，对本年工作进行部署安排。制定党风廉政建设和反腐败工作实施意见和任务分解表，将本年任务细化为43项，并分解到相关部门和单位。对全系统党风廉政建设责任制落实情况开展专项监督检查。

【完成惩防体系建设牵头任务】

严格执行征地补偿有关规定、强化征地拆迁监管是市国土局承担北京市惩治和预防腐败体系建设的一项牵头任务。年内，研究建立研究建立征地补偿最低保护和协商机制，实现全市所有征地项目的“带图作业”，完成征地补偿区片指导价的制定工作；开展征地拆迁工作专项检查，规范全市集体土地征收和拆迁工作。并且按照2008－2012年工作规划的整体安排，全面梳理2008年以来市国土局承担的各项牵头任务完成情况，总结工作经验，为2013－2017年工作规划做好准备。

【对重大决策部署落实情况的监督检查】

年内，采取效能监察、行政检查和执法监察等不同形式，加强行政许可、行政服务、行政执法事项的监督检查，对重点工作和重大项目，特别是对保障性安居工程供地、重点村城市化建设、土地和矿业权市场管理等事项实施监督检查，加大跟踪检查督导力度。

【廉政风险防控管理“三个体系”建设工作】

年内，制定《北京市国土资源局关于推进廉政风险防控管理“三个体系”建设的工作实施细则》，局处两级党政主要领导亲自动员部署，精心组织实施。梳理局本级和各单位行政许可、行政服务、行政执法、其他政务管理、内部管理等5大类涉权事项，逐一编制涉权事项权力运行流程图。编制局处两级领导班子的集体决策事项目录；落实局本级和各分局领导班子成员分工中，主要领导不直接分管人、财、物的规定；加大信息化防控力度。全市国土资源系统“三个体系”建设的基本框架初步建立。

【解决党风廉政建设中群众反映强烈的突出问题】

持续加强纪检监察信访工作，提高办信质量，加强案件管理，积极协助司法机关、市纪委监察局调查处理案件。年内，市局纪检监察部门共收到来信来访来电举报155件次，其中属于纪检监察工作范围内举报件共57件次。函询3人次；受到党纪政纪处理1人；诫勉谈话1人。继续开展市公务用车问题专项治理，有序推进清理纠正工作。针对个别因体制改革等原因导致的公务用车管理问题，与相关区（县）部门主动沟通联系，违规公务用车全部按照市里的有关要求处理完毕。

【注重加强纪检监察部门自身建设】

继续深入开展创建“学习型、服务型、廉洁型”机关和创先争优活动，纪检监察干部思想政治建设、作风纪律建设得到进一步加强。加大业务知识培训力度，改善知识结构，积极支持和推荐纪检监察干部参加中央纪委、市纪委和国土部组织的各类培训，纪检监察干部的政治素质、理论水平和履职尽责能力进一步提高。

北京市国土资源专业管理篇

为5.25%。

年内，立案查处卫片违法548件284.9公顷（耕地40.05公顷），罚款3357万元，没收94.91万平方米，拆除建筑面积18.95万平方米，没收违法所得12万元；非立案方式处理1403宗，拆除复耕面积102.97公顷。

3. 动态巡查工作。

年内，动态巡查发现各类土地违法线索2232宗（个）12477.83亩（其中耕地3451.08亩，基本农田1900.21亩）、建筑面积260.07万平方米；发现矿产违法线索207宗（个）。

朝阳分局创新动态巡查“两结合”措施。巡查次数与巡查质量和动态巡查与案件查办相结合，做到“早发现、早报告、早制止”；丰台分局加强与区拆违办、乡（镇）建设部门的协作联动，通过共享违法违规用地信息，推进执法监察联动机制的健全。延庆分局摸索组织执法监察年度学习和考核，结合市国土局执法培训，开展公共和专业法规知识学习，提高执法业务素质。经济技术开发区分局发挥开发区房地统一管理优势，抽调国土、房屋、物业三方人员组成临时执法队伍，落实开发区的日常联合执法监察工作。以区（县）分局、国土所为巡查主体的国土系统巡查和以乡（镇）、村为巡查主体的地方政府巡查的“双巡查机制”正在逐步建立，巡查“早发现、早制止、早报告”作用显现。

4. 信访与12336违法举报工作。

在全国率先实行信访者违法举报，将分散受理机制改为集中受理机制。通过社会公开招聘和现职调配成立了7人组成“北京市12336国土资源违法线索处理中心”，统一负责全市国土资源违法举报电话集中接听、线索受理与答复，各分局负责违法线索的核查反馈。受理有效违法线索1035件，其中：土地类897件，矿产类138件。已反馈1006件，反馈率97%。市国土局和门头沟分局12336处理中心被国土部评为全国“12336为民服务示范窗口”单位。

本年办理信访155件，办理办结举报40件。

5. 视频监测系统。

通过3年实践探索和多方论证，全市视频监控设计方案基本成型，已报市经信委审批。本年4月，市国土局协助国土部在顺义区举办国土资源执法视频监控网建设试点工作推进会，总结并推广国土资源执法视频监控网建设试点工作进展情况及典型经验，进一步推进视频监控网建设。来自全国各省市、自治区的土地执法视频监控试点地区、矿区相关同志参加会议并参观了顺义分局执法视频监控网指挥中心。

6. 制度建设与创新。

年内，起草印发《关于贯彻落实<建立健全共同查处利用集体土地违法建设销售住宅行为责任机制的通知>的通知》、《约谈国土资源违法违规行为突出区县、乡镇政府领导人暂行办法》、《行政处罚案卷评查暂行办法》等规范性文件。

协同耕保处印发《关于涉嫌非法占用耕地案件有关鉴定事项的通知》；协同调控和监测处制定区（县）绩效考核用地监

管责任落实评分细则，对有据认定破坏耕地、查核考评区（县）落实土地监督责任情况，提供了新的评定依据。年内，市政府绩效办将耕地保有量纳入对区（县）政府绩效管理范围，其中，卫片执法检查发现违法及重大案件查处情况均纳入其中。

4月，市长郭金龙主持召开专题会议，决定由市监察局、市人力社保局、市国土局负责，研究制定对违反土地管理规定的乡（镇）政府领导实施问责的“办法”。会商相关部门，草拟完成《关于进一步加强土地监管严格落实责任的通知》初稿。

7. 国土所管理工作。

编辑印发《国土资源管理所工作指导手册》，明确和规范工作机制。加强工作调研，对国土所工作进行业务指导，年内，市国土局主管领导带队对海淀、顺义、通州、大兴、房山、门头沟等6个分局的20多个国土所进行调研，研究解决问题。组织召开全系统国土所工作会议，系统学习市国土局印发的关于加强国土所建设的有关通知和规定，进一步明确工作要求，切实履职尽责。同时，因地制宜完善国土所硬件和人员配备，确保基础管理硬件正常运行。

8. 人员培训。

年内，举办执法监察取证培训班，各分局执法队和国土所95名尚未取得执法监察证的人员参加培训。

【专项工作完成情况】

1. 清理整治小产权房工作。

年内，会同市规划、住建、监察、城管等有关部门联合开展清理整治小产权房工作，共清理8个区（县）在建在售项目79个（在建23个）243.75公顷（耕地7.2公顷），总建筑面积370万平方米。会同市监察局起草《关于坚决杜绝新增严肃查处续建续售小产权房的紧急通知》，印发各区（县）政府、市政府有关委办局。

79个小产权房项目全部停建停售，其中70个项目已由主管部门行政处罚，9个项目正在查处中。已没收建筑物面积240.92万平方米，收缴罚款2408.86万元，拆除建筑物面积2.23万平方米。申请法院强制执行29个项目；8个项目移送公安机关建议追究刑事责任。

2. 高尔夫球场清理工作。

配合市发改委对全市清理的63个高尔夫球场6666.66公顷土地（其中耕地134.8公顷）逐一提出整改查处意见。其中，6个办理用地审批手续，除顺义北京乡村高尔夫球场特殊情况外，其余56个已立案查处。此外，已按全部或大部分球场面积罚款34个55302.63万元，其中20个18512.26万元已全部缴纳或分期缴纳。

北京市土地利用事务中心

【机构与职责】

北京市土地利用事务中心（简称利用中心）是市国土局直属事业单位，于2001年1月21日经市政府批准成立，编制60名，现设八科一室，即办公室、征地业务科、出让业务科、综合一科、综合二科、综合三科、财务科、受理科和地价科。

主要工作职责：受市国土局委托负责按规定催缴土地有偿使用费用；承办本市征地及国有土地使用权划拨、出让、转让、出租、抵押以及地价评审的技术性、事务性、服务性工作。

领导班子：

主　任　　曹　慧
党总支书记　　黄　刚
副主任　　杜　涛
副主任　　姬　铮
副主任　　朱　江
专职副书记　　禹　佳
（2012年8月任职）

【日常业务完成情况】

年内，共受理土地出（转）让许可类事项862件，其中出让合同279件，出让合同变更583件；受理服务类事项787件。共办结许可类事项768件。其中出让合同289件，出让合同变更479件；完成出让合同变更479件。办结服务类事项780件。其中转让登记10件；地价款缴纳核实770件。

完成出让合同353件（协议出让289件，出让宗地面积565.34公顷，政府土地收益45.05亿元；招拍挂出让64件，出让宗地面积343.75公顷，土地成交价款619.78亿元，含政府土地收益211.73亿元。）

地价评审：召开地价办公室会37次，初审地价评估报告480余份；召开地价评审专家会9次，审定项目453个。

欠费清缴：对2011年下半年和本年出让项目的地价款缴纳和欠缴情况进行核实，共计576项。通过发放《缴纳地价款通知单》和约谈等方式，对欠费地价款进行追缴。本年共发放《缴纳地价款通知单》47份，告知函14份，收缴欠费约80亿元。同时对欠费项目有关情况和开发建设进度进行跟踪管理，随时掌握欠费原因及项目开发建设情况。特别是本年度根据市政府要求，对于CBD项目整体进行重点跟踪催缴，多次约谈欠费单位。经催缴，CBD欠费项目缴纳所欠政府土地收益近40

亿元。

信息公开：承办市国土局政府信息公开有关出让部分的工作。

主动信息公开事项方面：在市国土局外网网站上发布出让结果、土地出让变更信息，公示的出让结果内容包括项目的受让方、土地位置、宗地面积、规划建筑面积、签约时间、规划用途、土地成交地价款、合同开竣工时间、地上容积率；公示的土地出让变更项目内容包括项目的受让方、土地位置、宗地面积、规划建筑面积、规划用途、合同地价款、变更事项。本年度土地出让合同办理情况和土地出让合同变更情况均已按月主动向社会公示。

依申请公开事项方面：办理依申请政府信息公开事项93件，全部办结。

档案、数据统计、信息化整理：2010年10月后地价核实散卷档案580余卷；整理归集需按原归档方式归档的档案即2011年3月前形成的前、后期档案共计700余卷；整理归集需按即时归档方式归档的档案共2700余卷。及时提供各类用地情况报表，共完成9类17种业务报表，按时完成上传国土部全市土地供应备案情况表。年内，完成了办公业务的系统转化。

行政公文：办理公文1391件，其中督办件14件，人大建议2件，政协提案1件。外发文共368件，

受理信访事项51件，办结51件群众满意率100%。

其他受理科作为利用中心特有科室，主要负责市国土局除地矿类的所有行政许可和服务类事项的受理、分办、督办、文件转接、业务咨询、电子系统录入和办结件发放等工作。本年共受理事项2349件，其中行政许可类事项1278件，服务类事项1071件。同时，本年配合市外联办参与中环办公系统录入工作。

【重点、专项工作】

1. 落实重点项目、保障性住房建设用地供应。

对受理的涉及保障性住房项目，按照绿通项目审批程序受理，缩减审批时限。采取一系列督办、周报等制度、措施，保障此类项目供地手续办理。缩减市批时限，采取先按地价评审办公室建议价格签订土地出让合同，待地价标准审核后，再按规定调整地价款，缩短地价评审30个工作日。

本年，共办理保障房项目出让53件（不含招拍挂出让项目配建）、出让宗地面积128公顷；办结中央在京单位项目22件、宗地面积54公顷；办结产业用地项目24件、宗地面积78公顷。

完善行政许可及服务类事项审批程序市国土局行政许可事项及行政服务类事项办理规则进行调整后。继续对涉及的出让业务许可类事项和服务类事项的审批流程进行完善，简化程序，提高效率。尤其招拍挂签订出让合同变为非行政许可事项后，工作流程变化较大，经与相关部门多次协商，并经局长办公会审议通过确定了新的工作流程和规范。

修改完成《国有建设用地使用权出让合同》示范文本工作，理顺业务件办理流程，对土地动态监管填报的环节进行了调整。根据国土部印发《闲置土地处置办法》（部令第53号），修改完善合同中涉及闲置土地处置的条款，对于已成交项目

的地价款未及时按合同约定时间缴款的情况，会同局相关部门专题研究后报请局领导批准，将缴纳出让合同定金作为用地单位领取合同的前置条件，并在合同补充协议中进行约定。

2. 土地出让项目批后监管。

继续完善出让项目后期跟踪管理的制度、流程，充分利用科技手段，协同相关部门，把跟踪管理工作逐步纳入制度化、日常化管理的轨道，形成市、区（县）分工合作机制。

年内，向各区（县）分局印发了《北京市国土资源局关于开展建设用地开发利用情况专项调查工作的通知》，对本市2007年1月1日－2011年12月31日间签订国有建设用地使用权出让合同的新建项目用地和2006年12月31日前签订国有建设用地使用权出让合同中历史遗留的涉嫌闲置的项目用地进行调查，通过调查结果和前期建设用地开发利用情况申报工作收集的项目宗地开、竣工数据成果向国土部监管系统进行更新，完成300余宗（包括交地、开工、竣工信息等约700条数据）用地的开发利用情况的填报工作。

3. 出让土地批后监管系统建设。

根据2010年《关于加强土地出让合同批后监管的通知》要求，开发建设基于市国土局政务系统的出让土地批后监管平台取代原出让土地批后监管系统，对建立建设日常的批后监管制度具有重要意义。新的出让土地批后监管系统，原则可实现季度频次监测、地块影像资料可纵向对比、成果可视化、查询统计等原有功能；可与市国土局政务系统衔接，出让合同签订后，市国土局、各区（县）分局可以实时共享信息。出让合同变更数据，如出让面积、价款以及建设延期后的开竣工时间可以同步到此监管平台，不再人工查对；可适应批后监管市、区（县）分工合作机制要求，市国土局、各区（县）分局可以按照系统权限、分工进行相关操作；可将建设用地开发申报工作调整入监管系统。

系统的开发工作交由局信息中心统一委托技术单位开发，年内，初步完成批后监管系统开发建设，选择5个区（县）分局对该系统进行测试和试运行，并对试运行中的有关问题进行及时修改和调整。年内，批后监管系统开发建设通过专家验收。

4. 贯彻落实国土部第53号令。

年内，市国土局贯彻落实国土部《闲置土地处置办法》（部令第53号），认真调研，深入研究，会同有关部门，重点就涉嫌闲置和违约的项目在办理土地出转让相关问题进行研究，并形成材料报国土部备案。同时按照国土部要求，起草对闲置土地处置中各类文书格式的修改意见，上报国土部。

5. 配合做好各级审计、督察工作。

年内，会同市国土局相关处室，完成国家审计署驻京津冀特派办的市长经济责任审计和土地出让收入审计工作的交换意见工作，提供相关数据和材料。配合国土部土地督察局北京局的土地出让情况检查工作，提供相关资料；配合相关处室，完成局领导任期审计工作，提供相关资料。

北京市土地整理储备中心

【机构与职责】

北京市土地整理储备中心（简称储备中心）于2001年4月28日成立，内设“七部一室”，即财务管理部、储备管理部、开发管理部、市场交易部、项目开发一部、项目开发二部、项目开发三部、综合办公室。在编工作人员93名，劳务派遣人员16名。

主要工作职责：承担全市土地储备开发、建立政府土地储备库和土地市场交易相关工作。

领导班子：

常务副主任(正处级)　师宏亚
党总支书记　孙立钢
总经济师　李兆滋
（2012年10月调离）
副主任　田　锋
副主任　周同伟
副主任　吕振库
副主任　燕新程
专职副书记　曲　波

【土地市场供应】

年内，市土地交易市场和10个远郊区（县）、北京经济技术开发区土地交易分市场共成交土地169宗，土地面积1340.4万平方米，规划建筑面积约1722.22万平方米，成交价款670.61亿元，其中，政府土地收益238.09亿元。

继续优先保障各类保障性安居工程用地供应，实现保障性安居工程用地供应850公顷。

上半年受宏观经济形势影响，土地市场需求量明显降低。下半年逐渐加大经营性用地供应力度，通过加快住宅用地供应节奏、提高竞买保证金支付比例、严格控制单宗用地出让规模和总价、适时加大在商品住宅用地中配建保障性住房面积比例等措施，土地市场平稳运行。

【土地储备计划编制及实施】

本年计划完成开发面积2800公顷；用途结构上，居住用地、商服及其他用地各占65%、35%；空间布局上，中心城和规划新城占65%；计划安排土地储备开发投资900亿元。重点加快推进在施项目消化，严格控制新增土地储备开发项目，除市政府重点工程、保障性住房、存量建设用地盘活等重点项目外，原则上不新增项目。同时优先保证市政府重点工程、城乡结合部建设和定向安置用房等用地的储备开发。

核批土地一级开发授权批复61个(含延期),土地总面积3273公顷。全市新增土地储备开发面积1035公顷,基本完成土地储备开发面积2755.02公顷,实现土地储备开发投资及重点区域专项投资955亿元。本年土地储备开发完成区域分布详见表4-1。

表4-1 2012年土地储备开发完成区域分布

区域	完成开发面积(公顷)	比例
首都功能核心区	9.4	0.35%
城市功能拓展区	833.43	30.25%
城市发展新区	1355	49.18%
生态涵养发展区	557.19	20.22%
合计	2755.02	100.00%

【政府土地储备】

年内,新增收购储备项目7个,土地面积22.83公顷。年内,组织办理储备土地证宗地28宗,土地面积270公顷。

【土地储备资金筹措】

本年筹措市级土地储备开发项目资金431.4亿元,其中银行贷款253亿元,委托贷款12亿元,信托贷款35.3亿元,市财政返还前期成本110亿元,市财政拨付国有土地收益基金20亿元,利息及其他收入1.1亿元。

【国有建设用地使用权交易】

市土地交易市场和10个远郊区(县)、北京经济技术开发区土地交易分市场共成交土地169宗,土地面积1340.4万平方米,规划建筑面积约1722.22万平方米,成交价款670.61亿元,其中,政府土地收益238.09亿元。本年北京市国有建设用地使用权入市交易成交情况详见表4-2,北京市国有建设用地使用权入市交易成交(按用途分类)情况详见表4-3,北京市国有建设用地使用权入市交易成交(按区域分类)情况详见表4-4。

表4-2 2012年北京市国有建设用地使用权入市交易成交统计表

交易地点	成交宗数	土地总面积(万平方米)		规划建筑面积(万平方米)	成交价款(亿元)
		合计	其中建设用地		
市土地交易市场	64	553.3	347.91	777.91	573.47
远郊区(县)土地交易市场	105	787.1	647.26	944.31	97.14
合计	169	1340.4	995.17	1722.22	670.61

表 4-3　2012 年北京市国有建设用地使用权入市交易成交统计表（按用途分类）

	合计	住宅用地	商业用地	工业用地
面积（公顷）	1340.4	444.29	178.38	717.73
结构比例	100.00%	33.15%	13.31%	53.55%

表 4-4　2012 年北京市国有建设用地使用权入市交易成交统计表（按区域分类）

区域	面积（公顷）	比例
首都功能核心区	9.31	0.69%
城市功能拓展区	78.23	5.84%
城市发展新区	1053.69	78.61%
生态涵养发展区	199.17	14.86%
合计	1340.4	100.00%

【历年土地市场公开出让交易情况】

截至年底，全市共有 1508 宗 13051.15 万平方米土地入市成交，成交价款为 5969.82 亿元，其中政府土地收益 2780.07 亿元。2001－2012 年北京市国有建设用地使用权入市交易成交情况详见表 4-5。

表 4-5　2001－2012 年北京市国有建设用地使用权入市交易成交统计表

年度	成交宗数	交易类型			土地面积（万平方米）		规划建筑面积（万平方米）	成交价款（亿元）	
		招标	拍卖	挂牌	合计	其中建设用地		合计	其中政府收益
2001	1	1	0	0	13.97	13.97	14.14	3.17	0.59
2002	8	2	1	5	250.48	174.79	331.26	61.35	14.93
2003	48	3	1	44	201.7	158.7	277.87	49.14	19.05
2004	89	4	0	85	537.92	403.53	609.51	115.31	32.85
2005	50	2	0	48	357.39	242.12	451.97	117.51	39.31
2006	87	29	1	57	856.2	594.96	935.05	257.67	92.11
2007	85	41	0	44	897.92	600.63	1233.01	438.1	204.34
2008	184	26	0	158	1573.43	1110.19	1810.43	500.12	170.82
2009	250	20	1	229	1965.16	1385.27	2391.19	966.28	556.76
2010	280	81	0	199	3012.04	2070.15	3350.46	1677.27	948.05
2011	257	52	0	205	2044.54	1447.75	2481.32	1113.29	463.17
2012	169	27	0	142	1340.4	995.17	1722.22	670.61	238.09
合计	1508	288	4	1216	13051.15	9197.23	15608.43	5969.82	2780.07

【大事记】

3 月 5 日，经储备中心领导班子会研究决定，成立中心重大项目土地供应协调办公室，中心副主任周同伟任主任，市场交易部部长雷蕾任副主任，3 个项目开发部部长为办公室成员，负责全面组织协调和督促推进重大项目用地供应工作。

3 月 16 日，储备中心召开基层工会委员会会员大会，参加会议的 99 名会员以无记名投票方式差额选举产生了由孙立钢等 7 名同志组成的第一届工会委员会，等额选举产生了由杨智敏等 3 名同志组成的第一届经费审查委员会。会后，第一届工会委员会第一次全委会选举孙立钢为工会主席，丁红梅为工会副主席，提名柴旭为女职工委员会委员。经费审查委员会和女职工委员会分别选举产生了两委会的主任杨智敏和刘宇。

7 月 2 日，《北京市 2012 年度土地储备开发计划》经市政府批准后，正式印发对外公布。

7 月 10 日，海淀区万柳地区居住用地项目（六郎庄搬迁平衡资金用地）在市土地交易市场挂牌成交。该宗地经过 46 轮竞价达到地价上限后，又经过 326 轮竞配回购房面积，最终由北京赫华恒瑞房地产开发有限公司以 26.3 亿元、配建 16400 平方米回购房竞得。

7 月 13 日，市委常委、副市长陈刚在北京会议中心主持召开本年第一期政府储备土地和入市交易土地联席会，会议审议了朝阳、顺义、密云等 11 个区（县）的土地储备开发项目 21 个，土地面积约 665 公顷。会议还审议了危改项目 3 个，土地面积约 7 公顷；研究类议题 5 个，通报类议题 56 个。市发展改革委等相关委办局参会。

7 月，国土部、住房城乡建设部《关于进一步严格房地产用地管理巩固房地产市场调控成果的紧急通知》（国土资电发〔2012〕87 号）（简称 87 号明电）印发后，市储备中心于 7 月 30 日暂停了门头沟、石景山两宗土地的用地预申请，并按照 87 号明电要求，在保持普通商品住宅用地竞买保证金收取比例 30%，独立建设的政策性住房用地竞买保证金收取比例 20% 的同时，将商服用地的保证金收取比例由现行的 15% 调整为不低于 20%。

8 月 13 日，储备中心与东城区住宅发展中心签订朝阳区豆各庄乡土地储备项目部分地块（3、4 号地）开发建设补偿框架协议。该项目总用地面积约 81 公顷，将全部用于建设东城区旧城改造人口疏解对接安置房，可提供各类型保障性住房约 18000 套。

北京市国土资源勘测规划中心

【机构与职责】

北京市国土资源勘测规划中心（简称规划中心）于2007年5月11日正式成立，是市国土局直属的正处级全额拨款事业单位。中心编制15名，内设“二科一室”，即：综合办公室、土地规划管理科、土地信息管理科。

主要工作职责：承担市国土局交办的土地利用总体规划、专项规划和矿产资源规划等有关规划编制（修编）的组织落实工作，负责有关规划成果和信息的汇总、整理、分析、应用等方面的事务性工作。

领导班子：

主　任　　　　汪少群
（2012年1月1日－2012年12月4日）
主　任　　　　陈少琼
（2012年12月4日任职）
副主任（挂职）　　叶　嘉
（2012年1月－2012年6月）
专职副书记　　　范为革

【区乡土地利用总体规划修编工作】

1. 完成乡镇级土地利用总体规划修编工作。

北京市14个区（县）的区乡两级土地利用总体规划（除朝阳区乡镇级规划已报市政府待批外）获得市政府批准。

2. 完成区乡土地利用规划数据库审查汇交工作。

根据国土部相关文件要求和工作部署，北京市推进并完成14个区（县）的区乡两级土地利用总体规划数据库审查及汇交工作，并通过国土部规划司的技术审查。区乡数据库相关成果纳入市国土局综合监管平台管理供市国土局系统使用。

3. 配合完成区乡土地利用总体规划宣传工作。

为贯彻落实国务院和市政府关于加强土地利用总体规划宣传工作的要求，配合规划处制定了《区县级土地利用总体规划公告及宣传技术要求》、《乡镇级土地利用总体规划公告及宣传技术要求》及《规划成果备案有关要求》印发区（县），以规范土地利用总体规划公告及宣传工作使用的公告文本及图件等。

4. 配合开展土地利用总体规划实施评价工作。

根据《国务院关于北京市土地利用总体规划的批复》（国发函〔2009〕116号）及市政府对各区（县）级规划的批复精神，年内，配合规划处，全面分析总结

2011 年度土地利用变化和规划执行情况，对全市及各区（县）年度土地利用规划和管理存在的问题提出解决方案和政策建议。

【重点工作】

1. 平原地区新增林地空间落地工作。

年内，为落实市委、市政府、国土部关于加快推动平原地区造林工程、努力掀起绿化北京新高潮的重大决策，完成北京市本年新增 25 万亩林地的空间落地方案，经市政府同意后呈报国土部；同时完成北京市平原地区新增百万亩空间落地方案的初步成果。

2. 拉萨市当雄县、堆龙德庆县和尼木县土地利用总体规划编制。

根据市国土局关于本年援藏工作总体部署，完成了拉萨市当雄县、堆龙德庆县和尼木县土地利用总体规划方案。年内，规划方案通过专家初审。

3. 市区乡三级基本农田保护区专项规划编制。

按照国土部、农业部有关文件精神和市国土局的有关要求，北京市于 2011 年启动了市区乡三级基本农田保护区专项规划（简称专项规划）编制工作，开展了大兴区和延庆县专项规划试点工作。4 月，市国土局印发了《北京市市区乡三级基本农田保护区专项规划编制技术指导意见》，指导各区（县）分局的专项规划编制。

截至年底，顺义区专项规划已获得市局正式批复；平谷区规划成果已通过专家部门联审会，怀柔区规划成果已正式上报审查，丰台、通州、大兴、延庆等区（县）规划成果已进入征求意见阶段，海淀、密云、昌平、房山、门头沟等区（县）正在加快推进相关工作。

4. 大兴区耕地质量等级监测试点工作。

大兴区耕地质量等级监测试点是国土部公益性行业科研专项《耕地等级变化野外监测技术集成与应用示范》项目的重要组成部分，也是国土部正式部署的一项重大工作。年内，完成了上年度监测样点和典型样村样带布设、监测指标体系建立、土壤样品采集化验、监测数据库建设等各阶段性工作。11 月，在全国耕地质量等级监测试点工作成果交流会上，进行了典型发言和经验介绍。

5. 廉政风险防控管理“三个体系”建设工作。

按照《北京市国土资源局关于推进廉政风险防控“三个体系”建设工作实施细则》统一安排，规划中心研究制定了《规划中心关于推进廉政风险防控管理“三个体系”建设的工作落实方案》，确定了涉权事项和集体决策事项，并编制完成流程图、职权事项廉政风险识别防控表和项目化管理台账。

【专项工作】

1. 国土部公益性行业科研专项课题申报工作。

年内，会同中国人民大学，联合河北、天津规划院等单位共同申报了国家公益性行业科研专项课题——《京津冀土地规划统筹与实施决策支持系统构建示范》通过国土部初审，报财政部待批。

2. 完成规划基本农田整改方案审核工作。

年内，根据国家审计署关于北京市基本农田划定的整改要求，各区（县）制定了整改方案。配合各区（县）开展了整改工作，对部分有疑问地块进行了外业实地核查，将全市基本农田整改情况报局长办公会后上报市政府，同时将相关工作成果矢量数据，移交给耕保处、地籍处、登记中心和执法总队开展后续工作。

3. 协助开展中关村空间范围和布局调整相关工作。

按照国务院办公厅关于中关村国家自主创新示范区空间范围和布局调整工作具体要求，年内，配合中关村管委会完成中关村国家自主创新示范区488平方公里，16个园区，190个地块，近14000个界址点的绘图制表工作，并积极推进四至范围落桩定界相关工作，将相关材料准备，相关工作成果已提交中关村管委会征求市规划委的意见。

4. 北京市土地利用规划管理信息系统二期申报工作。

为更好地管理和使用土地利用总体规划数据，开展“北京市土地利用规划管理信息系统二期”项目申报工作，获得市财政批复。

5. 自主调查研究工作。

参与市国土局组织的自主调查研究工作，承担《国土资源统计数据应用研究》课题研究。课题研究针对建设统计数据库、开展国土资源统计数据与全市经济数据综合应用分析等提出意见和建议，并对建议的可行性进行技术探索。年内，成果通过评审验收。

【大事记】

2月22日，规划中心组织召开“大兴区耕地质量等级监测试点工作启动会暨技术培训会”。会议的召开标志着北京市大兴区耕地质量等级监测试点工作全面启动。

3月27日，规划中心与北京土地学会土地利用规划专业委员会共同邀请首都经贸大学张强教授，围绕《新时期北京城乡一体化发展的路径》进行专题讲座。

4月18日，市国土局召开专题会听取了关于《北京市市区乡三级基本农田保护区专项规划编制技术指导意见》专题汇报，会议要求三级基本农田保护区专项规划编制技术指导意见尽快印发至区（县），在明确目标的基础上重视标准研究，重点研究对“地”与对“人”两方面的管理措施，做到对基本农田保护精细化管理。

5月12日，北京市本年平原造林工程25万亩的空间落地方案全部完成。

5月，规划中心与《拉萨市当雄县、堆龙德庆县和尼木县土地利用总体规划修编》项目中标单位赴拉萨市进行第二次实地调研。拉萨市国土资源规划局组织召开了当雄县、堆龙德庆县和尼木县土地利用总体规划修编调研座谈会。月底《当雄县、堆龙德庆县和尼木县土地利用总体规划大纲》初步成果通过拉萨市国土资源规划局和3个县政府的评审。

7月2日，北京市区乡级土地利用总体规划数据库成果正式报国土部审查（朝阳区数据库成果待其乡级规划正式获批后另行上报），标志着北京市区乡级土地利用总体规划修编工作进入收尾阶段。

8月28日，规划中心组织召开北京市区乡规划数据库汇交和三级基本农田保护区专项规划编制工作推进会，规划处及14个区（县）分局规划主管科长及技术骨干参加了会议。

9月6日，规划中心与北京土地学会土地利用规划专业委员会共同邀请中国土地勘测规划院规划所副所长、研究员贾克敬以《国土规划研究进展情况》为题进行讲座，对全国土地规划纲要编制进展情况和资源环境承载力评价阶段性成果进行了介绍。

9月12日，规划中心组织召开项目验收会，原规划修编工作中的“北京市土地利用现状数据整合处理及区（县）级土地利用规划数据库核查”及“北京市土地利用规划信息系统工程项目前期咨询与软件工程监理”2个项目顺利通过验收，标志着北京市市级土地利用总体规划修编信息化项目全部结束。

9月，规划中心完成平原地区造林工程总体规划初步方案和2013年用地初步方案，并打印成图册。

9月26日至27日，规划中心与市国土局规划处共同组织召开市国土局系统规划工作研讨会。对市区乡三级基本农田保护区专项规划编制、土地利用总体规划宣传及规划动态维护等工作要求及技术标准进行了传达和解读，并就热点难点问题进行重点研讨。

11月7日，市国土局副局长张维主持召开北京市平原地区造林工程向国土部汇报专题研讨会。市园林绿化局副巡视员蔡宝军、市林勘院、北林地景相关负责同志参会。会议就北京市平原造林工程百万亩总体规划达成一致。

12月17日，规划中心组织召开《北京市新增百万亩生态用地空间落实研究》课题验收会。专家组一致同意课题通过验收。

北京市土地权属登记事务中心

【机构与编制】

北京市土地权属登记事务中心，又称北京市矿产资源储量评审中心（简称登记中心），内设“四部、两馆、一室”，即登记部、权属部、调查部、信息统计部、档案馆、地质资料馆和办公室。

主要工作职责：负责北京市的地籍调查、地籍测绘工作；承担军产、保密产、中央产及涉外产的土地权属登记发证的上报审批，以及北京市登记工作的培训指导、监督检查工作；负责本系统的档案管理、地质资料汇交管理；矿产资源储量评审等事务性、服务性工作。

领导班子：

主　任	陈　轲
党支部书记	李海军
副主任	彭宏伟
副主任	靳　燕
总工程师	李朝胜

【土地登记】

1. 国有土地使用权登记发证情况。

本年，国有土地累计登记 17857 宗。其中：国有土地使用权登记 7782 宗，登记面积 7795. 53 公顷；国有土地抵押权登记 5476 宗，贷款金额 5035. 21 亿元；国有土地抵押权注销登记 4526 件，注销金额 3754. 02 亿元。

（1）国有土地使用权登记。

国有土地使用权登记 7782 宗，土地登记面积为 7795. 53 公顷，包括：

国有土地使用权初始登记 1256 宗，面积 3174. 46 公顷，其中：出让 675 宗，面积 1780. 17 公顷；划拨 544 宗，面积 908. 03 公顷；政府储备 35 宗，面积 475. 41 公顷；国家租赁 2 宗，面积 10. 85 公顷。全市国有土地初始登记宗数同比减少 15. 87%，面积同比减少 35. 98%。

国有土地使用权变更登记 6526 宗，面积 4621. 06 公顷。其中：转移登记 5598 宗（其中含“小业主”即：386 套外销商品房转移登记共 5193 宗），面积 2082. 43 公顷；其他类型（更名、更址、面积变更等）登记 928 宗，登记面积：2538. 64 公顷。国有土地变更登记宗数同比减少 38. 88%，面积同比减少 12. 65%。

年内，国有土地使用权注销 73 宗，注销面积 286. 38 公顷。

（2）国有土地使用权抵押登记。

国有土地累计抵押登记 5476 宗，抵押面积 6918. 63 公顷，累计贷款额

5035.21 亿元，与 2011 年同期相比，抵押宗数减少 9.61%，抵押面积减少 6.58%，贷款金额减少 6.13%。包括：

国有土地使用权抵押初始登记 5297 宗，贷款金额 4369.27 亿元，其中以出让方式取得国有土地使用权进行抵押的为 5070 宗，累计贷款金额 3306.88 亿元；以划拨方式取得国有土地使用权进行抵押的为 67 宗，累计贷款金额 102.37 亿元；以政府储备方式进行抵押的为 160 宗，累计贷款金额 960.02 亿元。全市国有土地抵押初始登记宗数同比减少 10.64%，贷款金额同比减少 10.83%。

国有土地使用权抵押变更登记 179 宗，变更抵押土地面积 693.15 公顷，变更抵押贷款金额 665.95 亿元。

（3）国有土地使用权抵押注销登记。

年内，共完成国有土地使用权抵押土地注销登记 4526 宗，累计注销抵押贷款 3754.02 亿元。

2. 开展土地登记规范化制度建设、业务建设和队伍建设。

拟订《北京市土地登记规范化建设考核办法》，初步编制了《土地登记服务指南》、《北京市国有土地登记工作手册》。规范土地登记审核环节，实行土地登记“两审制”，编制印发 23 项常用登记事项的《土地审批表》样表，供分局审批人员参考，14 个分局现已实现“两审制”。推行小业主登记楼盘表管理模式，东城、西城、朝阳、石景山分局已利用楼盘表管理模式开展小业主登记发证；西城、石景山、平谷、延庆、开发区分局已实现抵押注销登记即时办结。

3. 落实分局自检、市局季检、重点巡检“三检制”。

增加分局自检和重点巡检两个环节，注重整改反馈，土地登记案卷质量得到提高。平均优秀案卷达到 94.4%。

4. 推进法人和其他组织的土地登记信息主动公开。

研究土地登记结果主动公开内容，搭建全市统一发布平台、规范发布操作流程、建立专人负责制，逐步实现法人和其他组织的土地登记结果信息主动公开。年内，土地登记结果信息累计公开 19957 条，其中，国有土地使用权 15487 条，土地抵押权 4470 条。

5. 在京中央单位、驻京部队及保密单位的土地登记服务。

年内，共完成央产军产保密产土地登记 310 件。其中：在京中央单位 252 件，驻京军队、武警、保密单位 58 件。

6. 北京市土地登记代理制度研制。

借鉴全国各省市土地登记代理市场的经验，研究北京市潜在的土地登记代理市场，起草《北京市国土资源局土地登记代理管理办法》及配套制度。

【土地调查】

补充和完善 2011 年度土地利用变更调查成果，完成 2011 年度变更调查成果资料汇编。

开展 2013 年度变更调查与动态遥感监测工作。在完成季度遥感监测工作的基础上，按照国家印发的遥感影像数据，查清了北京市本年度土地利用变化的情况，包括新增建设用地、耕地变化等情况，更新了土地利用现状数据库，涉及地类变更的土地面积为4772.98公顷（不是最终数据，待国土部确认）。

年内，开展城镇土地数据更新汇总，共完成北京市16个区（县）289个街道（乡、镇）161828.53公顷（不是最终数据，待国土部确认）的城镇土地更新与汇总。

【信息统计】

1. 集体土地发证系统和数据库建设。组织相关人员整理编写了《北京市农村土地确权登记颁证数据库建设技术方案》及配套标准，组织各分局基本建成数据库，利用数据库和系统开展了农村集体土地所有权的登记发证。

2. 编写《北京市地类认定规范》。

在完成《地类认定规范》项目的立项申报、经费申报审核、项目招投标工作基础上，编制完成了《地类认定规范》（征求意见稿）。

3. 上报土地市场网动态监测与监管系统中抵押交易数据。

对北京市上报数据检查情况每周在市国土局内网公布通报，汇总上报本年度统计报表1份，月季度统计报表16份。

【档案管理】

1. 档案管理规范化、制度化建设。

梳理档案管理制度，对原有制度进行修改和完善，制定印发了《档案管理工作手册》，用于指导全局系统档案工作。

2. 开展档案管理达标考核。

制定本年度考核标准，并在市国土局系统开展年度考核，较2011年度相比，考核优秀率提高了27%，市国土局系统档案管理工作更加规范，在档案管理体制建立、管理设备投入和人员配备等方面都有了明显改善。

3. 文书档案和专业档案的指导。

组织召开“国土资源系统档案工作会”，总结上年度市国土局系统档案工作，并对本年度档案工作进行部署。指导市国土局系统专业档案归档工作，对卷内文件排列、案卷号编制、目录填写等问题进行了统一规范，并将7个局属事业单位的文书档案纳入了接收范围。

4. 继续推进历史遗留档案数字化。

配合项目研发单位进行市局一、二、三期档案数字化成果初步整合工作，解决了数据兼容问题。年内，完成档案数字化作业12999卷，1278159页。

5. 接待各类数据查询。

本年，共接收各类档案4628卷、3252件，向市档案馆移交档案884卷，馆藏档案达294956卷、28678件；为公检法及监察部门办理案件和社会公众获取政府信息的利用需求以及市国土局系统工作业务查考提供档案借阅23643卷次/1084人次。

【矿产储量评审及地质资料管理】

实物地质资料、原始地质资料管理。接收《北京市平原区土壤调查与评价》项目土壤化学样品入库2490件。接收了11口地热井的岩屑样品共计5232件，

成果地质资料的汇交管理。接收、检查整理资料648档，包括：392档一次性接收环境处移交的地质灾害危险性评估资料，138档工程勘查地质资料，47档科学研究资料，45档储量核实或建设用地压覆

矿产资源储量核查资料，10档技术方法研究资料，16档新汇交的水文、区调和其它类地质资料。

地质资料信息服务。接待来馆内借阅、复印公益性资料及涉密资料142人次，共计借阅资料612档；接待“储量空间数据库”查询26次。先后为旧城改造和新城建设等20余个项目及重点工程提供查询服务。

矿产资源储量报告评审工作。年内，共受理32份储量报告的评审申请，审查储量登记表26份，完成评审备案30份；受理并完成9份地热勘查实施方案的评审；召开评审会16次，矿山实地检查5次。

开展“地质资料信息服务集群化产业化试点研究（北京）－数字城市地质研究”项目。在市内外调研基础上，编写了《北京市地质资料保存现状调研报告》，提出了地质资料汇交管理的方法和思路，为北京市制定“地质资料管理办法”提供了依据。编写北京市地质资料数据中心建设方案。完成了昌平、延庆、密云等9个区（县）的地灾类数据、7幅1/20万北京市水文地质图、5幅1/20万北京市地质图、全市矿业权核查数据、房山、昌平等6个区（县）的新城规划和全市地质工作程度共6大类数据的分类整理，并实现了数据格式由MapGis格式向ArcGis格式的转换；同时进行了数据属性整合、数据坐标转换以及数据入库。本年全市国有土地使用权登记发证情况详见表4-6，本年全市国有土地使用权抵押登记发证情况详见表4-7。

表4-6　2012年度全市国有土地使用权登记发证情况表

项目	合计		初始登记		变更登记		注销登记	
累计	宗数（宗）	面积（万平方米）	宗数（宗）	面积（万平方米）	宗数（宗）	面积（万平方米）	宗数（宗）	面积（万平方米）
	7782	7795.53	1256	3174.46	6526	4621.06	73	286.38
东城区	587	64.06	86	19.30	501	44.76		
西城区	460	67.27	112	23.44	348	43.83		
朝阳区	3310	882.49	160	279.16	3150	603.33	6	7.44
丰台区	536	373.58	74	214.88	462	158.70	1	0.55
石景山区	176	256.25	27	48.72	149	207.53		
海淀区	920	408.08	154	356.78	766	51.30		
门头沟区	53	220.24	35	56.52	18	163.72	4	4.31
房山区	167	530.82	97	309.54	70	221.28		
通州区	276	664.31	114	414.32	162	249.99		
顺义区	360	2023.52	84	338.33	276	1685.19		
昌平区	243	515.21	43	213.13	200	302.08	1	3.16

续表

项目	合计		初始登记		变更登记		注销登记	
累计	宗数（宗）	面积（万平方米）	宗数（宗）	面积（万平方米）	宗数（宗）	面积（万平方米）	宗数（宗）	面积（万平方米）
	7782	7795.53	1256	3174.46	6526	4621.06	73	286.38
大兴区	238	644.15	108	430.56	130	213.59	38	199.03
怀柔区	98	223.82	21	106.97	77	116.85	14	23.28
平谷区	74	164.53	25	75.80	49	88.73	4	2.94
密云县	162	430.32	73	149.80	89	280.52	3	36.37
延庆县	76	145.25	19	28.75	57	116.50	1	0.63
北京经济技术开发区	46	181.63	24	108.47	22	73.17	1	8.67

表 4-7　2012 年度全市国有土地使用权抵押登记发证情况表

项目	宗数（宗）	抵押面积（万平方米）	评估金额（万元）	贷款金额（万元）
合计	5476	6918.63	111902762.80	50352108.12
东城区	320	27.39	6246441.96	3015038.80
西城区	216	52.71	5484065.10	2339002.08
朝阳区	1849	970.30	36631857.97	15509366.97
丰台区	417	225.06	8006112.51	4182377.76
石景山区	85	280.43	3428187.52	1298172.61
海淀区	687	221.72	6630681.39	3076632.26
门头沟区	28	54.14	997971.49	465140.00
房山区	139	368.41	3427345.69	1854363.60
通州区	336	1164.11	11861330.50	5306753.69
顺义区	286	958.01	7312292.66	3569311.92
昌平区	253	642.49	7230933.46	3304954.91
大兴区	324	681.61	7294016.78	3500376.47
怀柔区	125	285.14	808004.16	442614.55
平谷区	100	241.33	1196404.23	525299.00
密云县	94	251.86	461118.25	337067.75
延庆县	45	82.22	142685.11	58290.00
北京经济技术开发区	172	411.70	4743314.02	1567345.75

北京市国土资源局信息中心

【机构与职责】

北京市国土资源局信息中心（简称信息中心）是市国土局直属正处级全额拨款事业单位，成立于2005年3月。中心人员编制27名，内设“一室三科”，即办公室、规划发展科（分局联络科）、数据运行科（数据运行中心）和技术保障科；本科以上学历22名，达到了81.4%，其中博士3名，硕士7名。

主要工作职责：承担北京市国土资源系统信息化建设工作，负责国土资源信息系统运行的技术支持和保障工作，是局信息化工组领导小组办公室和局网络与信息系统安全管理工作领导小组办公室的常设机构，负责贯彻执行局信息化工作领导小组和局网络与信息系统安全管理工作领导小组的决定，承办局信息化工作领导小组和局网络与信息系统安全管理工作领导小组的日常工作。

领导班子：

主任、党支部书记　尹　岷
副主任　王　丰
副主任　李天中
副书记　付顺国

【主要工作完成情况】

在全国国土资源系统信息化建设实现“3个100%”，即行政审批业务100%网上办理，行政审批100%带图审批，核心业务信息100%网上公开；在全北京市电子政务建设完成“3个率先”工程，即率先建成连通国土部、市国土局、区（县）分局三级高清视频会议系统，率先接入北京市政务可信网，率先利用北京市移动电子政务平台开展移动办公应用。

【信息化管理机制】

7月9日，根据局机关机构设置调整及工作需要，增加审计处为市国土局信息化工作办公室成员单位。

【信息化制度建设】

6月，印发《北京市国土资源数据管理办法（修订版）》（京国土信〔2012〕305号），根据新修订的《国家保密法》、《关于测绘管理工作国家秘密范围的规定》的相关要求，对《北京市国土资源数据管理办法》做出修订。

11月，印发《北京市国土资源局关于贯彻国土资源部办公厅关于加快推进国土资源遥感监测“一张图”和综合监管平台建设与应用的通知的意见》（京国土信〔2012〕528 号），进一步深化国土资源“一张图”和综合监管平台建设与应用。

修订《北京市国土资源局保密工作管理暂行规定》、《北京市国土资源局软件安装标准》等规章制度 15 项，废止《北京市国土资源局机房门禁卡使用管理办法》等 3 项，对各事项的工作程序、纪律要求做了进一步详细规定。

【信息化规划】

1. 北京市国土资源信息化“十二五”发展规划。

印发《北京市国土资源信息化“十二五”发展规划》（京国土信〔2012〕64 号）。《规划》以改革创新为动力，以科学发展为主题，以进一步运用现代科技信息技术手段规范和创新管理为主线，坚持首善一流标准，高标准规划、高质量建设、高效率管理，加快推进信息化与重点领域和关键环节的深度融合，大力推进“321”战略，即动态掌控土地、矿产资源和地质环境三类资源状况，完善资源监管和智能服务两大技术支撑体系，构建一个国土资源管理决策大平台，全面增强核心业务处理、资源动态监管、服务社会和参与宏观调控能力，为全面提升国土资源管理水平，促进资源合理配置和高效利用，破解“两难”，服务首都经济社会转型跨越发展提供强大支撑。

2. 北京市“智慧国土”顶层设计。

“智慧国土”顶层设计全面落实《北京市国土资源信息化“十二五”发展规划》“321”发展战略和五化目标，提出了“智慧国土”建设业务架构、数据架构、应用架构、基础设施架构和标准政策等内容，形成了未来 3 年信息化项目建设计划，提出了政策、组织、人才和资金 4 个方面的保障措施。

【电子政务系统建设】

按照（国土资源部国土资厅发〔2012〕42 号文）、（北京市国土资源局京国土信〔2012〕528 号文）及市国土局党组“全面实现管理信息化”的要求，加快推进综合监管平台建设和应用，完成了行政审批市区两级联网审批、公务员绩效考核、廉政风险二级监管、基本农田视频监控、移动办公试点、网上申报、信息综合发布、信息报送、统计数据采集、重大项目督办、土地批后监管、土地储备管理、土地出让金核对、土地网上交易、执法监察、怀柔分局地籍整合试点、东城西城门头沟等 3 个分局综合办公试点、公文流转智能管理等 18 个子系统的建设和完善，其中行政审批子系统 3 个，行政监管子系统 8 个，辅助决策子系统 2 个，综合事务管理子系统 5 个。截至年底，各重要子系统应用情况如下：

行政审批子系统业务受理 24807 件，办结 23867 件，办结率达 97%，系统发送提醒短信达到 4.7 万余条。

公务员绩效子系统公务员用户 1141 个，实现月度纪实、季度考评和年度量化，其中月度记实提交 7311 条，季度考评提交 432 条，年度总结提交 422 条，年度量化考核提交 569 条。

网上监察子系统涉及案卷 1636 宗，推送监察信息 4928 条，其中收件信息

2281条、听证（受理）770条、决定1023条和发件854条。

廉政风险二级监管子系统完成3个审批事项廉政风险预警防控管理，梳理40个事项的风险监控和100多个风险点监控。

网上申报子系统注册申报用户2945个，录入案卷5095宗，上传要件数据量达到350GB。

信息综合发子系统完成21813条信息发布，其中内网信息3653条、外网信息16262条、政府信息公开1861条、领导决策信息37条。

信息报送子系统共推送信息1492条，其中普刊178条、动态377条、专刊7条、其他930条。

统计数据采集子系统梳理了13个业务处室，涉及明细、月度、季度等58张报表，共完成了1400多张报表统计。

重大项目督办子系统实现了绿通项目、扩大内需项目、市重点建设项目、市重大工业项目等3100多个项目督办管理。

土地批后监管子系统监测地块350宗，其中一季度85宗、二季度78宗、三季度114宗、四季度83宗。

土地储备管理子系统用户数220个，实现一级开发项目动态监测、保障房项目管理、土地储备计划编制等功能。完成历史数据导入1544宗、新增业务案卷476宗（其中一级开发214宗、保障房138宗、土地储备计划124宗）。完成4个专题图层建设，其中项目坐标上图1053个。

土地出让金核对子系统完成储备中心、利用中心、财务处共18张统计报表的核对，其中储备土地入市交易信息（非工业类）74条、财务处到账信息1369条、利用中心合同开票缴款情况全部纳入系统管理。

【数据管理】

6月，印发《北京市国土资源数据管理办法（修订版）》（京国土信〔2012〕305号），进一步强化数据汇交，进一步规范数据共享和使用。截至年底，国土资源“一张图”数据库总图层达到1279个，比2011年新增543个，其中局内数据图层337个，新增198个；市级共享图层942个，新增347个，涵盖了土地专题管理、矿产专题管理、地质环境专题管理、行政审批、影像、基础地形、其他业务数据等9大专题，68小类，现势数据量15TB。

与全市45个委办局实现数据共享。其中为全市在线提供7大类91个图层的数据服务；为“绿色北京”百万亩造林工程提供造林用地选址和数据成果；为市规划委城市空间库共享3类8个图层数据，数据量为1.65G；为耕保处、朝阳分局、海淀分局3个单位5个项目提供54次数据服务。

【网站群建设】

市国土局网站群系统，涵盖了“1个主站+24个分站”，平均每天访问量1.6万人次，每天被访问页面数44万个。

完善栏目主持人制度，明确职责，加大政府信息公开力度，截至年底，主动公开信息53602条，办事大厅访问量达1310133次，表格下载量47436次，办事结果查询192432件。电子信访件2089件，已答复2010件，答复率96%。

【基础环境建设】

年内，推进市国土局、区（县）分局和国土所的互联网、VPN 专网、业务内网（可信网）建设。完成所有 59 个国土所互联网接入，23 个国土所 VPN 专网接入，13 个分局业务内网（可信网）接入。年内，共召开视频会议 83 次，其中涉及国土部、市国土局、国土分局的三级视频会议 21 次，国土部、市国土局的两级视频会议 9 次，市国土局、分局的两级视频会议 28 次，市政府视频会议 9 次，市应急办视频会议 11 次，市气象局“北京市突发性地质灾害气象预警会商”5 次。

【运维管理与工作标准】

参照《北京市信息系统运维服务支撑系统规范》，市国土局信息化运维实行整体专业外包运行模式，以运维事件处理为核心，全面规范信息系统、数据处理、网站群、网络及基础设施等管理流程、技术标准、操作守则等，确保了全局系统 37 个应用系统、8 大类软件、98 台服务器、6 台存储设备、4 台光纤交换机、10 台其他信息设备的稳定、安全运行。

【信息系统运维】

年内，信息系统运维服务量 26623 次。其中行政审批子系统 21298 次，公务员考核子系统 1597 次，CA 数字证书 1066 次，AM 系统 532 次，网上电子报盘系统 799 次，公文流转系统 799 次，其它请求 532 次。所有运维服务都得到及时响应，用户整体评价良好，满意度 98%。

【数据运维】

年内，处理数据 5948 卷，公文协执 14249 份，354232 页。数据汇交 62 项、约 630GB。数据维护 264 次，约 230G。坐标转换 117 次，约 45GB，合计 299100 个坐标点。协助财务处、耕保处、利用处、利用中心、储备中心、朝阳分局、海淀分局等单位提供数据共享利用服务，工作量合计约 140 人天。

【网站群运维】

年内，网站群共更新信息 15482 条，上传表单 59 个、业务办理表格范文 82 个，改版门头沟、房山、怀柔等 3 个分局分站，舆情监控 1996 篇，媒体监测 166 篇，更新法规库 24595 条，更新数字证书 554 个。

【网络及基础设施运维】

本年，共提供网络及基础设施运维服务 2415 次，其中网络 28 次、终端系统 2387 次。机房巡检 1825 人次、监控系统巡检 1825 人次、视频会议巡检 251 人次、软件升级 228 次。

【网络与信息安全保障】

完成党的十八大期间信息安全应急职守和“零”报告工作，完成市国土局 10 台涉密计算机和信息设备的调查、统计、备案及防护系统的安装工作，完成市局所有计算机安全警示标识粘贴工作，开展 2 次信息系统安全检查工作，组织开展外网网站群风险评估和电子文件安全风险评估工作，开展市、区两级网站群应急演练，完善安全事件汇报和备案机制。落实政务信息安全人员持证上岗工作要求，年内，新增3名信息安全人员持证上岗，全局共有6人持证上岗。加强信息安全宣传工作，组织4次信息系统安全运维培训和技术交流，编制《信息安全资讯周刊》25期，完成《信息安全工作月报》6期，更新内网信息安全宣传栏信息140余篇。

【调研课题】

1. 土地信息数据元规范研究。

对市国土局的土地业务及管理信息系统和数据库建设现状进行调查研究分析，并对北京市政府有关部门的数据需求进行调研，研究制定土地信息数据元的分类方法、数据元属性、数据元值域引用代码编制规则，给出土地利用现状信息基础数据元和土地权属数据元及数据元值域代码集，填补了国内该领域标准空白，为北京市国土资源数据统一、规范提供了科学的理论依据，奠定了北京市土地资源信息获取、处理、储存、交换、共享、管理与应用的基础。

2. 北京市国土资源宏观决策需求分析及指标体系研究。

面向服务首都经济社会发展的大局，立足市国土局各级领导干部和工作人员的管理决策实际需要，研究形成了首都国土资源管理决策的关键指标体系，并对北京市国土资源监测指挥中心进行规划设计。

【信息化重要会议】

1. 北京市国土资源信息化工作会议。

5月，市国土副局长、局信息化工作领导小组副组长张维主持召开市国土局信息化工作会议，国土部信息化工作办公室常务副主任、信息中心主任韩海青和市经济信息化委副主任童腾飞出席并讲话。会议传达学习了全国国土资源信息化工作会和“智慧北京行动纲要”动员会精神，总结近年来市国土资源信息化工作成果，对本年信息化工作先进单位进行表彰并部署了“十二五”时期及本年市国土资源信息化重点工作。局党组书记张国玉，局长、局信息化工作领导小组组长魏成林，局纪检组组长周新华，副局长李军、谢俊奇，局总规划师丁晓，局副巡视员张川北、赵建华等领导及局系统干部职工参加会议。

2. 局信息办主任办公会议。

年内，召开两次局信息化工作办公室主任会议，分析研究信息化工作面临形势和急需研究解决的问题，听取信息化项目实施进展汇报；审议2013年度信息化升级改造项目安排。

3. 市国土局网络与信息系统安全管理工作领导小组会议。

7月，市国土局副局长谢俊奇主持召开年度网络与信息系统安全管理工作领导小组会议，研究部署市国土局下半年网络与信息系统安全管理工作。会议传达了国土部信息安全培训班、北京市信息安全人员持证上岗培训相关会议精神和《国土资源信息安全等级保护工作指导意见》，审议了《北京市国土资源局2012年度网络与信息系统安全管理工作上半年工作总结及下半年工作安排》和《网站群应急演练方案》。会议对进一步加强网络与信息系统安全工作提出明确要求。

4. 市国土局网站群工作会暨栏目主持人会议。

7月，市国土局副局长谢俊奇主持召开“市国土局网站群工作会暨栏目主持人会”，会员通报了2011年度国土部、首都之窗对市国土局网站群的考评结果和本年上半年网站群工作情况及下半年工作计划，分析了网站群工作存在问题及建议，详细讲解了本年北京市政务网站考核相关情况及国土部考核分站的相关细则，优秀栏目主持人代表介绍了本单位（部门）在信息公开方面的先进工作经验。会议强调，网站群考核结果是纳入市级国家机关年度绩效考核、民主评议基层站所综合考评的重要指标，同时关系到市国土局对外的形象，应及时公开“重点、热点、疑点”等民众关心的问题，加强政策解读力度，充分利用在线访谈、微博宣传等方式主动做好舆论引导。

【信息化培训】

1. 信息化管理及视频会议系统培训交流会。

年内，信息中心举办了全局系统信息化管理及业务内网系统培训交流会，传达国土部信息安全工作会有关精神，介绍了国土资源业务内网建设和应用管理情况、IT运维服务管理标准、政府机关信息化运维服务应用情况，交流了政务网站管理、视频会议会场环境管理等方面的先进做法和经验。17个分局的信息化工作人员共计33人参加培训。

2. 北京市“智慧国土”顶层设计培训。

11月，信息中心组织召开了北京市“智慧国土”顶层设计培训会，会上重点介绍“智慧国土”顶层设计背景情况、主要内容以及试点示范成果。各分局主管领导、信息化工作人员共53人参加培训。

3. 综合监管平台培训。

年内，就信息报送管理、土地储备开发项目监测、综合事务管理、统计数据采集、信息发布、重大项目协调督办管理等应用系统，组织业务培训共计20次。

4. 分局信息化应用培训。

12月，局信息化工作办公室举办“北京市国土局贯彻十八大精神暨信息化应用培训会”，各分局主管领导、信息化工作人员共53人参加培训。会上，副局长、局信息化工作领导小组副组长、信息办主任谢俊奇对十八大报告相关内容进行辅导。局信息办常务副主任尹岷解读了《关于贯彻〈国土部办公厅关于加快推进国土资源遥感监测“一张图”和综合监管平台建设与应用的通知〉的意见》（京国土信〔2012〕528号）。

北京市国土资源局机关后勤服务中心

【机构与职责】

北京市国土资源局机关后勤服务中心（简称服务中心）是北京市国土局所属差额补贴事业单位，人员编制66名，处级职数二正三副，内设“三科一室一队”，即办公室、财务科、综合科、卫生科、车队。

主要工作职责：负责办公楼物业管理工作；承担局机关安全保卫工作；负责局机关公务用车管理工作；负责局机关办公用房管理工作；负责局机关办公用品管理工作；负责局系统住房制度改革工作；负责局机关医疗保险管理工作；负责局招待所、职工餐厅管理工作。

领导班子：

主　任	刘振河
党总支书记	陈惠池
副主任	李宗平
专职副书记	张明发
副主任	刘卷强

【职工餐厅管理工作】

运用信息手段，广泛征求职工意见，提高职工就餐质量。年内，在局内网开通“市国土局食堂意见及建议留言板”，收到120多条意见及建议。通过信息反馈，职工餐厅改进了不足，优化了服务。

注重口味调剂，提高饭菜质量、适时增加粗粮制作和地方小吃供应，满足绝大部分职工的需求。

加强教学互动，实现服务延伸。职工餐厅承担了机关工会烹饪兴趣小组授课任务，工作人员精心准备，认真授课，确保了兴趣小组活动取得良好效果。本年，共计接待职工用餐194976人次。

【单位内部安全工作】

确保重要节日、重大政治活动等特殊时期单位内部安全不出问题。组织开展消防、保卫安全检查6次，未发生治安违法案件、火灾隐患等各类事故，为其它工作开展奠定了良好基础。

针对今年上访、群访、闹访、缠访等现象有所增加情况，配合有关部门，做好说服、劝阻工作，防止矛盾激化。参与并缓解各类上访事例180批次，2485人次。

扎实做好单位内部消防安全工作。会同相关部门，严格落实动火审批和人员监督管理制度，为各项施工工作顺利完成提供了保证。年内，组织义务消防灭火实战演练，增强责任意识，提高自防自救能力。

关注土地拍卖市场，防止意外情况发生。按照事前有预案、活动有措施，事后有总结的原则，年内，共投入安保人员100人次，完成20余次市土地交易市场现场拍卖的安全保卫任务。

【公务用车服务保障工作】

合理调配公务车辆，确保机关处室、老干部和重点工作用车。广泛开展交通安全教育，及时做好车辆维修、年检验车工作，确保车辆运行安全，本年，车队安全行车100万公里，实现了无事故、无违章、无通报三无目标。

【办公楼施工改造工作】

年内，完成市国土局办公楼卫生间冷热水改造任务，解决了办公人员长期以来用冷水洗手问题，改善了工作人员办公环境和条件。

【医疗卫生服务工作】

年内，为市国土局机关237名公务员办理了纳入医疗保险工作；组织机关处室、部分事业单位458人进行健康体检；利用信息平台，开展健康宣传活动，普及宣传职工健康保健知识，在局域网上刊登健康知识120余条；做好人口与计划生育宣传教育工作，为10名职工办理了生育服务证，为孕产妇发放了育儿经等书籍，宣传普及职工优生优育知识；组织市国土局机关单位无偿献血工作，本年3名同志参加无偿献血。

【办公环境管理工作】

根据北京市爱卫会统一部署，积极开展城市清洁日、卫生月活动，本年，共清除垃圾12吨，可回收物3.1吨，塑料制品1.4吨。开展公共场所禁止吸烟活动，制作“珍爱生命，远离香烟”展板、宣传画册和影像资料，号召广大职工自觉做到不在公共场所吸烟，保证机关办公环境的清洁、整齐。

【办公保障服务工作】

年内，为市国土局各项业务工作会议做好会务服务20余次。按照市政府的统一安排，完成科博会、京交会、少数民族文艺汇演及文博会的对口会务接待工作。办公用品按需采购，严格手续，保障机关办公需求。

【职工住房补贴工作】

年内，按照市房改办的统一部署，上报申请市国土局系统住房补贴人员490名，金额120万元，为300余名职工办理了住房补贴及公积金的申报、增减和支取。

北京市国土资源局业务受理中心

【机构与职责】

北京市国土资源局业务受理中心（简称受理中心），于2003年6月成立，是市国土局常设非正式机构，承担市国土局负责办理的39项行政许可事项和41项行政服务事项的受理、分办、催办、发件、收费、统计及业务咨询等工作，同时负责对区（县）国土分局行政服务大厅的业务指导。

根据全程办事代理制“窗口受理、限时办结、规范收费、统一发件”的要求，市国土局在市政府统一协调管理下，对外设立了行政服务窗口（分设在枣林前街市固定资产投资项目行政审批综合服务大厅和国土局服务大厅，由受理中心具体负责管理）。包括土地、矿产、中央和军队及央企、行政公文、发件、收费共7类业务窗口，分别负责相关业务的受理、办理工作。

【业务事项受理情况】

年内，市国土局共受理各类业务事项共2810件。其中：土地管理类2330件，占受理总量83%；矿产管理类480件，占受理总量17%。

区（县）分局受理各类业务事项共21991件，比2011年减少2742件，受理量减少11.1%。其中：土地管理类1902件，占受理总量9%；矿产管理类380件，占受理总量2%；土地登记类19709件，占受理总量89%。

【业务事项办结情况】

年内，共办结各类事项3445件，比2011年减少149件，办理量减少4.1%。其中：土地管理类2975件，占办结总量86%；矿产管理类470件，占办结总量14%。

区（县）分局办结各类事项20422件，比2011年减少3591件，办理量减少15%。其中：土地管理类1967件，占办结总量10%；矿产管理类412件，占办结总量2%；土地权属管理类18043件，占办结总量88%。

【业务事项费用收缴情况】

年内，市国土局收费窗口共收缴土地有偿使用收入976.37亿元，其中包括前期成本529.50亿元。

地矿类收费收入1.04亿元。其中：矿产资源补偿费7971.84万元，探矿权使用费 9.86 万元，采矿权使用费 0.11 万元，价款 2418.35 万元，采矿登记费 0.06 万元，勘查登记费 0.005 万元。

【其它工作】

加强监管平台的检查监督。对应用综合监管平台办理行政审批业务定期检查督促，对临近办结时限的业务事项及时提醒、督办。清理监管平台中遗留待办项目 1000 余个，并研究制定了解决办法。

继续推行窗口公开承诺制。年内，国土局继续推行窗口服务质量公开承诺制，从优化服务、依法行政、改进作风等方面向社会做出承诺。

规范综合服务大厅争创“双优”工作。按照北京市民主评议基层站所（服务窗口）工作总体部署，市国土局入驻市固定资产项目审批综合服务大厅窗口，制订完善创建工作计划和实施方案，落实责任分工。

区县国土资源篇

科室。机关行政编制40名，实有36名。机关工勤编制8名，实有6名。下设北京市东城区土地权属登记事务中心、北京市东城区土地利用事务中心、北京市土地整理储备中心东城区分中心3个事业单位，编制40人，实有35名。

分局领导班子：

局　长　　　　　　　李　伟
（2012年1月—8月）
局　长　　　　　　　林　毅
（2012年8月任职）
党组书记　　　　　　李凤海
副局长　　　　　　　童四见
副局长　　　　　　　刘翠华
副局长　　　　　　　孔德智
副局长　　　　　　　韦先波

【建设项目用地预审】

年内，完成11个建设项目的用地预审，用地面积7.3718公顷；办理3个建设项目预审意见延期批复。

【土地供应计划及实施】

完成本年土地供应计划的编制及上报工作，加强计划执行情况的监督检查。土地供应计划建议安排用地项目12宗，用地总面积14.78公顷。实现计划外供地2宗，用地总面积4.31公顷。完成划拨决定书手续1件，用地面积0.57公顷；完成已建成项目国有建设用地使用权划拨性质确认批复2件，用地面积0.37公顷。

【国土资源节约集约模范区创建活动】

围绕“建标准、求创新、扩平台、聚共识、促转变”的主要目标，扎实开展东城区国土资源节约集约模范县（市）创建活动。成立以区长牛青山为组长的区创建活动领导小组，加强组织保障力度；出台政策文件，建立节约集约用地长效机制；总结提炼国土资源节约集约利用的好模式、好机制；通过报刊、宣传片、展板标语、网站专栏等媒介开展宣传活动；完成达标考核、评优申报等工作环节。

【土地市场交易】

4月，香河园3号居住及商业金融用地项目上市，供地面积3.73公顷，成交价格19.15亿元，实现政府土地收益10.66亿元；6月4日，玉河项目南区SZ05－1、2、3、4地块取得中标通知书，供地面积0.58公顷，成交价格1.75亿元，实现政府土地收益0.44亿元。

【土地储备开发】

年内，完成投资0.1959亿元，拆迁面积0.0262公顷，使用安置用房9套，其中：彭庄项目投资0.0699亿元，拆迁面积0.0174公顷，使用安置用房4套；东交民巷29和31号院项目投资0.126亿元，拆迁面积0.0084公顷，使用安置用房5套。实现鼓楼东大街两侧“城中村”地块的供应。完成青龙胡同“城中村”整治工作。持续推进龙潭湖体育产业园项目实施的沟通协调工作。加强对东花市三期北侧遗留地块、宝华里项目、西革新里项目等以企业为主体的一级开发项目的监管和服务，促使项目用地尽早完成入市交易；协助开发单位推进广渠门外马圈、王府井D1地段、帅府大厦综合楼三个新增项目的各项手续办理，其中广渠门外马圈项目已经取得授权批复。坚持土地储备资金监管领导小组会议制度、拆迁安置补偿联审会制度，落实资金使用监管责任。

【土地调查】

年内，完成建设用地开发利用情况专项调查，涉及出让地块100宗，开发单位41个，已竣工项目25宗，已开工未竣工项目11宗，未开工项目64宗；完成国土部14个涉嫌闲置项目专项调查，3个划拨项目、1个出让项目已竣工，3个划拨项目、1个出让项目已开工，1个划拨项目、5个出让项目未开工；完成市国土局对47个出让项目用地专项调查，未拆迁项目11个，拆完未建项目10个，正在拆迁项目21个，正在进行基础施工的2个，已封顶项目3个。办结四片危改区回迁底商出让手续2件。

【土地权属登记】

年内，完成“地籍管理信息系统”建设，实现地籍档案的电子化管理及地籍图件的实时更新。加强历史档案数字化建设，提高科技化水平。日常土地登记业务，全面应用地籍管理信息系统及城镇土地登记办公自动化管理系统。开展土地登记规范化工作。完成各类型土地登记1115件。推进“大宗地”土地登记工作。故宫博物院已取得土地使用证，天坛、原北京游乐园已列入土地登记工作计划。

【土地执法监察】

年内，制定《年度推进依法行政落实行政执法责任制工作计划》《年度法制宣传教育工作计划》，完成政务公开和政务服务事项中行政职权类事项清理工作，对国土资源执法监察工作开展立项行政检查，开展行政许可案卷、行政服务案卷的规范自查工作。组织“4·22”世界地球日、“6·25”全国土地日、“12·4”全国法制宣传日等主题宣传活动，开展法制知识答卷活动，青年宣讲团进社区、进学校普法宣传。组织干部职工学法用法培训活动，落实领导干部会前讲法学习活动、“六五普法”计划。

【信息化建设】

完成可信网硬件的建设基础工作，实现业务网与互联网物理隔离，提高了网上审批可靠性和安全性。确定处理军产、保密产数据的计算机为涉密计算机，上报区保密局和市国土局进行定密备案。完成设备台账建立、固定资产入账等工作。完成月报表24次、季度报表8次和年报表1次。9月，启用市国土局监管平台的综合事务管理模块作为分局OA办公系统。

【地热资源管理】

年内，组织东、西城区地热单位分片工作会，部署本年地热矿业权年检准备工作。对辖区内共22眼地热井，涉及16个地热开发单位开展单位自查、现场抽查式的地热年检，加强督促整改，提高地热开发监管水平。

【信访工作】

年内，建立信访工作联席会议机制，完善信访工作制度，加强信访事项动态管理，实行重点矛盾纠纷领导包案制。围绕全国“两会”、党的十八大等重要敏感时期，开展4次人民内部矛盾纠纷排查处理，有效化解群访、缠访问题。受理信访诉求227件，全部在时限内答复完毕；受理“12345”北京市非紧急救助服务平台诉求8件，均按时答复。

【调研工作】

年内，完成《东城区土地储备战略研究》，提出了东城区土地储备战略模式及发展路径；完成《东城区工业用地项目调研情况分析报告》，全面摸清辖区工业用地利用状况；完成“东城区土地储备开发评价系统”研发，建立了土地可开发利用管理数据平台；开展了东城区国土资源重点工程现状分析和管理研究工作；完成市国土局自主调研课题《北京市文保区土地供应方式研究》，提出与历史文化保护和现代城市发展相适应的土地利用模式和项目开发经营模式。

【大事记】

3月27日，东城分局“东城区土地储备开发评价系统建设”项目通过国土部、市国土局相关领导专家验收。

4月16日，东城区香河园3号居住及商业金融用地项目成功上市。供地面积3.73公顷，成交价格19.15亿元，实现政府土地收益10.66亿元。

5月23日，召开《东城区文保区土地供应方式研究》课题评审会。中国人民大学教授毕宝德，中央财经大学教授乔志敏等5位专家、教授参加评审。评审组一致同意通过评审验收。

6月4日，东城区玉河项目南区SZ05－1、2、3、4地块取得中标通知书。供地面积0.58公顷，成交价格1.75亿元，实现政府土地收益0.44亿元。

8月3日，林毅任东城分局党组副书记、局长，免去其西城分局党组副书记、局长职务；李伟任西城分局党组副书记、局长，免去其东城分局党组副书记、局长职务。

8月30日，东城分局召开国土资源节约集约模范区创建工作专题会。会议对东城区创建国土资源节约集约模范区活动进行了动员和部署。

11月26日，完成青龙胡同“城中村”整治项目入库交接工作。

12月10日，东城区国土资源节约集约模范区创建办在东城分局召开宣传活动大会，向250个区属委办局、企事业单位联系人讲解“十二五”时期东城区推动国土资源事业发展的新思路与新举措、节约集约典型及创建活动开展情况。

北京市国土资源局西城分局

【土地资源概况】

西城区是首都功能核心区之一，坐标为北纬 39°53′—39°51′，东经 116°18′—116°23′。东与东城区相连；西与海淀区、丰台区相连；北与海淀区、朝阳区毗邻；南与丰台区相连。辖区设 15 个街道办事处。

西城区辖区总面积 50.532 平方公里（5053.2 公顷），地类数据详见表 5-2。

表 5-2 西城区各地类数据汇总表

地类		面积（公顷）
合计		5053.2
农用地	小计	0.0
	耕地	0.0
	园地	0.0
	林地	0.0
	牧草地	0.0
	其他农用地	0.0
建设用地	小计	5053.2
	居民点及工矿	5053.2
	交通运输用地	0.0
	水利设施用地	0.0
未利用地	小计	0.0
	未利用地	0.0
	其他土地	0.0

【机构设置】

北京市国土资源局西城分局（简称西城分局）内设办公室、财务科、政工科、纪检监察科、综合科、执法监察科、国土资源利用科、重点工程科、地籍科 9 个职能科室。下设北京市土地整理储备中心西城区分中心、北京市土地整理储备中心金融街分中心、北京市西城区土地权属登记事务中心、北京市西城区土地利用事务中心4个事业单位。在职人员81名。

分局领导班子：

局　长　林　毅
(2012年1月—2012年8月)
党组书记　张宏生
(2012年1月—2012年3月)
党组书记、副局长　靳　薇
(2012年12月—2012年12月)
局　长　李　伟
(2012年8月—2012年12月)
副局长　吕仕锋
副局长　程建英
副局长　黄东华
纪检组长　刘宽新

【建设项目用地预审】

年内，40个建设项目通过用地预审，约72.71公顷。其中公共管理与公共服务用地13宗，约4.13公顷；商服用地6宗，约12.82公顷；交通运输用地13宗，约16.59公顷；住宅用地5宗，约34.38公顷；储备用地2宗，约4.67公顷；特殊用地（宗教）1宗，约0.12公顷。

【土地供应计划及实施】

本年土地供应计划申报建设项目12个，约11.72公顷。其中交通运输用地3宗，约2.47公顷；公共管理与公共设施用地4宗，约1.92公顷；商服用地5宗，约7.33公顷。年内，完成供地项目7个，7.64公顷。其中公共管理与公共服务用地3宗，约1.89公顷；住宅用地1宗，约0.28公顷；商服用地3宗，约5.47公顷。

【保障性住房用地供应】

参与西城区旧城保护定向安置房用地项目工作，协调昌平区回龙观一、二期和房山区长阳7号地保障房土地储备及建设供地，确保工程进度，推进保障房建设顺利开展。

【土地储备开发】

年内，完成土地储备及开发供应项目3个，分别为大栅栏煤市街以东C1C2地块、月坛南街地块二商业金融用地和月坛南街地块三商业金融用地和体育用地项目，约5.47公顷，成交价款73.93亿元，政府土地收益21.48亿元；完成开发未实现供应项目1个，为西单东南D西项目，约0.3公顷；其它项目处于一级开发实施阶段。实际完成投资约23.61亿元，为计划投资比例的2.36倍。

加强34个土地一级开发、25个“城中村”环境整治项目月监管。建立区土地储备开发数据库和“城中村”基础信息资料库，梳理项目信息、进展情况及存在困难；广安联储一期项目纳入金融街拓展范围，拆迁工作完成78%，配合调整实施方案；筹划159中学、月坛体育场—建工学院项目土地收储；华嘉土地储备项目拆迁工作完成73%；完成手帕口南街64号项目授权延期；推进庄胜二期H、J、K、L地块一级开发；推动西便门内大街东西两侧、南菜园街72号等历史遗留项目收储进展；做好西长安街拓宽、919工程后续收尾及629工程的配合工作。

【土地调查】

年内，梳理涉嫌出让闲置项目42宗，约67.58公顷，涉及30家开发单位。其中已完工项目8个，约9.62公顷；已开工项目10个，约20.16公顷；预开工项目3个，约3.66公顷；仍不具备开工条件项目21个，约34.14公顷。建立土地批后监管动态台帐，了解项目进展、存在问题，研究提出处置意见，推动21宗地启动开工建设。

梳理划拨闲置待认定项目11宗，约39.88公顷。其中已完工项目3个，约15.15公顷，分别为南横东街、右内大街和马连道1号地项目；预开工项目3个，约10.55公顷，分别为前门西河沿街、北纬路和太平桥项目；未开工项目5个，约14.18公顷，分别为大安澜营胡同、厂甸胡同、延寿街、韩家胡同和吴家桥项目。

在全市率先启动测绘控制点维护工作。深入德胜、什刹海、西长安街街道实地检查控制点维护情况，检验项目阶段性成果，重点核实土地利用现状变化较大区域，掌握一手土地利用现势资料，为日常地籍工作提供数据支持。完成7个街道任务。

现场踏勘西城行政区划边界界碑、周边控制点，明确新西城行政界线，确保调查数据应用现势性。

完成德胜科技园853.51公顷土地集约利用更新调查，为园区扩区提供土地资源基础数据和详实资料。

【土地权属登记】

年内，办理各类国有土地使用权登记839件。其中国有土地使用权初始、变更登记460件，他项权利登记379件。主动服务在京中央单位，受理央产、军产、保密产土地登记17件；先易后难分批办理市电力公司土地登记，发放全市首宗电力公司国有土地使用证；专题研讨解决文保区重点项目土地登记难题；推进金融街西拓、和平门中学等项目的权属审查和土地登记；办理土地权属争议调解、裁决案件3件，全部胜诉。

【土地执法监察】

开展“4·22”世界地球日、“6·25”全国土地日、“12·4”全国法制宣传日等执法宣传，开展“六五”普法宣传活动，宣传国土法规政策，发放宣传资料4000余份、宣传品1500余个。

【信息化建设】

OA办公系统深化应用。5月17日，综合监管平台——OA办公系统试运行。8月23日，总结试运行情况，加强系统培训，全面实现无纸化单轨运行，在全市国土系统率先实现内部事务管理无纸化办公。

深化第二次全国土地调查数据应用，为金融街区域楼宇调研、区教育基础设施专项规划、区军事设施重新划定申报等工作提供数据支持。

【信访工作】

年内，共受理来信40件（不含“经租房”86件），接待来访175人次，妥善处理城镇私房历史遗留问题群访3起，避免矛盾激化，没有形成到上一级机关的集体访，办结率100%。

【调研课题】

配合国土部完成《北京市地上地下土地空间权利研究》，代拟确权登记意见；《浅谈城镇共有土地使用权分摊问题》被《北京土地》刊登；开展《西城区土地储备和征收工作调研》、《划拨土地改变用途问题研究》等调研。

【大事记】

2月14日，西城区综合行政服务中心在中心报告大厅隆重举行2011年西城区综合行政服务中心优质服务创建活动表彰大会，西城分局对外服务窗口获得“2011年度优质服务窗口”光荣称号。

2月14日，国土部发布公告，授予北京市西城区等101个县（市）“首届国土资源节约集约模范县（市）”荣誉称号，副区长李岩作为模范集体代表，受到国务院副总理李克强的接见。

4月22日，西城分局在大观园南广场开展“4·22”世界地球日宣传活动，向社会介绍节约能源、保护资源知识，倡导低碳生活，珍惜地球资源。

4月24日，完成中国－瑞典地籍管理教育培训代表团来访交流接待工作。

6月25日，西城分局在本分局门前设立“6·25”全国土地日主题宣传活动分会场，设置宣传咨询台，向社会公众提供土地管理法规宣传和政策咨询。

11月，西城分局完成行政许可和行政服务事项标准化编制工作。

北京市国土资源局朝阳分局

【土地资源概况】

朝阳区位于北京市区的东部和东北部，坐标为北纬 39°48′—40°09′，东经 116°21′—116°42′。东与通州区毗邻，西与海淀、西城、东城三区毗邻，南与丰台、大兴两区毗邻，北与顺义、昌平两区毗邻。辖区设 41 个街道办事处（乡、镇）。

朝阳区辖区总面积 455.076 平方公里（45507.6 公顷），地类数据详见表 5-3。

表 5-3 朝阳区各地类数据汇总表

地类		面积（公顷）
合计		45507.6
农用地	小计	13725.1
	耕地	4725.9
	园地	931.3
	林地	5253.6
	牧草地	0.0
	其他农用地	2814.4
建设用地	小计	30893.1
	居民点及工矿	27559.3
	交通运输用地	3221.4
	水利设施用地	112.3
未利用地	小计	889.4
	未利用地	222.9
	其他土地	666.5

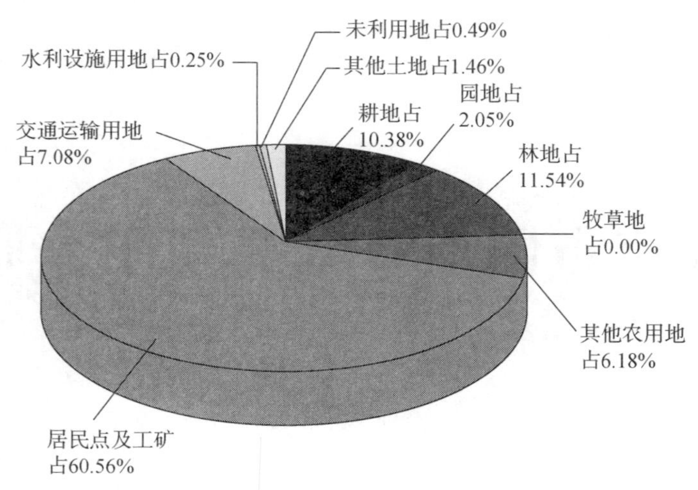

图 5-1 朝阳区各地类比例图

【机构设置】

北京市国土资源局朝阳分局（简称朝阳分局）内设8个职能科室，分别为办公室、政工科、财务科、纪检监察科、综合科、耕地保护科（矿产资源科）、土地利用科、地籍科；下设北京市土地整理储备中心朝阳分中心、北京市土地整理储备中心商务区分中心、国土资源管理所一、二、三所、北京市朝阳区土地权属登记事务中心、北京市朝阳区土地利用事务中心8个事业单位。现有正式在编人员118名。其中公务员32名、机关工勤2名、事业单位84名。

分局领导班子：

局　长	赵北亭
党组书记、副局长	李　燕
副局长	张雅明
纪检组长	吴　江
副局长	武　鸿
副局长	胡良俊

【建设项目用地预审】

合理调整建设用地预审工作程序，进一步提高审批效率。完成建设项目用地预审71件，涉及土地面积478.85公顷，其中国有土地417.29公顷，集体土地61.56公顷。

【征地及农用地转用项目用地管理】

受理集体土地征收前期工作申请5个，用地总面积88.08公顷；受理农用地转为建设用地前期工作1个，用地总面积3.25公顷；办理建设项目征地结案5件，用地总面积339.85公顷。全面梳理朝阳区2005至2011年度已取得征地批复的征地项目，其中已结案的征地项目92个，共征收集体土地1842.118公顷，安置转非劳动力14385人、超转人员6591人，征地费用总计136.48亿元。

【土地供应计划及实施】

全面推进东坝外交部项目、和平村项目、总装项目、社科院、中组部等项目的服务工作，提供用地保障，确保重大项目落地。年内，公开供应一般经营性用地9宗，供地面积约80公顷。其中，已成交一般经营性用地6宗，供地面积约35.72公顷，建设用地面积约23.98公顷，建筑规模约47.26万平方米，成交价约61.11亿元，实现政府土地收益约15.84亿元。

【保障性住房用地供应】

积极推进保障房项目供地工作，年内共完成供地项目6个，供应土地面积约194.59公顷。

【土地储备开发】

朝阳区土地储备项目（包括东南三乡）实现住宅腾退约1080户，约31万平方米，实现非住宅腾退约297家，约94万平方米；取得征地批复4宗（孙河组团、东坝南区、东坝2号地、东坝国管局用地），总征地面积499.55公顷，对接转居安置指标13931人；先后与14家国有土地使用单位、共计19个地块就收储事宜达成一致意见；与12家国有单位、共计16个地块签订收储协议，涉及土地面积约12.13公顷，涉及收储补偿金额约8.6亿元；共修建完成4.26公里的城市道路及路下管线，完成4所配套学校建设工作，全市第一个由土地储备分中心为主体组织实施的148公顷教育配套全面完工。

【土地调查】

完成集体土地所有权外业权属调查、指界签字、外业测绘工作及确权登记颁证工作，涉及集体土地所有权宗地1163宗，面积17969公顷。填制地籍调查表2317宗，绘制宗地草图2317幅，张贴公告1150宗；共发出确权指界通知书1379份；组织51个相邻国有用地单位进行指界签字，填制地籍调查表874份；共有权属争议宗地217宗，其中，涉及集体土地所有权争议宗地132宗、集体土地所有权宗地与国有土地使用权宗地之间的权属争议85宗，现已解决权属争议204宗。截止年底，朝阳区农村集体土地确权登记颁证工作的调查率达到100%、确权登记率达到98.88%，顺利通过了市级验收，取得了阶段性成果。

【土地权属登记】

累计完成国有土地使用权登记3450宗（包含军、央、保密、区储备用地），占全市的43%；办理国有土地抵押登记共计1873宗、占全市的34%，涉及贷款金额1900.75亿元、占全市的31%。

【土地执法监察】

以卫片执法检查与日常巡查发现的土地违法案件为线索，逐件依法进行严肃查处。共立案查处95件，下达《行政处罚决定书》104份，涉及处罚土地面积99.96公顷，收缴罚款695.69万元，没收建筑物面积31.80万平方米，拆除建筑物32.18万平方米。

以2011年度土地卫片成果为依据，处理新增违法用地66宗，其中，按非立案拆除或清理处理17宗，面积14.57公顷（耕地9.45公顷）；按立案处理49宗，面积41.27公顷（耕地4.17公顷）。

对全区15家高尔夫球场的用地情况进行调查清理，对其中的11家下达了《国土资源行政处罚决定书》，现已收缴罚款5857.57万元；对于占用耕地的部分用地，已整改完毕，全部进行复耕。根据市政府办公厅《关于建立健全共同查处利用集体土地违法建设销售住宅行为责任机制的通知》和市国土局的有关要求，对全区的小产权房情况进行摸底调查，未发现存在2008年以后在建在售的小产权房。

【矿产资源开发管理】

年内，调查处理非法采矿信访问题8件，发现制止非法采砂问题4起，共完成建设项目用地地质灾害危险性评估备案21件，建设项目压覆重要矿产资源核查6件；按照市国土局“每年抽查不少于30%”的要求，对8家地质勘查单位进行抽查；完成11家探矿权项目年检，纠正2家未按时开工的勘探项目；配合市国土局对4家报废地热井进行现场核查，完成登记注销工作。

【地质灾害防治】

修订《朝阳区突发性地质灾害应急预案》，建立健全汛期值班、地质灾害报告制度。

【信访工作】

年内，共办理信访件263件，依法回复12336国土资源违法热线举报71件。

【大事记】

1月31日，市国土局副局长李军到朝阳分局调研涉地信访工作，朝阳分局党组书记、局长樊文祯陪同调研。

2月9日，朝阳区副区长阎军听取朝阳分局汇报涉地集体信访案件情况，朝阳分局局长樊文祯参加会议。

3月5日，朝阳分局在区政府的安排部署下，以2011年度土地变更调查成果发现的违法用地图斑为基础，全面展开2011年度土地卫片执法检查工作。

4月10日，国家土地总督察办公室副主任李全人等一行，到朝阳区就崔各庄乡大望京村征地拆迁模式进行调研，市国土局副局长谢俊奇、朝阳分局局长樊文祯陪同调研。

4月22日，朝阳分局组织人员参加国土部在中华世纪坛组织的纪念宣传活动，并在奥林匹克森林公园及金盏乡建立分会场，向公众发放宣传材料，介绍相关科普知识。

5月7日，朝阳分局召开《2012年度耕地保护目标管理责任书》签订工作会。

6月25日，北京土地学会与朝阳分局在朝阳区奥林匹克森林公园南门联合开展“6·25”全国土地日宣传活动。

6月28日，朝阳分局举办七一表彰大会暨主题党日活动，表彰国土资源管理业绩突出、模范表率作用明显、群众认可的优秀共产党员和优秀党务工作者。

6月30日，朝阳分局组织完成孙河等9个乡农村集体土地确权登记颁证工作的外业调查。

6月30日，“148公顷”土地一级开发项目配套公建实现竣工并向区教委完成移交。

8月20日，由国土部耕保司副司长刘明松带队的国土部政府信息公开工作调研小组一行5人到朝阳区调研征地信息公开工作。

9月，在市政府储备土地和入市交易土地本年第一次联席会议上，朝阳区沙子营农场及辛堡牛场用地土地一级开发项目通过联席会审议。

9 月 30 日，朝阳区 18 个乡农村集体土地的权属调查、外业测绘及内业签字工作全面完成。

10 月 17 日，朝阳区土地储备分中心按期完成本年度偿还银行贷款任务。

11 月 1 日，朝阳区完成金盏、孙河、崔各庄等 12 个乡基本农田及耕地的实地核查工作。

11 月 5 日，朝阳分局行政服务大厅小业主土地登记业务管理信息系统正式启用。

12 月 25 日，朝阳区农村集体土地所有权确权登记颁证成果通过检查验收。

北京市国土资源局海淀分局

【土地资源概况】

海淀区位于北京市西北部，坐标为北纬39°53′—40°09′，东经116°03′—116°23′之间。东与西城、朝阳区相邻，南接丰台、西城区，西与石景山、门头沟区交界，北与昌平区接壤。辖区设22个街道办事处。(乡、镇)。

海淀区辖区总面积430.728平方公里(43072.8公顷)，地类数据详见表5-4。

表5-4　海淀区各地类数据汇总表

地类		面积（公顷）
合计		43072.8
农用地	小计	19488.5
	耕地	2689.8
	园地	3166.2
	林地	10528.0
	牧草地	0.0
	其他农用地	3104.5
建设用地	小计	22924.2
	居民点及工矿	20498.4
	交通运输用地	2353.4
	水利设施用地	72.4
未利用地	小计	660.1
	未利用地	400.0
	其他土地	260.1

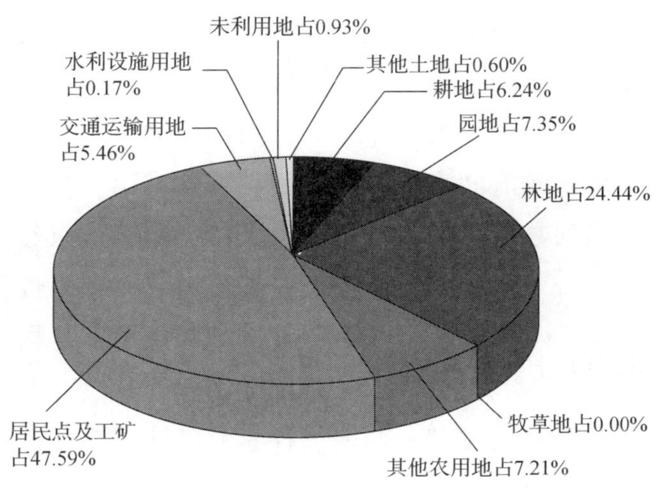

图 5-2　海淀区各地类比例图

【机构设置】

北京市国土资源局海淀分局（简称海淀分局）内设办公室、综合科、地籍科、土地利用科、耕地保护科、地质矿产科、财务科、政工科、纪检监察科等 9 个科室；下设海淀区土地权属登记事务中心、海淀区土地利用事务中心、海淀区国土资源执法监察队、北京市土地整理储备中心海淀区分中心、北京市国土资源局海淀分局第一国土资源管理所、第二国土资源管理所、第三国土资源管理所等 7 个事业单位。截至年底，共有行政编制人员 34 名，其中公务员 34 名，工勤人员 2 名，事业编制人员 74 名。

分局领导班子：

局长、党组书记	梁桂明
副局长	武克非
副局长	和金庆
副局长	于　东
纪检组长	许　荔
副局长	向　文

【土地利用总体规划】

启动土地利用总体规划宣传、两级规划数据库建设、三级基本农田保护区专项规划编制等工作。

推进区、乡（镇）土地利用总体规划宣传和向社会公布工作：一是完成规划的公示公告；二是制作完成 8 分钟的宣传片以及模型比例为 1：7000 的沙盘；三是完成了规划文本、图件和宣传手册的印刷和发放，发放单位和群体涉及委办局、乡（镇）村以及个人。

协助市国土局完成全市数据对接和汇交，数据库建设成果于 9 月由市国土局统一上报国土部。

市区乡三级基本农田保护区专项规划。按照市国土局的统一部署，经区政府同意后开展市区乡三级基本农田保护区规划编制工作。年底前规划方案已初步完成，该方案提出“节约集约、高端高效、绿色生活、生态安全”的基本农田保护战略。

在北部四镇的参与下，海淀分局牵头

对二调以来变更调查中建设用地涉及占用基本农田的共40块图斑、15.33公顷土地进行了图上和实地核查，并对涉及的基本农田提出了调整方案，经区政府同意上报市国土局审查确认，对规划数据库同步进行了修改完善。

【建设项目用地预审】

年内，完成建设项目用地预审127件，同比下降8%；用地总量约903公顷，同比上升78%，其中占用农用地约346公顷（含耕地88公顷）。预审项目中由海淀分局审批的共80件，总用地面积852.47公顷，其中储备项目12件，用地面积约431.39公顷；工业项目1件，用地面积约1.09公顷；基础设施项目17件，用地面积约147.36公顷；科教文卫项目29件，用地面积约59.23公顷；住宅项目15件，用地面积约194.6公顷；其他项目6件，用地面积约18.80公顷。

【征地及农用地转用项目用地管理】

年内，完成征地项目26件，总用地面积303.9公顷，其中农用地118.6公顷，占用耕地39.5公顷。制作征地公示41件、公告47件，完成征地结案26件。

推进保障房项目建设，完成海淀区辛店B08公租房、辛店A地块、温泉太舟坞、苏家坨前沙涧东区、西区、北区、上庄C02、西北旺大牛坊、六里屯和上庄家园N23定向安置房等项目集体土地征收前期工作，有效保证了保障性住房的供应。

【集体产业用地建设租赁房试点】

探索创新集体产业用地建设租赁住房，为破解产业发展和保障性住房建设难题，经批准同意唐家岭地区集体土地租赁住房项目列为北京市利用农村集体土地建设租赁住房第一批试点项目。在分析总结唐家岭公租房试点经验的基础上，为进一步拓展海淀区保障性住房建设渠道，满足北部高新技术人才居住用地的需求，稳步启动了西北旺镇产业园区的租赁房建设和探索北部四镇集体产业园区内适当建设部分租赁房工作。目前，温泉镇东埠头351地块集体土地建设租赁住房项目作为北京市第二批试点，实施方案已获市政府批准，并上报国土部备案；大牛坊E-4-021地块集体土地建设租赁住房项目作为第三批试点，实施方案已获市政府批准。

【土地整理及耕地占补平衡】

完成土地整治规划编制工作，本年海淀区被列为全国14个土地整治规划编制试点市县之一。11月20日，《海淀区土地整治规划（2011-2015）》获得区政府批准，并印发各委办局、各镇实施。《海淀区土地整治规划》主要阐明海淀区土地整治战略，确定未来五年内土地整治的指导原则和目标任务，明确土地整治重点方向，统筹安排土地整治项目工程，明确规划实施的保障措施，是土地利用总体规划中土地整治目标任务的深化和拓展，是规范有序开展土地整治工作的基本依据。

落实耕地保护责任和“占补平衡”任务，申报挂账耕地占补对应土地综合项目。开展2011年度耕地保护责任目标考评工作，组织签订《2012年度耕地保护目标管理责任书》。结合土地整治规划，申报唐家岭地区、北坞地区和翠湖湿地土地综合整治项目为2013年度“边补边占”挂账耕地对应项目，用于保障性住房、道路工程和民生工程项目的耕地占补平衡，保障非经营性项目建设用地的批准。

【土地供应计划及实施】

本年计划申请供地项目共51个，用地263.91公顷。其中公共管理和公共服务设施用地项目5个、31.67公顷；园区用地项目13个、32.02公顷；商服用地项目9个、47.01公顷；商品住宅用地项目6个，14.08公顷；保障性住房项目18个、139.12公顷。年内，60个建设项目办理土地供应手续，供地面积255.50公顷。其中划拨项目31宗，供地面积83.99公顷，约占全区总供地量的33%；出让项目11宗，供地面积17.62公顷，约占全区总供地量的7%；以征代划项目18宗，供地面积153.89公顷，约占全区总供地量的60%。按照审批权限划分，由市政府批准的31宗，供地面积171.67公顷，占全区总供地量的67%；由区政府批准的29宗，供地面积83.83公顷，占全区总供地量的33%。办理划拨土地建商品房上市补交地价款8件，办理出让合同变更、完成补充协议2件，办理地价核实手续4件。

【保障性住房用地供应】

本年保障性住房供地任务为75公顷，其中公租房25公顷，定向安置房50公顷。达到供地标准的保障性住房项目8个，土地面积约79.61公顷，完成年度供地任务的106.15%。其中，公租房项目3个，土地面积约16.12公顷，完成公租房供地任务的64.48%；定向安置房项目5个，土地面积约63.49公顷，完成定向安置房供地任务的126.98%。

【土地市场交易】

年内，完成经营性用地入市交易3宗，总面积7.84公顷，总建筑规模15.07万平方米，总成交价款32.66亿元，分别为万柳资金平衡项目、八家二类居住项目、永丰产业基地Ⅱ-4-B项目。详见表5-5。

表5-5　2012年海淀区入市经营性用地列表

宗地名称	成交年度	土地面积（公顷）	规划建筑（万平方米）	交易	规划用途	成交单位	成交价（亿元）
万柳资金平衡项目	2012	3.87	7.77	挂牌	居住	北京赫华恒瑞房地产开发有限公司	26.3
八家二类居住项目	2012	1.43	4	邀标	居住	北京藏开友容房地产开发有限公司	5.63
永丰产业基地Ⅱ-4-B	2012	2.54	3.3	挂牌	工业	北京鼎臣世纪高科技发展有限公司	0.73
2012年度总计		7.84	15.07				32.66

【土地储备开发】

本年土地储备开发总投资123.23亿元，其中储备分中心投资57.24亿元，社会企业投资65.99亿元。储备分中心投资包括政府投资16.16亿元，其他财政投资11.82亿元，政府融资投入29.26亿元。完成八家地区整体改造项目清华大学、回迁房、集体经济组织返还产业用地、平衡资金用地等供地工作。

年内，以储备分中心为主体的一级开发项目有7个，分别为学院路科技园一级开发项目、凤凰岭旅游设施一期项目、凤凰岭旅游设施二期项目、四季青门头村土地一级开发项目、玲珑巷地区土地一级开发项目、温泉K土地一级开发项目、研祥科技大厦土地一级开发项目。同时负责安宁庄钢材市场及周边地区改造项目、四季青镇营会寺土地一级开发项目、党校西环境整治项目的推进工作。在正常进展项目中，储备分中心社会监管项目49个，土地面积1586公顷，收取18个项目的监管资金和保证金共计189335.21万元，已拨付138725.48万元，剩余资金50609.73万元。

【土地调查】

全区集体土地确权登记颁证工作涉及玉渊潭地区以及东升、四季青、海淀、温泉、西北旺、上庄、苏家坨等7个镇级集体经济组织和84个行政村，本年共对727宗集体土地进行了地籍调查和权属调查，涉及面积14315.95公顷，有效化解争议77宗，涉及面积3445.48公顷，20多个行政村。已完成683宗集体土地确权登记发证，并同步完成宗地空间要素及属性要素的数据入库和档案数字化。按宗地数计算，确权登记率为93.95%。

【土地权属登记】

年内，共办理完成日常国有土地登记业务920件，其中大业主土地使用权登记196件，包括大业主土地设定登记154件，大业主转移登记27件，大业主变更登记15件，颁发土地证书196本；完成小业主土地登记业务724件。办理完成抵押登记686件，其中大业主抵押设定登记243件，小业主抵押设定登记427件。储备用地抵押15件，抵押变更登记1件，颁发他项权利证明书687本。本年办理抵押注销登记607件。制发中央单位土地登记保密产2件，军产登记22件。

【土地执法监察】

开展国土部2011年度卫片、遥感二号卫片等多项土地执法检查工作，制止、清理了一批土地违法案件，尤其是对占用耕地的违法建设进行查处。本年已立案并处理到位9宗、移交镇政府、街道办查处的68宗、移交城管违法用地案件66件、向公安部门移送案件1宗，拆除清理违法占地建设86353.4平方米、复耕土地97.9亩、罚款约62.42万元。清查和处理了一批动态巡查、群众举报案件。全区土地违法大幅下降，违法占用耕地的比例为1.42%。本年累计巡查246天，出动巡查人员800人次，其中一级巡查区域巡查45天，出动巡查人员127人次，二级巡查区域巡查102天，出动巡查人员350人次，三级巡查区域巡查99天，出动巡查人员

323 人次。巡查中发现违法建设单位 85 家，印发“责令停止土地违法行为通知书”。

【信息化建设】

成立信息化建设领导小组，领导小组下设信息办，具体负责分局信息化建设领导小组的日常工作。本年综合监管平台共受理事项 1034 件、办结 1034 件。编制完成《海淀分局信息化设备管理规定》、《海淀分局网络与信息安全事件应急预案》等制度。完成海淀区“智慧国土”顶层设计。推进分局外网网站改进，并经市国土局推荐，参加国土部本年度全国国土资源网站评比。完成土地业务地理信息系统项目结项工作。创先推进电子并档工作，组织实施“海淀分局 2010 年至 2012 年度土地业务档案电子并档数据整理项目”。为有效应用地籍管理信息系统，组织实施“海淀区历史登记档案数字化成果与地籍管理信息系统挂接项目”。

【矿产资源概况】

海淀区共有 4 家矿泉水开发企业，本年共收缴矿产资源补偿费 41844 元，参检单位全部通过年检。

【地热资源管理】

海淀区有北京大学、北京外国语大学、中国农业大学、星竹园住宅小区、裕龙大酒店、汤泉逸墅住宅小区等 6 家地热开发利用单位，地热采矿权人按要求上报了年检材料，在实地核查中未发现违规行为，参检单位全部通过年检。

【地质灾害防治】

“7·21”特大自然灾害，海淀区平均降雨达到了 226 毫米，最大降水量 305 毫米，出现 6 处灾情，其中 3 处崩塌发生在四季青镇香山北沟防火通道，崩塌规模不等，但均较小，险情等级为一般级，最小的崩塌方量为 15 立方米，最大约 450 立方米。崩塌崩积物堆于香山防火通道，造成了防火通道部分封堵，崩塌不同程度的破坏了下方挡墙和排水沟，毁坏坡体上林木约 60 余棵；第 4 处是香山塔后村 19 号，土方量为 15 立方米；第 5 处是香山公主坟 15 号院不稳定斜坡；第 6 处是白家疃路不稳定斜坡隐患点，均未造成人员伤亡。出现险情后，副区长龚宗元立即主持召开了地质灾害隐患防治专题会，确定了各隐患点治理方案，温泉白家疃路不稳定斜坡隐患已治理完工，香山防火通道部分进行了治理，香山普安店地面塌陷对现状居民房重点区域的地质结构危害类型威胁对象及范围全面调查，香山公主坟 15 号院不稳定斜坡抓紧工程治理。

【信访工作】

年内，办理来信、来访、群众举报共计 105 件次/232 人次，其中市国土局转办 23 件次，区政府转办 4 件次。与 2011 年相比批次、人次分别下降 46.2%、35%。海淀分局接待来访、接信 62 件次，其中接待来访 44 件次/132 人次，同比批次、人次分别下降 38.9%、15.4%，办理来信 18 件次。接待集体访 2 批次/16 人次，同比批次、人次分别下降 50%、59%。办理群众举报16件次，处理电子信访95件次，已全部办结，办结率100%。

【调研课题】

年内，开展了海淀南部地区土地储备资源潜力课题研究，撰写了“海淀南部地区土地储备资源潜力研究”课题成果，被收录到《2012年海淀区调查研究重点课题集》汇编中。

【大事记】

1月18日，海淀分局召开2011年工作总结会，部署本年度工作，会上对先进集体、先进工作者、优秀共产党员进行了通报表彰，并组织了春节联欢和游艺活动，副区长龚宗元、市国土局副局长谢俊奇及城建口委办局领导参加。

2月27日，国土部调控与监测司领导对海淀区唐家岭地区集体土地租赁住房试点工作进行调研。

3月9日，部省联合百人大调研北京调研组对海淀区“深化改革创新、加快制度供给”情况进行了调研，调研组由北京督察局蔡可军专员带队，部推进办、部法律中心和市国土局有关人员参加，主要对唐家岭地区集体土地公共租赁住房项目进行了实地考察。

4月27日，海淀分局全体人员到北部地区展示中心参观学习北部地区规划建设工作，区常务副区长穆鹏参加此次活动。

5月9日，海淀分局联合镇政府采取执法队、国土所、镇政府核查队三级联防巡查方式，对海淀区北部地区耕地、基本农田展开了“卷地毯式”巡查，发现了一些新生违法占地行为并采取了制止行动。

5月24日，为严厉打击违法占用耕地行为，进一步推进依法行政工作，分局针对2011年度土地卫片执法检查工作中出现的重大典型案件的情况，建立了与区监察局、区法制办、区公安分局、区检察院、区法院联合研讨办案机制。

5月29日，海淀分局召开新一届社会监督员聘任暨民主评议座谈会。向受聘社会监督员作了工作汇报，颁发了聘书，听取了对国土资源管理工作的意见和建议。

7月10日，经过竞价56轮，竞回购房326轮，海淀区万柳地块以26亿3千万元，回购房16400平方米，由赫华恒瑞竞得。

7月30日，海淀区唐家岭地区土地综合整治项目已获国土部批准立项。

8月31日，海淀区定向安置房项目达到供地标准的项目共计5个，土地面积约63.49公顷，海淀区本年定向安置房供地任务（50公顷）已完成。

9月3日，根据区委区政府印发的《关于成立中关村科学城地区建设指挥部的通知》精神，撤销海淀南部地区土地整理和城中村拆迁整治指挥部，调整成立中关村科学城地区建设指挥部和“三山五园”历史文化景区建设指挥部。其中，中关村科学城地区建设指挥部综合协调办公室设在海淀分局，海淀分局局长梁桂明任综合协调办公室常务副主任。

10月19日，国土部部长徐绍史到海淀区调研平原造林工程建设情况及唐家岭地区集体土地租赁住房项目，副市长陈刚陪同调研。市国土局、海淀区政府主要领导，海淀分局及相关区属委办局领导参加调研活动。

12 月 12 日，《海淀区土地整治规划(2011－2015 年)》已经海淀区人民政府批复，标志着海淀区土地整治规划编制工作已圆满完成工作任务。

12 月 31 日，《中关村国家自主创新示范区核心区土地优化利用研究》课题组提交初步成果。

北京市国土资源局丰台分局

【土地资源概况】

丰台区位于北京市的西南部，坐标东经116°04′—116°28′，北纬39°46′—39°54′。东临朝阳区，北接东城区、西城区、海淀区和石景山区，西北为门头沟区，西南和东南为房山区和大兴区。辖区设21个街道办事处（乡、镇）。

丰台区辖区总面积305.801平方公里（30580.1公顷），地类数据详见表5-6。

表5-6　丰台区各地类数据汇总表

地类		面积（公顷）
合计		30580.1
农用地	小计	7874.5
	耕地	3160.9
	园地	936.4
	林地	3064.3
	牧草地	0.0
	其他农用地	712.9
建设用地	小计	20326.1
	居民点及工矿	17322.3
	交通运输用地	2693.9
	水利设施用地	309.9
未利用地	小计	2379.5
	未利用地	1478.9
	其他土地	900.6

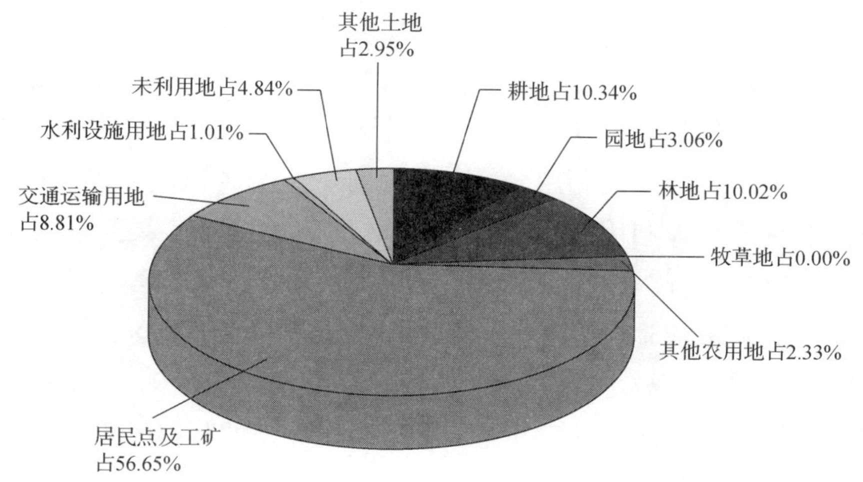

图 5-3 丰台区各地类比例图

【机构设置】

北京市国土资源局丰台分局（简称丰台分局）内设办公室、综合科、地籍科、耕保征地科、土地利用科、地质矿产科、政工科、纪检监察科 8 个职能科室，其中办公室加挂财务科牌子；下设土地权属登记事务中心、土地利用事务中心、土地整理储备分中心、国土资源执法监察队、第一国土所、第二国土所、第三国土所 7 个事业单位。

截至年底，丰台分局编制内工作人员 104 名。其中处级干部 9 名，科级干部 35 名（含主任科员 4 名、副主任科员 4 名）；公务员 33 名，机关工勤 4 名；参照公务员管理事业单位人员 14 名；纳入规范管理事业单位工作人员 10 名，全额拨款事业单位工作人员 43 名。

分局领导班子：

局长、党组副书记	李文忠
党组书记、副局长	赵　舒
副局长	董志坚
副局长	陈春节
副局长	杨　坤
纪检组长	张文泉
副局长	姜新焕

【土地利用总体规划】

1. 土地规划指标落实情况。

本次土地规划到 2020 年基本农田保护面积 933.3 公顷，耕地保有量为 2600 公顷，建设用地总规模 22800 公顷。

结合城市总体规划，丰台区基本农田、耕地保有量和建设用地的指标已落实到各乡（镇），位置也已确定。

（1）基本农田 933.3 公顷，全部划定在河西地区，河东地区已全部核减，没有基本农田。

（2）耕地保有量 2600 公顷，主要安排在河西地区（2120 公顷），河东地区较少（480 公顷）。

（3）建设用地 22800 公顷，主要安排在河东地区，为 14412 公顷，河西地区为 8188 公顷；另留有部分建设用地机动指标，主要解决建设位置尚不确定以及部分用地位置可能发生调整的重点工程。

2. 土地利用格局。

在上述土地规划指标已确定的基础上，以土地利用现状为依据，以社会经济发展长远目标为方向，划分土地利用分区及空间利用布局，推进土地利用结构的合理调整。根据土地利用情况，将全区划分为基本农田保护区、一般农地区、林业用地区、村镇建设用地区、城镇建设用地区、工矿用地区、风景旅游用地区、生态环境安全控制区共八个区和中心城绿化隔离地区、国家级和市级开发区两个复区（在上述八个区用地上附加了具有特定社会经济功能的区域）。

3. 土地空间管制。

新版规划设定了不同的管制规则，确定了建设用地空间管制分区。包括允许建设区，主要包括河东地区除绿化隔离带与绿地公园之外的地区、长辛店镇中心区、王佐镇中心区、青龙湖区域及其周围集中建设区等；有条件建设区，主要包括城镇规划中长辛店镇、王佐镇的发展备用地、永定河绿色生态发展带和河东地区的绿化隔离带与绿地公园等；禁止建设区，主要包括永定河河道地区；限制建设区，是指除上述允许建设区、有条件建设区、禁止建设区以外的其它区域。

【建设项目用地预审】

本年丰台区共有市级绿色通道项目 21 个（包含保障性住房项目 8 个），已完成预审 10 个，约占 47.62 %。

完成建设项目用地预审 54 件，用地规模 828.13 公顷。详见表 5-7。

表 5-7　2012 年丰台区建设用地预审情况

指标		项目个数	用地面积总量（公顷）
合计		54	828.13
建设用地预审	基础设施	13	86.89
	产业用地	4	11.9
	科教文卫和行政办公	4	38.12
	经济适用住房	15（含农民回迁楼）	131.8
	住宅商品房	2	15.7
	商服用地	5	27.47
	储备用地	10	514.85
	其他用地	1	1.37

【征用及农用地转用项目用地管理】

年内，办理 4 个项目审核和报批工作，包括丰台区城乡一体化周庄子村旧村改造、丰台区城乡一体化西局村旧村改造、青龙湖文化会都核心区 A 地块土地一级开发、卢沟桥乡六里桥城乡一体化。完成征地 18 宗，征地面积 795.40 公顷，其中耕地37.41公顷。

【土地整理及耕地占补平衡】

年内，完成征地18宗，涉及土地面积795.40公顷，其中耕地37.41公顷，全部实现占补平衡。

【土地供应计划及实施】

编制完成《北京市丰台区2012年度土地供应计划》，本年土地供应计划完成项目17个，完成土地供应123公顷。

【保障性住房用地供应】

根据市政府批准的《北京市2012年国有建设用地供应计划》，丰台区本年保障性住房应实现供地62公顷，其中：限价房用地13公顷，经济适用房用地5公顷，公租房用地17公顷，定向安置房用地27公顷。实际供地69公顷。

【土地市场交易】

本年批准新增储备开发土地面积133.42公顷，并取得授权批复；完成开发土地面积约170公顷；完成投资222.5亿元；完成供应土地面积约100.91公顷。其中通过土地市场成交项目6个，土地面积约33.53公顷，成交额约43.82亿元，实现政府收益8.95亿元；直接对接保障房或中直机关项目4个，土地面积约67.38公顷。

【土地储备开发】

围绕土地供应、服务区域建设的目标，按照优化管理、提高效率、提升服务的总体要求，积极推进各项工作，进一步完善项目监管机制，系统梳理项目工作总流程，对供地项目所完成节点和后续各项工作从责任单位到经办人均予以明示，制定了《项目形象进度表》。配合半月简报，为区委、区政府和相关责任单位共同把握工作进度和协调提供有力依据。

本年是丰台区重点村整治工作第三年，8个重点村项目除小瓦窑项目正在进行征地前准备工作外，其他7个项目均完成征地组卷、各级报批工作。其中西局、大红门项目已取得征地批复，夏家胡同项目已进入入市前期准备工作。

为积极落实重点村项目分批次资金使用计划审核及会议纪要相关工作，进一步完善资金内部审批手续、落实银行贷款资金到位。丰台储备分中心贷款余额161.09亿元，其中贷款资金新增到账55.19亿元；沟通2笔到期贷款共26.89亿元还款资金问题，按期归还。申报办理储备证17个，总面积为94.11公顷，经组织抵押物评估，价值约191.36亿元，全部对接项目贷款抵押物或抵押物置换使用。

【土地权属登记】

年内，受理行政许可事项101件、服务事项1372件、办结行政许可事项95件、服务事项1329件。受理信息公开308件、档案查询240件（对内和对外查询）、接收法院协助执行108件。

办结国有土地使用权登记551件，其中国有土地使用权初始登记74件，国有土地使用权变更登记462件，国有土地使用权注销登记1件，中央在京单位10件，军产国有土地使用权登记共办理4件；国有土地使用权抵押登记780件，其中国有土地使用权抵押登记405件，抵押变更登记12件，国有土地使用权抵押注销登记363件。

年内，集体土地所有权确权登记工作889件。

【土地执法监察】

2011年度卫片下发丰台区矿产疑似违法图斑2个，为王佐镇西庄店佛门沟小流域治理项目，无非法开采行为。土地疑似违法图斑229个，合计146宗地，总面积152.72公顷，耕地60.79公顷。其中，违法用地120宗，面积82.69公顷，耕地18.9公顷。违法图斑立案查处72宗；非立案处理48宗，52.55公顷（其中耕地14.99公顷），通过整改，违法占耕地比例由20.26%下降至5.75%。

国土部下发本年度土地变更调查与市自有卫片前三季度卫片检查涉及丰台区共289个图斑，总占地面积202.58公顷，占用耕地面积68.98公顷。非新增用地56宗，总面积66.39公顷，耕地面积40.15公顷。新增用地227宗，总面积128.34公顷，耕地面积28.83公顷。其中违法用地195宗，总面积92.5公顷，耕地面积25.51公顷。违法用地拆除45宗，总面积14.15公顷，其中耕地7.31公顷；清理7宗，面积3.45公顷，其中耕地2.74公顷；办理临时用地、紧急用地、农村道路用地、农业结构调整共50宗，总面积32.6公顷，其中耕地10.68公顷。通过整改，全区违法占耕地比例由92%下降至6.12%。

年内，立案查处矿产违法案件1件，为村集体违法，已结案，罚没款2000元。

【信息化建设】

配合市国土局信息中心，分别完成了土地所政务外网连接设备升级改造和分局可信网接入工作，为下一步新系统的部署打下基础。抓硬件建设的同时，注重软件实际应用，市国土局综合监管平台已重新改版上线，丰台分局结合“智慧国土”举办分局综合监管平台内部培训，强化综合监管平台在分局业务办理中的重要作用，提高了办公信息化水平和工作效率。

【矿产资源概况】

截至年底，丰台区矿产地共22处。主要矿产包括地热、矿泉水、冶金用白云岩、制灰用灰岩、水泥配料用页岩。主要矿产探明的储量：冶金用白云岩220万吨，制灰用灰岩2.87亿吨，水泥配料用页岩2703万吨。没有新增矿产地和新查明重要矿产资源储量。开发利用的矿种有矿泉水资源及地热资源2种。已开发利用矿产地22处，其中矿泉水2处，地热20处。

【地质勘查储量管理】

丰台区从事地热资源勘探项目的企业共2家，年内，探矿权人勘探施工进展顺利，其中一家正在准备成井验收，另一家已经验收完毕，正在准备采矿权申办。本年辖区没有公益性的地质勘察投入。

【矿产资源开发管理】

为做好打击非法开采矿产资源工作，最大限度地遏制非法开采。丰台分局组织有关职能部门和部分乡（镇）政府开展巡查、检查，积极开展打击非法开采专项工作，加强属地监管措施，对偷挖盗采易发区进行监控，防止非法开采现象出现反弹，各成员单位认真履行各自职责，取得明显成效。年内，未发现明显的、有组织的涉黑涉恶势力偷挖盗采矿产资源。

【地热资源管理】

年内，对全区地热开采情况进行了调查和年检，共有地热井30眼，其中有20眼正在使用，7眼待用，2眼停用，1眼报废。

年内，对本区从事矿泉水和地热开采企业进行了年检，按时完成上级机关布置的年检登记组织工作，总体评价本区矿产资源勘查开发利用基本上规范有序。

【地质灾害防治】

按照丰台区应急委颁布的《丰台区突发地质灾害应急预案》，积极开展地质灾害防治工作，制定了汛期预防突发地质灾害应急预案和建立应急抢险、避险等预防措施，建立汛期预防地质灾害值班、预防地质灾害险情报告制度及预防地质灾害群测群防体系。组织本区有关业务部门主管领导和业务骨干开展预防地质灾害专项培训，强调提高地质灾害防治意识，增强防范能力，增进部门间相互沟通，协调配合，共同应对突发地质灾害。

【信访工作】

年内，共处理信访事件152件次：其中来信76件，来访76批次，255人次；集体访12批，129人次。在来信中违法占地46件，占总数的60.5%；政策咨询5件，占总数的6.6%；征地补偿7件，占总数的9.2%；权属纠纷7件，占总数的9.2%；偷挖盗采5件，占总数的6.6%；闲置用地3件，占总数的4%；破坏耕地1件，占总数的1.3%；经租产2件，占总数的2.6%。

【调研课题】

《关于加强丰台区基本农田保护工作的思考与建议》

【大事记】

3月22日，丰台区委第十二次常委会专题研究本年土地储备开发工作。丰台分局对2011年储备开发工作完成情况、本年储备开发计划及投融资情况等内容进行了专题汇报。

6月25日，丰台分局在分局服务大厅门口、长辛店镇、王佐镇分别设立了宣传点，积极组织开展以“十分珍惜、合理利用土地和保护耕地”为主题的“6·25”全国土地日宣传活动。

7月10日，市建委副主任程建华率卫片检查领导小组对丰台区2011年度卫片执法工作进行指导检查，按照市政府的要求，检查组深入乡镇和部门分别进行外业实地考察和内业档案的检查。

8月8日，丰台区主管区长主持召开了各成员单位参加的“丰台区国土资源节约集约模范县（市）创建活动动员会”。

8月23日，丰台区区委专题会听取丰台区本年保障性住房供地完成情况及下半年经营性用地供应进展情况。

12月19日，国家统计局信息中心工作人员到丰台国土分局，对50名区政府各部门工作人员进行了问卷调查。

北京市国土资源局石景山分局

【土地资源概况】

石景山区在北京市西部。坐标为北纬39°53′—39°59′，东经116°07′—116°14 ′。石景山区东与海淀区相连；南与丰台区搭界；西与门头沟区相邻；北与海淀区相邻。辖区设17个街道办事处（乡、镇）。

石景山区辖区总面积84.322平方公里（8432.2公顷），地类数据详见表5-8。

表5-8　石景山区各地类数据汇总表

地类		面积（公顷）
合计		8432.2
农用地	小计	3178.6
	耕地	213.8
	园地	207.6
	林地	2578.7
	牧草地	0.0
	其他农用地	178.4
建设用地	小计	4944.2
	居民点及工矿	4284.3
	交通运输用地	611.7
	水利设施用地	48.2
未利用地	小计	309.5
	未利用地	91.5
	其他土地	218.0

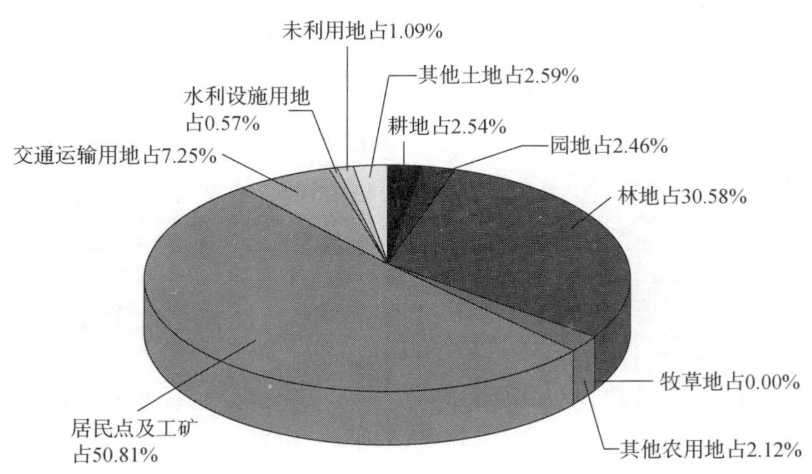

图 5-4　石景山区各地类比例图

【机构设置】

北京市国土资源局石景山分局（简称石景山分局），内设办公室（财务科）、地籍科、土地利用科（耕地保护科）、地质矿产科、纪检监察科，新增设综合科、政工科。下设执法监察队、土地权属登记事务中心、土地利用事务中心、土地储备分中心、国土管理所、土地一级开发管理中心（区属事业单位）。编制人数共 75 名，其中行政编制 27 名、事业编制 48 名，年内，接收军队转业干部 2 名，招录 1 名副科级机关工作人员。

分局领导班子：

局长、党组书记　　　靳　薇
(2012 年 1 月——12 月)
局　长　　　　　　　左小兵
(2012 年 12 月任职)
党组书记、副局长　　霍　丽
(2012 年 12 月任职)
副局长　　　　　　　张　坚
纪检组长　　　　　　马桂兰
副局长（正处级）　　唐于龙
副局长　　　　　　　尚宏瑛

【土地利用总体规划】

通过互联网公布《北京市石景山区土地利用总体规划（2006 - 2020 年）》，并将数据成果整合至本区国土综合信息系统。依据《北京市区（县）级土地利用总体规划数据库标准》，完成本区规划数据库建设工作。依据石景山区规划绿地、二调、土地利用总体规划数据，与区园林局合作完成石景山区百万亩新增林地地块图上核查工作，完成未来 4 年新增林地地块筛选工作，遴选出 2013 年拟新增林地地块，形成石景山区新增林地地块核查情况报告。

【建设项目用地预审】

年内，完成 26 个项目的建设项目用地预审审批工作，审批用地面积约 226. 27 公顷。完成 3 个项目的建设项目用地预审意见延期审批工作。

【征地及农用地转用项目用地管理】

办理了北京工业职业技术学院教学楼、中关村科技园区石景山园北一区土地一级开发项目的征地初审工作，共征收（用）土地65.50公顷。张贴了区结核病防治所项目、刘娘府综合改造C1地块土地一级开发项目、五里坨组团02地块土地一级开发项目、中关村科技园石景山园西井北Ⅱ区地块土地一级开发项目、中关村科技园区石景山园北一区土地一级开发项目的征地公告。共办理征地结案110.67公顷。

【土地整理及耕地占补平衡】

年内，共有1个项目占用耕地，面积为8.98公顷，全部采取异地占补平衡方式，从延庆县补充相应数量的耕地。

【土地供应计划及实施】

年内，完成土地供应项目16个，其中出让项目12个，划拨项目4个；实现土地供应面积37.31公顷，其中出让面积33.25公顷，划拨面积4.06公顷。

【保障性住房用地供应】

年内，共有7个保障性住房项目完成供地手续实现供地，其中划拨供地2个，出让供地5个。划拨项目共实现供地面积1.96公顷，分别为第二水泥管厂经济适用房项目1.90公顷、衙门口东路北侧居住项目配建廉租房0.062公顷。出让项目实现供地面积31.66公顷，分别为刘娘府综合改造项目C1地块中（C地块定向安置房项目）1.79公顷，刘娘府综合改造项目C1地块中（D地块定向安置房项目）4.64公顷，刘娘府综合改造项目C1地块中（B地块定向安置房项目）5.18公顷，五里坨建设组团01地块定向安置房住宅项目18.24公顷，老古城综合改造定向安置房项目E地块1.82公顷。

【土地市场交易】

苹果园交通枢纽商务区F地块项目总用地面积为1.11公顷，规划建筑面积3.89万平方米，规划用途为商业金融用地。11月，苹果园交通枢纽商务区F地块发布国有土地使用权招标出让公告，进行投标、开标和评标工作，确定苹果园交通枢纽商务区F地块中标人为北京住总房地产开发有限责任公司与北京骏洋房地产开发有限公司联合体，以3.72亿元竞得，实现政府收益1.85亿元。

【土地储备开发】

年内，在施土地储备项目38个，项目总用地面积约858公顷，建筑规模约870万平方米。启动拆迁工作项目的住宅拆迁累计走户率达84%，非住宅拆除累计完成65%。

【土地调查】

根据国土部统一部署，完成年度土地遥感监测变更调查工作，包括外业调查、资料收集与核对，对21个监测图斑进行逐块核实、分析，做到无一违法占用耕地，掌握了各类土地利用变化情况。

完成本年城镇地籍更新调查工作，城镇汇总工作范围5268.81公顷。详见表5-9。

表 5-9　2012 年石景山区城镇地籍更新调查表

指标名称	土地面积（公顷）	百分比（%）
合计	5268.81	100.0
商服用地	385.80	7.3
工矿仓储用地	1389.72	26.4
住宅用地	1381.47	26.2
公共管理与公共服务用地	974.35	18.5
特殊用地	505.61	9.6
交通运输用地	561.89	10.7
水域及水利设施	0.00	0.0
其他土地	69.97	1.3

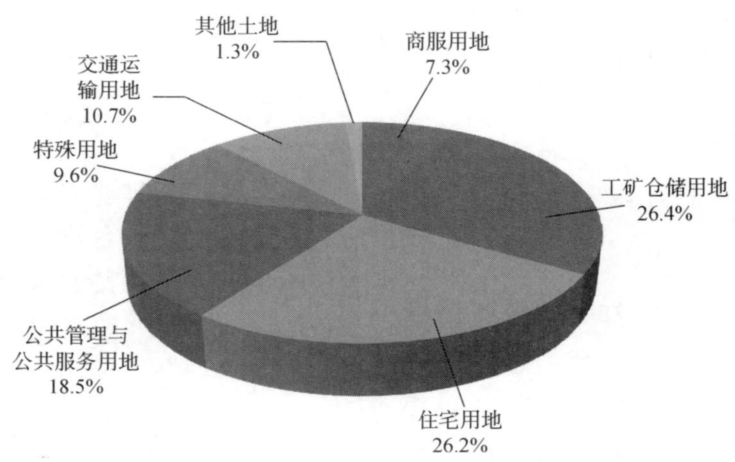

图 5-5　2012 年石景山区城镇土地利用现状结构比例示意图

农村土地确权登记颁证工作是石景山分局的一项重点工作。10 月 19 日，市国土局、市农委、石景山区政府开展三方工作会议，明确了按照（国土部 178 号文件）的要求，进行调查统计，不开展登记颁证，同时进一步明确以“某公司（某村集体）”作为申请主体开展外业复核调查工作。年内，全区应申报集体土地所有权宗地 214 宗，实际收到书面申请 185 宗，完成外业复核调查 141 宗，落实了 126 宗地的测绘工作，已将其中 126 件纳入分局办公系统流程，按时完成调查统计工作。

【土地权属登记】

年内，受理权属类业务 663 件，办结 589 件，办结率为 88.8%。其中，发证 360 宗、权属审查告知业务 33 件、地籍调查 70 件、集体土地所有权地籍调查 126 件，退件 64 件。

【土地执法监察】

年内，执法巡查 141 天、294 人次，总路程约3000公里，新增违法用地25宗，监测占地面积12.68公顷，其中占用耕地面积0.75公顷。立案查处9宗，占地4.23公顷，没收违法用地地上建筑物56364平方米，罚款金额284万元。核查了本区2011年度土地变更调查涉及的135块图斑、2012年87块图斑，占耕地的违法用地已经全部处理完毕并恢复耕种条件，复耕面积0.75公顷，违法占用耕地的问责比例降到了0。立案查处国土资源土地违法案件7宗，结案7宗，另外3件正在进行没收程序，罚款147.5万元，没收地上建筑物和构建物18360平方米。联合公安局制止2起盗采砂石事件。

【信息化建设】

应用综合监管平台接收业务40件，办结40件，办结率100%、电子报盘应收40件，实际收40件，执行电子报盘比例为100%。石景山区国土综合信息应用系统辅助完成土地发证工作，共受理1510件、办结1498件，办结率为99.2%。年内，形成了274G的基础数据，67.8G的业务数据。完成国有土地使用权登记与国有建设用地使用权抵押登记业务的网站信息同步模块开发工作，实现发证信息自动上传至分局网站，同时确保储备、军产、保密、自然人登记数据不会被公开。石景山区国土综合信息系统与政府信息公开平台的接口完成开发工作，形成业务办结即信息公开的工作模式。应用数据接口发布各类数据844条。

【矿产资源概况】

本区已探明的矿产资源有无烟煤、凝灰岩、陶粒岩、铸石辉绿岩、砂石、矿泉水、地热等矿产资源。

【地质勘查储量管理】

年内，完成建设用地是否压覆矿产资源检查工作，办理了土地储备衙门口地块、京石科圆、北京工业技术学院、实兴置业公司等项目用地矿产压覆审核工作。开展了八大处文化景区建设用地的地质环境调查评估工作。开展城市地质土壤调查与评价工作，涉及的工厂及搬迁区包括首钢厂区等周边2000公顷，采取土壤取样、大气取样、调查与评价，为城市建设发展提供科学的数据。

【矿产资源开发管理】

对矿泉水企业是否依法开采、矿产资源开发利用是否合理、各项费用缴纳是否按时足额，是否按要求填写报表等方面的情况进行检查。对矿泉水矿企业矿产资源数据进行梳理，完成了数据库数据模块更新工作。办理了北京市奥陶矿泉水厂与北京市华城矿泉水厂《采矿许可证》延续发证工作等矿产行政许可工作。开展对矿泉水企业生产用原水的水质进行检测。加强矿产资源开发利用和保护工作，规范矿产开发管理工作。

【地热资源管理】

执行地热资源开发、利用、保护等方面的法律、法规、规章，配合市国土局对地热资源勘探的管理，对地热资源使用单位进行年检工作。

【地质灾害防治】

开展“4·22”世界地球日宣传活动。

汛前，石景山分局召开地质灾害预防工作会，更新地质灾害应急通讯录，与有关街道签订《责任书》，落实汛期“七包七落实”工作，补齐地质灾害《警示牌》，换发《防灾明白卡》。在“7·21”特大自然灾害中，石景山分局与区防汛办密切配合，第一时间赴现场调研，开展隐患排查，制作《应急调查报告》，配齐地质灾害《警示牌》，更新区灾应急通信录，换发《防灾明白卡》，提高住户自我防灾避险的意识。为进一步作好地质灾害防治工作，石景山分局起草了《石景山区人民政府关于进一步加强地质灾害防治工作方案》，对新增隐患点及时做出了《隐患点治理初步方案》，截至年底，已查明石景山区地质灾害隐患点共16处，已治理地质灾害隐患点5处。

【信访工作】

坚持以积极主动，因势利导的原则做好信访，及时、就地、依法解决问题。年内，共受理65件信访件，缓解了与人民群众的矛盾，切实维护了地区的安全稳定。

【调研课题】

年内，承担市国土局的《划拨土地改变用途研究》自主调研课题。石景山分局组织开展课题研究，完成了《划拨土地改变用途研究》课题成果，通过了市国土局专家组评审，被评为“2012年自主调研工作优秀组织单位”。年内，同时完成《经营性用地入市交易实务》的课题调研工作，该书已由大地出版社出版发行。

【大事记】

4月25日，中瑞地籍管理培训团来石景山分局访谈。双方重点就地籍管理系统进行座谈交流。

12月4日，市国土局党组决定，免去靳薇石景山分局党组书记、局长职务，任命左小兵为石景山分局局长，霍丽为石景山分局党组书记、副局长。

北京市国土资源局门头沟分局

【土地资源概况】

门头沟区位于北京市西部，坐标为北纬 39°48′—40°10′，东经 115°25′—116°10′。东临海淀区和石景山区，南接房山区和丰台区，西部及西北部与河北省的涞水县、涿鹿县以及怀来县接壤，北与昌平区为邻。辖区设 13 个街道办事处（乡、镇）。

门头沟区辖区总面积 1450.700 平方公里（145070.0 公顷），地类数据详见表 5-10。

表 5-10　门头沟区各地类数据汇总表

地类		面积（公顷）
合计		145070.0
农用地	小计	109128.4
	耕地	1816.6
	园地	3776.7
	林地	101590.5
	牧草地	1215.8
	其他农用地	728.8
建设用地	小计	9534.7
	居民点及工矿	8374.1
	交通运输用地	739.2
	水利设施用地	421.4
未利用地	小计	26406.8
	未利用地	25151.2
	其他土地	1255.6

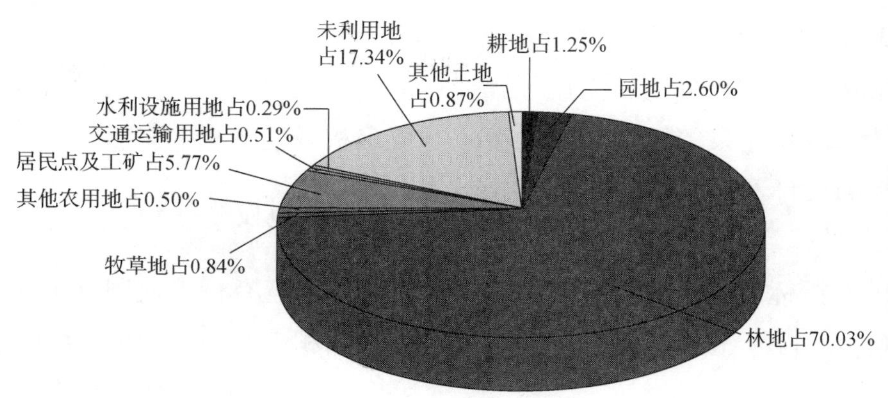

图 5-6　门头沟区各地类比例图

【机构设置】

北京市国土资源局门头沟分局（简称门头沟分局）内设 6 个职能科室，即：办公室（财务科）、综合科、地籍科、土地利用科（耕地保护科）、地质矿产科、政工科（纪检监察科）。下设北京市土地整理储备中心门头沟区分中心、北京市门头沟区国土资源执法监察队、北京市门头沟区土地权属登记事务中心、北京市门头沟区土地利用事务中心及北京市国土资源局门头沟分局第一、第二、第三、第四等 4 个国土资源管理所（办公地点分别设在永定、军庄、王平、斋堂）8 个事业单位。分局现有编制数量 101 名：其中行政 24 名，机关工勤 3 名；参照公务员管理 10 名，纳入工资规范 15 名；事业单位 49 名，其中储备分中心 11 名，利用中心 6 名，国土所 32 名。

分局领导班子：

局　长	王桂忠
党组书记	吴振刚
副局长	公庆联
副局长	金建伟
副局长	王晓明
纪检组长	杜钢钎

【土地利用总体规划】

2 月 20 日，市政府批准《门头沟区各镇土地利用总体规划（2006—2020 年）》。门头沟分局开展了门头沟区土地整治规划和门头沟区三级基本农田保护区专项规划编制工作。完成了镇级规划数据库建设工作。

【建设项目用地预审】

完成建设项目用地预审 34 件，为建设单位出具用地初步意见 130 件。

【征地及农用地转用项目用地管理】

完成集体土地征收前期工作 21 项，合计土地面积 404.99 公顷；完成征地结案项目 9 项，面积 111.86 公顷；受理国有土地使用权划拨项目 10 项，面积 19.80 公顷。

【土地整理及耕地占补平衡】

启动实施妙峰山镇上苇甸等二村、清水镇黄安坨等二村、雁翅镇田庄村等 3 个土地开发整理建设工程。3 个项目计划总投资4745.93万元，建设总规模109.58公顷，预计新增耕地72.19公顷。完成了斋堂、清水、妙峰山及龙泉等镇4个土地开发整理项目规划设计和预算编制工作并通过专家评审。

共使用耕地指标12.35公顷，收缴耕地开垦费276.25万元。

【土地供应计划及实施】

完成了区《2012年度土地供应计划》的编制。计划供应土地185.74公顷，完成供地32.59公顷。其中：市批出让项目12.79公顷，区批划拨项目19.80公顷。

【保障性住房用地供应】

本年应完成政策性住房供地指标52公顷，截至年底已完成供地49.31公顷。其中：完成定向安置房供地45公顷，完成限价商品房供地4.31公顷。

【土地市场交易】

年内，完成“原劳动局、成教中心地块”和“S1线11地块”经营性土地入市交易2宗，成交额52850万元，土地收益19300万元。

【土地储备开发】

年内，实施土地一级开发项目18个，其中市区联储及分中心为主体项目12个，社会企业投资项目3个，收储项目3个；完成土地储备开发面积171.02公顷，完成土地储备开发投资585700万元。

【土地调查】

开展了农村集体土地确权登记颁证工作，共涉及8个镇、171个村、797宗地，面积111680公顷。完成调查率100%，完成确权登记率96.1%。

【土地权属登记】

年内，登记发放国有土地使用权证53宗，面积220.24公顷；办理土地抵押28宗，面积54.14公顷，贷款金额465140万元；办理国有土地注销登记4宗，面积4.31公顷；办理土地抵押权注销登记20宗，面积15.8公顷。

【土地执法监察】

开展了2011年度土地卫片执法检查工作。共核实图斑126个，查处违法用地行为79宗，其中：立案查处12宗，罚款38万余元，没收建筑物2.27万平方米。非立案方式处理64宗，拆除建（构）筑物面积7.45万平方米。移交区纪检监察部门追究责任人案件3宗；开展利用集体土地违法建设销售（变相销售）住宅执法检查，查处违法建设2宗；开展土地执法巡查934次，发现疑似违法违规用地行为156起，已按相关规定进行了处理。年内，门头沟区接受了国家土地例行督察，并通过了交叉验收。

【信息化建设】

开展网络和设备的维护与故障排查，网上综合业务办理平台稳定运行；完成了门户网站全新升级改版；建立了计算机基础数据档案和重要信息资源库（拓扑图）；信息发布系统和事务管理系统正式上线，实现了无纸化办公。

【矿产资源概况】

门头沟区内矿产资源较为丰富，主要矿种包括煤炭、石灰石、叶腊石、砂石等。截至年底，门头沟区只保有固体矿山企业1家，矿泉水企业3家。

【矿产资源开发管理】

开展安全生产联合执法检查2次；开展矿产资源储量管理工作检查4次。开展2011年度国土部矿产卫片执法检查工作。核实图斑3个，查处非法开采行为1起。开展矿产资源巡查465次，发现非法盗采行为68起，已按相关规定处理；参加区专项整治及会同相关部门开展联合检查9次，处理煤熏口21处，没收非法煤炭700余吨，移送公安部门涉嫌盗采人员7人，销毁盗采车辆及设备65台，收缴盗采工具40余件。完成了清水达摩－长峪沟、军庄灰峪石灰石矿山治理项目建设工程，共完成投资3650万元，治理面积150万平方米；完成了潭柘寺镇平原村泥石流隐患治理工程除险，完成投资51.17万元。

【地质灾害防治】

经评估排查，确定涉及人员居住的地质灾害隐患点106处；对原有群测群防网络及时进行了更新；完成了区《2012年度突发性地质灾害应急预案》、《2012年度突发性地质灾害防治方案》及分局《2012年汛期突发性地质灾害应急预案》的编制；健全分局地质灾害防治工作组织机构，将任务层层分解，责任落实到人。认真执行汛期值班制度与地质灾害应急调查制度；积极开展地质灾害防治宣传，发放防灾明白卡3000余份；年内共启动预警响应10次，应急调查7次，全部及时处理完毕，未发生地质灾害伤亡事故。

针对“7·21”特大自然灾害情况，在完成《“7·21”地质灾害应急调查报告》、《“7·21”公路地质灾害应急调查报告》后，及时向门头沟区应急办、区水务局等成员单位移送了相关资料，做到了资料及时共享。

【信访工作】

年内，受理信访事项154件。其中涉地类114件，涉矿类32件，全部办结。

【调研课题】

完成了“关于加强门头沟区国土资源信访工作”的调研报告。

【大事记】

2月27日，门头沟区召开严厉打击非法盗采销毁罚没车辆现场会。区长王洪钟，政法委书记付兆庚参加现场会。现场集中销毁盗采车辆37台。

3月22日，门头沟区召开土地矿产卫片执法检查工作专题会议，区委书记韩子荣，常务副区长陈国才，副区长张永，副区长郑伟革、张满仓，区人大副主任张乐春、冯飞参加会议。

4月11日，国家土地督察北京局在门头沟区召开门头沟区土地例行督察动员大会。

4月22日，门头沟分局以门头沟区科技馆广场为主会场，各国土所设分会场，开展“4·22”世界地球日宣传活动。期间，共发放宣传材料1100余份。

5月17日，门头沟分局组织召开了全区本年度地质灾害防治工作会。

6月18日，门头沟区龙泉镇F1住宅混合公建用地（原劳动局、成教中心地块）在市土地交易市场完成入市交易。

6月25日，门头沟分局以门头沟区科技馆广场为主会场，四个国土所以永定镇冯村商业街、军庄镇中心街、雁翅镇中心区、斋堂镇大街为分会场，采取悬挂横幅、设立宣传站等形式开展“6·25”全国土地日宣传活动。共发放宣传材料3500份，环保宣传袋3000个。

6月26日，门头沟分局召开党总支委员会选举大会。会议审议并通过了机关党支部工作报告，按照组织程序，选举产生了第一届党总支委员。

7月11日至20日，在门头沟区永定镇北岭地区开展了为期10天的打击非法盗采第一战役专项行动。

9月20日，门头沟区召开防私挖盗采视频监控平台启动工作会。

9月27日，北京市土地执法监管快速反应指挥系统试点工作在门头沟区上线启动。

11月1日，门头沟区S1线11地块在市土地交易市场挂牌成交。

11月9日，市国土局副局长李燕飞带领市国土局相关处室及有关专家到门头沟区，对门头沟区清水达摩长峪沟煤矿矿山地质环境治理项目长峪沟治理区进行竣工验收。

11月23日，由国家土地督察南京局、广州局、成都局组成的土地例行督察整改验收组，对门头沟区土地例行督察发现问题的整改情况进行检查验收。

北京市国土资源局房山分局

【土地资源概况】

房山区位于北京市的西南部，坐标为北纬39°30′—39°55′，东经115°25′—116°15′。东北与丰台区相邻，东与大兴区以一水相隔，南和西面与河北省涿州市、涞水县相连，北与门头沟区以百花山为界。辖区设28个街道办事处（乡、镇）。

房山区辖区总面积1989.544平方公里（198954.4公顷），地类数据详见表5-11。

表5-11　房山区各地类数据汇总表

地类		面积（公顷）
合计		198954.4
农用地	小计	115905.8
	耕地	28278.3
	园地	10104.5
	林地	72793.2
	牧草地	22.6
	其他农用地	4707.1
建设用地	小计	35054.8
	居民点及工矿	31936.8
	交通运输用地	2425.4
	水利设施用地	692.6
未利用地	小计	47993.8
	未利用地	42843.3
	其他土地	5150.5

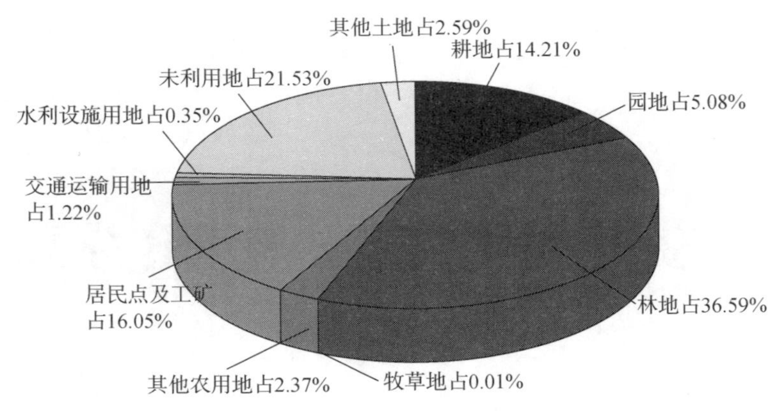

图 5-7 房山区各地类比例图

【机构设置】

北京市国土资源局房山分局（简称房山分局）。内设办公室、综合科、地籍科、耕地保护科、土地利用科、地质矿产科、财务科、政工科 8 个行政科室。下设北京市房山区土地权属登记事务中心；北京市房山区土地利用事务中心；北京市土地整理储备中心房山区分中心；北京市房山区国土资源执法监察队；北京市国土资源局房山分局第一国土资源管理所；北京市国土资源局房山分局第二国土资源管理所，北京市国土资源局房山分局第三国土资源管理所、北京市国土资源局房山分局第四国土资源管理所、北京市国土资源局房山分局第五国土资源管理所、北京市国土资源局房山分局第六国土资源管理所 10 个事业单位。本年，房山分局在编人员共有 136 名。

分局领导班子：

局长、党组书记　于英虎
（2012 年 2 月 23 日任职）
纪检组长　李泽田
副局长　周振国
副局长　石广欣
副局长　鲁永来
副局长　王景岗

【土地利用总体规划】

年内，《长沟镇等 24 个乡镇土地利用总体规划（2006－2020 年）》获市政府批准。批复要求房山区各乡（镇）要落实最严格的耕地保护和节约集约用地制度，转变土地利用方式，统筹区域土地利用，加强规划宣传，严格规划实施。

【建设项目用地预审】

本年房山区共有市级绿色通道项目 274 个，其中，已办理用地预审 167 个，已取得征地批准文件 107 个，已办完出让或划拨的 51 个，完成登记发证 22 个。年内，完成建设项目用地预审 53 件。

【征地及农用地转用项目用地管理】

提前介入 65 宗建设项目（1583 公顷）用地进行征地前期指导工作。合计已上报征地项目 33 宗，征地面积 909 公顷，其中，市政府已批复项目征地 17 宗，批复征地面积 317 公顷，农转非安置指标 1436 人。

【土地整理及耕地占补平衡】

土地整理及耕地占补平衡成效显著。全区已竣工待验收项目共有16个，建设总规模1811.13公顷，可新增耕地、园地513.53公顷；在施项目3个，建设总规模1306.67公顷，预计可新增耕地、园地90.82公顷；进行了21个新立项土地整治项目的准备工作。其中土地开发整理项目9个，基本农田建设项目4个，改善农业生产条件项目6个，建设用地综合整治项目2个，预计建设总规模3460公顷，预计可新增耕地、园地467.67公顷。本年，总计完成耕地占补平衡308.53公顷。其中委托市国土局以“市级补充”方式，完成对京石二通道（大苑村——市界段）高速公路工程项目所占用的242.31公顷耕地的占补；以“区级补充”方式，完成燕房片区8号街区005、006等地块土地一级开发、窦店产业基地一期定向安置房、城关地区城中锅炉房集中供热工程等21个重大产业、民生与基建项目总计66.25公顷的耕地占补。

完成高标准基本农田建设任务，按照《2012年北京市房山区高标准基本农田建设实施方案》，有8个土地整治项目纳入本年高标准基本农田建设区，整理基本农田面积1733公顷。通过与房山区水务局的沟通联系，对2011年至2012年来开展的节水灌溉项目进行汇总，整合出符合高标准基本农田要求的地块近1000公顷。

【土地供应计划及实施】

年内，共实现土地供应207.36公顷，其中出让65.46公顷，划拨141.9公顷。

【保障性住房用地供应】

本年，房山区共有定向安置房项目共计29个，总面积约260公顷，建筑规模约311万平方米，可安置人员约6万人。取得市政府批复的项目29个，取得征地批复的项目共15个，已办理出让协议的项目6个（已上报待批准项目3个），已开工项目25个。年内，需完成政策性住房供地81公顷，已完成供地42.63公顷。

【土地市场交易】

年内，完成经营性项目和工业项目供地61.85公顷，完成保障性住房供地42.63公顷，成交土地储备项目113公顷，实现土地收入27.96亿元，其中政府收益7.6亿元。

【土地储备开发】

年内，新增土地一级开发面积247公顷，完成土地一级开发180公顷，完成投资51.09亿元，超额完成市级任务。

两次举办年度土地储备项目推介会。主要推介了51个规划前景最好、区域配套最佳、升值潜力最大土地储备项目，分布于长阳、拱辰、青龙湖等热点区域板块。先后吸引了远洋、万科、城建、中建等70多家国内知名地产企业参加推介活动。组织企业考察团实地考察青龙湖镇、长阳镇、窦店基地、高教园区有关地块。

【土地调查】

房山区召开本年农村土地确权登记发证工作会，对年度农村土地确权登记发证进行部署。会议由副区长卢国懿主持，副区长吴会杰参加会议。

【土地权属登记】

完成农村集体土地所有权确权登记颁证，房山区农村集体土地所有权确权工作涉及全区24个乡（镇），3356宗集体土地所有权宗地，区政府成立了农村土地确权登记颁证领导小组。截至12月18日，已完成指界签字3172宗，签字率达到94.52%，已完成入库和审核3135宗，已完成公告3060宗，登记发证率达到91%。完成了本年计划指标。

【土地执法监察】

约谈7个卫片重点乡（镇）。3月2日，房山分局局长于英虎约谈了房山区7个卫片重点乡（镇）。通报了拆除整改进展情况，并要求有关乡（镇）按照市政府和区委、区政府要求加大整改力度，按期达到验收要求。

四项措施强化卫片执法检查：一是加强督促整改。强化卫片执法检查工作领导小组领导，定期赴现场对乡（镇）和村进行督促；加强与区有关部门沟通协调，积极争取上级支持，对国家和市、区重点工程加紧完善审批手续；违法项目拆除整改实行进度日报制度，联合区有关部门加强监督检查。二是强化舆论宣传。通过电视、报纸、网站等媒体及时宣传查处违法建设的措施和成效，营造严厉打击违法用地违法建设的强大声势。三是促进长效机制建设。进一步落实乡（镇）、街道土地管理的属地责任，将土地管理责任落实到人。全方位加大土地动态巡查力度，实行网格化管理，对耕地、基本农田保护区等区域实施重点监控，及时发现、制止和查处新增违法用地行为。四是强化设施农业用地管理。联合区有关部门制定并下发设施农业用地管制规则，规范设施农业用地的审批和使用管理。

召开打击非法开采暨遏制非法挖土挖砂毁地工作会。3月31日，房山区召开打击非法开采暨遏制非法挖土挖砂毁地工作会。区委书记刘伟，区委办主任赵军，副区长吕守军参加会议。会议通报重点乡（镇）相关情况。针对非法开采和非法挖土挖砂毁地现象多发的情况，会议对相关部门切实履行职能，形成齐抓共管，进一步加大宣传力度，加大对干部责任追究提出了明确要求。

【国土宣传】

开展“4·22”世界地球日宣传活动。4月22日，房山分局会同区水务局、区防汛办、房山世界地质公园管理处、区广电中心等在良乡西路大街开展了“4·22”世界地球日科普宣传活动，活动主题是“推进找矿突破，保障科学发展”。活动现场，摆放地质灾害知识等展板20块，向群众介绍“4·22”世界地球日及房山区地质灾害防治和旅游资源的相关知识，解答群众询问，发放“4·22”世界地球日、房山世界地质公园、地质灾害防御知识宣传材料共计3320份。

开展“6·25”全国土地日宣传活动　6月25日，房山区开展主题为“建设高标准基本农田，保障国家粮食安全”的土地日宣传活动。房山分局6个国土所会同23个乡（镇）、街道办分别设立宣传点。全区共悬挂横幅110条，摆放展板150块，现场发放宣传挂图、手册、折页、宣传包等23500份。

【矿产资源概况】

房山区已发现矿产资源种类20余种，尤其是以煤炭、建材为主的非金属矿产分布，储量大、品种多，质量好，是房山区有特色的优势矿产。截至年底，共有矿山企业21家，其中非煤矿山8家，矿泉水1家，地热12家。

【地质勘察储量管理】

房山区史家营长沟关闭矿山地质环境治理项目（史家营煤矿治理区）正式开工。该项目是2011年9月经国家财政部、国土部批准的矿山环境治理项目和地质灾害治理项目，获得中央财政补助资金570.5万元，其中：地质环境治理补助资金450万元，地质灾害治理补助资金120.5万元，治理区面积为14公顷。

大安山乡西苑村煤矿矿山地质环境治理项目通过竣工验收。大安山乡西苑村属于煤矿群采区，长期煤矿开采形成局部地面塌陷、基岩裸露，2010年市财政局、市国土局同意实施大安山乡矿山地质环境治理项目，由市级财政补助资金616.16万元。项目于2011年5月30日开工，工期6个月，通过对治理区0.4km^2范围内进行坡面治理、矸石堆治理、场地平整等工程，消除了潜在地质灾害隐患，改善了当地生态环境，并恢复可利用土地约5公顷。年内，通过了市国土局组织专家组项目竣工验收。

【矿产资源开发管理】

召开本年度矿山管理工作会。2月21日，房山分局召开本年度矿山管理工作会。会议对矿山年检、储量动态检测、矿产资源补偿费和生态恢复保证金的征缴、矿山企业资源的开采利用和环境的恢复治理工作等重点工作进行了部署。

“四个强化”严打非法开采：一是强化巡查查处力度。建立“全面巡查、全程监管、责任到人”的矿山巡查体系，加大矿山巡查力度，强化矿山巡查队伍建设。继续实施打击非法调度例会制度、信息反馈制度、督查检查制度等打击非法长效监管机制，加强联合执法，加大案件查处、移送力度，严厉打击非法开采行为，始终保持打击非法高压态势。二是强化原煤外运控制力度。限期清理原关闭矿区内的存煤、存料，充分发挥贾峪口检查站、南窖乡检查站的作用，彻底切断非法开采者原煤外运通道。三是强化属地管理责任追究力度。进一步落实各乡（镇）属地监管责任，会同区直相关部门加强监督检查，加大责任追究力度。四是强化宣传力度。加大宣传攻势，营造舆论氛围，表明各级党委、政府打击非法开采的决心，积极宣传打击非法成效和力度，给不法分子以有力震慑。

【地质灾害防治】

“7·21”特大自然灾害，房山区是受灾最为严重的地区，市国土局房山分局在这次特大自然灾害中主要做了以下工作。

1. 加强汛期泥石流地质灾害防治。

针对7月雷雨多发天气，7月13日，房山分局加大力度，针对地质灾害防治作出部署：一是做好汛前隐患排查。主汛期前，组织12个受泥石流等地质灾害威胁的乡（镇）召开工作部署会，向受泥石流威胁的991户发放了防灾避险明白卡。二是加强汛期巡查监测。根据汛前隐患排查结果，加强汛期地质灾害的巡查和监测，做好巡查记录，对变化明显的泥石流隐患点及时上报相关信息。三是做好强降雨预警。及时将预警信息转发至各乡（镇），要求加强应急值守，做好群众转移安置。四是加强泥石流防治宣传。坚持在日常巡查中强化宣传，结合“4·22”世界地球日、“6·25”全国土地日等活动，发放宣传材料，向群众宣传泥石流防治知识。

2. 及时启动地质灾害防治应急预案。

7月21日，市气象局发布暴雨蓝色预警，房山分局立即部署启动应急预案，班子成员、科级以上干部、值班人员、地质矿产科和国土所全部到岗到位，进入紧急状态。随即召开应急工作会，密切关注雨情雨势变化，强化与上级部门、各乡（镇）的沟通联系，并快速作出反应。由于地质灾害防治预案的及时发布和启动，12个山区乡（镇）都在第一时间转移了地质灾害隐患区的1977户、6313名群众，全区未发生一起因地质灾害致人伤亡事件。

3. 再排查、再预警、再部署严防次生地质灾害。

7月22日，房山分局召开应急会议迅速部署灾后工作：一是对地质灾害易发区进行再排查。对核查出的问题，要求各乡（镇）及时明确相关负责人，设立明显的警示标志并强化监测，进一步完善预警措施和撤离路线；二是对近期天气状况进行再预警。加强与区防汛办、各乡（镇）等部门之间的信息沟通，密切关注灾情，严厉防范次生灾害，及时向各乡（镇）发布地质灾害预警信息和上级精神。三是对下一步工作进行再部署。要求班子成员分“南沟”“北沟”两个组深入前线走访分片乡（镇），协商灾后重建工作。相关科（所）进一步加强巡查检查力度，切实落实好地质灾害防治工作任务。

4. 组织全局干部职工捐款奉献爱心。

“7·21”特大自然灾害发生后，房山分局迅速组织全局干部职工进行捐款，帮助受灾群众共渡难关。干部职工踊跃捐款，奉献爱心，共捐款18600元，全部上缴房山区社会捐助中心。

5. 迅速开展地质灾害隐患排查。

“7·21”特大自然灾害发生后，房山分局积极配合市国土局派出的调查组对全区泥石流、塌方、滑坡等地质灾害逐一进行了实地核查，共确定地质灾害隐患点200处，其中新增99处，对隐患点提出了预警和防范建议。重新发放防灾明白卡2500余张，竖立警示牌315块。此外，还对全区公路道路地质灾害隐患及损毁情况进行了调查，完成调查里程610公里，确定灾害及隐患731处。

6. 超常运作提前完成临时安置避险房用地选址。

房山分局配合市国土局派出工作组，深入受灾地区，现场踏勘临时安置房用地。原计划2至3天完成的任务，通过加班加点，超常运作，突破地类限制等因素，仅用1天时间完成全区42处临时安置避险房用地选址的勘察。

7. 成立地质灾害隐患排查、排险、避险联合督察指导小组。

8月1日，根据房山区政府、区防汛

指挥部部署，分局牵头成立了由区农委、公路分局等部门组成的联合督察指导小组，根据市地研所提供的地质灾害隐患调查情况，对隐患点进行指导督察避险和排险，下分巡查指导组和排险组。巡查指导组对地质灾害隐患点的防范预案、群众转移避险、看护危险区及建立台账情况、明白卡张贴上墙情况、警示标志设置、逃生避险路线设置等进行检查督察，排险组主要对市地研所确定的重大地质灾害隐患在市国土局地环处指导下进行应急排险。

8. 灾后重建与保障发展并重。

“7·21”特大自然灾害发生后，房山分局立足当前，着眼长远，提出“四个结合”，确保灾后重建与保障发展两不误、两促进。一是把加快土地供应与加快恢复重建进程有机结合。积极争取加大市区联储规模，加大优势区域、优质项目投资力度，推进项目开发进程。采取措施加快土地供应，加速资金回笼。在完成好本年土地储备开发供应任务同时，为灾后恢复重建提供资金支持。二是把山区险户搬迁与推进城乡统筹发展有机结合。按城乡统筹和城镇化建设的整体需要，加快推进地质灾害隐患区等险村险户搬迁进程，促进城乡建设协调发展。三是把灾毁土地修复与高标准基本农田建设有机结合。将部分因灾损毁的地块纳入土地整理范围，结合高标准基本农田建设，增强农业生产的防洪抗旱能力和粮食产出量。四是把农村土地确权工作与服务灾后重建有机结合。强化了权属核查，加快推进土地确权，同时优先对河道、干渠等重点区域进行权属核查，为顺利开展河道清淤、拆除违法建设等工作提供基础保障。

【信访工作】

年内，共接待来信来访171件（来信117件，来访54件），其中：正式受理71件（其中来信49件，来访22件），不予受理的81件，直接转办的19件。全部依法依规办结完毕，做到了事事有反馈、件件有答复。

【大事记】

2月13日，房山区24个乡（镇）土地利用总体规划（2006－2020年）获市政府正式批复。

3月7日，房山区政协主席唐淑荣带队到房山分局调研，区政协常务副主席高维魁，副主席李惠英、任振秋参加调研，听取了房山分局本年重点工作汇报。

3月9日，房山区区委书记刘伟带队到房山分局调研，区委副书记曾赞荣，区委办主任赵军、副区长吴会杰参加调研。重点研究并部署了房山分局本年度国土资源重点工作。

3月14日，市国土局副局长张维、副局长李军、总规划师丁晓带队到房山区就国土资源管理工作进行调研。区委书记刘伟，区长祁红，区委副书记曾赞荣，区委办主任赵军，副区长吴会杰，区政协副主席任振秋陪同调研。

3月13日，房山区区委、区政府召开土地储备开发工作研究专题会议。会议作出部署：一是要加大储备工作力度，突出重点项目，集中开发，扩大开发规模；二是各乡（镇）要加强基础工作建设，完善区域内基础实施，做好土地储备的前期工作；三是各部门要把握好本年土地储备工作的发展形势和开发时序，统筹规划重大项目；四是适时调整供地节奏，加快资金回笼。同时，加大对违法行为的治理，保持房山区良好发展趋势。

4 月 12 日，房山区举办本年度第 1 次土地储备项目推介会，吸引了远洋、万科等20余家国内知名地产企业参加推介活动并进行实地考察。

5 月 17 日，北京市农村土地确权登记颁证工作现场会在房山区召开。副市长陈刚、夏占义，市政府副秘书长安钢，市国土局局长魏成林，房山区区长祁红，以及市农委、市财政局、市农研中心和各区（县）政府主管领导参加了会议。

5 月 22 日，房山区副区长吕守军带队公安分局、国土分局、安监局对南窖乡现场检查打非工作，对建成的区级检查站、北安乡级检查站以及西安村、北安村等非法开采情况进行了检查。

6 月 21 日，区委书记刘伟到房山分局调研。听取了房山分局上半年主要工作开展情况汇报，并对下半年重点工作进行了研究部署。

8 月 4 日，市政府救灾善后协调督查组组长、市民政局副局长陈百灵带队检查房山区地质灾害隐患点防治工作，房山区副区长吕守军，区政府督查室、房山国土分局等相关单位一同检查。

8 月 9 日，市国土局副局长李军带队市国土局耕保、规划、地籍、地质环境、执法等处室负责人到房山分局参加调研，听取“7 · 21”特大自然灾害灾毁土地、灾后重建、地质灾害防治等工作情况汇报，并研究了灾后重建有关事项。

8 月 16 日，市国土局副局长张维带队市国土局规划、耕保、地环、人事、储备等处室负责人与副区长吴会杰到房山分局就“7 · 21”特大自然灾害灾后重建工作参加调研。

8 月 22 日，市国土局副局长李燕飞、副巡视员郭创兴带队市国土局地环处、财务处、市应急调查队负责人与房山区政法委书记曾赞荣、副区长吴会杰到房山分局就地质灾害隐患治理和灾后重建工作进行调研。

8 月 24 日，市国土局副局长谢俊奇带队市国土局耕保处、地籍处、规划中心、登记中心负责人与区委办主任赵军到房山分局就灾毁土地调查座谈调研。

9 月 5 日，区委书记刘伟就房山区土地储备和“7 · 21”特大自然灾害灾后重建工作到房山分局调研，参加调研。

10 月 18 日，房山区举办本年第 2 次土地储备项目推介会，50 多家知名地产企业参加活动。主要推介了 51 个规划前景最好、区域配套最佳、升值潜力最大的土地储备项目。

11 月 15 日，市国土局副局长张维带队市国土局储备中心与副区长吴会杰到房山区就土地储备工作参加调研。

北京市国土资源局通州分局

【土地资源概况】

通州区位于北京市东南部，北纬 39°36′—40°02′，东经 116°32′—116°54′。东隔潮白河与河北省三河市、大厂回族自治县、香河县相连；西邻朝阳区、大兴区；南和天津市武清县、河北省廊坊市交界、北与顺义区接壤。辖区设 14 个街道办事处（镇）。

通州区辖区总面积 906.279 平方公里（90627.9 公顷），地类数据详见表 5-12。

表 5-12 通州区各地类数据汇总表

地类		面积（公顷）
合计		90627.9
农用地	小计	56187.3
	耕地	35034.8
	园地	5017.1
	林地	7553.2
	牧草地	0.0
	其他农用地	8582.2
建设用地	小计	30901.9
	居民点及工矿	26688.8
	交通运输用地	3559.4
	水利设施用地	653.8
未利用地	小计	3538.7
	未利用地	538.3
	其他土地	3000.4

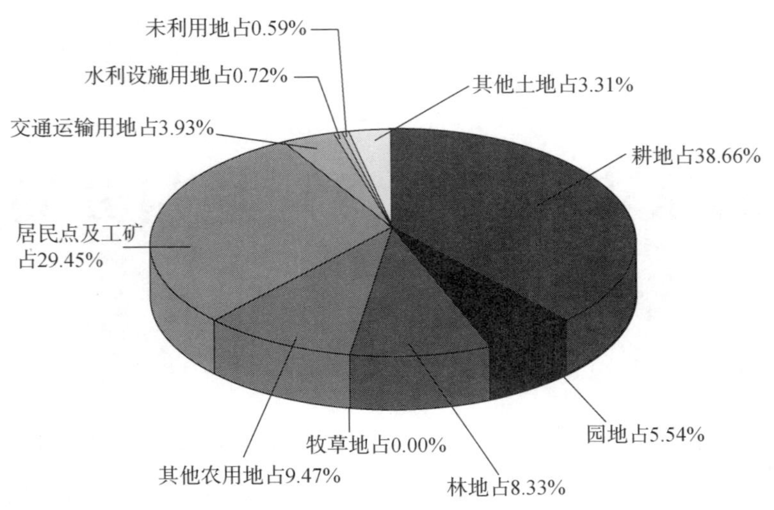

图 5-8　通州区各地类比例图

【机构设置】

北京市国土资源局通州分局（简称通州分局）内设办公室、综合科、地籍科、耕地保护科（地质矿产科）、土地利用科、财务科、政工科、纪检监察科 8 个科室，机关行政编制 31 名（实有人数 29 名）；机关工勤编制 5 名（实有人数 4 名）。下设北京市通州区土地权属登记事务中心、北京市通州区土地利用事务中心、北京市土地整理储备中心通州区分中心、北京市通州区国土资源执法监察队、北京市国土资源局通州分局第一、第二、第三、第四国土资源管理所等 8 个事业单位，编制 82 名，实有人数 72 名。

分局领导班子：

党组书记、副局长　　刘占恩
局　长　　靳　京
副局长　　高聪全
副局长　　张士祥
副局长　　康振宇
副局长　　王满屯
纪检组长　　王　玥

【土地利用总体规划】

完成区（县）级及乡（镇）级规划数据库的修改完善工作，成果上交市国土局，并报国土部备案。

开展三级基本农田保护区规划编制工作。以“双保双促”为目标，划定市、区、乡三级基本农田保护区，将全区 2.96 万公顷基本农田全部纳入基本农田保护区，加强保护。制定了切实有效的规划保障措施，通过强化管理，资金、政策引导，更加有效的保护和建设基本农田。形成规划文本、说明、数据库、图件及表格等规划成果，规划成果通过区政府审议。

【建设项目用地预审】

年内，办理建设项目用地预审 146 件，总用地面积为 1910.05 公顷，其中农用地面积为 1126.69 公顷，建设用地面积为 777.15 公顷，未利用地面积 6.21 公顷。其中基础设施类项目 59 个，总用地面积为669.23公顷；科教文卫类21个，总用地面积为150.91公顷；商业、居住类38个，总用地面积为905.12公顷；旧村改造类1个，总用地面积为0.88公顷；工业类16个，总用地面积为172.86公顷；行政办公类11个，总用地面积为11.05公顷。

【征地及农用地转用项目管理】

年内，获得批复的征占地项目5个，总用地面积约98.96公顷，其中农用地72.57公顷，涉及占用耕地18.7公顷。以上项目中涉及农转非682人，其中转非劳动力473人，超转人员209人。

【土地整理及耕地占补平衡】

年内，共实施完成6个开发整理项目，实现新增耕地面积57.76公顷。在施项目2个，建设总规模1229.09公顷，项目总投资5134.13万元。共为全区59个建设项目提供占补平衡指标，补充耕地面积380.25公顷。其中57个项目由区级指标进行补充，面积357.1公顷，另外2个项目由市国土局指标解决，面积23.16公顷。

【土地供应计划及实施】

本年全区土地供应指标403公顷，实际供应土地50宗，用地面积339.96公顷，完成计划指标的84.4%。

年内，签订土地出让合同的项目共计21宗，建设用地面积79.67公顷，未按合同开工建设的项目14宗，建设用地面积43.46公顷。未到开工时限的项目5宗，建设用地面积为28.47公顷。已开工的项目2宗，建设用地面积7.74公顷。对未按合同约定开工的项目及时下发了《限期开工通知书》、《违约通知书》督促企业开工建设。深入乡（镇）、园区宣讲相关政策。

【保障性住房用地供应】

年内，完成各类保障房项目供地63.08公顷，完成指标的90.1%。其中限价房完成供地14.61公顷，经济适用房完成供地2.98公顷，公租房完成供地17.15公顷，定向安置房完成供地28.34公顷。

【土地市场交易】

年内，全区通过土地市场成交项目共26宗，总用地面积180.55公顷，建设用地124.68公顷，建筑规模222.834万平方米，政府土地收益36.78亿元。

【土地储备开发】

年内，完成1宗国有土地收购储备工作，项目名称永乐花园项目，总用地面积约20.04公顷，收购补偿款共约3.68亿元；实现投资74.38亿元，新增土地开发面积45.84公顷（新授权项目面积）。

【土地调查】

2011年10月至本年年底，全面推进农村土地确权登记颁证工作，调查集体土地所有权2510宗，面积67822.78公顷，调查率100%；完成集体土地所有权确权登记2402宗，面积66862.23公顷，确权率98.58%；调处成功权属纠纷334宗，面积9588.96公顷，形成工作报告等文字材料12份，20余万字；统计清册34份，各种图幅6116幅；完成数据库建设7710

宗，其中集体土地所有权入库 2510 宗，国有土地入库 5200 宗，并对 2402 宗集体土地登记档案进行了数字化建设。

【土地权属登记】

开展本年度土地利用现状变更调查。截至 4 月，新增建设图斑 1166 块，总面积 817.59 公顷，占用耕地面积 356.88 公顷。新增建设用地中合法的图斑 799 块，总面积为 678.78 公顷，其中占用耕地面积为 311.53 公顷，所占耕地占新增建设用地占耕地总面积的比例为 87.29%。新增建设用地中违法图斑 367 块，总面积 138.81 公顷，占用耕地面积 45.34 公顷，所占耕地占新增建设用地占耕地总面积的比例为 12.71%。详见表 5-13。

表 5-13　2012 年新增建设用地统计表

		占地总面积（公顷）	占用耕地面积（公顷）	耕地占总用地面积百分比（%）
本年未批先建	合法	103.17	41.23	11.55
	违法	138.81	45.34	12.71
往年批准本年建设		575.61	270.30	75.74
伪变化		499.41		

出让初始登记 45 宗、172.66 公顷；划拨初始登记 59 宗、93.73 公顷；政府储备 10 宗、147.93 公顷；大业主转移登记 12 宗、36.03 公顷；小业主转移登记 99 件、0.51 公顷；其他登记 51 宗、213.45 公顷；集体土地建设用地使用权 3 宗、4.08 公顷；集体土地所有权 2287 宗、62184.05 公顷。

【土地执法监察】

按照市国土局对土地巡查工作的要求，土地巡查工作实行月报制度，每月将发现违法违规占地行为及后续处理情况汇总后上报市国土局。督促乡（镇）加强动态巡查监管力度，每月汇总各乡（镇）动态巡查情况后，上报区政府。

【法制宣传】

“6·25”全国土地日，通州分局会同各乡（镇）人民政府和街道办事处，在镇、村和社区宣传板和群众活动区域张贴了“土地法律常用知识大幅彩页”，在全区设 16 个宣传点，主会场设在通州中心公园，11 个乡（镇）和 4 个街道办事处分别设置分会场，组成辐射全区的宣传网络，各分会场分别采取悬挂横幅标语、广播的形式宣传，并分发“土地知识扑克牌”、“土地法宣传折页”、“依法用地宣传标语购物袋”共计 2 万份。

结合“12·4”全国法制宣传日，全方位开展法制宣传活动，通过组织执法人员法律法规考核、有奖征文、法律顾问现场答疑、发放法律书籍等活动，强化了相关工作人员的法律业务素质和运用法律解决问题的能力。

【信息化建设】

年内，完成自2006年以来产生的政府信息全部补录工作。在北京市政府信息公开专栏上公开政府信息111条；在通州区工程建设领域项目信息和信用信息公开和诚信体系建设平台公开政府信息248条；通过通州分局外网发布工作动态信息117条，通知公告2407条，结果公示357条。受理政府信息公开申请39件，共出具各类告知书54份。

【行政服务窗口建设】

以参评通州区优秀示范窗口为契机，进一步深化行政服务大厅管理规范工作，增强大厅人员服务意识，提高服务水平。

年内，行政服务大厅共受理业务1261件，其中行政许可事项180件，行政服务事项1081件，涉及市级绿通项目43件，按时办结率100%。

【地热资源管理】

依据《矿产资源开发登记管理办法》和《北京市矿产资源管理条例》的有关规定，落实本年地热资源开发利用年检工作，对地热开发利用单位进行现场检查、核实，根据综合年检情况，东方化工厂等3家用热单位符合年检要求，通过了采矿权年检；古城房地产公司等5个探矿权人通过采矿权年检。

【地质灾害防治】

完成地质灾害危险性评估备案12件。

【信访工作】

年内，配合区法制办应诉宅基地行政诉讼7起，其中4起上诉至市第二中级法院，无败诉；政府信息公开工作发生行政诉讼1件，败诉1起。年内，分局共接待来电380个，涉及380人；来信82封，涉及223人；来访21批次，涉及26人。共受理信访事项65件，已办结65件，办结率为100%。信访量同比下降了38%，办结率与2011年持平。国土部及市国土局转办12336举报电话反映违法行为124件。

【廉政建设】

严格执行“三重一大”制度。截至年底，通州分局党组共召开党组（扩大）会议21次。其中研究干部任免事项9次；研究重大工作落实5次；研究领导工作分工4次；研究其它事项3次。落实“三个体系”建设工作，强化权力运行规范化监督。对涉及的行政许可事项、行政服务事项、行政执法事项、内部管理事项、其他事项，共计139项编制了职权目录，并绘制了权利运行图。健全了涉及多部门、多岗位的议事规则、工作规则和监控规则，做到了权责明确、程序规范。编制集体决策事项目录，逐项明确事项名称、决策权限、决策内容和决策程序。

【大事记】

1月16日，通州区6宗工业用地日前挂牌出让成交。总用地面积29.22公顷，总建设用地面积19.34公顷，总建筑控制规模32.95万平方米，成交总额约1.5亿元。

1月18日，通州区金桥科技产业基地5宗工业用地挂牌出让成交。总用地面积16.54公顷，建设用地面积11.11公顷，总建筑控制规模21.22万平方米，成交总额8868.058万元。

3月26日，通州区经济开发区东区D5－D7地块挂牌出让成交。总用地面积6.12万平方米，其中建设用地面积4.14万平方米，建筑控制规模4.96万平方米，由嘉林药业有限公司以3027.41万元竞得。

3月19日，通州区漷县镇等六个镇漷县村等二十六个村土地开发项目完成初步验收。

3月20日，通州区4宗工业用地挂牌出让成交。总用地面积24.04公顷，总建设用地面积16.69公顷，总建筑控制规模24.88万平方米，成交总额1.25亿元。

4月9日，通州分局按期偿还运河核心区项目贷款94.16亿元。

4月9日，通州区商务园C2地块东区挂牌出让成交。总用地面积19.74公顷，其中建设用地面积8.78公顷，建筑控制规模17.76万平方米，由国投盛通（北京）投资有限公司以5.63亿元竞得。

4月24日，通州区本年度国有建设用地供应计划获市政府批复。

6月11日，通州区西海子棚户区Ⅶ－14地块、Ⅶ－15地块2宗F3其它类多功能用地招标出让成交。

7月17日，通州区商务园C2地块西区项目挂牌出让成交。

7月25日，通州区马驹桥镇E－17（东部分）地块挂牌出让成交。

8月29日，通州区金桥科技产业基地B3－1－7（部分）地块挂牌成交。

9月20日，通州区台湖镇104、109地块挂牌出让成交。

9月27日，通州区运河核心区Ⅷ－14－1地块招标出让成交。

9月25日，通州区运河核心区两宗多功能用地招标出让成交。

10月9日，北京极富房地产开发有限公司以17.8亿元竞得马驹桥镇C－06－1地块居住用地项目和C－06－2地块居住用地、C－12地块社区综合服务用地项目，2宗经营性用地挂牌出让成交。

10月31日，通州区3宗工业用地挂牌出让成交：经济开发区东区B－04地块、经济开发区东区A－15地块中部、漷县镇中心区西区产业用地（H1－03、H3－02、H5－03）地块。

11月25日，通州区北苑商务区西区地块招标出让成交。

11月28日，通州区北苑商务区东区地块招标出让成交。

12月7日，通州区集体土地所有权和农村地区国有土地使用权宗地调查工作全部完成。

北京市国土资源局顺义分局

【土地资源概况】

顺义区位于北京市东北部，坐标为北纬 40°00′—40°18′，东经 116°28′—116°58′。东邻平谷，北连怀柔、密云，西接昌平、朝阳区，南界通州区、河北三河市。辖区设 19 个乡（镇）。

顺义区辖区总面积 1019.892 平方公里（101989.2 公顷），地类数据详见表 5-14。

表 5-14 顺义区各地类数据汇总表

地类		面积（公顷）
合计		101989.2
农用地	小计	60396.8
	耕地	31031.0
	园地	7631.2
	林地	11710.0
	牧草地	0.0
	其他农用地	10024.7
建设用地	小计	32823.9
	居民点及工矿	26984.5
	交通运输用地	5548.1
	水利设施用地	291.3
未利用地	小计	8768.5
	未利用地	5686.7
	其他土地	3081.8

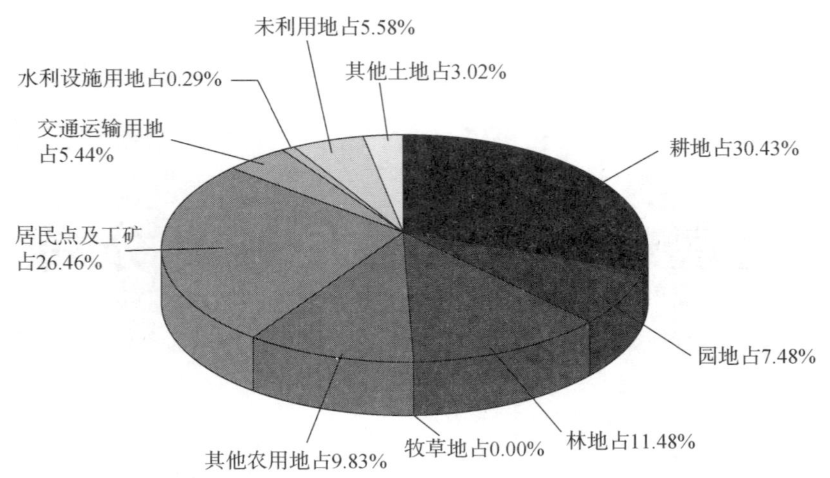

图 5-9 顺义区各地类比例图

【机构设置】

北京市国土资源局顺义分局（简称顺义分局）内设办公室、综合科、地籍科、土地利用科、耕保科、地矿科、财务科、政工科和纪检监察科 9 个职能科室。机关行政编制 33 名，实有 26 名。机关工勤编制 6 名，实有 6 名。下设北京市顺义区土地权属登记事务中心、北京市顺义区国土资源执法监察队、北京市顺义区土地利用事务中心、北京市土地整理储备中心顺义区分中心、北京市国土资源局顺义分局第一国土所、第二国土所、第三国土所、第四国土所等 8 个事业单位，编制 87 名，实有 74 名。

分局领导班子：

局长、党组书记	韩凤桐
副局长	王军生
副局长	纪品良
副局长	赵丽婷
纪检组长	张晓梅
副局长	杜井龙

【土地利用总体规划】

完成了《市区乡三级基本农田保护区规划》编制审批工作，该专项规划为解决在“总体规划”中不易确定具体范围的建设项目占用多划基本农田的审批奠定了基础。

【建设项目用地预审】

年内，共完成建设项目用地预审 64 件，涉及面积 845.09 公顷。

【征地及农用地转用项目用地管理】

年内，共办理征地结案 17 宗，完成集体土地征收前期工作 32 宗，上报征地面积 743.91 公顷；办理国有建设用地使用权划拨 13 宗，划拨面积 19.75 公顷；完成国有建设用地使用权工业用地出让 12 宗，出让面积 31.71 公顷，签署合同地价款 4375.57 万元；办理国有建设用地使用权转让 5 宗，转让面积共计 16.41 公顷，转让金额 15760.72 万元。

【土地整理及耕地占补平衡】

本年市国土局下达给顺义区高标准基本农田建设指标为2667公顷。结合全区土地开发整理项目的实施情况，确定该项目落户木林镇23个行政村，项目区总规模4200公顷，涉及基本农田3000公顷，项目完成后可新增耕地233公顷，总投资4985.91万元。

通过了8个拆迁村复垦方案的制定，完成了21个重点工程、200公顷耕地的占补平衡工作。

自行补充了20个项目的占补平衡工作，共占用48.21公顷耕地指标，缴纳区财政耕地开垦费13001.77万元。

对24个复垦项目加紧建设施工及内业资料整理，完成了其中6个项目的验收工作，新增耕地120公顷；完成了其中6个项目的初验工作，已经上报市国土局申报终验，项目总规模736.65公顷，拟可新增耕地103.63公顷。

【土地市场交易】

年内，共完成招拍挂土地25宗，土地总面积161.35公顷，其中，完成交易22宗，总面积121.34公顷，总成交价26.27亿元，实现政府土地收益5亿元，其中增值9554.41万元。其中：经营性用地7宗，总面积81.23公顷，其中成交5宗，总用地面积59.58公顷；工业用地18宗，总面积80.12公顷，其中成交17宗，土地总面积61.76公顷。

【土地储备开发】

年内，完成一级开发投资61.22亿元，其中以区土地储备分中心为主体项目完成投资59.43亿元，占投资总量的97%，完成一级开发面积230公顷，完成市国土局下达的年度指标。

【土地调查】

按照市颁证办的统一安排部署，于2011年10月启动了农村土地确权登记发证工作。截至年底，顺义区应确权登记所有权宗地1730宗，面积79003.92公顷；已确权登记1590宗，面积75507.82公顷；解决争议宗地共151处，面积483.75公顷；确权登记完成率按面积计算为95.57%；按宗地数计算为91.91%，圆满完成既定工作目标。

完成各类档案整理归档1156卷，并全部实现数字化；完善各项档案管理制度21项，实现了分局档案工作的规范化管理。

【土地权属登记】

年内，共办理土地抵押权初始登记286宗，抵押总面积958公顷，贷款总金额356.93亿元。办理国有土地使用权抵押权注销登记246宗，抵押注销总面积769.44公顷，抵押注销贷款总金额229.62亿元。

共办理国有土地使用权登记360宗，登记总面积2023.5公顷。其中，国有土地使用权初始登记85宗，共341.26公顷；国有土地使用权变更登记275宗，共1682.24公顷。

共办理宅基地使用权登记288宗，其中，初始登记20宗，挂失补办107宗，宅基地更名157宗，登记总面积10.32公顷。

对国有建设用地使用权土地登记和土地抵押权初始登记结果进行网上主动公开，并完成了对2006至2011年土地登记结果网上主动公开的补录工作，本年度顺义分局在市国土局网站上共公布土地登记结果1751条，其中国有建设用地使用权登记1295条，土地抵押权初始登记456条。

【土地执法监察】

坚持以共同责任体系建设为主线，突出重点，快速推进，切实做到内外业核查、拆除复耕、上报审批、违法查处“四个到位”，扎实做好2011年度土地矿产卫片执法检查工作。2011年度土地矿产卫片共有违法用地98宗，占地面积38.71公顷，占耕地16.12公顷；其中违法立案处理24宗，占地面积11.81公顷，占耕地4.23公顷。罚款金额共计185.69万元，没收总面积8.73万平方米，拆除违法建筑物0.43万平方米。非立案处理共74宗，占地面积26.89公顷，占耕地11.90公顷。其中8.01公顷耕地已拆除复耕到位。违法用地占用耕地面积占新增建设用地占用耕地总面积的比例为6.13%，计入问责比例为3.18%。

为提升执法监察效率，建立了视频监控指挥中心，为基层单位配置了监控终端，已完成51个摄像头的安装调试工作，可监控面积7.67万公顷，实现对90%的基本农田、85%的耕地和12个私挖盗采易发区的全面监控。年内，国土部和北京市纪委在顺义分局召开了两次现场会，对顺义分局运用现代化科技手段提升执法监察效率的工作给予了肯定。

【信息化建设】

年内，累计接待办事群众7840人次，办理承办件2320件，受理政府信息公开460件。工作中，相关科室通力协作，做到了“三个100%”：电话接通率100%，办事受理率100%，事项办结率100%。

推行了工作信息反馈制度和督查督办制度，对信访工作、重点项目进展情况和土地手续办理情况进行督查督办和工作信息反馈。截至年底，各科室（所）共报送《顺义分局工作形象进度表》400余份，顺义分局统一对外反馈各类信息158个，回访16次。

根据市国土局安排，与区电视台、区广播电台等单位联手，认真组织开展了“4·22”世界地球日和“6·25”全国土地日宣传活动。

【地质灾害防治】

在汛期对高丽营、马坡、龙湾屯等镇的地灾隐患点及辖区6家固体矿山企业进行了重点检查。在检查过程中，发放了避险及自救宣传材料，下发了《关于做好地质灾害防治工作的通知》，建立了区、镇、村、隐患点四级通讯联系方式，确定了监测人和责任人，确保了本年未发生因地质灾害造成人员伤亡事故，未发生矿山安全生产事故。

【行政处罚案件审核和办理工作】

加强行政处罚案件审核力度，确保案件合格率，有效防止和纠正违法和不当行政处罚，减少复议或败诉案件的发生。截止年底，完成立案审核68件，处罚案卷审核170余件次，组织案件研讨10余次，下达处罚决定书51件。申请强制审核16件，法院审理中9件，强制中2件。本年共办理行政复议3件，行政诉讼案件25件。

【信访工作】

本年共接待来访群众546批、891人次（比去年下降49%），重复访473批800人次；初访73批91人次。共接收来信231件，其中重信105件，初信126件。

【大事记】

1月19日，顺义分局召开本年度工作会议，部署全年工作。

2月7日，韩凤桐任顺义分局党组书记、局长；免去孙桂祥顺义分局党组书记、局长职务，调顺义区另有任用。

3月20日至23日，顺义分局会同城管、监察、住建委、农委、规划及各镇政府等部门，对区域内第十二次卫片及二号卫星等违法建设拆除及土地恢复情况进行了拉练检查，核实拆违进度。

4月16日至22日，顺义分局围绕“推进找矿突破，保障科学发展”宣传主题，开展了形式多样的主题系列宣传周活动。22日，在仁和地区设置“4·22”世界地球日活动主会场，现场摆放了宣传展板，提供现场咨询服务，并向过往市民发放了宣传材料。

4月24日，全国国土资源执法视频监控网建设试点工作推进会在顺义区召开。国土部有关司局负责人及21个省（自治区、直辖市）国土资源主管部门负责同志参加了会议。

6月6日，顺义分局参加市政市容委系统在仁和镇礼堂举办的“五月的鲜花”文艺汇演。顺义分局获得文艺汇演特等奖。

6月25日，顺义分局在仁和镇文体广场开展以“建设高标准基本农田，保障国家粮食安全”为主题的宣传活动。

12月17日至18日，顺义分局成立四个考核小组，由相关副职领导带队，分别对全区19个镇的村镇建设科本年度工作开展情况进行专项检查考核。

北京市国土资源局大兴分局

【土地资源概况】

大兴区位于北京南郊。坐标为北纬39°26′—39°51′，东经116°13′—116°43′。东与通州区相邻，南与河北省固安县、廊坊市接壤，西隔永定河与房山区、河北省涿州市相望，北与丰台、朝阳两区相连。辖区设19个街道办事处（镇）。

大兴区辖区总面积1036.316平方公里（103631.6公顷），地类数据详见表5-15。

表5-15 大兴区各地类数据汇总表

地类		面积（公顷）
合计		103631.6
农用地	小计	66775.0
	耕地	38117.4
	园地	13763.0
	林地	6995.1
	牧草地	0.0
	其他农用地	7899.6
建设用地	小计	31193.7
	居民点及工矿	26780.2
	交通运输用地	3358.0
	水利设施用地	1055.5
未利用地	小计	5662.9
	未利用地	2322.7
	其他土地	3340.1

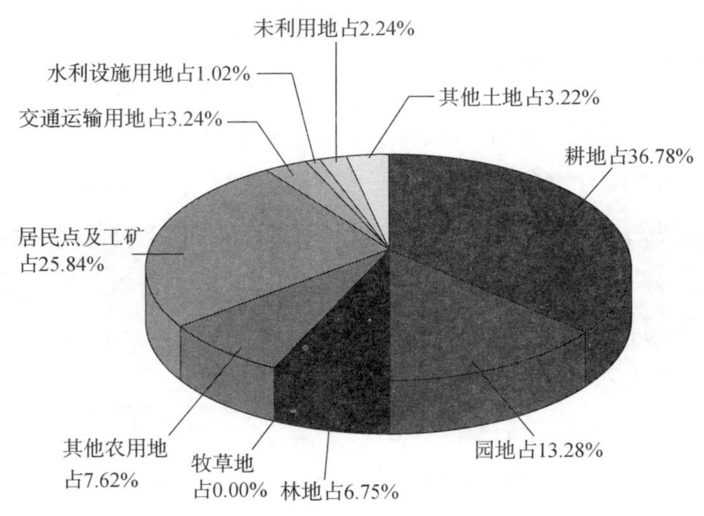

图 5-10　大兴区各地类比例图

【机构设置】

北京市国土资源局大兴分局（简称大兴分局）内设办公室、综合科、地籍科、耕地保护科、土地利用科、地质矿产科、政工科、纪检监察科等 8 个职能科室，编制 33 名，实有 29 名，其中工勤人员 2 名；下设北京市土地整理储备中心大兴区分中心、土地利用事务中心、土地权属登记事务中心、国土资源执法监察队和国土资源管理所（4 个）等 8 个事业单位，编制 87 名，实有 78 名。

分局领导班子：

局长、党组书记　　赵建华
（2012 年 1 月 –5 月）
局长、党组书记　　芦亚静
（2012 年 8 月任职）
副局长　　景文成
副局长　　孙龙广
副局长　　夏仁林
纪检组长　　李　刚

【土地利用总体规划】

开展《北京市大兴区土地整治规划》、《市区乡三级基本农田保护区专项规划》的编制；完成南海子公园（二期）、垡上变电站、西红门城乡结合部试点 3 号地等 7 个建设项目的规划动态维护工作；配合市国土局及区园林绿化局做好本年平原造林地块选择工作；完成大兴区基本农田中建设用地核实和整改方案。

【建设项目用地预审】

年内，共审批建设项目用地预审 69 件，用地面积约 700 公顷。回复区发改委项目用地征求意见函 43 件。

【征地及农用地转用项目用地管理】

年内，完成征地公告项目 33 个、面积 530 公顷，办结征地结案项目 30 个、面积 618 公顷。受理土地征收和农转用项目 19 个，总面积 196 公顷（含农用地120 公顷）。其中：已经市政府批准的项目有 10 个，批准面积 132 公顷（含农用地 115 公顷）。

【土地整理及耕地占补平衡】

年内，5个土地开发整理项目顺利通过验收，新增耕地总面积约460公顷。全区建设用地占耕地实现了占补平衡，本年共占补耕地79.58公顷，收缴耕地开垦费1.62亿元；完成本年高标准基本农田建设约4333公顷，超额完成市国土局下达的3666公顷任务；完成了京沪高速铁路（北京大兴段）大临用地的复垦区级验收工作。

【土地供应计划及实施】

本年计划新增储备开发项目指标103公顷，完成开发计划指标200.18公顷，供地计划指标200公顷，投资计划指标75亿元。年内，实际新增项目约101公顷，完成开发约200.18公顷，供地约140.25公顷，完成本年供地任务的70%。在施项目2065公顷，完成投资约75.23亿元，完成本年投资任务的100.3%。

【保障性住房用地供应】

本年政策性住房的供地指标为71公顷，其中限价房17公顷，经济适用房5公顷，公租房17公顷，定向安置房32公顷。经与区住保办、区规划分局沟通和协商，并结合有关情况，完成政策性住房供地约111公顷，其中限价房供地约16公顷；经适房供地约5公顷；公租房供地约20公顷；定向安置房供地约70公顷，超额完成了市国土局下达的保障房供地任务。

【土地市场交易】

经营性用地项目地块成交13宗，总用地面积140.25公顷，建设用地面积92.34公顷，总建筑规模185万平方米，总成交价130.41亿元，实现政府收益64亿元；工业用地项目地块成交20宗，总用地面积153公顷，建设用地面积111公顷，总成交价8.77亿元，政府收益1.67亿元。

【土地调查】

开展耕地质量等级监测工作，采样调查涉及11个镇，采取固定点、动态点相结合的方式共进行了60个监测样点的土壤样品采集和调查。完成本年度土地变更调查工作，共核实并上报监测图斑682个。

【土地权属登记】

年内，共受理和完成初审各类土地登记830件。其中日常登记313件，抵押登记517件，累计为企业融资350.61亿元。在政府网站上主动公开土地抵押登记信息共计631条。接收法院协助执行类文书共计188件。完成农村集体土地所有权确权登记发证工作，涉及13个镇、5个街道共522个行政村，集体土地2044宗74568公顷，完成确权登记率宗数比为93.64%、面积比90.39%。

【土地执法监察】

年内，共立案查处违法违规用地案件115宗，收缴罚款约5220万元；完成2011年度卫片执法检查，查处264宗违法用地；开展了本年前三个季度北京自有卫片执法检查，共调查图斑268个，总面积151.51公顷，发现违法用地8宗，面积

1.29公顷；开展高尔夫球场综合清理整治工作，查处了4个违法占地高尔夫球场；对全区“小产权房”进行摸排调查，致函相关镇政府实施没收18宗，涉及的违法建筑面积9.6万平方米；坚决执行移送制度，向区监察局移送涉嫌违纪案件12宗，向法院移交案件19宗（另向法院执行局申请强制案件30宗）。

【信息化建设】

制发《信息安全管理制度（试行）》，为分局信息安全工作提供制度保障。利用地籍管理信息系统的现状数据库、权属数据库、档案数据库，以及土地利用规划数据库积极为分局内外提供数据支持。加快规划数据库、现状数据库、权属数据库、档案数据库的建设、汇交、整合，提高各类数据库的横向查询功能。本年共向分局内部、区属各部门及各用地单位提供数据7份，输出图件1705张。

【地热资源管理】

落实地热资源管理的相关规定，年内，完成了地热企业年检3家，矿泉水企业开采年检1家。

【地质灾害防治】

开展“5·12”防灾减灾日宣传活动，宣传避险、防灾及自救互救常识等相关知识，增强广大居民科学防灾避灾意识，提高地质灾害的应急处置能力；完成25个项目的地质灾害危险性评估报告备案。

【信访工作】

继续实行分局领导带班接访制度，年内，共收到群众来信来访涉及土地问题信访件159件（其中来信89件，来访70件），受理159件。其中，市国土局转来58件，区政府转来3件，12336转来37件，已办结147件。受理群众匿名电话咨询及匿名举报76件，信访量与去年同期相比下降22%。

【大事记】

2月，大兴区采育镇区四号地01－0001A、01－0001B地块顺利成交。该地块为住宅混合公建用地、二类居住用地（定向安置房）项目，是大兴区首次尝试“限地价、竞房价”方式出让的项目。

7月10日，市国土局副局长谢俊奇、权属登记事务中心书记李海军等一行六人到大兴区督导检查第二季度农村土地确权登记发证工作。

7月13日，孟加拉国国土部长穆罕默德·莫斯塔非泽·拉赫曼率代表团到大兴区对土地整理项目进行实地考察。

11月27日，市国土局副局长李军、执法总队总队长杨洪范到大兴区指导检查卫片执法工作。

北京市国土资源局昌平分局

【土地资源概况】

昌平区位于北京市西北部，坐标为北纬 40°02′—40°23′，东经 115°50′—116°20′。东邻顺义区，南与朝阳区、海淀区毗邻，西与门头沟区和河北省怀来县接壤，北与延庆县、怀柔区相连。辖区设 17 个街道办事处（镇）。

昌平区辖区总面积 1343.541 平方公里（134354.1 公顷），地类数据详见表 5-16。

表 5-16　昌平区各地类数据汇总表

地类		面积（公顷）
合计		134354.1
农用地	小计	92166.7
	耕地	11776.0
	园地	9286.2
	林地	65377.5
	牧草地	3.1
	其他农用地	5723.9
建设用地	小计	36519.4
	居民点及工矿	32964.3
	交通运输用地	2657.3
	水利设施用地	897.9
未利用地	小计	5668.0
	未利用地	4151.5
	其他土地	1516.5

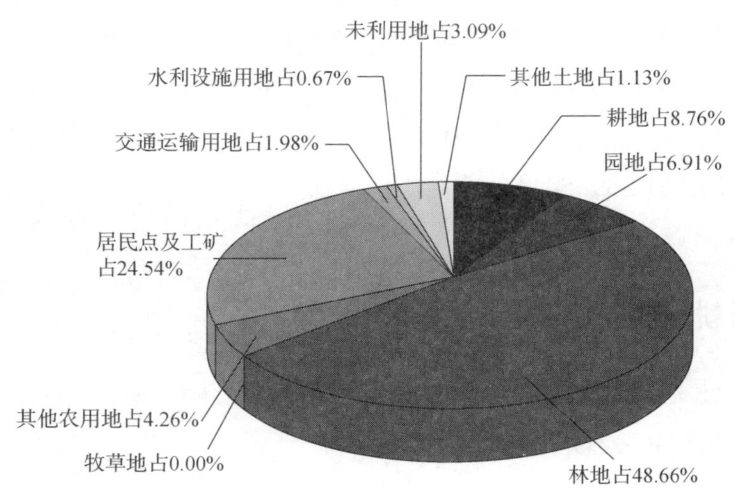

图 5-11　昌平区各地类比例图

【机构设置】

北京市国土资源局昌平分局（简称昌平分局）内设办公室、政工科、财务科、综合科、地籍科、土地利用科（耕地保护科）、地质矿产科，共 7 个行政科室，设纪检监察科，机关行政编制 31 名，机关工勤编制 3 名（实有机关行政人员 31 名，工勤人员 3 名）；下设北京市昌平区土地权属登记事务中心、北京市昌平区土地利用中心、北京市土地整理储备中心昌平区分中心、北京市昌平区国土资源执法监察队、北京市国土资源局昌平分局第一、第二、第三、第四、第五国土资源管理所，共 9 个事业单位，事业单位人员编制共计 95 名（实有 94 名）。

分局领导班子：

局　长	汪少群
党组书记、副局长	张少伟
副局长	梁　英
副局长	李亚琴
副局长	张兴国
副局长	许启明
纪检组长	王维舟

【土地利用总体规划】

《昌平区镇（街）级土地利用总体规划（2006－2020）》于 2 月获市政府批准。年内，以第二次土地调查数据和区级、镇街级规划方案为基础，完成区级和镇街级规划数据建设，通过市国土局审查，并拟报国土部备案。

【建设项目用地预审】

年内，共审核完成建设项目用地预审 99 件，项目总用地面积 1158.85 公顷，其中农用地 401.68 公顷，占总用面积的 34.66%；建设用地 705.71 公顷，占 60.90%，未利用地 51.46 公顷，占 4.44%。与 2011 年相比，本年预审项目数量和用地规模都有一定幅度下降。

【征地及农用地转用项目用地管理】

年内，审核上报征地及农转用项目 29 件，总用地面积 805.426 公顷，其中农用地 473.4591 公顷，建设用地 286.9488 公顷、未利用土地45.0181公顷。本年获得批准的征地及农用地转用项目33个，总用地面积1004.71公顷，其中农用地613.55公顷，建设用地339.54公顷，未利用地51.62公顷。

【土地整理及耕地占补平衡】

年内，昌平区土地整理在施项目共8个，建设总规模1308.46公顷，新增耕地80.13公顷，详见表5-17。本年上报征地及农转用项目占用耕地171.77公顷，已全部按规定落实了耕地占补平衡。

【土地供应计划及实施】

完成了昌平区本年度土地供应计划编制工作。拟安排供应国有建设用地面积约731.75公顷。具体用途结构详见表5-18。

表5-17　2012年昌平区土地开发整理在施项目情况

序号	项目名称	建设规模（公顷）	新增耕地（公顷）	立项批复年度	实施状态
1	阳坊镇基本农田整理项目	421.36	15.89	2006.9	竣工未验收
2	长陵镇上口村改善农业生产条件项目	6.86		2007.12	正在验收
3	长陵镇黑山寨村改善农业生产条件项目	6.82		2007.12	正在验收
4	流村镇流石港村改善农业生产条件项目	6.43		2007.12	正在验收
5	南口镇李庄村改善农业生产条件项目	18.08		2007.12	正在验收
6	流村镇马刨泉等五个村基本农田整理项目	342.95	23.89	2007.12	在施
7	南口镇前洼等9个村基本农田整理项目	481.16	16.57	2008.12	正在验收
8	流村镇马刨泉村土地开发项目	24.81	23.78	2008.12	正在验收
合计		1308.47	80.13		

表5-18　昌平区2012年土地供应计划用途结构表

	合计	交通运输用地	公共管理与公共设施用地	工矿仓储用地	商服用地	住宅用地			
						商品住宅用地	限价房用地	公共租赁房用地	定向安置房用地
计划供应面积（公顷）	731.75	40.33	422.72	51.30	70.39	49.59	3.44	16.11	77.88
所占比例（%）	100	5	58	7	10	7	0	2	11

本年昌平区的国有建设用地供应指标为197公顷，其中：工业用地48公顷，商服用地16公顷，住宅用地133公顷（含商品住宅用地50公顷、保障性住房用地

83 公顷）。

【保障性住房用地供应】

年内，完成保障性住房项目土地供应 90.77 公顷，超额完成本年任务。其中：限价商品住房用地 7.2 公顷，公共租赁住房用地 26.24 公顷，定向安置房用地 54.63 公顷，经济适用房 2.7 公顷。

【土地市场交易】

年内，通过招拍挂方式成交 4 宗，其中经营性项目用地 3 宗，土地总面积 47.36 公顷，规划建筑面积 86.06 万平方米，实现政府土地收益约 275020 万元；工业项目用地 1 宗，土地面积 2.29 公顷，规划建筑面积 2.93 万平方米，实现政府土地收益约 439.82 万元。

【土地储备开发】

本年土地储备开发计划投资 60 亿元，土地储备开发计划面积 460 公顷。年内，完成土地储备开发投资 70 亿元，完成土地储备开发面积 492.51 公顷。

【土地调查】

年内，共完成地籍调查 141 件，出具土地权属审查告知书 231 项，数据库更新 426 宗，完成地类审核 84 项，向用地单位回函 23 件。为征地、预审等提供了详实的数据基础。另外协助昌平分局相关科室核实地类 86 宗。

正式启动农村集体土地所有权确权登记颁证工作。调查宗地数为 2249 宗，面积 96283.8 公顷。截至年底，完成确权登记 2098 宗，登记率 93.29%；完成确权登记面积 89943.03 公顷，登记率为 93.41%。

【土地权属登记】

年内，共完成国有土地使用权日常登记发证 615 宗，面积 1707.5 公顷。其中，国有土地使用权初始登记 49 宗，面积 231 公顷；国有土地使用权补证 1 宗，面积 2.54 公顷；国有土地使用权变更登记 195 宗，面积 254.28 公顷；国有土地使用权土地注销登记 1 宗，面积 3.16 公顷；政府储备用地变更登记 4 宗，面积 78.03 公顷；国有土地使用权土地抵押登记 244 宗，抵押土地面积 670.91 公顷，抵押贷款金额 335.65 亿元；国有土地使用权抵押注销登记 121 宗，注销抵押土地面积 467.58 公顷，注销抵押贷款金额 117.17 亿元。

【土地执法监察】

1. 违法案件查处工作。

年内，共立案处罚违法用地案件 34 宗，涉及土地面积 150.9 公顷，已收缴罚款 1110.7 万元，将 3 人移送公安机关追究刑事责任。对其中的振邦承基违法用地案和兴昌高科技公司违法用地案的 2 名责任人开展了移送追究行政责任的相关工作。本年共送达《责令停止国土资源违法行为通知书》466 份。

2. 2011 年度土地矿产卫片执法检查工作。

按照国土部《关于开展 2011 年度土地矿产卫片执法检查工作的通知》和《北京市开展 2011 年度土地矿产卫片执法检查工作实施方案》的有关要求，组织开展了 2011 年度土地矿产卫片执法检查工作。

全区成立了由有关部门参加的督察组，对重点镇街、重大项目反复进行检查和监督，以督促各项工作的落实。国土分局会同监察局对违法占地面积大、问责比例高、拆改工作进度慢的 6 个镇进行了约谈，促进了违法查处工作。

3. 动态巡查工作。

本年共巡查发现违法占地 76 宗，违法占地面积 39.06 公顷，其中耕地 5.43 公顷（合 81.5 亩）。对发现的违法占地行为，全部下达《责令停止国土资源违法行为通知书》，并向区政府、区拆违办、规划昌平分局、住建委、城管等相关部门报告情况，要求各镇政府、街道办事处进行拆除整改。

4. 小产权房项目整改工作。

年内，起草了昌平区《清理整治利用集体土地违法建设销售（变相销售）住宅行为工作实施方案》报区政府印发各镇街贯彻落实。会同区拆违办等 12 家职能部门对全区 28 个小产权房项目进行联合执法，对存在疑似在建在售项目的 8 个镇（街）13 个村的主管干部和相关项目负责人进行联合约谈，10 月 12 日—13 日分 3 组对全区各镇街清理整顿小产权房工作进行现场联合督察，开展“回头看”，逐镇逐宗逐项目过关，巩固联合执法成果。通过联合执法，共叫停在售项目 4 个，查封售楼处 7 处，遣散施工队伍 1100 人，遣散售楼人员 60 余人，拆除机械设备 57 件，拆除已建未售小产权房 7 处，1.074 万平方米。特别是对媒体报道的北七家镇郑各庄村宏福苑等项目进行了调查，向区政府和市国土局报送了调查报告，并按照市国土局的要求开展了土地处罚和监督整改工作。

【信息化建设】

年内，完成了昌平分局五个国土所光纤接入、网络布线的施工工作，在全市首个实现了昌平分局全部国土所与市国土局、昌平分局工作网络的联通，使大量工作信息实现了网络共享，极大的方便了基层国土资源管理工作，提高了国土所办公效率。

【矿产资源概况】

昌平区共发现矿产 29 种，其中金属矿产 10 种，非金属矿产 19 种。共发现金属、非金属矿床和矿点 94 处，其中经过详查或勘探，向国家提交了储量报告的矿床 26 处，未做地质工作但经调查肯定的矿点 68 处。截至年底，本区开发利用的固体矿产资源 4 家、年产矿石量 300 多万吨。分别是水泥用灰岩 1 家、制灰用灰岩 1 家，建筑用白云岩 1 家、建筑用花岗岩 1 家；开发利用矿泉水企业 3 家，年产矿泉水近 1000 吨；现有热水井 120 余眼，开发利用地热资源的单位 33 家，年开采热水 300 多万吨。

【地质勘查储量管理】

年内，完成 5 家探矿权年检，开展 4 个固体矿山企业的储量动态监测工作并组织了检测报告的评审；完成矿山企业占用、消耗资源量的登记、统计工作。完成 20 件建设项目压覆重要矿产核查。

【矿产资源开发管理】

1. 推进绿色矿山建设。

督促 4 家固体矿山按照绿色矿山建设

标准和要求，开展土地复垦方案的编制工作；固体矿山基本实现科学管理要求，即动用储量按年度储量检测报告核定、开采行为以开发利用方案规范；矿山环境治理和矿山土地复垦按保护与恢复治理方案和矿山土地复垦方案实施。基本实现开发与保护同步、破坏与治理并重的局面。

2. 落实安全监管责任。

每季度开展一次例行检查，节日前后的主要时段开展重点检查，本年共检查20家次，固体矿山无超层越界等违法行为；上报安全工作信息9条。年内，未发生涉矿安全事故。

3. 完成全部固体矿山企业的储量动态监测工作。

实施固体矿山环境恢复保证金制度，本年度缴存保证金303.45万元。完成了4家固体矿山、3家矿泉水企业、23家地热单位的采矿权年检，10家地热单位的延续申请材料提交工作。建立了矿山企业开发利用台帐，完成了矿山企业占用、消耗资源量的登记、统计工作，全面足额完成了资源补偿费和采矿权使用费的征收。征收采矿权使用费3.45万元，资源补偿费55.25万元。

【地热资源管理】

年内，配合市国土局完成了23家地热利用单位日常监督检查和采矿许可证的年检初审，年检合格率100%。组织提交10个企业的延续申请材料。

【地质灾害防治】

年内，制定并印发了《2012年度地质灾害防治方案》；组织召开了全区地质灾害防治工作部署，完善防治管理体系，与相关各镇签订了地质灾害防治责任书；健全群测群防网络，发放防灾明白卡422份；“7·21”特大自然灾害后，及时开展地灾应对工作。开展隐患再排查，组织村级地质灾害实景演练，组建了专业人员参加的应急调查组，在汛期不定期检查各镇“七包七落实”的落实情况。年内，发生小型崩塌2次，无人员伤亡和财产损失。

北京水泥厂有限责任公司凤山矿矿山地质环境治理项目，包含凤山矿和延寿镇川北河沿线两个治理区，分别于10月17日和12月28日通过市国土局组织专家验收。这是首个实行矿山地质环境保证金返还的项目，凤山矿矿山地质环境治理项目验收后，返还保证金近600万元。

【信访工作】

年内，共调查处理市政府、市国土局及区信访办转来的各类信访案件277件。其中土地信访共收到196件，全部办结，办结率100%。矿产资源信访共收到信访件81件，全部办结，办结率100%。

共接到市国土局执法总队12336违法线索转办单118件，其中，15件涉及矿产的转办单，103件涉及土地的转办单。118件违法线索已全部调查完毕并报告市国土局，办结率100%。

【调研课题】

年内，完成了《征地公示公告信息对称性研究》和《耕地破坏鉴定工作研究》两个课题。

【大事记】

2月20日，《昌平区镇（街道）土地

利用总体规划（2006－2020年）》获市政府批准。

3月14日，国土部副部长胡存智一行四人到昌平区调研。参观了南口镇三一北京制造中心生产车间、未来科技城展厅和未来科技城建设工地，详细了解了昌平区利用土地资源，发展高端现代制造业，统筹推进工业化，城镇化和城乡一体化等情况。听取了南口新型农村社区建设规划，并就农村集体土地征收补偿标准有关问题与区委区领导及有关部门进行了座谈。

4月10日，国家土地总督察办公室副主任李全人一行五人来昌平区，就“关于制定合理制度让农民共享城镇化成果”进行课题调研。市国土局副局长谢俊奇、昌平分局、郑各庄村、宏福集团、北七家镇等有关单位领导参加了调研座谈。

4月18日，昌平分局在“4·22”世界地球日来临之际开展“地球日科普进校园活动”，向昌平区昌盛园小学赠送了挂图、知识手册、科普书籍等宣传资料，宣传了“珍惜地球资源，转变发展方式——推进找矿突破，保障科学发展”的主题。

10月19日，匈牙利地方发展部代表团一行6人到昌平分局就地籍管理及土地登记工作进行了实地考察。

北京市国土资源局平谷分局

【土地资源概况】

平谷区位于北京市东北部，坐标为北纬 40°02′—40°22′，东经 116°55′—117°24′。辖区设 18 个街道办事处（乡、镇）。

平谷区辖区总面积 950.128 平方公里（95012.8 公顷），地类数据详见表 5-19。

表 5-19　平谷区各地类数据汇总表

地类		面积（公顷）
合计		95012.8
农用地	小计	71383.7
	耕地	12367.3
	园地	21153.1
	林地	34183.1
	牧草地	12.8
	其他农用地	3667.3
建设用地	小计	12697.8
	居民点及工矿	10586.2
	交通运输用地	1368.4
	水利设施用地	743.2
未利用地	小计	10931.3
	未利用地	9394.3
	其他土地	1537.0

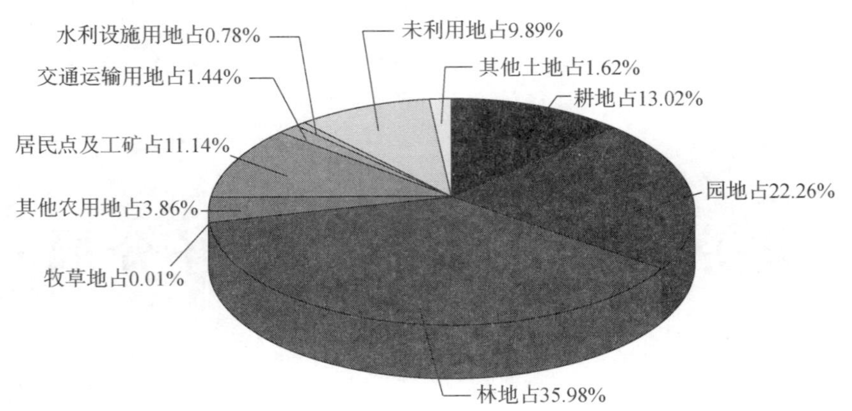

图 5-12　平谷区各地类比例图

【机构设置】

北京市国土资源局平谷分局（简称平谷分局）内设办公室、政工科、纪检监察科、财务科、综合科、耕保征地科、土地利用科、地籍科、地质矿产科等9个行政科室；下设国土资源执法监察队、土地权属登记事务中心、土地利用事务中心、土地整理储备中心平谷区分中心和国土资源管理一、二、三、四所等8个事业单位。年末，分局人员共有120名，其中机关工作人员36名，参照公务员管理14名，规范工资人员14名，事业单位人员53名，退休人员3名。

分局领导班子：

局 长、党组书记	傅景玉
副 局 长	崔宝祥
副 局 长	张洪元
副 局 长	张雅民
副 局 长	常　亮
(2012.12.12任职)	
纪检组长	郭宝义

【土地利用总体规划】

《平谷区乡镇级土地利用总体规划（2006－2020年）》，本年初获市政府批准。

《平谷区市区乡三级基本农田保护区专项规划》编制完成，在全区划定基本农田市级保护区1个、区级保护区3个、乡级保护区21个。

【建设项目用地预审】

年内，完成建设项目用地预审43件，用地总面积374公顷。其中办公用地2件，用地面积1.94公顷；工业用地2件，用地面积9.95公顷；公路用地5件，用地面积108.32公顷；基础设施用地8件，用地面积9.43公顷；科教文卫用地15件，用地面积38.75公顷；商业用地1件，用地总面积为0.72公顷；收储用地1件，用地总面积为13.24公顷；特殊用地1件，总用地面积为23.12公顷；住宅用地5件，用地总面积为81.77公顷；一级开发用地3件，用地面积86.76公顷。

完成复函64件。完成地类审查意见11宗。

【征地及农用地转用项目用地管理】

年内，政府审批征占地项目8个，用

地面积 48.1306 公顷。完成 7 个乡（镇）16 个村 31 户村民宅基地的选址调查及审批工作。

【土地整理及耕地占补平衡】

小开荒项目：完成平谷区王辛庄镇、山东庄镇、马昌营镇等 7 个镇（乡）21 个村的土地整理项目的追加资金申请，通过区财政部门的资金核批审批，总投资 2758.87 万元，建设规模 163.51 公顷，规划设计可新增耕地 125.39 公顷。项目 8 月全部竣工，通过平谷分局初验。

土地开发整理项目：3 月，平谷区南独乐河镇 11 个村改善农业生产条件的土地开发项目正式开始施工。项目总建设规模 1644.38 公顷，新增耕地 1.11 公顷，总投资 11647.58 万元。截至年底，项目完成 40%。

耕地占补平衡：完成平谷区京平高速联络线（夏各庄段）一期工程等 6 个项目的耕地补充方案，6 个项目占用耕地 21.42 公顷，完成补充耕地 21.42 公顷，用地单位需缴纳耕地开垦费 481.93 万元，实际缴纳耕地开垦费 465.27 万元。

【土地供应计划及实施】

本年土地供应计划总计土地面积 143 公顷，其中：其中商业用地 12 公顷、住宅用地 60 公顷（包括政策性住房 10 公顷、商品住宅 50 公顷）、工业用地 71 公顷。

已完成国有建设用地供应 60.48 公顷（不含划拨用地），完成比例 42%，其中商业、居住用地已供应 47.10 公顷，完成比例为 65%；工业用地 23.52 公顷，完成比例 33%。

【保障性住房用地供应】

本年应完成保障性住房供应面积 10 公顷（全部为三定三限回迁安置房），截至年底，已完成保障性住房供应 10.14 公顷。

【土地市场交易】

年内，完成 7 宗地块入市交易，土地面积 60.45 公顷，其中经营性用地 2 宗，土地面积 36.94 公顷，工业用地 5 宗，土地面积 23.51 公顷，实现政府土地收益 3.43 亿元。

【土地储备开发】

年内，实现固定资产投资共计 103861.19 万元。其中：实现经营性用地供应 2 宗，供应面积为 36.96 公顷，实现固定资产投资 89600 万元；实现工业用地供应 5 宗，供应总面积为 23.49 公顷，实现固定资产投资 14261.192 万元。

本年国有建设用地新增规模指标为 90 公顷，实际完成新增规模为 61.47 公顷，完成比例为 68.3%；本年计划完成开发指标为 110 公顷，实际完成开发面积为 332 公顷，完成比例为 301.8%；本年计划投资指标为 10 亿元，截至年底，累计投资 20.42 亿元，完成投资比例为 204.2%。

【土地调查】

土地确权登记颁证工作进展顺利，全区集体土地所有权宗地总数为 1606 宗，面积 84573.26 公顷。完成确权登记 1571 宗，登记发证率为 97.82%；完成确权登记面积 81792.81 公顷，登记发证率为 96.71%。全区未完成确权登记的所有权宗地共 35 宗，其中，争议宗地共 29 宗；河北省在金海湖镇飞地少材料 2 宗；东长峪村因整体搬迁，权利主体无法确定，暂时搁置 3 宗；熊儿寨乡集体代征地 1 宗暂时搁置。

【土地权属登记】

年内，共完成土地登记 252 件，面积为 648.97 万平方米。其中，国有土地使用权初始登记 25 宗，面积为 75.80 万平方米；国有土地使用权变更登记 49 宗，面积 88.73 万平方米；注销国有土地使用权 4 宗，面积为 2.94 万平方米；国有土地使用权抵押登记 100 宗，面积为 241.33 万平方米，抵押贷款金额 525299.00 万元；国有土地使用权抵押权注销登记 74 宗，面积为 240.17 万平方米。

【土地执法监察】

通过卫片执法、三级动态巡查、信访等三个渠道及时发现土地违法问题并跟进查处。完成了国土部下发的 2011 年度卫片的核查及查处工作，对于违法占地问题通过领导约谈、检查督办、立案查处等办法全部解决，顺利通过了验收。对“美丽山”小木屋、山水放歌小木屋等违法用地项目重大案件进行查处。对季度变更调查成果和巡查等方式发现的涉农项目，与乡（镇）沟通后申请区农委进行认定，及时为卫片执法查处工作奠定了基础。

【信息化建设】

及时更新网站内容，应用综合监管平台信息发布子系统实现了对分局外网网站、市国土局内网网站、政府信息公开子站信息的同时发布。政府信息公开工作坚持每月收集信息制度，保证主动公开政府信息 15 个工作日内在网上公开。本年主动公开政府信息共 411 条，其中征地结案 18 件，征地公示 17 件，宅基地 31 件，建设用地预审 43 件，抵押登记 94 件，国有土地使用权登记 163 件，合同变更 7 件，土地使用权转让 3 件，土地使用权出让 6 件，建设延期 1 件，工业和经营性国有建设用地使用权招拍挂 10 件，地质灾害危险性评估报告备案 2 件，建设项目压覆重要矿产资源核查 9 件，办公室 7 件。

【矿产资源概况】

平谷区矿产资源丰富，已知的矿物有：金、铜、铝、锌、钨、钼、锰、铁、钾、石英岩、大理石、花岗岩、水泥灰岩、重晶石、麦饭石、白垩等 20 多种。黄金矿线由东到西长约 60 公里，曾是北京市黄金主要产地，现已禁采。

【矿产资源开发管理】

着重抓好打击非法盗采矿产资源工作，组织五次大规模联合执法，集中打击盗采行动，查扣大型运输车 2 辆、勾机 3 台，收缴罚款 5 万元。

黄松峪国家矿山公园、地质公园建设项目经市国土局领导、专家进行验收，公园建设完全按照国土部的相关规定，达到了国土部的公园建设标准，9 月 19 日，顺利揭碑开园。该公园于 2006 年 5 月开工建设，占地面积 251 亩，投资 3800 万元，以金矿矿山为展示主题，主要设施包括矿山公园主碑、黄金矿山博物馆、旅游接待中心、主题雕塑、矿洞展示、选矿遗址及广场道路等。该园的开园填补了北京市金矿科普旅游的空白。

黄松峪国家地质遗迹保护项目通过验收，各项建设均达到了国土部的建设标准。

【地热资源管理】

年内，对北京金叶园会议中心地热勘探办理了探矿权年检。

【地质灾害防治】

地质灾害防治继续落实多年来行之有效的防范措施，健全一级抓一级层层抓落实的工作机制，严格落实汛期值班制度、地质灾害报告制度、险情巡查检查制度。建立地质灾害险村、险户档案，发放了1536份避险明白卡。通过采取群测群防、搬迁避让和工程治理等多项措施，有效地减少了地灾的危害，“7·21”特大自然灾害未发生因地质灾害引起的人员伤亡事故。

工程治理主要为削坡、挡墙、排水。此项工程涉及的险村险户为金海湖镇2个村，32户；熊儿寨乡1个村，33户；镇罗营镇2个村，8户，饮水池1处；大华山镇2个村，25户；山东庄镇1个村，1户；黄松峪乡2个村，23户；南独乐河镇1个村，8户。“7·21”特大自然灾害事件后新增险村险户为金海湖3个村，60户；刘店镇1个村，27户；熊儿寨乡2个村，29户；王辛庄镇1个村，52户。共计9个乡（镇），18个村，298户。

【信访工作】

信访工作坚持为稳定服务，努力化解矛盾，保护好人民群众的正当权益，对于较为重大信访事项及时下访，把矛盾化解在基层，没有出现越级集体访。接待群众来访咨询等问题195批次、276人次，集体访2批次13人次，通过依法调查、执法，并与信访人沟通，及时将处理结果进行了反馈。定期安排领导进行接待，共接待信访人员63人次。在行政处罚案件代理工作中，分局的涉法涉诉案件，全部经法院审核、裁定，无被撤销及败诉案件。健全每月领导接访制度。

【调研课题】

年内，完成《浅谈农村集体土地调查登记确权颁证工作助推农村经济发展的作用》调研工作。

【大事记】

1月19日，平谷分局组织金海湖镇政府及护矿队到金海湖镇黑水湾村开展打击黄金盗采工作。

2月13日，副市长夏占义到平谷区调研新增百万林地工作进展情况。市政府副秘书长安钢，市国土局副局长张维，区领导邱水平、张吉福、王红艳和分局主要领导陪同调研。

3月1日至2日，平谷分局会同区农委、规划分局、监察局、区查违办等部门，分四个检查组联合对全区16个乡、镇和兴谷街道的执行平谷区耕地保护目标管理责任工作进行检查考核工作。

3月27日，平谷区区长张吉福与市政

府签订《2012年度耕地保护目标管理责任书》、与本区17个乡（镇）、街道办事处签订《平谷区耕地保护目标管理责任书》，各乡（镇）、街道办事处与所辖村签订责任书，将耕地保护目标责任落实到村级。

4月9日，平谷区2011年度在规划基本农田中建设用地及未利用地图斑核实工作完成。

4月13日，平谷分局会同区查违办、监察局组成联合督查小组走进峪口镇土地违法现场进行实地踏勘并对峪口镇政府土地相关人员进行现场警示约谈。

4月16日至22日，平谷分局以“珍惜地球资源、转变发展方式”主题，以普及国土资源科技知识，引导社会各界保护与合理利用为目的，开展了“4·22”世界地球日宣传周活动。

4月27日，平谷区在北京市农村土地确权登记颁证工作领导小组办公室组织各区（县）颁证办通报检查评价结果中，以总分97.25分，位列全市第一。

5月12日，平谷区平热－5地热井通过市国土局验收。

5月23日，市国土局副局长李燕飞带队，到平谷区检查全区地质灾害防治工作。

5月27日，黄松峪国家矿山公园总体规划通过国土部专家组评审。

5月30日，市国土局副局长张维到平谷区就通用航空、西高村西路、早鲍路、平谷新城小辛寨石河综合治理和洵河治理等五宗项目土地利用总体规划情况进行工作调研。

6月，平谷分局正式启动了第二届国土资源节约集约模范县（市）创建活动。

6月12日，平谷区副区长刘晓光及国土分局、监察局、查违办和规划局、政府督查室主管领导督导山东庄镇、南独乐河镇、兴谷开发区、东高村镇检查11次卫片整改情况。

6月26日，平谷分局组织区政府办公室等13家相关单位及各乡（镇）主管领导在分局正式启动《平谷区土地整治规划（2011－2015年）》修编工作。

7月12日，市规划委副主任王玮会同市国土局卫片检查领导小组对平谷区2011年度卫片执法工作进行指导检查，实地检查了东高村镇伊春森利、王辛庄太后村、南独乐河镇等三个违法占地项目现场。

8月24日，平谷区黄松峪国家矿山公园、国家地质公园通过市国土局评审验收。

9月18日，国家督查北京局专员蔡可军和市国土局领导到平谷区检查卫片执法检查工作。

9月19日，北京平谷黄松峪国家矿山公园揭碑开园。该园的开园填补了北京市金矿科普旅游的空白。

10月10日，平谷区副区长刘晓光会同平谷分局、区规划分局、住建委、新农办、黄松峪乡政府及白云寺村干部到白云寺村新民居建设现场召开现场办公会，所建民居全部用于本村村民的搬迁安置，不存在对外出售的情况。

12月4日，黄松峪国家地质遗迹保护项目通过市国土局评审验收。

12月12日，常亮到平谷分局任副局长。

12月13日，区纪委副书记张月春带队到平谷分局进行本年度党风廉政建设工作检查。

北京市国土资源局怀柔分局

【土地资源概况】

怀柔区是北京市的远郊区，地处北京东北部，坐标为北纬40°14′—41°04′，东经116°17′—116°55′。东临密云县，南与顺义区、昌平区相连，西与延庆县搭界，北与河北省赤城县、丰宁县、滦平县接壤。辖区设14个乡（镇）。

怀柔区辖区总面积2122.622平方公里（212262.2公顷），地类数据详见表5-20。

表5-20　怀柔区各地类数据汇总表

地类		面积（公顷）
合计		212262.2
农用地	小计	156802.2
	耕地	9750.9
	园地	15335.1
	林地	129164.0
	牧草地	5.3
	其他农用地	2546.9
建设用地	小计	13337
	居民点及工矿	10485.9
	交通运输用地	1256.8
	水利设施用地	1594.3
未利用地	小计	42122.9
	未利用地	38702.2
	其他土地	3420.7

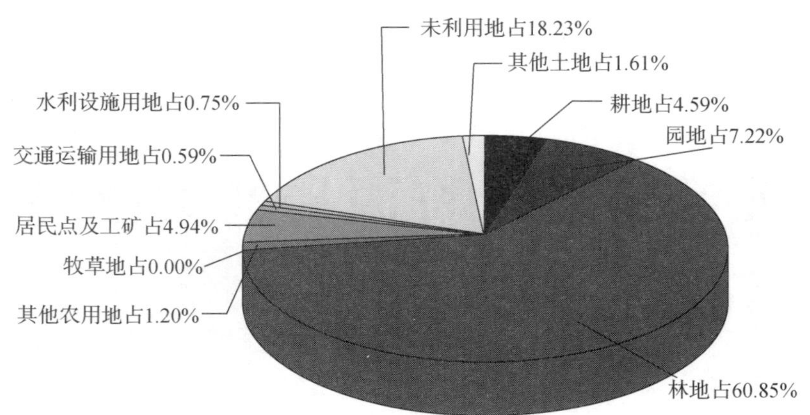

图 5-13　怀柔区各地类比例图

【机构设置】

北京市国土资源局怀柔分局（简称怀柔分局）内设办公室、综合科、地籍科、耕保征地科、土地利用科、地质矿产科、财务科、纪检监察科 8 个行政科室，行政编制 36 名，工勤人员 5 名；下设北京市土地整理储备中心怀柔区分中心、北京市怀柔区土地权属登记事务中心（北京市怀柔区土地利用事务中心）、北京市怀柔区国土资源执法监察队及 6 个国土所 10 个事业单位，在岗职工 92 名。

分局领导班子：

局长、党组书记	周相民
党组副书记	唐军生
副局长	王永兴
副局长	胡海玲
副局长	要启明
副局长	唐少明

【土地利用总体规划】

开展了新一轮土地利用总体规划宣传工作。成立领导小组，制定宣传方案，开展区级土地规划的宣传。利用各种宣传媒体、采取不同形式，在怀柔报上刊登规划宣传专版，在电视台、怀柔信息网举办有领导参加的答记者问、在线访谈，在分局网站内开辟规划成果宣传专栏，制作规划培训幻灯片，并召开区级规划宣传动员会，并对参会人员进行了区、乡（镇）规划的培训，发放宣传资料（包括各类图件、文本、图册、报纸、光盘）5000 余份。14 个乡（镇）也对本乡（镇）的二级班子、乡（镇）干部和全体村干部进行了培训，发放宣传材料，张贴宣传标语，同时将规划成果进行公示（到村），利用乡（镇）广播向老百姓宣传。

完成怀柔区土地规划数据库建设工作。按照市国土局和国土部建库要求，以区各类规划指标形式的数据、各类型图层、图斑等各类属性为基础，全面补充完善基础资料，在市国土局的指导下，建成了怀柔区土地利用总体规划数据库，包括区、乡（镇）级规划的 18 个图层中的各类指标、数据和地理信息要素、土地信息要素，逻辑数据机构等及编码。在建库过程中，通过沟通、协调、补充、完善，全区的规划数据库做到了细致、严谨、规范，受到市国土局的好评，同时作为全市样本，报国土部已批准。

【建设项目用地预审】

年内，办理各类建设项目用地预审31个，总用地面积约259.89公顷，其中农用地128.48公顷（含耕地39.78公顷），建设用地127.17公顷，未利用地4.24公顷。

【征地及农用地转用项目用地管理】

年内，完成农村村民宅基地审批2件，完成乡镇（村）公共设施、公益事业使用集体建设用地审批1件，完成乡镇（村）企业使用集体建设用地审批1件，完成设施农业用地审批7件，上报集体土地征收（农用地转为建设用地）审批件12件。

【土地整理及耕地占补平衡】

本年已取得2006年琉璃庙、汤河口、杨宋等3个市财政投资土地开发整理项目验收批复。项目建设总规模9.52公顷，其中新增耕地面积0.44公顷；投资预算1271.88万元，核定资金为1174.08万元。已向市国土局申请2009年喇叭沟门乡、长哨营乡、宝山镇、琉璃庙镇及2006年桥梓镇等5个市财政投资土地整理项目验收工作。项目建设总规模6.54公顷，其中新增耕地面积2.45公顷，预算总投资6627.52万元。已完成在施11个开发整理项目的土地整治系统报备工作，以及怀柔区桥梓镇4个村、庙城镇9个村土地综合整治项目（整治规模3.58公顷，拟新增耕地3.53公顷，预计投资7962.23万元）立项报备工作。完成杨宋、怀北及渤海三个镇17.49公顷高标准基本农田建设项目的立项工作。

【土地供应计划及实施】

年内，计划供应22个，供地总量318.04公顷，按用途结构分类：交通运输用地1个，75.1公顷；公共管理与公共设施用地2个，3.20公顷；工矿仓储用地10个，95.36公顷；商品住宅用地4个，75.62公顷；公共租赁房用地14.93公顷；定向安置房用地1个，53.82公顷。

截至年底，实际完成供地2个，68.93公顷，完成率21.6%。分别为庙城镇桃山组团富密路西侧工业用地51.56公顷、北京雁栖湖生态发展示范区土地一级开发E－1地块17.37公顷。

【土地市场交易】

年内，完成入市交易项目2宗，土地面积68.92公顷，其中建设用地面积49.79公顷，成交价格73077万元，其中政府土地收益10971万元；完成国有土地使用权有偿收回1宗，收回土地面积57.75公顷，收回价格16057.29万元。

【土地储备开发】

年内，梳理确定12个土地一级开发在施项目，总占地面积约961公顷，计划投资20亿元，已实现投资约14.76亿元，完成投资的73.80%。

【土地调查】

为了贯彻落实国土部、财政部和农业部《关于加快推进农村集体土地确权登记发证工作的通知》的各项要求和市政府的具体工作部署，全区开展了农村土地确权登记发证工作，成立了怀柔区农村土地确权登记颁证工作领导小组办公室。依据市颁证办的部署和要求，结合怀柔区实际拟定了《北京市怀柔区农村土地确权登记发证工作意见》和《北京市怀柔区农村土地确权登记发证工作方案》，并报区政府审批。编制工作经费预算，协助领导组织召开农村土地确权登记颁证动员大会，收集整理会议所需资料，对重要的会议出会议纪要并保存归档。对北房镇开展试点工作，整理历年发证档案和调查档案，对历年已发证土地进行上图确认，对符合确权登记发证的宗地上报区政府审批。试点结束后开始总结经验，然后全面铺开，截止年底，全区农村集体土地所有权确权登记发证应发证宗地 1943 宗，面积 200286.02 公顷。已发证宗地 1812 宗，发证面积 185709.3 公顷。

【土地权属登记】

国有土地使用权登记。截至年底，审核办结国有土地使用权登记 104 件，面积 320.48 万平方米。其中国有土地出让登记发证 82 件，面积 168.72 万平方米；划拨登记发证 20 件，面积 104.88 万平方米；政府储备登记发证 2 件，面积 46.88 万平方米。办理国有土地使用权注销登记 17 件，面积为 26.85 万平方米。

土地使用权抵押登记。截至年底，审查办结抵押登记发证 133 件，抵押面积 299.03 万平方米，贷款金额 45.15 亿元；办结抵押注销登记 86 件。

集体土地使用权登记。截至年底，审核办结集体土地使用权登记 17 件，面积为 45.86 万平方米。

【土地执法监察】

加强动态巡查，本年共计巡查行程 39200 公里，2200 人次，其中一级巡查 1144 人次，二级巡查 528 人次，三级巡查 528 人次，立案调查 106 宗。

按季度完成 4 次地籍变更调查工作，全区共涉及 154 块图斑，面积为 4.56 公顷，其中耕地 1.67 公顷。在 154 块图斑中，建设用地 138 块，面积 4.22 公顷，其中耕地 1.42 公顷；其中，合法用地 84 块，面积 3.62 公顷，其中耕地 1.26 公顷；违法用地 54 宗，面积 0.60 公顷，其中耕地 0.15 公顷。

土地卫片执法检查，全区涉及疑似违法图斑 174 块，109 宗地，面积 3.28 公顷，其中耕地 0.55 公顷。往年批准今年实际建设（PJ）图斑 31 块，面积 0.83 公顷，其中耕地 0.36 公顷。经核查，109 宗核查地块中，判定为合法用地 34 宗，面积 2.87 公顷，其中耕地 0.36 公顷。军事用地 1 宗，面积 0.0039 公顷。判定为违法用地 74 宗，面积 0.41 公顷，其中耕地面 0.19 公顷。拟问责比例为 9.16%；74 宗违法用地中，采取立案查处 50 宗，非立案查处整改 24 宗。50 宗立案查处案件，已下发行政处罚决定 48 宗，申请法院强制执行 12 宗，查处到位率 96%。24 宗非立案查处案件，拆除复耕到位面积 0.11 公顷。

通过卫片执法检查、动态巡查、群众举报等各种渠道发现的违法违规用地共立案调查 106 宗，面积 0.81 公顷，其中耕地 0.31 公顷。在 106 宗违法用地中，属本年以前年度发生、本年发现的违法用地 89

宗，面积0.75公顷，其中耕地0.31公顷；本年新增违法用地18宗，面积0.06公顷。对已立案的106宗案件，下发处罚决定书78宗，其余28宗查处工作正在进行中。

在打击盗采工作中，分局会同区水务局、公安分局、工商分局等部门联合执法，不断开展执法行动严厉打击各类突出盗采行为，并组织区联合执法队始终保持高压打击的工作态势，以杜绝大规模盗采现象为目标，常年坚持24小时不间断的巡查检查机制，进一步遏制了全区大范围的盗采活动，确保了全区打击盗采工作形势保持稳定。据统计，本年全区共查扣盗采机械车辆43台（辆），行政处罚罚款21.5万元，公安机关刑事行政拘留30人。

【信息化建设】

继续深化国土资源综合监管平台应用。3月5日，怀柔分局一体化系统正式整合融入市国土资源综合监管平台，从而实现了全业务统一平台办理目标。一是，截至年底，“事务管理”模块共计录入外单位来文2346件，拟稿发文319件，内部公文流转62件，信息报送184件，发送会议通知5件，通知公告51件；二是“行政审批”模块共办理各类行政许可服务类业务共133卷，土地登记业务共计2178件，全部达到数据闭合标准；三是本年共解决或反馈监管平台系统问题320条，已解决280条。

做好信息化基础运维工作。一是按照市国土局信息中心要求，完成了分局可信网设备和地籍专用服务器设备的安装和调试工作；二是完成涉密载体清理统计工作、涉密计算机和涉密存储介质统计以及新入职人员的保密责任书签订工作；三是解决计算机软硬件和网络维护共计1024次，其中硬件维修436次，软件维护403次，查杀病毒42次；四是抽调6台计算机和2台打印机组建了两间国土所公用机房，方便国土所应用综合监管平台系统进行办公；五是完成第四国土所VPN联网工作，5台计算机配置了内网办公系统。

【矿产资源概况】

怀柔区矿产资源较为丰富，有固体矿产资源、矿泉水、地热资源等类型。其中已发现的固体矿产有八四大类、八亚类，三十多个矿种。历代已开采的矿种有金、银、铜、铁、钼、萤石、粘土、石灰石、花岗岩等十余种。全区有矿山企业4个，开采矿种有铁、水泥灰岩、矿泉水等。

【矿产资源开发管理】

改革开放以来，怀柔区的矿业开发发展迅速，至2001年，全区有各类矿山企业一百多个。近几年来，根据北京市政府关于逐步减少固体矿山企业的总体要求，怀柔区不断加大对矿山企业的管理和规范力度，从2004年6月起不再批设新的采矿权；对现有矿山企业采矿权的延续申请认真把关，原则上不再予以延续，做到逐步关闭。并且通过实行政策性关闭、部门联合执法、取缔非法采矿点、加大检查及处罚力度等多项措施，对全区的矿产资源开发秩序进行了全面清理整顿。改变了过去矿山企业“多而小，小而乱，遍地开花，无序开采”的状况。截至年底，全区非煤矿山企业仅4个，其中铁矿1家、矿泉水2家、水泥灰岩矿1家。

加强对矿山企业依法缴费宣传。本年共收矿产资源补偿费908627.12元。其中追缴2011年度补偿费263037.89元，征收本年度矿产资源补偿费645589.23元；收取矿产资源使用费3000元；矿山环境恢复治理保证金109.2万元。

【地质灾害防治】

突发性地质灾害主要分布在山区10个镇乡32个行政村，受威胁户数共552户。按照市国土局及怀柔区有关工作要求，特别是“7·21”特大自然灾害后，结合本区防汛工作特点和以往汛期地质灾害的基本做法，进一步健全和完善了地质灾害预案、方案、责任制等制度建设。及时通过下发文件、召开会议、实地检查、隐患点再排查、加强监测和值守、细化预警预报传送方式、开展应急演练等多种方式，强化地质灾害易发区域的防治工作，落实各项防治措施。通过发送地质灾害预防指南、宣传图册、手册、折页等形式，大力宣传普及地质灾害防治政策法规。年内，积极争取财政资金共200万元，对琉璃庙镇老公营村崩塌隐患、九渡河镇石湖峪村泥石流隐患进行了工程治理，消除了地质灾害隐患给周边群众带来的生命财产威胁。

【国土宣传与信息工作】

整理编辑信息610条。其中：市国土资源信息网工作动态和怀柔分局外网同时采用信息235条；市国土局办公室采用信息31条；区委区政府信息等采用25条；《怀柔国土资源信息》75期，刊登信息317条，图片203张。

【信访工作】

年内，共接到各类信访256批（件），其中咨询184批319人次，市区批转件44件，市长信箱16件 北京市综合信访系统6件 局长信箱53件，来访咨询的184批包括个访180批287人，集体访4批32人。咨询内容涉及宅基地类83批；征占地补偿类17批；违法建设类53批；其它问题31批。办理12336举报99件。

【大事记】

4月1日，国土部部长徐绍史带队国土部工作人员230余人，到怀柔区庙城镇高两河村义务植树点参加植树。市国土局局长魏成林参加植树活动。

4月19日，市国土局副局长李燕飞带领市国土局地环处领导和设计单位、监理单位等有关专家，针对琉璃庙镇老公营村崩塌治理项目现场踏勘及对设计方案进行评审。

4月28日，怀柔区政府组织查违办、怀柔分局、公安分局、城管大队、水务局、雁栖镇政府对位于雁栖镇泉水头村东南的“旭容别墅”项目依法拆除。此次拆除行动共出动200余人，专业拆除车辆10台，将27栋违法建设全部拆除，拆除面积约8000平方米。

10月21日至25日，国家土地督察北京局专员蔡可军带领检查组一行10人至怀柔区开展了为期5天的专项检查工作。

北京市国土资源局密云分局

【土地资源概况】

密云县位于北京市东北部，是北京市的远郊县。坐标为北纬 40°14′—40°48′，东经 116°41′—117°30′，北、东与河北省滦平县、承德县、兴隆县接壤；西、南、东南与怀柔区、顺义区、平谷区毗邻。辖区设 19 个街道办事处（乡、镇）。

密云县辖区总面积 2229.445 平方公里（222944.5 公顷），地类数据详见表 5-21。

表 5-21　密云县各地类数据汇总表

地类		面积（公顷）
合计		222944.5
农用地	小计	154065.6
	耕地	22932.9
	园地	18994.0
	林地	109388.7
	牧草地	770.6
	其他农用地	1979.4
建设用地	小计	32951.6
	居民点及工矿	14335.3
	交通运输用地	1036.8
	水利设施用地	17579.5
未利用地	小计	35927.3
	未利用地	31872.2
	其他土地	4055.1

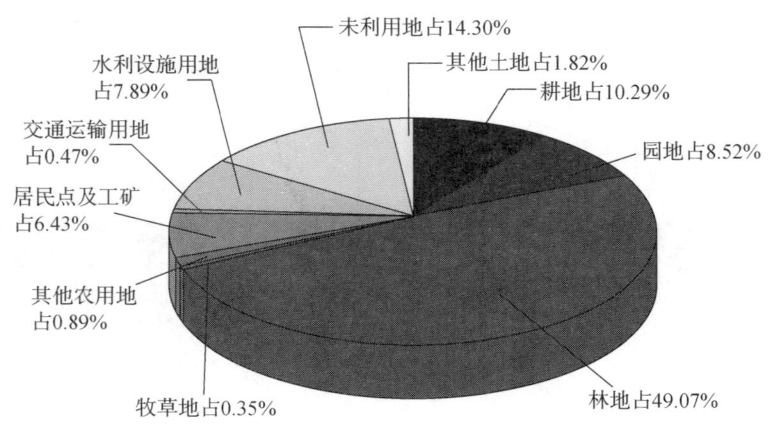

图 5-14　密云县各地类比例图

【机构设置】

北京市国土资源局密云分局（简称密云分局）内设置办公室、土地利用科、耕保科、地籍科、财务科、执法监察科、纪检监察科等 7 个职能科室，其中办公室、土地执法科、地籍科分别加挂政工科、地质矿产科、综合科牌子，编制 28 名，下设土地储备分中心、权属登记事务中心、土地利用事务中心、矿产执法队、国土一所、国土二所、国土三所、国土四所、国土五所、国土六所等 10 个事业单位，编制 103 名，实有人数 100 名。

分局领导班子：

局长、党组书记	孙全春
副局长	王国辅
副局长	张义臣
纪检组长	潘连筠
副局长	王永望

【土地利用总体规划】

年内，严格实施土地利用总体规划，充分发挥统筹管控作用，5 月开始着手编制《北京市密云县市区乡三级基本农田保护区专向规划》和《北京市密云县土地整治规划》2 个专项规划，完成资料收集、组织准备、调查研究、初步规划方案编制等工作。

【建设项目用地预审】

本年共完成建设用地预审项目 46 个，总建设用地面积 224. 65 公顷，其中农用地 107. 76 公顷，建设用地 104. 38 公顷，未利用地 12. 52 公顷。在土地划拨方面，本年办理土地划拨项目 5 个，用地总面积 2. 25 公顷。

【征地及农用地转用项目用地管理】

本年审核集体农用地转为建设用地项目 5 个，用地总面积约 73. 25 公顷，其中耕地面积 30. 45 公顷。办理县级重点项目征地手续 2 宗，总面积 4. 17 公顷。征收土地结案项目 2 个，面积 130. 78 公顷。

【土地整理及耕地占补平衡】

年内，共实施 3 个基本农田整理项目，建设规模为 1514. 28 公顷。纳入耕地占补平衡考核范围的项目共 4 个，共补充耕地指标 30. 45 公顷。

【土地供应计划和实施】

年内，土地供应10宗，土地面积共计42.33公顷。其中，供应经营性用地2宗，包括以招标、协议方式供应土地各1宗，土地面积分别为21.61公顷和10.75公顷；完成工业用地入市交易3宗，土地面积7.35公顷；完成划拨出让用地5宗，土地面积2.62公顷。

【保障性住房用地供应】

年内，完成保障性住房供地4公顷，含限价房供地指标1公顷，经济适用房供地指标3公顷。限价房供地指标1公顷落实在观光塔住宅土地一级开发项目D地块，该地块以挂牌方式出让；经济适用房供地指标，其中1.17公顷落实在云北小区西侧居住项目，1.83公顷落实在观光塔住宅土地一级开发项目C地块。

【土地储备开发】

年内，在施的土地一级开发项目16宗，土地总面积255.97公顷。

【土地入市交易】

年内，土地市场供应5宗，土地面积共计39.71公顷。其中，经营性用地2宗，包括以招标、协议方式供应土地各1宗，土地面积分别为21.61公顷和10.75公顷，成交价款分别为5.07亿元和0.95亿元，政府土地收益0.96亿元；完成工业用地入市交易3宗，土地面积7.35公顷，成交总价款0.47亿元，政府土地收益0.06亿元。

【土地权属登记】

年内，办理国有土地登记发证162宗，总面积429.86公顷；办理国有土地使用权注销登记3宗，总面积36.37公顷；办理土地及在建工程抵押94宗，总面积251.86公顷，涉及房地抵押贷款资金累计33.71亿元。办理土地权属审查51宗，总面积375.5公顷。农村土地确权颁证工作有序推进，已完成确权登记发证工作，核发集体土地所有权证2223宗，面积159031.94公顷，确权登记发证率93.9%。

【宅基地报批】

年内，共有9个乡镇、47个村、98户农民建住宅用地申请符合用地审批条件，已经县政府批准，总占地用地1.56公顷。

【土地执法监察】

年内，立案查处土地违法案件76起、5.31公顷，依法依规将违法建筑物全部拆除；完成第12次卫片执法检查工作，实地核检366个变化图斑、64宗地、监测面积261.91公顷。本年查扣36台（辆）盗采盗运机械（车辆），移送县公安局涉矿案件15起。

【服务窗口建设】

年内，共受理行政许可和行政服务事项及其他事项769件，办结766件，按时办结率为100%。受理有关业务公文52件，整理、装订并移交到局档案室各类业务档案共计608件。受理法院协助执行49件。接待业务咨询2000余人次。入驻密云县综合行政服务中心以来，国土局窗口连续7年获得“红旗窗口”标牌，工作人员全部获得“服务标兵”荣誉称号。本年度再次获得了“绿色环境先锋岗”，张金凤、罗金宇两名同志获得了“优质高效服务标兵”荣誉称号。

【矿产资源概况】

密云县矿产资源丰富，金属矿物有铁、金、银、钨、铬、铅、锌等，其中，铁矿已探明储量9.67亿吨，占全市铁矿储量98%以上，主要分布在水库周边地区，包括太师屯、不老屯、高岭、巨各庄、冯家峪、石城、穆家峪7个镇。非金属矿以砂石、石灰石为主，其中砂石储量最大，主要分布在潮白河流域和西田各庄镇、十里堡镇等地。

【矿产资源开发管理】

按时完成县域内7家矿产资源企业本年度矿产资源开发利用年检工作，完善矿产资源统计基础表。完成对县属5家铁矿企业是否存在超层越界开采行为的执法检查工作，未发现越界开采行为。收缴本年度矿产资源补偿费675.35万元，采矿权使用费0.95万元。

【地质灾害防治】

密云县北部山区是地质灾害易发区，分局采取多项措施重点做好汛期地质灾害防治工作：一是成立了汛期地质灾害应急指挥部和应急调查队，逐级建立并落实防灾责任制，严格执行地质灾害险情巡查、灾害应急调查、灾情速报、汛期24小时值班等制度，及时、有效地预防和处理地质灾害；二是完善群测群防体系。各镇、村专门设立了群测群防员，负责本区域地质灾害隐患点灾害情况的监测、记录和上报工作，建立隐患台帐，落实“七包、七落实”政策；三是加强对全县地质灾害易发区稳定和不稳定隐患的巡查力度，掌握隐患发展情况，提前采取措施，避免灾害发生；四是认真开展宣传教育，向受地质灾害威胁群众发放地质灾害防治明白卡，提高群众防灾避险意识。本县地质灾害防治工作经受住了汛期多次强降雨特别是“7·21”特大自然灾害的考验。

【矿山环境治理】

年内，密云县实施的矿山生态环境综合治理项目4个，包括首云铁矿、巨各庄铁矿、北京市白河上游废弃矿山地质环境治理项目，4个项目的外业工程部分均已完成。

【宣传工作】

以“4·22”世界地球日、“6·25”全国土地宣传日、“12·4”全国法治宣传日为契机，积极开展国土资源法制宣传活动，通过新闻媒体播报、手机短信平台、悬挂横幅、展板、发放宣传资料、设立街头宣传点等多种形式宣传国土资源相关政策、法律法规和基本知识，倡导珍惜地球资源、建设“绿色北京”、保护地质环境、建设美好家园的新理念，提高广大群众依法依规用地和节约集约利用资源的意识。

【信访工作】

截至年底，共接待来访155批367人次，共收到来信166件，办结率100%，办理12336违法举报线索65件，处理率100%。套用过有效解决信访问题，维护了全县的社会稳定。

【大事记】

3月21日，市国土局纪检组长周新华带队到密云分局检查党风廉政建设工作。

6月28日，在全市应对强降雨天气紧急工作会议后，市国土局副局长李燕飞、副巡视员郭创兴带队到密云首云铁矿调研，并检查采矿区、尾矿库的安全工作。

7月5日，市国土局副局长李军带领市卫片检查验收领导小组检查密云县2011年度卫片整改工作开展情况以及下一步工作计划，市国土局领导小组要求进一步加强整改和监督，并提出指导性意见。

10月25日至29日，国家土地督察北京局专员蔡克军带领检查组赴密云开展2011年度土地卫片执法检查验收工作。

12月17日，密云分局组织召开机关工会第一次会员代表大会，正式成立了分局机关工会，投票选举产生了工会委员会、女工委员会和经审委员会。

12月12日，国土部派出河南省地质调查院主任张忠慧、江苏省国土资源厅地环处处长孙爱莲组成专家组，对密云云蒙山国家地质公园建设进行检查验收。

北京市国土资源局延庆分局

【土地资源概况】

延庆县地处北京市西北部。坐标为北纬 40°16′—40°47′，东经 115°44′—116°34′。东、南与怀柔区、昌平区相邻，西、北与河北省怀来县、赤城县接壤。辖区设 15 个乡（镇）。

延庆县辖区总面积 1993.749 平方公里（199374.9 公顷），地类数据详见表 5-22。

表 5-22 延庆县各地类数据汇总表

地类		面积（公顷）
合计		199374.9
农用地	小计	168902.8
	耕地	29792.4
	园地	9623.6
	林地	126898.3
	牧草地	12.9
	其他农用地	2575.6
建设用地	小计	14373.2
	居民点及工矿	10781.4
	交通运输用地	1756.2
	水利设施用地	1835.7
未利用地	小计	16098.9
	未利用地	11919.0
	其他土地	4179.9

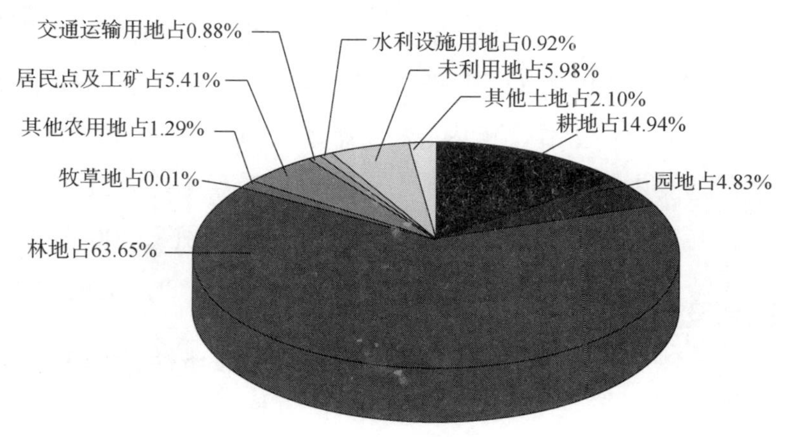

图 5-15　延庆县各地类比例图

【机构设置】

北京市国土资源局延庆分局（简称延庆分局）内设办公室（财务科）、综合科、地籍科（地质矿产科）、土地利用科（耕地保护科）4 个行政科室，设纪检监察科（政工科），编制 34 名，其中行政编制 22 名，工勤人员 12 名；实际在编 23 名，其中行政人员 21 名，其中工勤 2 名。下设北京市土地整理储备中心延庆县分中心、北京市延庆县土地权属登记事务中心、北京市延庆县土地利用事务中心，1 个执法队：北京市延庆县国土资源执法监察队，6 个国土资源管理所：第一、第二、第三、第四、第五、第六国土资源管理所，共 10 个事业单位，编制 103 名，实际在编 91 名。

分局领导班子：

局长、党组书记	姜卫国
副局长	刘亚利
副局长	徐　智
副局长	房秀利
纪检组长	孙仲军
副局长	李淑华

【土地利用总体规划】

2 月，延庆县乡（镇）土地利用总体规划（2006 – 2020）经市政府批准实施。至此，延庆县土地利用总体规划修编工作结束。

【建设项目用地预审】

年内，办理建设项目用地预审 30 件，面积 362 公顷，其中建设用地面积为 81.90 公顷，未利用地面积为 14.34 公顷，农用地面积为 265.76 公顷（其中耕地面积为 133.68 公顷，未占用基本农田）。

【征地及农用地转用项目用地管理】

年内，完成集体土地征收前期以及农用地转用前期项目 7 宗，其中征收前期项目 3 宗，面积 0.86 公顷；农转用前期项目 4 宗，面积 3.19 公顷，其中新增建设用地面积 1.73 公顷。

【土地整理及耕地占补平衡】

年内，土地整理在施项目 35 个，规

划设计总规模3994.03公顷，预计新增耕地1746.49公顷，预算投资31311.86万元；有3个项目通过了验收，总规模89.72公顷，新增耕地61.11公顷。年内，共为15个建设项目提供占补平衡，总规模47.48公顷，金额17776.87万元。

【土地供应计划及实施】

年内，完成土地供应7宗，其中入市交易2宗，面积7.34公顷，成交价2768.57万元，政府收益621.93万元；划拨4宗，面积5.83公顷；协议出让1宗，面积9.4公顷，合计22.57公顷。

【土地储备开发】

年内，在施土地储备开发项目13个，面积436.43公顷，完成开发项目2个，面积8.9公顷。年内，新增开发项目1个，面积6.99公顷。实际完成投资4281.26万元。

【土地调查】

积极开展本年度土地变更调查与遥感监测工作，共实地调查新增建设用地615宗，面积163.57公顷，其中耕地85.35公顷。

【土地权属登记】

完成延庆县农村集体土地使用权确权登记发证工作，共调查集体土地所有权3038宗，面积177035.38公顷，完成确权登记2947宗，登记率为97.01%；完成确权登记面积169727.11公顷，登记率为95.87%。年内，日常登记工作有序开展，共完成国有土地使用权登记76宗，面积145.25公顷；完成国有土地使用权抵押登记44宗，面积82.22公顷，抵押金额58290万元；完成国有土地使用权抵押注销登记40宗，面积110.57公顷，抵押金额54173万元。完成土地权属审查项目29个，土地面积93.06公顷；完成勘查定界审查项目11个，土地面积34.43公顷。

【土地执法监察】

年内，通过动态巡查、群众信访、12336和卫片等途径共发现违法违规用地、盗采砂石等国土资源违法行为68起，下发《责令停工通知书》15份，下发《限期整改通知书》3份，立案26件，非立案方式24起。年内，已结案17件，没收违法占地25128.34平方米的建筑物，罚款65.99万元，剩余9件正在处理之中；24起使用非立案方式已处理完毕。年内，通过动态巡查、卫片执法共退还违法占地14.8公顷，其中恢复耕地4.89公顷。

【信息化建设】

切实加强地籍管理信息系统和数据库建设。着眼以图管地、以证管地，加快实施地籍管理信息系统、地籍数据库系统，严格地籍数据库管理，制定切实可行的建库流程和建设方案，基本实现了日常土地初始登记、农村土地登记数据入库，土地初始登记网上流程审批的目标，地籍管理信息化水平有所提高。

【矿产资源概况】

据《北京市延庆县国土资源及地质环境综合调查》资料统计：延庆县矿产资源丰富。金属矿产主要有铁、铜、铅、锌、钼、铂、钯 7 个矿种；非金属矿产主要有冶金辅助原料矿产、化工原料矿产、建筑材料矿产等共计 13 个矿种；能源矿产主要是泥炭和天然气的产出；水气矿产主要是含锶硅质量重碳酸钙型弱碱性微硬度低矿化度水。

【矿产资源开发管理】

县域内 1 家持证开采的矿泉水企业通过本年度矿产资源利用年检；2 家持有探矿权许可证单位全部通过探矿权初检。

【地热资源管理】

县域内 3 家地热开发利用单位通过本年度年检。

【地质灾害防治】

积极开展地质灾害隐患点核查工作，更新了明白卡和警示牌，完善了群测群防系统，开展了多角度地质灾害防治宣传活动，落实了地质灾害演练计划。“7・21”特大自然灾害发生后，进一步强化地质灾害防治工作力度，完成《延庆县“7・21”地质灾害应急调查》和《延庆县“7・21”公路地质灾害应急调查》，均已呈报县政府。年内，全县没有因地质灾害发生人员伤亡事故，实现安全度汛。延庆县珍珠泉乡南天门山体崩塌治理项目已经顺利完工，正在准备验收。

【信访工作】

年内，共接待来访 91 批次 162 人次，受理群众来信 57 件，完成市长信箱、局长信箱及领导督办重点事项 22 件，所有群众来信来访均得到了及时答复，未发生重大不良信访事件。

【宣传工作】

以“4・22”世界地球日、“6・25”全国土地日、“12・4”全国法制日等宣传日为契机，积极开展宣传工作，深入广场、小区、学校，通过悬挂条幅、发放宣传册、科普宣讲等方式，大力宣传保护国土资源的重要意义，普及地质灾害避险常识等。

【党风廉政建设】

切实开展创建“群众满意基层站所（窗口单位）活动”和“三个体系”建设，积极推进廉政风险防范管理，严格“三公”经费支出；深化“三进两促”活动内涵，积极推进学习型机关建设，认真落实党建和业务工作有机融合方针，干部队伍的思想理论水平不断提升，干部队伍执行力不断提升，干部队伍的作风进一步转变。

【大事记】

3 月 22 日，延庆县部署 2011 年度矿产卫片执法检查工作。

4 月 13 日，延庆分局组织召开本年度地质灾害防治工作会议，部署本年度防汛工作。

5 月 21 日，延庆县人民政府约谈 11 个违法用地情况整改不到位乡（镇）政府党政一把手。

5 月 31 日，延庆县工业用地首次公开入市交易。

6 月 20 日，延庆分局组织开展本年地质灾害应急演练工作。

7月16日，延庆县珍珠泉乡南天门村崩塌治理项目工程正式启动。

9月12日，延庆县井庄镇泥石流易发区北地村整村搬迁项目土地利用总体规划修改方案通过专家评审。

11月8日，延庆县张山营镇土地利用总体规划（2006－2020）局部修改方案通过专家评审。

11月29日，延庆硅化木地质公园规划修编通过专家评审。

12月31日，延庆县农村集体土地所有权确权登记发证工作结束。

北京市国土资源局经济技术开发区分局

【土地资源概况】

北京经济技术开发区（简称开发区）对北京东南部地区约57平方公里的区域实施经济管辖，其管理范围如下：

1. 1994年8月25日国务院《关于同意设立北京经济技术开发区的批复》批准开发区规划面积10平方公里，四至范围为：东到东环路，南到新凤河，西至凉水河，北至北环路。

2. 2002年8月8日，《关于北京经济技术开发区扩大发展用地的复函》和《北京市人民政府关于北京经济技术开发区扩大发展用地的通知》批准开发区在一期15.8平方公里的基础上向京津塘高速路东和凉水河以西扩展，其中，京津塘路以东约14平方公里，四至范围为：京津塘路以东，大羊坊路以南，大羊坊路及通马路以西，凉水河以北；凉水河以西约10平方公里，四至范围为：凉水河以西，旧头路以东，六环路及新凤河以北。

3. 2000年8月22日，《关于对北京经济技术开发区启动北侧绿化隔离带绿化试点工作的批复》，批准开发区启动北侧绿化隔离带试点工作，绿化带内建设用地涉及有偿使用的，出让合同由开发区管委会房地局签订，土地置换等房地报批手续，可由开发区房地局统一办理，开发区管委会保证北侧绿化带的实现。2001年7月3日，《关于北京经济技术开发区北侧绿化隔离地区土地置换的批复》同意由开发区管委会实施北侧绿化带拆迁安置及绿化工作，组织实施498公顷绿化隔离地区的土地置换方案，通过土地转换和整理后，将原零星分散的建设用地都整理到北侧绿化带南部，绿化用地则集中到北部，至此，北侧绿化带总用地面积4.98平方公里，南起开发区北环路北红线，东至京津塘高速公路西红线，北至规划公路一环，西至凉水河东岸纳入开发区管理范围。

4. 2010年，根据《北京市人民政府关于同意授权北京经济技术开发区管委会统一开发和管理亦庄新城范围内大兴区12平方公里产业及配套用地的批复》，北京市人民政府同意授权北京经济技术开发区管理委员会按照《北京经济技术开发区条例》和《北京市人民政府关于实施《北京经济技术开发区条例》办法》，统一开发和管理亦庄新城范围内大兴区12平方公里产业和配套用地。

【机构设置】

北京经济技术开发区房屋和土地管理局，同时称北京市国土资源局经济技术开发区分局（简称经济技术开发区分局），作为开发区管委会的内设部门，根据《关于中共北京市委经济技术开发区工作委员会北京经济技术开发区管理委员会职能部门设置和人员编制的通知》，其职能如下：根据国家及本市有关规定，负责办理开发区内国有土地使用权出让手续；受理开发区内国有土地使用权登记申请，按规定报市政府批准后，代发国有土地使用证；负责开发区房屋房地产市场的管理工作；负责开发区内房地产中介机构和物业管理单位的资质审核工作。编制7名，领导职数1正2副。

经济技术开发区分局下辖四个事业单位，分别为：北京经济技术开发区房屋土地权属登记事务中心，编制15名。北京市土地整理储备中心北京经济技术开发区分中心，编制7名。开发区物业管理办公室，编制5名。公租房中心，编制15名。

本年从事国土资源管理的工作人员9名，其中公务员5名，事业单位编制4名。

分局领导班子：

副局长　　王俊杰（主持工作）
书　记　　尚健明
副局长　　庞　雁

【土地供应计划及实施】

本年计划供应建设用地257.19公顷，其中工业仓储用地174.01公顷，商服用地52.58公顷，住宅用地30.6公顷，含商品住宅用地21.6公顷，公租房用地9公顷。截至年底，开发区共供应建设用地228.49公顷，其中工业仓储用地180.42公顷，商服用地25.55公顷，住宅用地13.93公顷（含1.2公顷公租房用地），市政设施用地0.79公顷，公租房用地7.8公顷。此外，挂牌成交尚未签订出让合同的宗地面积为29.06公顷，完成年度供地计划。

【保障性住房用地供应】

年内，共供应保障性住房用地6宗，总面积9公顷，全部为公租房用地。

【土地市场交易】

年内，共签订出让合同20宗，总面积220.69公顷，其中工业用地10宗，180.42公顷，商服用地6宗，25.55公顷，市政用地2宗，面积0.79公顷，住宅用地2宗，面积13.93公顷。

【土地权属登记】

年内，继续加强土地登记规范化建设工作，各项土地登记权属数据如下：

初始登记。本年共办理初始登记登记24宗，登记面积108.45公顷，其中出让建设用地使用权初始登记22宗，登记面积97.60公顷，国家租赁建设用地使用权初始登记2宗，登记面积10.85公顷。

变更登记。本年共办理变更登记22宗，登记面积73.17公顷，其中大业主转移登记7宗，登记面积9.46公顷，其他变更登记17宗，登记面积43.75公顷。

注销登记及法院协助执行。本年共办理注销登记1宗，面积8.67公顷。办理法院协助执行164件。

抵押登记。本年办理抵押登记172宗，抵押土地面积411.70公顷，评估金额474.33亿元，贷款金额156.73亿元。其中商服用地20宗，面积55.57公顷，评估金额172.48亿元，贷款金额57.91亿元；工矿仓储用地141宗，面积332.78公顷，评估金额283.64亿元，贷款金额88.44亿元；住宅用地3宗，面积11.26公顷，评估金额3.18亿元，贷款金额2.94亿元；公用管理与公共服务用地8宗，面积12.09公顷，评估金额15.03亿元，贷款金额7.44亿元。详见表5-23。

表5-23　2012年开发区土地抵押登记表

项目	宗数	面积（公顷）	评估金额（亿元）	贷款金额（亿元）
商服用地	20	55.57	172.48	57.91
工矿仓储用地	141	332.78	283.64	88.44
公用管理与公共服务用地	8	12.09	15.03	7.44
住宅用地	3	11.26	3.18	2.94
交通运输用地	0	0.00	0.00	0.00
政府储备用地	0	0.00	0.00	0.00
综合用地	0	0.00	0.00	0.00
特殊用地	0	0.00	0.00	0.00
其他土地	0	0.00	0.00	0.00
总　　计	172	411.70	474.33	156.73

本年共办理抵押注销登记140宗，注销抵押登记面积392.55公顷。

【大事记】

2月，开发区荣获首届全国国土资源节约集约模范县（市）荣誉称号，成为北京市首批获得此荣誉称号的三家单位之一。

3月8日至10日，国土部“深化改革创新加快制度供给”部省联合百人大调研北京调研组到经济技术开发区分局进行调研。

8月3日，组织召开开发区建设20周年系列研讨座谈之一的北京经济技术开发区土地资源节约集约利用座谈会。

学术社团篇

地》。新时期北京城乡一体化发展、解读《全国土地整治规划（2011－2015年）》、《中国土地与中国传统文化》、《房地产市场形势分析》、《全国土地规划纲要编制进展及资源环境承载力评价阶段性成果介绍》、《关于国土资源违法案件处理中的几个问题》、《土地收益分配问题研究》、《城市规划与政策分析》、《德国土地管理制度与房地产市场》等，分别邀请政府部门有关领导、大专院校专家学者专题讲解。

学术研讨会。年内，会同土地经济和土地市场专业委员会组织召开《构建共同责任机制 推进我市节约集约用地》研讨会。市国土局调控监测处和西城分局分别介绍节约集约具体做法和工作经验。市规划委简要介绍2008年试行的《北京市城市建设节约用地标准》，会议邀请专家围绕主题深入研讨。

青年学术论文交流。北京土地青年学术论文交流是学会每年组织的一项品牌学术活动。年内，组织开展第四届青年学术论文交流活动，学会会员单位、市国土局40岁以下青年土地工作者积极参加，共征集论文稿件130篇，论文数量较上年度增加81%。经组织专家评审，评选一等奖13篇，二等奖26篇，三等奖39篇。征集论文汇编成册，印发市国土局有关部门、会员单位200余册。分别向中国土地学会学术年会、海峡两岸学术交流会、市社科联和市科协主题论坛等各类学术交流活动推荐论文18篇。扩大论文交流影响，举办《北京土地青年学术论文演讲交流会》，邀请市国土局领导，局人事处、机关党委、研究室、科技处等部门负责人担任评委，6位优秀论文作者进行演讲交流，专家评委现场点评、评分，评选出论文演讲优秀奖3名。会同市国土局相关部门对北京土地青年学术论文交流活动进行总结表彰，向78位一、二、三等奖论文作者颁发获奖证书，市国土局东城分局、顺义分局、丰台分局获本届青年学术论文交流活动优秀组织奖。

区域学术交流。年内，参加中国土地学会城市分会年度秘书长会议，提交论文2篇；参加4直辖市土地学会联席会议，提交《完善我国农村土地管理制度的若干建议》和《关于北京市城乡结合部土地管理有关问题的研究》2篇论文；应台北市地政士公会邀请，年内组织国土资源系统及会员单位一行14人赴台湾进行为期10天的学习考察；参加中国土地学会在西安市组织召开的本年度中国土地学会18城市分会主任会议及全国土地学会秘书长会议，提交论文3篇；参加中国土地学会在杭州召开的主题为《完善土地产权制度与促进和谐社会建设》本年度中国土地学会学术年会，组织征集论文，提交论文，入选中国土地学会学术年会论文集论文，提交论文14篇。

【科普宣传】

年内，以重点主题宣传为抓手，积极开展科普宣传活动。会同市国土局相关部门组织开展“4·22”世界地球日、“6·25”全国土地日、“北京市科技周”等宣传活动，与朝阳分局在朝阳区奥林匹克森林公园南门联合开展“6·25”全国土地日《建设高标准基本农田、保障国家粮食安全》主题宣传，现场制作展板，发放宣传资料。举办“6·25”全国土地日网上论坛，征集论文25篇。与海淀区科协在海淀区上庄镇西马房村联合举办《农地土壤健康及食品安全管护对策》科普下乡培训讲座，专家现场解答群众提问。首次举办北京国土资源工作者摄影比赛，展示国土资源工作风貌。活动共收到摄影作品80幅（组），评选出一等奖3幅，二等奖6幅，三等奖15幅，优秀奖12幅，获奖作品在《北京土地》期刊陆续刊载。

【教育培训】

北京土地学会培训中心（简称培训中心）是经北京市教育行政主管部门正式批准的社会力量办学机构。年内，培训中心人事变更，原校长杨燕敏任期届满，校长变更为学会副会长史贤英，根据市教委相关规定校长任期调整为3年。年内，培训中心围绕行业教育培训和职业素质培训共组织培训、研讨活动10次，参与学习培训人数计1039人。

【课题研究】

年内，学会承接市社科联《中关村国家自主创新示范区深化发展研究》和市国土局海淀分局《中关村国家自主创新示范区核心区（海淀园）土地优化利用研究》2项课题任务，其中海淀分局课题研究为海淀区政府代草拟了《核心区土地节约集约利用评价及动态监测机制操作规程》、《核心区土地供应导向》、《核心区北部地区农村集体建设用地使用权流转》3个指导意见，截至年底，2项课题均完成研究成果初稿。

【《北京土地》】

《北京土地》为学会内部发行会刊。年内，因市国土局人事变化，《北京土地》编委会组成人员做相应调整，原编委会副主任市国土局副局长曾赞荣调任房山区副书记，经报请市国土局同意，市国土局副局长张维任编委会副主任。本年共出版7期（其中专刊1期），共刊发理论学术类文章117篇，会讯40篇，发行总量7000册。

【承担专项工作】

承担《北京志·国土资源志》编纂工作。年内，受市国土局委托协助局研究室承担《北京志·国土资源志》编纂工作。本年是第二轮志书编纂攻坚阶段。主要完成以下工作：加强组织领导，抽调专人组成相对固定的修志队伍，年内在岗5名；加强培训工作，召开修志动员和培训会2次，邀请市地方志办公室有关专家辅导培训；加强资料收集，初步完成涉地章节资料长编编撰；启动志书初稿撰写，完成第一篇《土地管理》、第三篇《科技教育》、第四篇《管理体制和机构》初稿试写工作；组织召开内部专家会，对完成试写初稿进行评议，进一步统一标准，统一认识；积极协调市地勘局落实涉矿部分修志撰写任务，年内签订委托协议，明确任务要求；年底邀请市地方志有关领导和专家对耕地保护、土地供应、管理体制与机构等重点章节进行指导评议。

《北京市国土资源年鉴》编纂工作。受市国土局委托协助局研究室，连续6年承担《北京市国土资源年鉴》编纂工作。

年内承担《2012 年北京市国土资源年鉴》编纂工作，历经动员部署、业务培训、资料搜集、梳理撰写、审稿校验工作阶段，10 月出版第 1 版《2012 北京市国土资源年鉴》，发行 500 册。截至年底，《北京市国土资源年鉴》累计出版发行 3000 册。

北京市乙级土地规划机构评审推荐和年检工作。乙级土地规划机构评审推荐工作是中国土地学会授权各省级土地学会的专项工作。年内，会同市国土局有关部门组织开展评审推荐 2 次。经过对申报企业内业审核、外业审核、现场踏勘、专家会评审推荐，批准 11 家企业新增为北京市土地规划乙级资质单位。截至年底，本市评审推荐土地规划乙级机构计 76 家。年内共完成 74 家乙级土地规划机构年检审核工作。

北京房地产估价师和土地估价师协会

【协会概况】

北京房地产估价师和土地估价师协会（简称协会）经北京市民政局批准成立于2004年10月，是北京市房地产、土地评估行业的自律组织。本年，协会在高举中国特色社会主义伟大旗帜，以邓小平理论和“三个代表”重要思想为指导，深入贯彻落实科学发展观，团结带领全体会员，顺利完成第三届会员代表大会第三届理事会的换届选举，产生新一届理事会，会长1名，副会长14名，监事长1名、常务理事35名、理事69名。

协会除秘书处负责日常办公外，下设2个中心，即培训中心、信息中心，下设6个专业委员会，即规划发展与对外交流委员会、会员会籍与权益保障委员会、专家鉴定委员会、技术标准委员会、教育委员会、行业自律委员会，内设1个编辑部和1个办公室，即《北京估价师》通讯编辑部和地价动态监测办公室。

截至年底，协会共有团体会员单位158家，其中具有房地产评估资质的机构145家，具有土地评估资质的机构85家，外地在京分支机构6家。

【教育培训】

年内，根据北京市土地管理及估价师行业管理需要，组织各类教育培训活动10余次，共计2000余人次参加。

1. 年度土地估价机构负责人高峰论坛。

围绕地价动态监测部署、国有土地上房屋征收与补偿政策解读等内容，在北京市稻香湖景酒店组织土地估价机构负责人高峰论坛会。

2. 首次在四川成都举办土地估价师继续教育培训班。

年内，在四川成都举办《国有土地出让及出让地价评估》房地产、土地估价师继续教育培训班，来自全国近20个省市的180名政府主管部门和估价相关行业的人员参加培训。

3. 专业继续教育培训会。

年内，根据协会继续教育计划，分别在上、下半年举办2次关于执业风险与管理及政策与经济形势的大型专业继续教育培训会。培训会分别邀请政府部门有关领导、大专院校专家学者进行专题讲座。

4. 土地报告评审及土地报告评审专家培训会。

年内，协同中国土地估价师协会举办土地报告评审及土地报告评审专家培训会。年内，协会共承办2次土地报告评审工作会和2次土地报告评审专家培训会，来自全国的600余人次参加继续教育培训。

【学术交流】

1. 专题研讨会。

年内，协会组织召开4次关于北京市地价动态监测形式研讨会。研讨会主要针对每季度的地价监测结果进行分析并且对下一季度的形势进行重点分析和判断。研讨会邀请市国土局调控和监测处相关领导、国土部勘测规划院及行业内专家一起进行讨论。

2. 区域学术交流。

参加全国土地估价行业协会负责人联席会，在会上协会领导就“如何做好协会管理”做专题汇报交流；参加土地估价报告备案系统应用研讨会；为加强京津沪渝四直辖市估价行业间的交流合作，共同促进估价行业健康发展，参加京津沪渝四直辖市估价行业协会联谊会，就如何加强行业自律做专题发言。

3. 专业评审。

年内，组织北京市土地评估53名行业内专家对北京市土地评估机构出具的土地估价报告进行评审。评审结束后，对北京市土地估价报告出现较集中的问题邀请中国土地估价师协会专家进行专业评审交流。

【专项工作】

1. 北京市地价动态监测工作。

受市国土局委托对本市地价进行监测，并对监测的数据进行汇总、分析、上报。年内，共有55家土地评估机构的233名土地估价师参与地价动态监测工作。

2. 北京市土地评估机构B级资信评审工作。

北京市土地评估B级资信评审工作是协会的重点工作。年内，组织会同协会相关专业委员会开展评审工作。经过审核，批准32家土地评估机构获得土地B级资信称号。

3. 北京市土地估价师执业登记、变更、注销。

年内，完成北京市土地估价师执业登记60人次，变更登记30余人次，注销登记5人次。

4. 全国土地估价师资格考试举行。

受市国土局委托，协会负责全国土地估价师资格考试（北京考区）的报名工作，共有1146名考生参加本年度考试。

【党建工作】

年内，经北京市东城区和平里街道工委批准，中共北京房地产估价师和土地估价师协会党总支委员会正式成立，书记1名，委员6名。高千里任党总支书记，龚秋平、陈再进、李新京、崔志敏、陈力、王力6名同志任委员。下设6个支部，分别为协会秘书处支部、北京百成首信房地产评估有限公司党支部、北京龙泰房地产评估有限责任公司党支部、北京京港房地产估价有限公司党支部、北京市金利安房地产咨询评估有限责任公司党支部、北京宣房房地产评估有限公司党支部，现有党员44名，预备党员1名。

【获奖荣誉】

年内，协会获得中国社会组织评估等级5A级社会团体；获得“北京市社团系统先进集体”称号。

附　录

2012年北京市国土资源局工作大事记

一月

1月6日，市国土局召开干部双重管理工作座谈会，市委组织部及区（县）委组织部的有关领导参加了座谈。会议认为，针对市国土资源以职责任务为中心，人财物全面垂直管理的特点，市国土局要主动向市委组织部报告干部管理情况，加强与各区（县）委组织部的沟通，总结干部双管工作内在规律，发挥主管方和协管方积极作用，加快构建干部内部交流和外部交流一体化，纵向交流和横向交流相结合的工作机制，形成全方位、多层次、多形式的干部交流格局，不断提高干部工作科学化、规范化水平。

1月9日，市委副书记、市长郭金龙主持召开市政府专题会，审议通过了《北京市2011－2015年国有建设用 地供应中期计划》。《计划》紧密结合北京市“十二五”各项规划目标，充分考虑本市社会经济发展目标、固定资产投资规模以及城市人口资源环境协调发展等因素，强化土地参与宏观调控的作用，统筹城乡和区域协调发展；重点强调集约节约利用土地特别是产业用地的原则，同时，加强中心城区和新城的统筹发展，重点支持新城交通等配套基础设施建设，优先安排保障性安居工程用地供应。

二月

2月2日，市编办批复同意成立北京市土地整理储备中心金融街分中心，为西城分局所属正科级全额拨款事业单位，人员编制12名，承担西城区金融街区域土地储备、土地供应、土地后备资源调查评价等方面的具体实施工作。

2月6日，市国土局正式印发《北京市国土资源信息化“十二五”发展规划》，该规划提出了“321”发展战略和全面实现国土资源管理信息化的“五化”目标，以及“一张图”、“综合监管平台”等主要任务。“321”发展战略即动态掌控三类资源状况，完善监管和服务两大技术支撑体系，构建一个管理决策大平台；“五化”即数据精准化、业务联动化、监管全程化、决策科学化和服务集群化。

2月10日，市国土局召开本年国土资源工作会议暨党风廉政建设会议。局长魏成林作了题为《坚定信心、奋发进取，开创首都国土资源管理新局面》的工作报告；驻局纪检组长周新华作了题为《深入推进反腐倡廉建设，为首都国土资源事业发展提供坚强保障》的工作报告；局党组书记张国玉就贯彻会议精神，做好本年工作讲话。

2 月 10 日，市国土局决定在局系统广大青年职工中广泛开展自主调查研究工作，鼓励青年职工努力围绕改革发展中遇到的难题多思考、多研究、多出实招。

2 月 14 日，国土部在北京召开首届国土资源节约集约模范县（市）表彰大会。北京市的西城区、石景山区和北京经济技术开发区 3 个试点单位均荣获首届国土资源节约集约模范县（市）荣誉称号。

2 月 22 日，市政府副秘书长张玉平召开本市 2011 年度土地矿产卫片执法汇报工作会，市卫片工作领导小组及相关成员单位、14 个郊区（县）政府主管领导及市国土局副局长谢俊奇、李军参加，会议专题研究 2011 年度土地卫片执法检查工作的有关问题，要求充分发挥部门联动机制作用，共同遏制土地违法行为。

三月

3 月 1 日，市国土局在新浪网开通官方微博“国土北京”，设置“地质矿产”、“耕地保护”、“地籍管理”、“土地利用”和“国土发展”等栏目。从不同角度介绍北京市国土资源各项工作，及时传递国土资讯和服务信息，不断推进政务公开，积极回应社会关注，树立政府部门良好的公众形象。

3 月 2 日，按照市领导批示精神，市国土局组织召开关于“北京市人民政府 2009 - 2010 年土地出让收入和土地整治相关资金审计工作整改任务部署会”，市国土局总规划师丁晓主持会议，市人力社保局等 7 个委办局和朝阳区政府等 7 个区（县）政府相关负责人参会。会议要求，各相关部门各负其责，严格按照审计署提出的整改意见和建议，抓紧落实。

3 月 15 日，市国土局会同市财政、市审计等部门组成评审小组，通过比选方式确定了本年度土地储备机构贷款银行及额度，农业银行、工商银行、国家开发银行等 19 家银行参与了本年度的贷款比选会，最终确定可提供市土地储备中心贷款规模为 582 亿元，可提供区（县）土地储备机构贷款规模为 780 亿元。

3 月 16 日，市国土局组织专家对密云县大城子镇遥桥峪村泥石流地质灾害治理项目设计方案进行了审查。专家组通过实地查看、现场质询、听取汇报并认真查阅勘查设计方案后，一致通过审查。密云县大城子等镇在 2011 年遭受“7·21”特大自然灾害的影响，受灾情况严重，该项目是市国土局利用中央财政投资进行的第一个泥石流地质灾害治理项目，预计投资 200 万元，治理面积 4 万平方米。

3 月 16 日，市国土局副局长谢俊奇带队参加“智慧北京行动纲要”动员和工作部署会，会议通报市国土局荣获 2011 年度电子政务绩效考核突出奖。

3 月 21 日，市长郭金龙主持市政府专题会，讨论通过《北京市 2012 年度国有建设用地供应计划》。本年全市国有建设用地计划供应总量 5700 公顷，其中新增建设用地控制在2800公顷以内。供应总量中，交通运输用地1100公顷，水域及水利设施用地80公顷，特殊用地170公顷，公共管理与公共服务用地1200公顷，工矿仓储用地1100公顷，住宅用地1700公顷，商服用地350公顷。

3月25日，国土部办公厅同意市国土局报备的《唐家岭地区集体土地租赁住房项目建设实施方案》，要求北京市严格按照方案确定的原则组织实施，及时总结试点经验，国土部将加强指导，确保该项改革积极稳妥，规范有序推进。

四月

4月1日，市编办批复，同意市国土局成立信访处和审计处，内设机构增至18个，行政编制增至148名，增加处级领导职数2正2副。

4月6日，市委常委、市纪委书记叶青纯到市国土局调研廉政风险防控管理工作，市纪委秘书长李振奇、市预防腐败局副局长张岚及市纪委机关有关厅室负责同志陪同调研，市国土局书记张国玉主持调研座谈会，局领导、局机关各处室和直属各单位领导参加了调研座谈。叶青纯听取局长魏成林关于本市国土资源管理工作情况、驻局纪检组长周新华关于市国土局开展廉政风险防控管理工作情况的汇报，观摩了利用国土资源综合监管平台办理行政审批业务的流程演示。

4月11日，市国土局召开本年地籍管理工作视频会议，副局长谢俊奇、市局地籍系统全体人员、相关处室负责人，各分局地籍系统全体人员、相关科室及国土所负责人参加会议，会议以“严格规范管理、积极主动服务，努力推进管理工作迈上新台阶”为主题，总结2011年度地籍工作，研究部署本年度工作任务。

4月16日至22日，市国土局举办“4·22”世界地球日主题宣传周活动。各分局以“珍惜地球资源，转变发展方式——推进找矿突破，保障科学发展”为主题，分别在所在区（县）开展多种多样的科普宣传活动；4月22日，市国土局配合国土部、市政府在中华世纪坛举行纪念“4·22”世界地球日大型主题宣传活动，书记张国玉、局长魏成林、副局长李军与局系统600名干部职工参加活动。

4月17日，市国土局昌平分局协调区内10多个职能部门采用爆破方法对昌平区流村镇白羊沟黄土岭村危岩体进行了消除，这是北京市首次在崩塌地质灾害治理项目中采用该方法，危岩体基本清除，达到了预期效果。

4月24日，国土资源执法视频监控网建设试点工作推进会在顺义区召开。国土部执法监察局局长李建勤等有关司局负责人，21个省（自治区、直辖市）国土主管部门负责同志参加会议，市国土局副局长李军参会。北京市、天津市、山西省等6个省市介绍视频监控进展情况及改进建议等，与会代表参观顺义执法视频监控指挥中心。

4月24日至25日，瑞典制图、地籍和土地登记局官员和专家，及中瑞地籍管理培训团一行到市国土局西城分局和石景山分局就地籍管理等方面进行了座谈交流，副局长谢俊奇参加座谈会。

4月25日，市委决定，张维任市国土局党组副书记。5月8日，市政府第121次常务会议决定，赵建华任市国土局副巡视员。

五月

5月3日，朝阳区双桥农场限价商品住房项目招标出让，该项目是北京市第一宗在出让环节明确住宅产业化要求的项目用地。

5月8日，市国土局组织召开本市地质灾害防治工作部署会，汛期地质灾害防治工作正式启动。市国土局系统、重点乡（镇）、村委会等单位近200名地质灾害防治群测群防员参加会议。国土部巡视员柳源，市国土局副局长李燕飞，国土部应急处处长胡杰，市防汛办副主任刘启来，市气象台副台长伏建国出席会议并讲话。

5月9日，市国土局印发《北京市国土资源局公务员考核暂行办法》。该办法实现了“三个结合”，即：年度考核与平时考核相结合，建立健全平时考核制度；定性考核与定量考核相结合，探索试行量化考核；领导考核与群众考核相结合，实行360度考核。该办法7月1日开始实施。

5月9日，市国土局在门头沟区王平镇西王平村举行本市汛期突发性地质灾害应急演练。市国土局、门头沟区应急办相关领导现场指挥，分局应急调查队、当地镇政府、村委会200余人参加演练，市防汛办、10个国土分局主管局长及科长、门头沟区11个地质灾害重点隐患村两委班子主要负责人现场观摩。

5月10日，国土部同意北京建设“国土规划与开发重点实验室”。该重点实验室主管单位是市国土局，依托单位是北京大学。重点实验室将根据学科特点和技术优势，建立“开放、流动、联合、竞争”的运行机制，加强学术交流与合作，组织开展国土资源领域高水平基础性和创新性研究，为支撑引领国土资源事业的改革发展做出贡献。

5月16日，市国土局印发《北京市国土资源局关于办理北京市电力公司电力设施用地土地登记有关问题的通知》，明确北京市电力公司电力设施用地，尚未办理土地登记发证手续的，统一按照土地初始登记程序办理登记发证手续。北京市电力公司土地确权登记发证绝大部分历史遗留问题可据此解决。

5月17日，市农村土地确权登记颁证工作现场会在房山区召开，副市长陈刚、夏占义，市政府副秘书长安钢，房山区区长祁红，市农委、市财政局、市农研中心和各区（县）政府主管领导参加会议。市颁证办副主任、市国土局副局长谢俊奇介绍全市农村土地确权登记发证工作总体进展情况，市国土局局长魏成林与区（县）政府签订工作责任书。

5月17至18日，市国土局召开本年耕地保护工作暨培训会议。副局长李军出席会议并讲话，朝阳、海淀、房山等14个区（县）国土资源分局耕地保护工作主管领导和相关部门工作人员参加会议。会议明确了北京市耕地保护重点工作和目标任务，确定了“保护与建设并重、数量与质量并重、生产功能与生态功能并重”的原则。

5月21日，市政府与北京市13个有耕地保护任务的区（县）政府签订了《2012年度耕地保护目标管理责任书》。《责任书》包含本行政区域内的耕地保有量、基本农田保护面积、土地整治新增耕地面积完成情况、耕地占补平衡落实情况，以及当年涉及耕地和基本农田的违法违规建设项目查处和拆除情况等内容。

5月25日，市国土局召开局系统加强廉政风险防控管理工作会议，动员部署加强廉政风险防控管理“三个体系”建设工作。驻局纪检组长周新华就落实《北京市国土资源局关于推进廉政风险防控管理“三个体系”建设的工作实施细则》进行部署，局党组书记张国玉作动员讲话，局长魏成林主持会议并就贯彻落实会议精神提出具体要求。

5月29日，市国土局完成了突发性地质灾害气象预警会商系统与市气象局之间的系统联调测试。至此，市国土局机关大楼内已部署了国土部视频会议系统、市政府电视电话会议系统、全市应急系统视频会议系统和突发性地质灾害气象预警会商系统共4套视频会议系统。视频会议系统的广泛应用，提高了工作效率，促进了节能减排。

5月31日，市国土局召开民主评议基层站所工作督导见面会。市民主评议督导组行政一组的相关专家来市国土局就政风行风建设、民主评议基层站所工作进行工作指导。局党组书记张国玉、局党组副书记、副局长张维、局党组成员、驻局纪检组长周新华以及局民主评议工作领导小组成员单位负责人参加会议。

六月

6月5日至6日，市国土局召开本市绿色矿山建设工作培训会。局有关单位，有关分局主管局长、地矿科长，固体矿山企业负责人80余人参加会议。中国矿业联合会副会长刘玉强、全国绿色矿山办公室总工乔繁盛分别就我国矿产资源形势及绿色矿山建设相关政策和具体要求做讲解。

6月7日，《北京市突发地质灾害应急预案（2012年修订版）》通过专家评审。国土部地质灾害应急技术指导中心副主任刘传正、国土部应急处处长胡杰等7名专家参与评审，市国土局副局长李燕飞参加会议。

6月13日，市清理整治利用集体土地违法建设销售（变相销售）住宅工作动员部署会在市国土局召开。市监察局副局长杨小兵主持会议，会议部署市清理整治利用集体土地违法建设销售（变相销售）住宅工作。市政府相关委办局、各相关区（县）政府及区（县）监察局有关领导参加会议。市国土局局长魏成林、副局长李军、局相关处室及分局有关领导参加会议。

6月18日至6月20日，国土部“两整治一改革”工作检查组第一组，在山东省国土厅纪检组长徐家林带领下，对市国土系统开展基层廉政风险防控机制建设和制度落实情况进行检查。检查组先后听取市国土局、房山分局、通州分局和顺义分局的工作汇报，对3个国土所进行了实地检查，征求市纪委、市检察院等有关方面的意见，并将检查情况反馈市国土局。

6月21日，市国土局召开北京市国土资源12336违法线索处理中心揭牌仪式大会。副局长李军主持会议，国土部执法监察局局长李建勤、局长魏成林为“北京市国土资源12336违法线索处理中心”揭牌。部法律中心副主任叶明权参加会议，市国土局相关处室，各区（县）分局、经济技术开发区国土分局主管局长、主管科（队）长、主管人员共80余人参加会议。

6月25日，市国土局以“建设高标准基本农田，保障国家粮食安全”为主题，在圆明园南广场开展“6·25”全国土地日主题宣传活动。市政府副秘书长张玉平、国土部耕保司副司长刘松明、市国土局局长魏成林、副局长李燕飞、谢俊奇、李军、副巡视员赵建华等有关领导及各区（县）主管领导出席活动。本次活动旨在宣传土地资源国情国策，在全社会营造保护耕地、节约集约用地的良好氛围，并现场签订《北京市2012年高标准基本农田建设责任书》。

6月27日，市国土局召开局系统纪念中国共产党成立91周年暨表彰大会。局党组书记张国玉讲话，局党组副书记、副局长张维宣读《中共北京市国土资源局党组关于表彰2011－2012年度先进基层党组织、优秀共产党员和优秀党务工作者的决定》。局领导班子成员、市局机关及直属单位、各分局全体党员干部分别在主会场和分会场参加视频会议。

七月

7月5日，《北京市2012年度土地储备开发计划》面向社会公布实施。本年计划完成土地储备开发规模2800公顷，用途结构上，居住用地、商服及其他用地各占65%、35%；空间布局上，中心城和规划新城占65%。计划土地储备开发投资900亿元。

7月6日，市国土局举行政风行风社会监督员聘任仪式。聘任蒋智生等6名同志（来自中央单位、军队单位、乡镇以及服务企业）为市国土局政风行风社会监督员，聘期二年。市国土局书记张国玉、驻局纪检组长周新华、市民主评议督导组相关专家、市国土局相关单位领导参加聘任活动。

7月10日，海淀区万柳地区居住用地项目（六郎庄搬迁平衡资金用地）在北京市土地交易市场挂牌成交，这是“限地价竞回购房面积”的挂牌出让方式的首次采用。经过46轮价格竞拍，在达到地价上限后，又经过326轮竞配回购房面积的竞拍，最终由北京赫华恒瑞房地产开发有限公司以26.3亿元、配建16400平方米回购房竞得。

7月11日，北京市国土资源节约集约模范县（市）创建活动动员部署大会在丰台区召开。国土部创建办副主任、人事司副司长张绍杰、创建指导处处长孙习稳及市国土局创建办主任、总规划师丁晓和16个区（县）政府、国土分局的主要负责人参加会议。会议宣布东城、海淀、丰台、顺义、平谷、怀柔6个区参加全国第二届国土资源节约集约模范县（市）评选。

7月12日，国土部召开视频会，总结表彰“12336为民服务示范窗口”，并揭晓

12336统一标识。国土部党组成员、副部长、部直属机关党委书记张少农，中央创先争优活动领导小组办公室、中央国家机关工委有关负责人出席会议。市国土局和门头沟分局12366违法线索处理中心被评为全国“12336为民服务示范窗口”单位。

7月16日至17日，市国土局组织召开北京市本年度国家级开发区土地集约利用评价成果更新评审验收会。北京市中关村一区八园、天竺综合保税区、亦庄经济技术开发区3个国家级开发区土地集约利用评价更新成果通过专家组评审验收。

7月18日，市国土局副局长谢俊奇主持召开市国土局网站群工作会暨栏目主持人会。市国土局各区（县）分局、机关各处室、直属各单位主要领导及栏目主持人参会。会议通报2011年度国土部、首都之窗对市国土局网站群的考评结果和本年上半年网站群工作情况及下半年工作计划。

7月18日，延庆硅化木国家地质公园地质遗迹保护项目工程通过验收。该项目是中央财政支持的地质遗迹保护项目。市国土局副局长李燕飞、财务处、审计处、地环处参加项目验收。

7月23日，市国土局局长魏成林主持召开“7・21”特大自然灾害后续工作紧急部署会。会议要求各相关单位迅速行动，集中精力做好地质灾害善后工作。30日，市国土局在全局系统召开“7・21”特大自然灾害救灾善后部署工作视频会。会议传达学习了市委、市政府最新指示精神，通报了市国土局应对工作情况和救灾善后工作安排，对下一步工作提出要求。

7月31日，国土部党组成员、副部长、中国地质调查局局长汪民一行在市委常委、副市长陈刚、市国土局局长魏成林、副局长李燕飞和房山区委、区政府负责同志陪同下实地察看了遭受泥石流灾害的周口店镇黄山店村及闫村镇公主坟村村民安置点，听取市地质灾害防治工作汇报和房山区救灾重建工作计划，对本市地质灾害防治工作，特别是“7・21”特大自然灾害发生后，市委、市政府的快速反应机制给予高度肯定。

八月

8月7日，市国土局印发了《关于印发内设机构职责的通知》，进一步细化了各处室职责，各处（室）处长（主任）是本部门履行职责的第一责任人，并把履职情况纳入年度公务员考核。

8月8日，按照《北京市2012年度国有建设用地供应计划》工作安排，市国土局公布北京市本年度第二批商品住宅和商服用地拟供应地块信息。至此，北京市本年度住宅、商服和产业用地供应计划指标全部落实到具体地块。

8月10日，市国土局在外网门户网站举办地质灾害防治工作“在线访谈”。副局长李燕飞、地环处处长张建国担任嘉宾，对市国土局应对“7・21”特大自然灾害有关工作、主汛期地质灾害防治情况、地灾防护工作和避险自救知识进行介绍，结合网友关心的问题进行了解答。市国土局官方微博“国土北京”同步对访谈进行播报。

8月16日，市颁证办主任、市国土局局长魏成林主持召开农村土地确权登记发证工作推进会。市颁证办副主任、市国土局副局长谢俊奇、市农委、市农研中心、相关区（县）国土分局局长、市颁证办成员单位参加会议。会议传达常委牛有成关于加快推进本市发证工作的指示精神和国土部副部长胡存智7月31日电视电话会议的讲话精神，通报了北京市此项工作的进展情况，各区（县）遇到的问题及加快推进的措施。会议对加快推进此项工作提出了具体要求。

8月16日，市国土局将“7·21”特大自然灾害后重新制作的“北京市突发地质灾害分布与易发程度分区图”呈报市委市政府，并分送相关部门。

8月21日市国土局印发了《关于规范推进北京市城乡建设用地增减挂钩试点工作的通知》，从三个方面明确了试点项目的具体要求。一是要按照拆旧与建新相对应的原则，坚持按项目区组织实施；二是保障农民对试点全过程的知情权和参与权，切实维护农民权益；三是明确收益主体，规范收益用途，将增减挂钩所获增值收益及时返还农村。

8月30日，市委组织部经干处处长王清旺来市国土局宣布领导任免决定。按照《中共北京市委组织部关于丁晓同志任职的通知》，丁晓任市国土局党组成员。按照《中共北京市委关于张川北同志免职退休的通知》，市委建议，免去张川北市国土局副巡视员职务，并办理退休手续；市政府8月28日第130次常务会议决定，免去张川北市国土局副巡视员职务。

九月

9月4日，全国加快推进农村土地确权登记发证工作领导小组办公室分管华北片区的国土部地籍司副司长冯文利和调查处、登记处以及信息中心负责同志一行来京，检查指导北京市宗地全国统一编码和农村土地确权登记发证工作。国土部领导对北京市宗地全国统一编码工作给予高度评价，对北京市农村土地确权登记发证工作提出工作要求。

9月7日，市监察局、市国土局针对近期媒体频繁报道昌平区小产权房有关问题召开通报会，向昌平区政府通报有关情况，对昌平区政府进行警示约谈。会议由市国土局副局长李军主持，市纪委常委、市监察局副局长杨小兵参会并讲话。昌平区政府主管领导、昌平区监察局、国土分局，昌平区北七家镇、沙河镇、马池口镇、崔村镇、流村镇党委政府主要负责同志参加会议。

9月10日，本市2010年以来入市交易地块中规模最大的保障房用地——－顺义新城第12街区西马坡政策性住房项目由北京首都开发控股（集团）有限公司以129215万元竞得。该宗地面积38.32公顷，其中建设用地面积24.46公顷，建筑控制规模49.38万平方米。该项目中的居住用地全部用于建设保障性住房，共约40万平方米，除18万平方米的回迁安置用房外，其余均用于建设限价商品住房。

9月17日，市国土局在局外网门户网站向社会公布了79个在建在售利用集体土地违法建设销售（变相销售）住宅项目分布图，告知、提醒公众不仅不购买违法建筑物，而且积极举报违法建设行为。

9月18日，国家土地督察北京局专员蔡可军一行，对平谷区2011年度卫片执法检查整改、涉地信访维稳及本年前三季度违法用地形势进行了督导检查，市国土局副局长李军、平谷区主管区长刘晓光及平谷区相关委办局的负责同志陪同检查。

9月18日至19日，市国土局举办本市地质勘查单位质量管理培训班。副巡视员郭创兴到会并讲话。市国土局相关处室、单位负责人及相关分局主管局长和涉矿科室负责人、市各地质勘查单位负责人参加了培训。

9月19日，本市首个国家级矿山公园——黄松峪国家矿山公园揭碑开园。国土部相关领导，市国土局局长魏成林、副局长李燕飞，平谷区区长张吉福等有关领导参加开园仪式。该园位于平谷区黄松峪乡，公园于2006年5月开工建设，占地面积251亩，投资3800万元，以金矿矿山为展示主题，主要设施包括矿山公园主碑、黄金矿山博物馆、旅游接待中心、主题雕塑、矿洞展示、选矿遗址及广场道路等。

9月19日，市国土局邀请人民日报、北京日报等10余家中央和北京市主流媒体记者参加采访座谈，主动宣传地质灾害防治和土地供应工作。媒体记者到房山区地质灾害治理项目现场进行实地参观采访。市国土局就地质灾害防治工作、近期土地市场运行情况召开通气会并与媒体记者进行座谈。

9月20日，市国土局召开全局系统党政机关公文处理、督查、信息工作培训会。会上，市政府办公厅秘书一处处长周雁结合新的《党政机关公文处理工作条例》，为全局系统干部职工做了公文处理讲解。会议传达全市办公部门贯彻落实中央文件精神工作部署会精神，就市国土局公文种类、公文格式、专项督查、决策督查、信息工作进行培训，提出具体工作要求，并进行现场测试。

9月24日，市国土局局长魏成林主持召开贯彻北京市科技创新大会精神暨科技工作指导小组扩大会议。局党组书记张国玉、副局长谢俊奇、总规划师丁晓、副巡视员郭创兴、赵建华、各分局、处室、中心负责同志参加了会议。会议审议并初步确定了本年、2013年科技项目计划安排。

9月29日，首云国家矿山公园揭碑开园。国土部相关领导，市国土局局长魏成林、副局长李燕飞、副巡视员郭创兴，密云县书记汪先永、常务副县长王稳东等有关领导参加开园仪式。公园于2010年5月获得国土部批复国家级矿山公园资格。公园占地面积3.58平方公里，以铁矿矿山为展示主题，建立了展示铁矿形成、开采、利用过程的铁矿博物馆。

十月

10月9日，市国土局党组召开正处级领导职位竞争上岗工作动员部署会。局党组书记张国玉做动员讲话，副局长张维主持会议。本次共提供7个正处级岗位，采取笔试、面试、民主推荐、资历评价、组织考察方式进行。这是市国土局首次以竞争方式选定正处级领导职位。

10 月 15 日，市国土局召开“温暖企业推动首都经济发展系列活动”第一次落实工作会议。此系列活动征集相关部门、企业需市国土局给予大力支持、协助协调解决的项目共计 224 个。会议对 4 个项目问题进行深入探讨研究。

10 月 17 日，市国土局组织专家对北京水泥厂有限责任公司凤山矿矿山地质环境治理项目进行验收。该项目治理区首次使用团粒喷播技术，实施开采光面和废弃渣坡的生态修复，为今后石灰岩矿区的生态修复工作积累了宝贵经验。

10 月 19 日，国土部部长徐绍史在北京市调研国土资源管理工作。徐绍史一行先后赴唐家岭地区调研 100 万亩绿化造林工程落实利用集体土地建设租赁住房情况并赴丰台区西局查看“50 个重点村”拆迁改造建设情况。副市长陈刚，市国土局局长魏成林、副局长张维，海淀区及丰台区政府主要领导等陪同调研。当日在北京饭店召开北京市领导与国土部领导座谈会。局党组书记张国玉、局长魏成林、副局长张维、驻局纪检组长周新华、总规划师丁晓、副巡视员赵建华参加座谈。

10 月 23 日，市国土局召开视频会议，对局系统十八大稳定信访工作进行动员部署。全局系统近 1500 名干部职工参加会议。局党组书记张国玉做动员讲话。

10 月 25 日，国土资源国际合作示范基地举行授牌仪式。该基地是地籍管理和土地集约节约利用示范基地，由国土部科技与国际合作司、市国土局共同设立，是全国国土资源系统第一个国际合作基地。国土部科技与国际合作司副司长孙宝亮、市国土局副局长谢俊奇为基地授牌。市国土局 16 个区（县）分局主管外事工作副局长、相关处室和直属单位相关负责人参加授牌仪式。

十一月

11 月 1 日，《北京地区页岩气资源调查与评价可行性研究报告》通过专家评审。来自国土部油气中心、中国地质调查局、北京科技大学、中国地质大学、中国石化勘探开发研究院的有关专家出席了会议。市国土局、市地勘局、北京能源投资集团相关人员参加会议。副局长李燕飞到会听取专家意见。

11 月 1 日，为迎接十八大胜利召开，营造良好的社会环境，加大打击非法开采力度，维护正常的矿产资源开发秩序，市国土局与市公安局警用直升机总队密切配合，利用警用直升机对非法开采易发地区进行空中巡查。巡查结果显示非法开采现象已得到有效遏制。

11 月 9 日，市国土局召开“早发现、早报告、早处理”系统示范应用成果汇报会，局长魏成林听取系统示范应用成果汇报，现场观看系统演示。执法总队、矿开处、科技合作处、信息中心、顺义分局等单位相关负责人参加会议。

11 月 14 日，局党组书记张国玉、局长魏成林带队赴石景山区开展国土资源管理工作调研，与区领导就石景山区需要市国土局帮助解决的难点问题进行研究磋商。副局长张维、李燕飞及相关处室负责人参加了调研。

11月16日，市国土局局长魏成林带队赴丰台区，与区委书记李超钢、区长冀岩等区领导就国土资源管理工作进行现场调研。副局长李军、总规划师丁晓及相关处室负责人参加了调研。

11月26日，市国土局召开全市国土系统学习宣传贯彻十八大精神动员部署会。局党组书记张国玉作动员部署讲话。副局长张维主持会议并作具体部署，局领导、市局机关各处室、直属各单位、各分局全体干部职工参加动员部署会。

11月27日，市国土局发布朝阳区农展馆北路8号0304－622地块住宅混合公建用地项目（原北京军区总医院东区部分土地）挂牌交易公告。为贯彻房地产价格调控政策，根据宗地具体情况，在交易方式上进行创新，采用“限地价，竞异地建设医院面积”的挂牌交易方式。

11月30日，本市累计实现土地储备开发及专项投资917亿元，提前、超额完成年度计划900亿元任务。从区域分布来看，城市功能拓展区和城市发展新区仍是投资主力，分别占全市储备开发投资额的55%、30%。

十二月

12月4日，国土部在浙江宁波召开全国国土资源系统行政复议工作会。市国土局法制处被授予“全国国土资源系统行政复议先进单位”荣誉称号，法制处丁世华、王林平、魏曼3名同志被授予“全国国土资源系统行政复议先进个人”荣誉称号。

12月5日，市颁证办副主任、市国土局副局长谢俊奇带队与解放军土地管理局就农村土地确权登记发证工作中涉及部队土地确权登记问题进行座谈。市国土局地籍处、登记中心、市颁证办，解放军土地管理局、北京军区、空军、总参、总装等驻京部队土地管理负责人参加会议。

12月12日，市土地储备中心印发《北京市土地整理储备中心市级土地储备资金管理办法》。该办法对储备项目的启动、市级储备项目资金预算编报和执行、市级储备资金筹措安排及土地储备资金支出等方面明确了管理要求，进一步完善了土地储备资金支出的额度和审批流程，完善了土地储备资金管理制度。

12月17日，本市保障性安居工程用地落实861公顷，超额完成本年850公顷的供地任务，其中公租房落实比例为103%、经适房落实比例为109%。均超额完成全年任务。

12月22日，市国土局副局长张维带队赴西城区金融街开展节约集约用地主题调研，与西城区副区长李岩等进行了座谈研讨，解答、协调西城区政府提出的具体问题。市局相关处室主要负责人参加调研。

12月24日，市国土局第17次局长办公会审议通过《北京市国土资源局储备土地登记办法》，市国土局2008年1月29日印发的《关于北京市开展土地总登记发证工作的若干意见》（京国土籍〔2008〕87号）于11月废止。

12 月 27 日，市国土局印发《北京市国土资源局储备土地登记办法》，进一步规范储备土地使用权登记和土地抵押权登记工作。该办法有效期为 5 年。市国土局 2007 年 9 月 17 日印发的《政府储备土地登记暂行办法》、2009 年 6 月 2 日印发的《关于政府储备土地办理土地登记有关问题的通知》、2010 年 6 月 28 日印发的《关于政府储备土地办理土地登记有关问题的补充通知》同时废止。

12 月 28 日，市国土局组织本市高标准基本农田建设工作情况“在线访谈”，重点介绍全市开展高标准基本农田建设工作，结合网友关心的问题进行解答。副局长李军、耕保处处长关爱军和规划处处长孙建中担任嘉宾。

2012年北京市国土资源相关法律法规和规范性文件目录

第一部分 综合类

	名称	文号	日期
1	全国人民代表大会常务委员会关于修改《中华人民共和国民事诉讼法》的决定	中华人民共和国主席令第五十九号	20120831
2	全国人民代表大会常务委员会关于修改《中华人民共和国国家赔偿法》的决定	中华人民共和国主席令第六十八号	20121026
3	机关事务管理条例	中华人民共和国国务院令第621号	20120628
4	国土资源部关于公布继续有效的规范性文件目录（2010年12月1日至2011年12月31日）的公告	国土资源部2012第7号公告	20120305
5	国家发展和改革委员会、公安部、财政部、国土资源部、交通运输部、铁道部、商务部、中国人民银行、国家税务总局、国家工商行政管理局、中国银行业监督管理委员会、中国证券监督管理委员会关于鼓励和引导民间投资进入物流领域的实施意见	发改经贸〔2012〕1619号	20120531
6	国土资源部、全国工商联关于进一步鼓励和引导民间资本投资国土资源领域的意见	国土资发〔2012〕100号	20120615
7	国土资源行政复议决定履行与监督规定	国土资源部第54号令	20120906
8	国土资源部办公厅关于启用新版《国土资源执法监察证》的通知	国土资厅发〔2012〕58号公布	20121126
9	北京市人民政府关于加强和改进国土资源管理工作的意见	京政发〔2012〕14号	20120331

续表

	名称	文号	日期
10	北京市人民政府关于进一步支持小型微型企业发展的意见	京政发〔2012〕40号	20121130
11	北京市人民政府办公厅关于印发2012年市政府立法工作计划的通知	京政办发〔2012〕14号	20120329
12	北京市人民政府办公厅关于做好重点领域政府信息公开工作的通知	京政办发〔2012〕34号	20120625
13	北京市人民政府办公厅转发市政府法制办关于进一步加强本市行政复议工作规范化建设意见的通知	京政办发〔2012〕52号	20121114
14	关于印发北京市国土资源局非税收入直接缴库票据管理暂行办法的通知	京国土财〔2012〕18号	1月18日
15	关于转发《北京市人民政府办公厅关于健全市政府重大行政决策和行政规范性文件合法性审查工作机制的通知》的通知	京国土法〔2012〕61号	2月15日
16	北京市国土资源局关于印发《北京市国土资源局政府信息公开目录大纲》（主动公开部分）的通知	京国土调〔2012〕109号	3月7日
17	北京市国土资源局关于转发《国土资源部办公厅关于继续深入开展安全生产年活动进一步加强安全生产工作的通知》的通知	京国土矿〔2012〕165号	4月5日
18	关于进一步加强国土资源政府信息主动公开工作的通知	京国土调〔2012〕241号	5月8日
19	关于印发《北京市国土资源行政处罚案卷评查暂行办法》的通知	京国土监〔2012〕295号	6月5日
20	北京市国土资源局关于印发《北京市国土资源局聘任政风行风社会监督员工作暂行办法》的通知	京国土基〔2012〕321号	6月27日
21	北京市国土资源局关于重大事项社会稳定风险评估实施意见	京国土访〔2012〕329号	7月3日
22	北京市国土资源局转发国土资源部全国工商联关于进一步鼓励和引导民间资本投资国土资源领域的意见的通知	京国土办〔2012〕335号	7月4日

续表

	名称	文号	日期
23	关于转发国土资源行政复议决定履行与监督规定的通知	京国土法〔2012〕506号	10月22日
24	北京市国土资源局关于公布不再执行的规范性文件的通知（第三批）	京国土法〔2012〕576号	11月29日
25	北京市国土资源局关于贯彻《国土资源部办公厅关于加快推进国土资源遥感监测“一张图”和综合监管平台建设与应用的通知》的意见	京国土信〔2012〕528号	11月5日
26	北京市国土资源局关于办理行政审批和其他行政事项使用第二代居民身份证的通知	京国土法〔2012〕619号	12月21日
27	关于转发市财政局关于罚没收入上缴有关问题的通知	京国土财〔2012〕630号	12月27日

第二部分　土地管理

	名称	文号	日期
28	闲置土地处置办法	国土资源部第53号令	20120601
29	土地复垦条例实施办法	国土资源部第56号令	20121227
30	国土资源部关于做好2012年房地产用地管理和调控重点工作的通知	国土资发〔2012〕26号	20120225
31	国土资源部关于严格土地利用总体规划实施管理的通知	国土资发〔2012〕2号	20120222
32	国土资源部关于大力推进节约集约用地制度建设的意见	国土资发〔2012〕47号	20120306
33	国土资源部财政部关于加快编制和实施土地整治规划大力推进高标准基本农田	国土资发〔2012〕63号	20120406
34	关于印发《新增建设用地土地有偿使用费资金使用管理办法》的通知	财建〔2012〕151号	20120412
35	关于进一步加强和改进建设项目用地预审工作的通知	国土资发〔2012〕74号	20120501

续表

	名称	文号	日期
36	国土资源部关于进一步改进建设用地审查报批工作提高审批效率有关问题的通知	国土资发〔2012〕77号	20120505
37	国土资源部、国家发展和改革委员会关于发布实施《限制用地项目目录（2012年本）》和《禁止用地项目目录（2012年本）》的通知		20120523
38	住房和城乡建设部、国家发展和改革委员会、财政部、国土资源部、中国人民银行、国家税务总局、中国银行业监督管理委员会关于鼓励民间资本参与保障性安居工程建设有关问题的通知	建保〔2012〕91号	20120620
39	国土资源部关于发布《高标准基本农田建设标准》行业标准的公告	国土资源部公告2012年第14号	20120620
40	国土资源部关于提升耕地保护水平全面加强耕地质量建设与管理的通知	国土资发〔2012〕108号	20120629
41	国土资源部关于发布《地籍调查规程》推荐性行业标准的公告	国土资源部公告2012年第16号	20120709
42	国土资源部、住房城乡建设部关于进一步严格房地产用地管理巩固房地产市场调控成果的紧急通知	国土资电发〔2012〕87号	20120719
43	国土资源部关于规范土地登记的意见	国土资发〔2012〕134号公布	20120906
44	国土资源部关于严格执行土地使用标准大力促进节约集约用地的通知		20120906
45	国土资源部、财政部、中国人民银行、中国银行业监督管理委员会关于加强土地储备与融资管理的通知	国土资发〔2012〕162号	20121105
46	国家文物局、文化部、外交部、国家发展和改革委员会、科学技术部、公安部、财政部、国土资源部、环境保护部、住房和城乡建设部、海关总署、国家工商行政管理总局、国家旅游局、国家宗教事务局、国务院法制办公室、中国气象局关于加强和改进文物安全工作的指导意见	文物督发〔2012〕7号	20121115

续表

	名称	文号	日期
47	北京市人民政府关于2012年实施平原地区20万亩造林工程的意见	京政发〔2012〕12号	20120402
48	北京市人民政府关于加强地下文物保护工作的通知	京政发〔2012〕28号	20120830
49	北京市人民政府办公厅关于贯彻国务院办公厅保障性安居工程建设和管理指导意见的实施意见	京政办发〔2012〕2号	20120113
50	北京市人民政府办公厅关于开展高标准基本农田建设的意见	京政办发〔2012〕42号	20120725
51	关于印发北京市2011－2015年国有建设用地供应计划的通知	京国土调〔2012〕83号	2月24日
52	北京市国土资源局关于开展高标准基本农田建设工作的通知	京国土耕〔2012〕107号	3月6日
53	北京市2012年度国有建设用地供应计划	京国土调〔2012〕142号	3月27日
54	关于下达2012年保障性住房供地计划第一批落地项目的通知	京国土储〔2012〕158号	4月1日
55	关于转发《国土资源部关于做好2012年房地产用地管理和调控重点工作的通知》的通知	京国土调〔2012〕159号	4月1日
56	转发国土资源部办公厅《关于解决批而未用土地盘活利用工作中相关问题的复函》的通知	京国土法〔2012〕174号	4月6日
57	北京市国土资源局关于开展区县级土地整治规划编制工作的通知	京国土耕〔2012〕181号	4月9日
58	北京市国土资源局关于加快在施保障性安居工程建设项目用地手续办理的通知	京国土调〔2012〕191号	4月18日
59	关于进一步规范区县土地储备机构为主体土地一级开发项目授权备案工作有关问题的通知	京国土储〔2012〕192号	4月18日
60	关于下达2012年保障性住房供地计划第二批落地项目的通知	京国土储〔2012〕210号	4月26日
61	北京市国土资源局关于印发北京市市区乡三级基本农田保护区专项规划编制技术指导意见的通知	京国土勘规〔2012〕214号	4月27日

续表

	名称	文号	日期
62	关于清理全市新（续）建及在售“小产权房”工作的通知	京国土监〔2012〕222 号	4 月 28 日
63	关于印发《北京市各区县高标准基本农田建设年度实施方案编制要点》的通知	京国土耕〔2012〕229 号	5 月 2 日
64	关于涉嫌非法占用耕地案件有关鉴定事项的通知	京国土耕〔2012〕234 号	5 月 3 日
65	关于办理北京市电力公司电力设施用地土地登记有关问题的通知	京国土籍〔2012〕266 号	5 月 17 日
66	北京市国土资源局关于代征绿地有关问题的通知	京国土征〔2012〕282 号	5 月 30 日
67	关于进一步做好在施和 2012 年保障性安居工程建设项目用地手续办理工作的通知	京国土调〔2012〕285 号	5 月 31 日
68	关于调整“国有建设用地使用权协议出让合同变更”和“办理地价款缴纳情况证明书”提交相关申请材料形式的通知	京国土法〔2012〕302 号	6 月 7 日
69	关于印发北京市 2012 年度土地储备开发计划的通知	京国土储〔2012〕328 号	6 月 29 日
70	关于规范推进北京市城乡建设用地增减挂钩试点工作的通知	京国土耕〔2012〕422 号	8 月 22 日
71	关于调整国有建设用地使用权出让合同相关条款的通知	京国土利〔2012〕427 号	8 月 24 日
72	北京市国土资源局关于我市新增林地空间落地有关工作的通知	京国土勘规〔2012〕442 号	8 月 31 日
73	北京市国土资源局关于加强土地整治中介机构服务管理的通知	京国土耕〔2012〕466 号	9 月 17 日
74	北京市国土资源局关于在政府网站上主动公开土地划拨公示及划拨结果有关问题的通知	京国土用〔2012〕483 号	9 月 25 日
75	北京市国土资源局关于贯彻落实北京市人民政府办公厅开展高标准基本农田建设的意见的通知	京国土耕〔2012〕484 号	9 月 26 日
76	北京市国土资源局关于推进征地信息公开有关工作的通知	京国土征〔2012〕489 号	9 月 28 日

续表

	名称	文号	日期
77	北京市国土资源局关于规范建设用地报批等有关问题的通知	京国土征〔2012〕565号	11月23日
78	北京市国土资源局关于切实落实国土资源部办公厅《关于进一步加强和改进国土资源领域违法违规案件公开通报和挂牌督办工作的通知》的通知	京国土监〔2012〕590号	12月11日
79	北京市国土资源局关于印发《北京市国土资源局储备土地登记办法》的通知	京国土籍〔2012〕633号	12月28日
80	关于进一步规范我市土地登记工作的通知	京国土籍〔2012〕634号	12月28日

第三部分　矿产资源管理

	名称	文号	日期
81	矿产资源规划编制实施办法	国土资源部第55号令	20121012
82	古生物化石保护条例实施办法	国土资源部第57号令	20121227
83	国土资源部关于规范矿产资源勘查资源储量成果信息发布的通知	国土资发〔2012〕34号	20120220
84	国土资源部关于做好2012年地质灾害防治工作的通知	国土资发〔2012〕31号	20120302
85	国土资源部关于印发《开采总量控制矿种指标管理暂行办法》的通知	国土资发〔2012〕44号	20120302
86	国土资源部关于严格控制和规范矿业权协议出让管理有关问题的通知	国土资发〔2012〕80号	20120515
87	国土资源部、水利部关于贯彻落实《全国地面沉降防治规划（2011－2020年）》的通知	国土资发〔2012〕107号	20120626
88	国土资源部关于加快推进整装勘查实现找矿重大突破的通知	国土资发〔2012〕140号	20120916
89	国土资源部办公厅关于进一步加强原始地质资料管理的通知	国土资厅发〔2012〕57号	20121124
90	北京市人民政府印发北京市关于进一步加强地质灾害防治工作意见的通知	京政发〔2012〕20号	20120626

续表

	名称	文号	日期
91	北京市人民政府关于加强本市城乡社区综合防灾减灾工作的指导意见	京政发〔2012〕24号	20120731
92	北京市人民政府关于实施新一轮山区地质灾害易发区及生存条件恶劣地区农民搬迁工程的意见	京政发〔2012〕28号	20120912
93	关于印发中央投资地质矿产专项资金管理办法（试行）的通知	京国土财〔2012〕21号	1月18日
94	关于转发国土资源部、财政部开展国外矿产资源风险勘查专项检查工作的通知	京国土勘〔2012〕80号	2月24日
95	转发国土资源部贯彻落实《古生物化石管理条例》相关文件的通知	京国土环〔2012〕90号	2月29日
96	关于印发《北京市矿产资源补偿费免（减）审批办法》的通知	京国土矿〔2012〕106号	3月6日
97	关于做好2012年汛期地质灾害防治工作的通知	京国土环〔2012〕137号	3月23日
98	关于做好第二批国家级绿色矿山试点单位相关工作的通知	京国土矿〔2012〕216号	4月27日
99	关于印发北京市国土资源局2012年汛期突发地质灾害应急预案的通知	京国土环〔2012〕257号	5月11日
100	关于转发加强汛期档案安全工作的紧急通知	京国土登〔2012〕353号	7月13日
101	北京市国土资源局关于进一步加强主汛期地质灾害防治工作的通知	京国土环〔2012〕371号	7月24日
102	关于加强汛期专项资金及物资管理的通知	京国土财〔2012〕440号	8月31日
103	关于对废弃矿山植被恢复等项目加强监管的通知	京国土矿〔2012〕455号	9月11日
104	关于做好非汛期地质灾害防治工作的通知	京国土环〔2012〕481号	9月24日
105	北京市国土资源局关于设立采矿权标识牌的通知	京国土矿〔2012〕527号	11月5日
106	关于地热矿业权预申请单位补充实地测量工作的通知	京国土热〔2012〕557号	11月21日

第四部分　司法解释和文件

	名称	文号	日期
107	最高人民法院关于办理申请人民法院强制执行国有土地上房屋征收补偿决定案件若干问题的规定	法释〔2012〕4号	20120326

2012 年政府信息公开年度报告

引言

本报告是根据《中华人民共和国政府信息公开条例》（以下简称《条例》）要求，由北京市国土资源局编制的2012 年度政府信息公开年度报告。

全文包括概述，主动公开政府信息的情况，依申请公开政府信息和不予公开政府信息的情况，政府信息公开的收费及减免情况，政府信息公开咨询情况，因政府信息公开申请行政复议、提起行政诉讼的情况，政府信息公开工作存在的主要问题、改进情况和其他需要报告的事项。

本报告中所列数据的统计期限自 2012 年 1 月 1 日起，至 2012 年 12 月 31 日止。本报告的电子版可在局政府网站（http：//www. bjgtj. gov. cn）下载。如对本报告有任何疑问，请联系：北京市国土资源局政府信息公开受理室 64409795。

一、概述

2012 年，北京市国土资源局紧紧围绕建设服务型政府、提高服务质量的总要求，贯彻落实上级有关指示精神，结合工作实际，坚持以群众满意为宗旨，切实履行职能，通过创新服务形式，拓展服务内容，延伸服务领域，坚持抓重点、抓规范、抓制度、抓培训、抓督导，着力研究和解决工作中的困难和问题，政府信息公开工作得到有效落实。

（一）抓重点

一是加强主动公开。通过首都之窗、北京市国土资源局网站、新闻媒体、宣传资料栏、电子显示屏、纸制文本移送等方式，及时公开土地出让、划拨、征收等审批信息。借助开展“地球日”、“土地日”等活动，宣传土地政策，传递政府信息。5 月份专门下发了《关于进一步加强国土资源政府信息主动公开工作的通知》，要求各单位对历史信息要研究制定公开的具体计划和方案。二是突出重点领域。按照《北京市人民政府办公厅关于做好重点领域政府信息公开工作的通知》要求，先后四次组织召开专题会议，就征地、土地招拍挂、三公经费等重点领域的政府信息公开进行专题研究。制定下发了《北京市国土资源局关于推进征地信息公开有关工作的通知》、《关于在政府网站上主动公开土地划拨公示及划拨结果有关问题的通知》。三是做好重点研究。紧密联系政府信息公开工作实际，今年初，确定《国土资源政府信息公开重难点问题研究》为调研课题。7月份课题组正式展开工作，围绕国土资源管理的重点、难点、热点、焦点问题，通过座谈交流、实地考察等形式，认真组织调查研究，取得了很好的效果。

（二）抓规范

一是修订了政府信息公开目录大纲。在2011年“四上四下”目录修订工作的基础上，在“首都之窗”的技术支持下，全局系统正式执行新的政府信息公开目录大纲。新修订的目录大纲，进一步细化依申请公开、主动公开政府信息的分类，加大供地计划、供应结果、实际开发利用情况及闲置土地处置等动态信息公开力度，简化了政府信息发布的工作流程。二是初步拟定了《北京市国土资源局政府信息公开规范》。从政府信息公开工作组织领导、公开的主体和范围、主动公开的方式和程序、依申请公开的方式和程序以及制度保障等五个方面进行了规定和明确。

（三）抓制度

在遵守日常管理规定、考勤制度、巡查制度的基础上，进一步完善首问责任制、服务承诺制、AB岗工作制等制度，逐步形成用制度规范行为、按制度办事的长效工作机制。一是落实首问责任制。坚持做到有问必答。局政府信息公开窗口主动承担相关问题咨询，受到服务对象的赞扬。二是落实服务承诺制。坚持一切以群众满意为准则，设立意见箱、意见本，公开承诺内容。做到服务态度文明礼貌、热情耐心、认真负责。三是坚持AB岗工作制。在人员少、任务重的情况下，保证工作不缺位、工作水平不下降。

（四）抓培训

一是组织专题培训。6月份，专门组织政府信息公开工作培训会，邀请国土部、市政府信息公开办公室领导，分别就当前政府信息公开工作形势分析、具体工作标准和要求进行了专题辅导。相关处室分别从法律法规、实际操作和技术支撑等不同侧面，就如何做好政府信息公开工作进行了讲授。二是坚持以岗代训。注重岗位实践，将培训融入到实际工作当中，通过岗位交叉，以干代练等，在工作中学习，学习中总结，总结中提高。三是注重学习交流。采取请进来、走出去等方式，邀请专家来局指导工作，利用调研时机，学习借鉴好经验、好做法。

（五）抓督导

一是加强工作指导。3月份，结合2011年各单位政府信息公开工作实际，在认真总结分析的基础上，专门下发了《2011年度国土资源政府信息公开工作情况》通报，肯定了工作成绩，指出了存在的问题，提出了解决办法，明确了努力方向。每季度发布政府信息公开情况报告，讲评各单位工作情况。日常工作中，注意发现问题，及时加以指导和帮助解决。二是认真组织检查。为提高全局系统政府信息公开工作水平，8至11月份，市局专门组成政府信息公开工作检查小组，由局领导带队，先后对十个国土分局进行了专项检查。对检查中发现的突出问题，现场办公，能够解答的当场答复，复杂问题专题研究。检查结果在系统内予以通报。三是及时督促提醒。每月初，通过 AM 系统发布通知，提醒各单位按时上报工作情况。对临近办结时限的申请事项，采用电话或书面通知的形式，予以督办，有效减少和克服了超时办理情况的发生。

二、政府信息主动公开情况

2012 年度共主动公开政府信息 6545 条。主动公开信息中，机构职能 54 条，占 0.8%；法规文件 16 条，占 0.2%；规划计划 68 条，占 1%；行政职责 148 条，占 2.3%；业务动态 6259 条，占 95.7%。

接受公民、法人及其他组织政府信息公开方面的咨询 7188 人次。其中，现场咨询 4006 人次，占总数的 55.7%；电话咨询 3182 人次，占总数的 44.3%；网上咨询尚无内容。

三、政府信息依申请公开情况

（一）申请情况

2012 年度共受理政府信息公开申请 3598 件。受理的 3598 件申请中，当面申请 3091 件，占 86%；以传真方式申请 6 件，占 0.2%；以信函形式申请 501 件，占 13.8%。申请内容主要涉及土地预审、征地批复、土地一级开发授权批复及相关内容，土地权属登记情况及政策信息、土地利用及出让相关材料等内容。

（二）答复情况

2012 年度共答复 4192 件，其中：

同意公开 1894 件，占 45.2%；

同意部分公开 49 件，占 1.2%；

不予公开 40 件，占 1%；

信息不存在的 1569 件，占 37.4%；

非本机关掌握的 240 件，占 5.7%；

申请内容不明确的 218 件，占 5.2%；

非政府信息的 11 件，占 0.3%；

已主动公开的 81 件，占 1.9%。

（三）依申请公开政府信息收费情况

2012 年共收取依申请公开政府信息检索费、复印费 2353 元。

四、行政复议和行政诉讼情况

（一）行政复议

2012 年，针对政府信息依申请公开发生行政复议 132 件。其中维持 118 件。

（二）行政诉讼

2012 年，针对政府信息依申请公开发生行政诉讼案 46 件。

五、主要问题和改进措施

存在的不足：一是部分单位信息公开工作组织领导仍需加强；二是依申请公开政府信息办理质量仍需提高。个别单位申请公开服务意识不强，在接待和办理申请过程中与申请人沟通交流不够，答复过于简单，导致申请人不满，引发复议和诉讼。部分单位对依申请公开业务研究不够深入。

改进措施：一是加大学习和宣传力度。广泛发动群众，扩大政府信息公开工作的重视层面。二是进一步完善制度。按照试点先行、经验交流、全面推广的方法步骤抓好《规范》的落实，力争形成一套完整的文本格式和清晰的办理流程。采取集中组织和岗位轮训相结合的方式，加强人员培训，提高全局系统工作水平。加强工作中的联动配合，提高工作效率。三是深化调研成果应用，充分发挥信息化建设成果的作用，利用现有综合监管平台，进一步明确网上审批、网上监管的指标和规定，运用信息化手段逐步实现审批事项与政府信息同步公开。

附图与附表

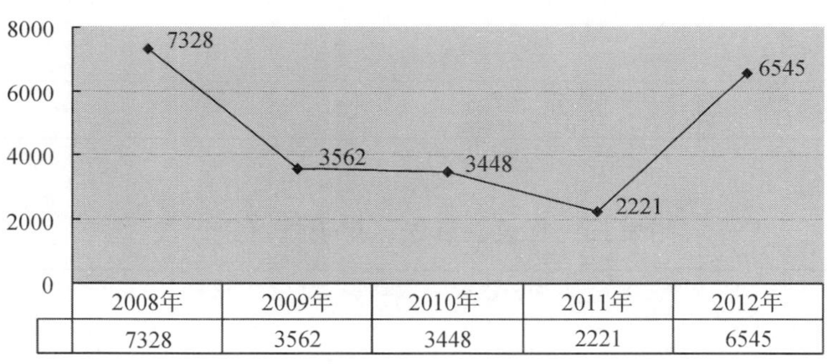

	2008年	2009年	2010年	2011年	2012年
	7328	3562	3448	2221	6545

主动公开政府信息数据对比

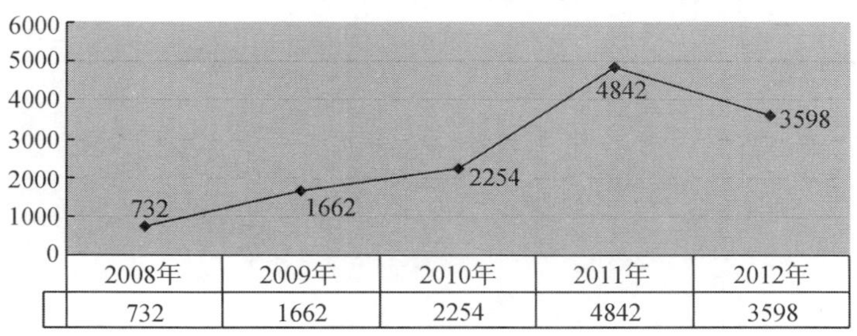

	2008年	2009年	2010年	2011年	2012年
	732	1662	2254	4842	3598

依申请公开政府信息数据对比

附表一：主动公开情况统计

指　　标	单位	数量
主动公开信息数	条	6545
其中：全文电子化的主动公开信息数	条	6545
新增的行政规范性文件数	条	15

附表二：依申请公开情况统计

指　　标	单位	数 量
本年度申请总数	条	3598
其中：1. 当面申请数	条	3091
2. 传真申请数	条	6
3. 互联网申请数	条	0
4. 信函申请数	条	501
对申请的答复总数	条	4102
其中：1. 同意公开答复数	条	1894
2. 同意部分公开答复数	条	49
3. 不予公开答复总数	条	40
4. 信息不存在数	条	1569
5. 非本机关掌握	条	240
6. 申请内容不明确	条	218
7. 非政府信息	条	11
8. 已主动公开	条	81

附表三：复议、诉讼、申诉情况统计表

指　　标	单位	数 量
行政复议数	件	132
行政诉讼数	件	46
行政申诉数	件	0

2013 年 3 月

2012 年北京市国土资源局荣获奖励情况

集体奖项

市国土局

1. 精神文明创建首都文明单位
2. 北京市爱国卫生运动委员会市爱国卫生先进单位
3. 市人口与计划生育先进单位
4. 市无偿献血先进单位
5. 国土部办公厅国土资源信息工作先进单位
6. 办理人大代表建议、政协提案先进单位
7. 市委组织部和市人力社保局公务员统计“全优”报表单位
8. 市政府办公厅优秀信息工作单位
9. 市节水办节水型单位
10. 市电子政务绩效考核综合绩效奖
11. 市优秀政务网站
12. 东城区交通安全先进单位
13.《土地利用规划和空间管制的生态学途径与案例》项目获国土部国土资源科技进步二等奖
14. 市国土资源综合监管平台获中国信息化成果二等奖
15. 市国土资源综合监管平台和“一张图”获电子政务创新应用奖

区（县）分局

▲东城分局

1. 市交通安全先进单位
2. 市国土资源系统精神文明创建文明单位
3. 市国土资源系统先进基层党组织
4. 东城区创先争优先进基层党组织

5. 市国土资源系统财务预算管理方面业绩突出单位
6. 市国土资源系统信息报送方面业绩突出单位
7. 市国土资源系统国土资源管理业务知识竞赛团体三等奖
8. 市国土资源系统“唱响主旋律 颂歌献给党”主题党日活动三等奖
9. 东城区直机关系统“唱响主旋律 颂歌献给党”歌咏比赛活动三等奖
10. 第四届北京土地青年学术交流论文征集优秀组织奖

▲西城分局

1. 国土部首届国土资源节约集约模范县市
2. 市国土资源系统精神文明创建文明单位
3. 市国土资源系统先进基层党组织
4. 市土地登记规范化建设先进单位

▲朝阳分局

1. 市国土资源系统精神文明创建文明单位标兵
2. 市国土资源系统先进基层党组织

▲海淀分局

1. 市国土资源系统精神文明创建文明单位
2. 市国土资源系统先进基层党组织
3. 海淀区精神文明创建文明单位
4. 市国土局政务信息先进单位
5. 市国土局信息化应用突出奖
6. 被国家土地督察局北京局评为土地利用和管理形式观测分析工作成效突出观测点
7. 海淀区中关村国家自主创新示范区核心区企业服务中心优质服务窗口单位
8. 海淀区信访排查调处工作先进集体
9. 海淀区推进依法行政工作先进单位
10. 海淀区防汛先进单位
11. 海淀区人大常委会信息工作评比获先进信息单位
12. 海淀区先进基层工会
13. 海淀区档案工作成绩突出单位

▲丰台分局

1. 市城乡结合部重点村建设工作先进集体
2. 市国土资源系统精神文明创建文明单位标兵
3. 市国土资源系统精神文明创建文明单位
4. 市国土资源系统先进基层党组织

▲石景山分局

1. 全国国土资源系统纪检监察先进集体
2. 精神文明创建首都文明单位标兵

3. 市国土资源系统精神文明创建文明单位标兵
4. 市国土资源系统精神文明创建文明单位
5. 市国土资源系统先进基层党组织
6. 市国土资源系统信访先进单位
7. 市国土资源系统财务核算业绩突出单位
8. 石景山区先进基层党组织
9. 石景山区信访工作先进单位

▲昌平分局

1. 市住房保障工作先进单位
2. 市交通安全先进单位
3. 市国土资源系统精神文明创建文明单位
4. 市国土资源系统土地登记规范化建设先进单位
5. 市国土资源系统信访工作先进单位
6. 市国土资源系统政务信息工作先进单位
7. 市国土资源系统信息报送业绩突出单位
8. 市国土资源系统自主调查研究工作优秀组织单位
9. 市国土资源系统财务管理工作先进单位
10. 市国土资源系统国土资源信息化工作先进单位
11. 市国土资源系统网站工作优秀奖
12. 市国土资源系统“围绕中心、服务大局、迎接十八”业务知识竞赛决赛团体第一名
13. 市国土局“对外服务承诺征集活动”三等奖
14. 市国土局“市国土资源系统最佳党日评选活动”二等奖
15. 昌平区行政服务大厅红旗窗口
16. 昌平区爱国拥军模范单位

▲通州分局

1. 市国土资源系统精神文明创建文明单位标兵
2. 市国土资源系统先进基层党组织

▲大兴分局

1. 市住房保障工作先进单位
2. 市国土资源系统精神文明创建文明单位
3. 市国土资源系统先进基层党组织
4. 市国土局“对外服务承诺征集活动”三等奖
5. 市国土局财务管理单项业绩突出单位（资产管理）
6. 市国土局信访先进单位
7. 市国土局信息化工作先进单位

8. 市国土局2013年度保障性安居工程用地供应计划公布工作先进单位
9. 大兴区双拥工作先进单位

▲门头沟分局

1. 国土部部省县市百家联创共建“12336为民服务示范窗口”先进集体
2. 市单位内部安全保卫工作集体嘉奖
3. 市无偿献血工作先进单位
4. 市国土资源系统精神文明创建文明单位标兵
5. 市国土资源系统先进基层党组织
6. 市国土资源管理先进集体
7. 市国土资源系统廉政文化进机关活动优秀组织奖
8. 市国土资源系统网站工作优秀奖
9. 市国土资源系统信息化应用突出奖
10. 市国土局信访工作先进单位
11. 市国土局信息报送工作业绩突出单位
12. 市国土局政府采购工作业绩突出单位
13. 门头沟区交通安全先进单位

▲顺义分局

1. 市国土资源系统精神文明创建文明单位
2. 市国土资源管理先进集体

▲房山分局

1. 市国土资源系统精神文明创建文明单位标兵
2. 市国土资源系统先进基层党组织
3. 市国土资源管理先进集体
4. 市国土资源系统廉政文化机关活动优秀组织奖
5. 市国土资源系统网站工作优秀奖
6. 市国土局政府采购业绩突出单位
7. 市国土局审计检查配合业绩突出单位
8. 市国土局自主调查研究工作优秀组织单位
9. 市国土局最佳党日活动二等奖
10. 市国土局土地登记规范化建设先进单位
11. 房山区抗击“7·21”特大自然灾害先进集体
12. 房山区安全生产先进单位
13. 房山区精神文明创建文明单位标兵

▲平谷分局

1. 市国土资源系统精神文明创建文明单位
2. 市国土资源系统先进基层党组织

3. 平谷区先进基层党组织
4. 市国土资源系统财务管理综合业绩突出单位
5. 平谷区信息和政务信息优秀单位
6. 市国土局对外服务承诺征集活动一等奖

▲密云分局

1. 市国土资源系统先进基层党组织
2. 市国土局信访工作先进单位
3. 市国土局土地登记规范化建设先进单位
4. 市国土局“对外服务承诺征集活动”优秀奖

▲延庆分局

1. 首都全民义务植树先进单位
2. 优秀市县双管单位
3. 市国土资源系统精神文明创建文明单位标兵
4. 市国土资源系统先进基层党组织
5. 市国土资源系统廉政文化进机关活动优秀组织奖
6. 市国土局最佳党日活动三等奖
7. 市国土局土地登记规范化建设先进单位
8. 市国土局财务核算先进单位
9. 市国土局国土资源业务知识竞赛优秀奖
10. 延庆县创先争优先进基层党组织
11. 延庆县交通安全工作先进单位
12. 延庆县安全生产工作先进单位

▲怀柔分局

1. 市国土资源系统精神文明创建文明单位
2. 市国土资源系统先进基层党组织

▲亦庄分局

1. 市国土资源系统先进基层党组织

直属事业单位

▲执法总队

1. 市国土资源系统精神文明创建文明单位标兵
2. 市直机关工委精神文明创建文明单位
3. 市国土资源系统先进基层党组织
4. 《积极主动攻坚克难认真做好小产权房清理工作》调研课题获首都综治工作重点调研成果二等奖

▲规划中心

1. 市国土资源系统精神文明创建文明单位
2. 市直机关工委精神文明创建文明单位
3. 市国土资源系统先进基层党组织

▲登记中心

1. 市国土资源系统精神文明创建文明单位标兵
2. 市直机关工委精神文明创建文明单位
3. 市国土资源系统先进基层党组织

▲利用中心

1. 市国土资源管理先进集体
2. 市国土资源系统精神文明创建文明单位
3. 市直机关工委精神文明创建文明单位
4. 市国土资源系统先进基层党组织
5. 市国土资源系统信息化应用突出奖

▲储备中心

1. 精神文明创建首都文明单位
2. 市住房保障工作先进单位
3. 市第十届优秀调查研究成果优秀奖
4. 市国土资源系统精神文明创建文明单位标兵
5. 市国土资源系统先进基层党组织
6. 市国土资源系统政务信息先进单位

▲信息中心

1. 市国土资源系统精神文明创建文明单位
2. 市国土资源系统先进基层党组织

▲服务中心

1. 市国土资源系统精神文明创建文明单位
2. 市直机关工委精神文明创建文明单位
3. 市国土资源系统先进基层党组织

机关处室

▲办公室

1. 市国土资源系统精神文明创建文明处室标兵
2. 市国土资源系统先进基层党组织

▲研究室

1. 市国土资源系统精神文明创建文明处室

2. 市国土资源系统先进基层党组织

▲法制处

1. 全国国土资源系统行政复议先进单位
2. 市国土资源系统精神文明创建文明处室
3. 市国土资源系统先进基层党组织

▲科技合作处

1. 市国土资源系统精神文明创建文明处室

▲调控监测处

1. 市国土资源系统统精神文明创建文明处室标兵
2. 市国土资源系统先进基层党组织
3. 市国土资源管理先进集体

▲规划处

1. 市国土资源系统统精神文明创建文明处室标兵

▲耕保处

1. 市国土资源系统精神文明创建文明处室
2. 市国土资源系统先进基层党组织

▲地籍处

1. 市国土资源系统统精神文明创建文明处室标兵
2. 市国土资源系统先进基层党组织

▲利用处

1. 市国土资源系统精神文明创建文明处室

▲征地处

1. 市国土资源系统统精神文明创建文明处室标兵
2. 市国土资源系统先进基层党组织

▲勘储处

1. 市国土资源系统精神文明创建文明处室

▲矿开处

1. 市国土资源系统统精神文明创建文明处室标兵
2. 市国土资源系统先进基层党组织
3. 市国土资源管理先进集体

▲地环处

1. 市国土资源系统精神文明创建文明处室

▲地热处

1. 市国土资源系统精神文明创建文明处室
2. 市国土资源系统先进基层党组织

▲财务处

1. 市国土资源系统统精神文明创建文明处室标兵
2. 市国土资源系统先进基层党组织

▲离退处

1. 市国土资源系统统精神文明创建文明处室标兵
2. 市国土资源系统先进基层党组织
3. 市直系统老干部信息工作先进单位
4. 市直系统老干部调研工作先进单位

▲监察处

1. 全国国土资源系统纪检监察先进集体

▲直属机关工会

1. 北京市模范职工之家

▲市国土局派驻市固定资产投资项目行政审批综合服务大厅受理窗口

1. 优质服务示范窗口
2. 年度最佳服务窗口

个人奖项

市国土局机关

1. 全国国土资源系统纪检监察先进工作者
   孟庆秋
2. 全国国土资源系统行政复议先进个人
   丁世华　王林平　魏　曼
3. 国土部办公厅优秀信息工作者
   张俊涛
4. 办理人大代表建议、政协提案先进个人
   徐　磊　巫鑫瑞
5. 北京市优秀共青团员
   祁　博
6. 市国土资源管理先进个人
   杨　挺
7. 市法制工作先进个人
   王林平
8. 市政府办公厅优秀信息工作者
   李鸿雁　张俊涛
9. 市国土资源系统优秀党务工作者

高英军　王　兵　丁加良　张洪克　陈一昕　孟庆秋

10. 市国土资源系统优秀共产党员

雷　宇　任慧铨　朱燕琳　栾　鹏　赵志刚　王建华　许绪明
张芬艳　祝艺铭　耿　毅　王宏娟　黄　蔚　张福民　刘刚生
高　红　张会昌　刘　静　张桂玲　李　爽　陈　馨　胡良俊
赵　炜　于学光　王学军　齐　凯　赵　瑛　史　琳　李　军
张权国　张一峰　狄　从　鲁广元　崔志新　向　素　徐小德
路祥柱　亢继明　郭学文　张维敏　刘昌云　高玉芳　周秀芬
巨生海　方懋莉　赵彦清　佟美凤

区（县）分局

▲东城分局

1. 市环境秩序整治先进个人

朱生平

2. 市国土资源系统优秀党务工作者

闫德林

3. 市国土资源系统优秀共产党员

林　毅　刘翠华　张志斌　沙玉兰　蒋明宇　张同心　朱希昆

4. 市国土资源系统信访工作先进个人

刘　岩　雷　雪

5. 市国土资源信息化工作先进个人

姚明亮　李　京

6. 市国土局财务管理业绩突出个人

李彦荣

7. 东城区安全生产先进个人

张　海

8. 东城区创先争优优秀党务工作者

李凤海

10. 东城区创先争优优秀共产党员

王玉洁

▲西城分局

1. 市国土资源管理先进个人

刘玉峰

2. 市国土资源系统优秀党务工作者

黄东华

3. 市国土资源系统优秀共产党员

刘宽新　刘　如　刘玉锋　饶　松　郝占立　福　剑

▲朝阳分局

1. 市国土资源管理先进个人

解利青

2. 市国土资源系统优秀党务工作者

张雅明

3. 市国土资源系统优秀共产党员

刘　军　张长峰　杨　振　尚志远　庞海明　武静如　金　思

赵晓铃　秦　剑　马德贵

▲海淀分局

1. 市国土资源系统优秀党务工作者

陈海生

2. 市国土资源系统优秀共产党员

许　荔　苏　岳　姜　涛　米　静　戴忠礼　刘延彤　杨　靓

李　军　刘春生

▲丰台分局

1. 市城乡结合部重点村建设工作先进个人

岳立洋　姜新焕

2. 市国土资源系统优秀党务工作者

程红英

3. 市国土资源系统优秀共产党员

郑奇蕊　任安来　王　晶　成路平　孙辰莎　刘秀荣　王勇彪

4. 丰台区创先争优优秀共产党员

郑奇蕊

▲石景山分局

1. 市城乡结合部重点村建设工作先进个人

韩庆文

2. 市国土资源系统优秀党务工作者

徐卫东

3. 市国土资源系统优秀共产党员

韩庆文　马桂兰　唐瑞文　王　宁　高玉华

4. 市国土资源系统信访先进个人

贾世海　唐于龙

5. 市国土资源系统财务管理工作业绩突出

鹿崇娥　吴健敏

6. 石景山区信访工作先进个人

杜红霞

7. 石景山区优秀共产党员

靳　薇　张　坚　唐于龙

8. 石景山区重视信访工作领导

唐于龙

▲昌平分局

1. 市国土资源系统优秀党务工作者

王　艳

2. 市国土资源系统优秀共产党员

李亚琴　张万生　高　伟　夏福英　王淑珍　徐国森　李晓林　任宝玲　李跃红

▲通州分局

1. 市国土资源管理先进个人

张洪兴

2. 市国土资源系统优秀党务工作者

乔关键

3. 市国土资源系统优秀共产党员

李云涛　李守华　崔　笑　吕民同　陈　光　杨永春　周　颖

▲大兴分局

1. 市国土资源管理先进个人

吴　强

2. 市国土资源系统优秀党务工作者

邱永军

3. 市国土资源系统优秀共产党员

庞艳东　张　莹　刘丽梅　刘海雁　张轶辉　白洪菊　刘　昕

▲门头沟分局

1. 市国土资源系统优秀党务工作者

李安生

2. 市国土资源系统优秀共产党员

魏立明　刘彬思　李永进　宋萌萌　杨　玥　金　娜　冯卫东　孔　枫　吕金梅

▲顺义分局

1. 市国土资源管理先进个人

李长庆

2. 市国土资源系统优秀党务工作者

张健鸿

3. 市国土资源系统优秀共产党员

茹亚男　贺　亮　贯红颖　单婳婧　杜清漪　邱媛红　张　丽　梁　静　刘熠伟

▲房山分局

1. 国土部全国地质灾害防治优秀群测群防监测员

李永健

2. 市抗击“7·21”特大自然灾害先进个人

于英虎

3. 市国土资源管理先进个人

邵国军

4. 市国土资源系统优秀党务工作者

李泽田

5. 市国土资源系统优秀共产党员

王景岗　崔　炜　赵劲峰　刘　怡　窦建彬　欧新刚　张志亮　隗淑云　刘爱杰

▲平谷分局

1. 市公安局市内保工作嘉奖

朱长福

2. 市交通管理局交通安全管理工作先进个人

杨晓东

3. 市国土资源系统优秀党务工作者

张雅民

4. 市国土资源系统优秀共产党员

崔保祥　王永刚　李　杰　王庆明　姚军航　朱宝泉　郭利军

5. 市国土资源系统财务管理业绩突出个人

刘荣华

6. 区信息工作优秀领导

付景玉

7. 区信息工作优秀个人

张保红

▲密云分局

1. 市国土资源管理先进个人

康智明

2. 市国土资源系统优秀党务工作者

王国辅

3. 市国土资源系统优秀共产党员

白海花　王晓云　王海文　崔　亮　罗金宇　苏春国　夏彩虹

朱继东　胡雪森　王海东　王土奎

▲延庆分局

1. 国土部全国地质灾害防治优秀群测群防监测员

李淑华

2. 市档案系统先进个人

王　岩

3. 市安保先进个人

胡建明

4. 市国土资源系统优秀党务工作者

姜卫国

5. 市国土资源系统优秀共产党员

支春来　王晓兵　赵晨虎　李志有　李　滨　赵艳丽　李　涛　辛　雨　张　剑

6. 市国土局信访工作先进个人

张晓蕾　朱正传

▲怀柔分局

1. 市国土资源系统优秀党务工作者

张宝君

2. 市国土资源系统优秀共产党员

高福志　付立娟　赵和昕　高绍振　林凤俄　贾　伟　李红艳

王永兴　刘玉祥　房冬文

▲亦庄分局

1. 市国土资源系统优秀党务工作者

尚健明

2. 市国土资源系统优秀共产党员

王　莹　刘　宁

直属事业单位

1. 中国电子政务理事会最佳电子政务实践者

尹　岷

2. 市国土资源管理先进个人

张克锋

3. 市国土资源系统优秀党务工作者

张永新　潘家文　仇　超　丁红梅　范为革　付顺国　陈惠池

4. 市国土资源系统优秀共产党员称号

苏鑫龙　李　莹　苏　洋　唐军辉　杨　磊　赵玉虎　闫　岩　田凤艳

张　宜　刘　瑶　赵艳妮　王　萌　姜铁勇　祁晓杰　燕新程　李小丽

刘文武　夏姗姗　李晓文　李晨颖　张德胜　寇宗淼　徐　典　杨松毓

李建林　庞荣珍　张英兆　张振生　刘　毓　李建国　石志超

5. 优质服务明星

宋敬伟　刘怀保　荣新丽

2012 年北京市国土资源局调研课题目录

自主调查研究课题（15 项）

1. 北京市节约集约土地机制建设研究（研究室）
2. 北京市地价评审制度研究（研究室）
3. 国土资源行政强制执行督促催告有关问题分析（法制处、执法总队）
4. 国土资源管理政府信息公开难点研究（调控监测处）
5. 建设项目用地合规性审查工作标准研究（规划处）
6. 北京市文保区土地供应方式研究（东城分局）
7. 划拨土地改变用途现状分析与对策研究（石景山分局）
8. 耕地破坏鉴定工作相关问题调研报告（房山分局）
9. 耕地破坏鉴定工作相关问题调研报告（昌平分局）
10. 从信息对称性的角度探讨征地公示公告的方式方法（昌平分局）
11. 耕地破坏鉴定工作相关问题调研报告（怀柔分局）
12. 国土资源统计数据应用研究（规划中心）
13. 典型地区土地储备征地拆迁工作模式研究（储备中心）
14. 浅析“智慧国土”及难点问题解决思路（信息中心）
15. 关于改进征地公示公告方式方法的调研报告（房山分局黄小波、机关党委王永刚）

调查研究课题（34 项）

市局机关处室（12 项）

1. 典型城镇村节地技术研究与示范（科技合作处）
2. 面向公众的首都土地利用服务关键技术研究与应用（科技合作处）
3. 网格化国土资源综合勘察技术研发与示范（科技合作处）
4. 首都国土资源高频度监测技术系统研制与示范（科技合作处）
5. 启动集体产业用地规划研究（规划处）
6. 土地登记代理制度研究（地籍处）

7. 北京市热泵重点项目后期评估工作（地热处）

8. 地源（地热）热泵技术对地质环境的影响研究（地热处）

9. 机关基层党组织建设现状的分析及思考（机关党委）

10. 北京市“百城百企百村”调研——企业调研报告（机关党委）

11. 发挥“百名青年宣讲团”品牌效应，创新机关团建工作的探索与思考（机关党委）

12. 关于市国土资源系统退休干部服务管理工作的调查与思考（离退处）

区县国土分局（12项）

东城分局

1. 东城区土地储备战略研究

2. 东城区工业用地项目调研情况分析报告

3. 东城区土地储备开发评价系统

4. 东城区国土资源重点工程现状分析和管理研究

西城分局

1. 北京市地上地下土地空间权利研究

2. 浅谈城镇共有土地使用权分摊问题

3. 西城区土地储备和征收工作调研

海淀分局

1. 海淀南部地区土地储备资源潜力研究

丰台分局

1. 关于加强丰台区基本农田保护工作的思考与建议

石景山分局

1. 经营性用地入市交易实务

门头沟分局

1. 关于加强门头沟区国土资源信访工作调研报告

平谷分局

1. 浅谈农村集体土地调查登记确权颁证工作助推农村经济发展的作用

直属事业单位（10项）

执法总队

1. 积极主动攻坚克难认真做好小产权房清理工作

规划中心

1. 京津冀土地规划统筹与实施决策支持系统构建示范

2. 大兴区耕地质量等级监测试点工作

利用中心

1. 对需评审地价的几类情况、工业项目如何执行等开展研究

2．改制国有企业划拨土地补办出让申请主体研究

3．建设用地开发利用申报制度研究

4．出让价款追缴措施研究

储备中心

1．典型城镇村节地技术研究与示范

信息中心

1．土地信息数据元规范研究

2．北京市国土资源宏观决策需求分析及指标体系研究

统计资料

统计资料

2012 年国土资源主要统计指标分析

【土地利用计划安排使用情况】

本年计划指标累计安排的新增建设用地使用量同比下降 18.51%。北京市累计安排使用新增建设用地 2892.63 公顷，其中农用地 2672.00 公顷，耕地 1179.28 公顷，同比分别下降了 18.51%，22.46% 和 39.70%；分别完成全年下达计划指标的 90.68%、93.10% 和 70.62%。（详见图 8-1）

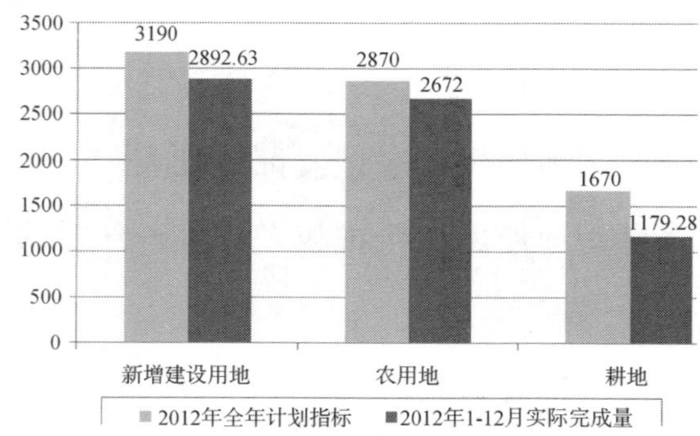

图 8-1　土地利用计划安排使用情况（计量单位：公顷）

【建设项目土地预审情况】

建设用地预审项目个数、拟建设用地总面积分别下降 20.17%，29.94%。全市共批复 1022 个建设用地预审项目，拟用地总面积 9634.78 公顷，同比分别下降了 20.71%、29.94%。其中，建设用地面积 5720.91 公顷，同比下降 31.31%；农用地面积 3669.85 公顷，同比下降 29.38%；未利用地面积 244.02 公顷，同比增长 7.95%（详见图 8-2）。

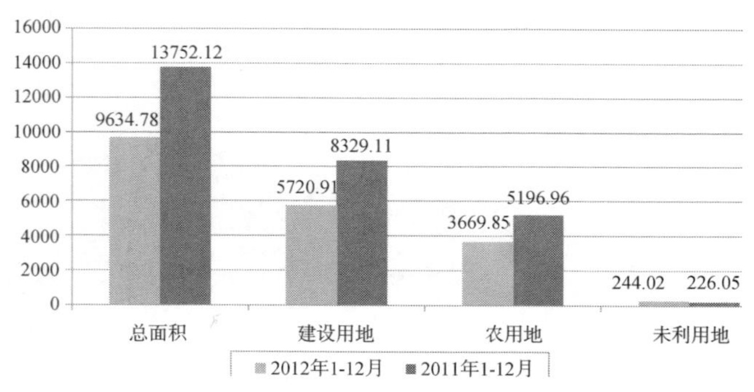

图 8-2　建设项目土地预审情况对比图（计量单位：公顷）

从项目用途结构看，继续以基础设施绿地、储备、住宅、科教文卫用地为主要用地类型。在建设用地预审总面积中基础设施、绿地用地3176.66公顷，储备用地2174.93公顷，住宅用地1753.26公顷，科教文卫用地1393.38公顷；分别占预审总面积的34%、24%、19%、15%（详见图8-3）。同比下降幅度最多的是储备用地、特殊用地和仓储用地，分别下降67.62%、63.72%和54.11%。

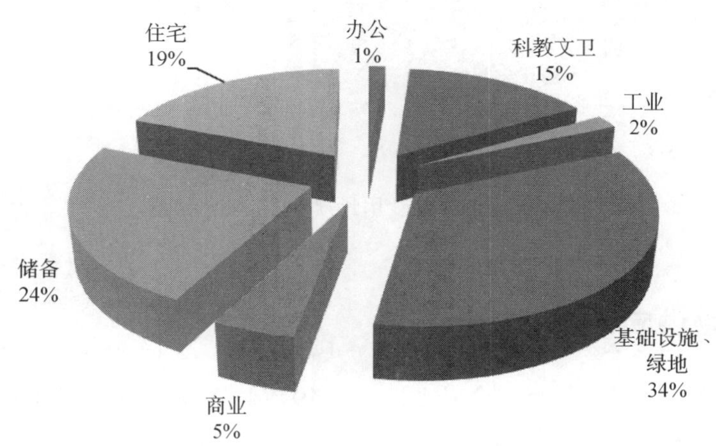

图8-3 建设项目土地预审用地类型结构图

【批准建设用地情况】

批准使用建设用地总面积4542.65公顷，同比下降21.36%。市政府批准使用建设用地面积3296.94公顷，占总批准建设用地面积的72.58%，其中，农用地转用1927.15公顷，同比下降29.65%（含耕地699.49公顷，同比下降56.05%）。国务院批准建设用地面积1245.71公顷，占总批准建设用地面积的27.42%。

在空间上主要分布在昌平区、丰台区、门头沟区、海淀区、朝阳区、房山区，面积分别为1004.71公顷、836.60公顷、578.09公顷、323.64公顷、303.15公顷、358.77公顷，占批准建设用地总面积的74.96%。

从批准建设用地类型上看，城镇村建设用地为4472.62公顷，同比下降22.21%；单独选址建设用地为70.03公顷，同比增长1.6倍。城镇村批准建设用地前三位有公共管理与公共服务用地1407.44公顷；住宅用地面积1140.22公顷；交通运输用地1018.43公顷。分别占批准建设用地总面积的31%、25%、23%。（详见图8-4）。

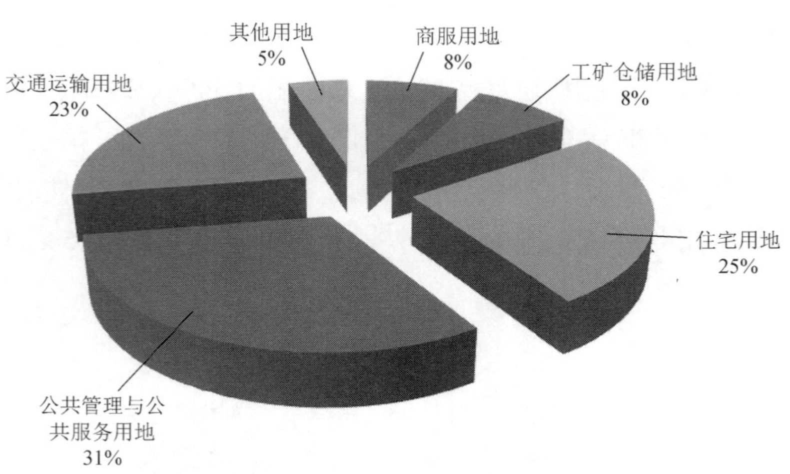

图 8-4　批准建设用地类型结构情况图

【国有建设用地供应总量情况】

国有建设用地供应总量减少。全市国有建设用地供应 593 宗，土地面积 3579.91 公顷，同比下降 22.43%。其中通过出让方式供应（签订合同）1077.25 公顷，同比下降 48.35%；划拨方式供应 449.84 公顷，同比下降 23.22%；以征代划方式供应 2052.82 公顷，同比增长 5.62%（详见图 8-5）。

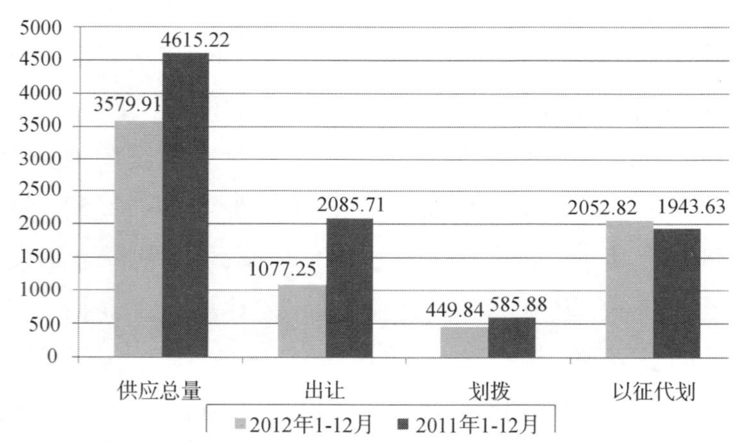

图 8-5　土地供应总量情况对比图（计量单位：公顷）

从供地结构上看：土地出让、划拨、以征代划分别占国有土地供应总量的 30%、13%、57%。(详见图 8-6)。

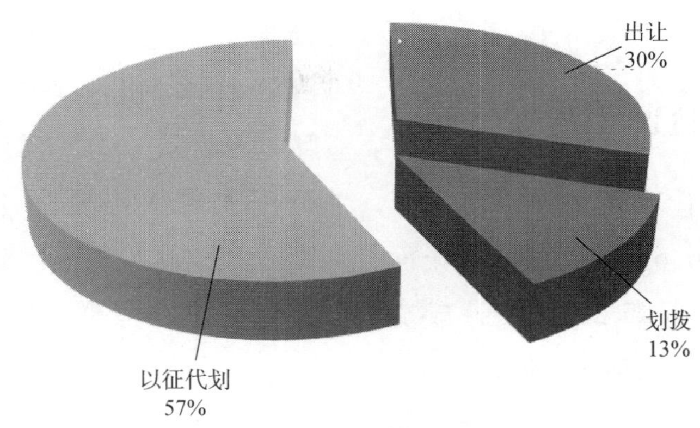

图 8-6 土地供应总量情况结构图

（一）土地供应情况——出让（签订合同）供地量下降 48.35%

国有土地出让面积及成交价款降幅较大，分别下降 48.35%、52.79%。全市国有土地出让 1077.25 公顷（不含现状补办项目），占供应总量的 30%，较去年同期下降 48.35%。其中，通过土地招拍挂方式出让土地 844.71 公顷，占出让总面积的 78.41%，以协议方式出让土地 232.54 公顷，占出让总面积的 21.59%。

从用地类型结构看：主要以工矿仓储用地为主，其次是住宅用地和商服用地，分别占出让面积的 43.17%、37.45%、13.89%，同比分别下降了 42.81%、43.21%、63.11%（详见图 8-7）。

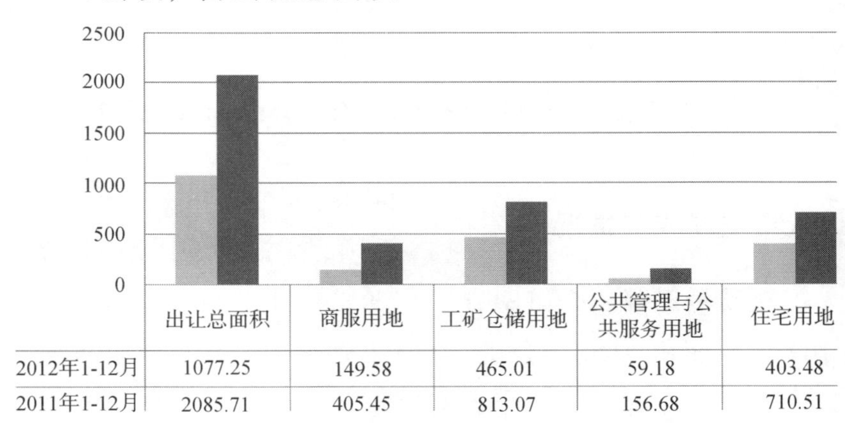

	出让总面积	商服用地	工矿仓储用地	公共管理与公共服务用地	住宅用地
2012年1-12月	1077.25	149.58	465.01	59.18	403.48
2011年1-12月	2085.71	405.45	813.07	156.68	710.51

图 8-7 国有建设用地土地出让情况对比图（计量单位：公顷）

（二）土地供应情况——划拨用地下降 23.22%

全市国有土地划拨 449.84 公顷，占供地总量的 13%，较去年同期下降 23.22%。从用地类型看，主要是住宅用地 229.20，同比增长 1.2 倍；公共管理与公共服务用地 196.69 公顷，同比下降 19.85%。

（三）土地供应情况——以征代划用地增长 5.62%

以征代划用地面积 2052.82 公顷，占供地总量的 57.00%，较去年同期增长 5.62%。从用地类型上看，主要是代征绿地 920.13 公顷，同比增长 5.92%；代征道路859.54公顷，同比增长4.04%。

【现状补办项目协议出让情况】

现状补办协议出让项目236宗（去年283宗）同比下降16.61%，协议出让面积386.4公顷，同比下降26.10%，成交价款23.29亿元，同比下降25.50%。

从用地类型上看：主要以工矿仓储用地为主用地面积243.52公顷；其次是公共管理与公共服务用地60.68公顷、住宅用地48.58公顷、商服用地33.62公顷，分别占现状协议出让总面积的63.02%、15.70%、12.57%、8.7%；在空间分布上主要集中在昌平、房山、顺义、朝阳、大兴、平谷等6个区（县）（详见图8-8）。

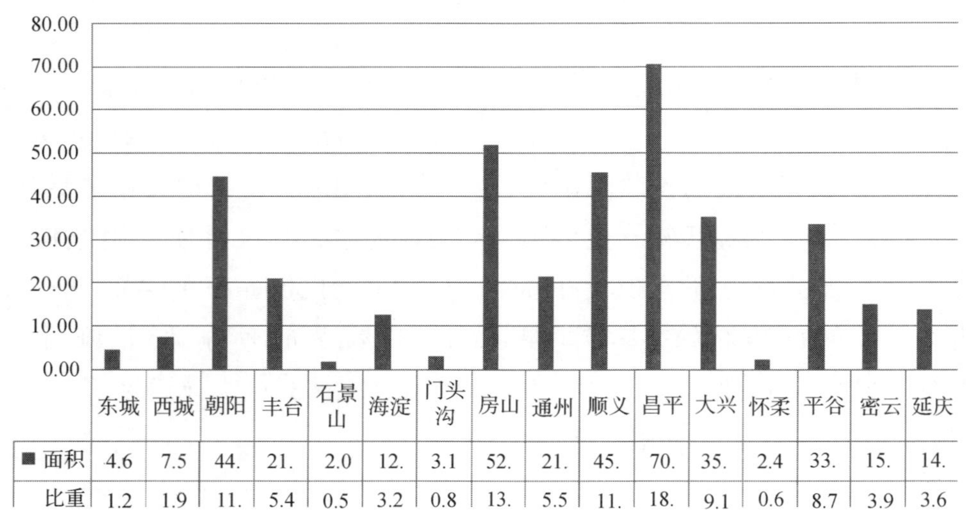

图8-8 现状补办协议出让空间分布图（计量单位：公顷）

【国有土地入市交易成交情况】

国有土地入市交易量下降。全市国有土地入市交易169宗，面积1340.4公顷，同比下降34.44%，其中商服用地178.38公顷、工矿仓储用地717.73公顷、住宅用地444.29公顷，同比分别下降49.26%、22.76%、41.83%（详见图8-9）。

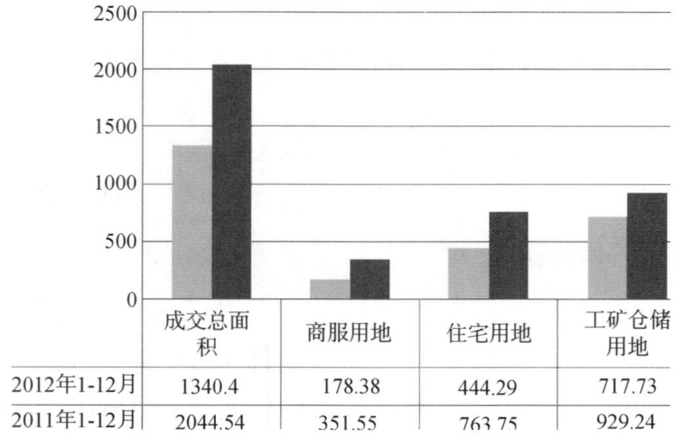

图8-9 土地入市交易成交量对比图（计量单位：公顷）

【国有土地登记发证及土地抵押情况】

国有土地登记发证及土地抵押宗数、面积下降明显。全市国有土地使用权登记发证7782宗，登记发证面积7795.52公顷，同比分别下降36.06%、23.94%；

国有土地使用权抵押登记发证5476宗，抵押面积6918.63公顷，贷款金额5035.21亿元，同比分别下降9.61%、6.58%、6.13%。

【矿产资源情况】

截至2012年12月底，全市矿产资源勘查有效许可证14件，同比（去年为21件）下降33.33%；主要矿种采矿有效许可证192个，同比（去年为210件）下降8.57%；发生小型地质灾害18起，共造成3人死亡，其中石景山2人，房山1人。

【国土资源违法案件查处情况】

国土资源违法用地立案查处力度进一步加大，违法违规用地数量显著下降。全市共立案查处土地违法案件583件，同比下降13.88%；涉及土地面积552.91公顷，同比下降41.02%，其中耕地27.65公顷，同比下降67.93%；土地违法共结案498件，同比下降29.96%；收缴罚没款4123.99万元，同比下降63.12%。

非法占地现象依然突出。截至12月底，在全市本年发生立案查处违法用地案件的134件中，主要为非法占地，其立案查处133宗，涉及土地面积186.74公顷，其中，耕地1.70公顷，即当年立案当年查处率为99.25%。

按照北京市生态涵养发展的功能定位，全市已关闭和取缔了大量的采矿点，同时加大了执法检查、巡查力度，非法开采现象得到了有效遏制。矿产资源违法立案查处13件、结案13件，收缴罚没款25.5万元，同比分别下降85.23%、85.23%、91.8%。

表 8-1 建设项目预审批复情况(一)

(按区县分列)

计量单位：公顷

	项目个数	建设用地规模					
			农用地			建设用地	未利用地
				耕地	占用基本农田		
甲	1	2	3	4	5	6	7
合计	1022	9634.7801	3669.8520	1623.1400	63.0600	5720.9081	244.0200
东城区	15	14.0400				14.0400	
西城区	46	74.8900				74.8900	
朝阳区	100	581.8941	43.5300	8.6700		537.6941	0.6700
海淀区	127	902.6500	345.7600	87.7600	2.4400	555.4200	1.4700
丰台区	45	696.7960	96.6520	26.5300		597.1240	3.0200
石景山区	28	227.2600	58.1200	7.0100		167.5200	1.6200
门头沟区	35	317.7600	106.8200	17.2000		204.2700	6.6700
房山区	60	532.6700	195.2100	104.5100		313.5400	23.9200
通州区	138	1677.0500	919.5500	591.6400		741.6500	15.8500
顺义区	65	847.0900	383.7500	153.4300	38.9200	421.2400	42.1000
昌平区	122	1586.3500	572.6300	238.0300	21.7000	934.3100	79.4100
大兴区	74	731.5600	215.5700	89.9200		495.3600	20.6300
怀柔区	34	277.5300	137.3100	39.8300		135.5800	4.6400
平谷区	42	328.5700	176.8800	78.8700		148.1800	3.5100
密云县	48	242.7300	107.9900	37.6500		113.5800	21.1600
延庆县	32	363.1400	265.7500	134.2800		82.4700	14.9200
跨区县项目	11	232.8000	44.3300	7.8100		184.0400	4.4300

表 8-1 建设项目预审批复情况(二)

(按用途分列)

计量单位：公顷

	项目个数	建设用地规模					
			农用地			建设用地	未利用地
				耕地	占用基本农田		
甲	1	2	3	4	5	6	7
合计	1022	9634.7801	3669.8520	1623.1400	63.0600	5720.9081	244.0200
办公	57	121.5700	29.1100	6.0900		91.8200	0.6400
科教文卫	277	1393.3800	397.0300	191.8000		955.5700	40.7800
工业	59	482.2200	214.8600	159.0000		260.9900	6.3700
基础设施、绿地	343	3176.6600	1497.2800	667.1100	38.9200	1597.2800	82.1000
商业	71	473.4200	71.3100	37.0800		356.7600	45.3500
储备	80	2174.9300	1053.9000	387.8100	24.1400	1055.7300	65.3000
住宅	121	1753.2560	387.0120	174.2500		1362.7640	3.4800
仓储	7	30.0400				30.0400	
特殊用地	7	29.3041	19.3500			9.9541	

表 8-2 审批建设用地情况统计(一)

计量单位：公顷

	批准建设用地合计					国务院批准建设用地					省级政府审批				
		新增建设用地					新增建设用地					新增建设用地			
			农用地转用		未利用地			农用地转用		未利用地			农用地转用		未利用地
				耕地					耕地					耕地	
甲	1	2	3	4	5	7	8	9	10	11	13	14	15	16	17
合计	4542.6452	2154.2047	2077.4417	734.7567	76.7630	1245.7092	152.9599	150.2934	35.2632	2.6665	3296.9360	2001.2448	1927.1483	699.4935	74.0965
市辖区	4484.9141	2119.9417	2043.5396	712.6315	76.4021	1245.7092	152.9599	150.2934	35.2632	2.6665	3239.2049	1966.9818	1893.2462	677.3683	73.7356
朝阳区	303.1525	43.6220	43.4629	14.6469	0.1591	303.1525	43.6220	43.4629	14.6469	0.1591					
丰台区	836.5995	112.8448	111.1946	60.4774	1.6502	741.1784	40.1950	38.5448	3.8796	1.6502	95.4211	72.6498	72.6498	56.5978	
石景山区	63.1562	43.2290	42.3718	8.9830	0.8572	63.1562	43.2290	42.3718	8.9830	0.8572					
海淀区	323.6345	143.0267	139.1932	31.4360	3.8335	68.1922	3.0578	3.0578			255.4423	139.9689	136.1354	31.4360	3.8335
门头沟区	578.0854	297.7963	290.9860	59.0595	6.8103						578.0854	297.7963	290.9860	59.0595	6.8103
房山区	358.7653	147.3798	136.3494	80.0605	11.0304						358.7653	147.3798	136.3494	80.0605	11.0304
通州区	99.4827	72.5713	72.5713	18.6952							99.4827	72.5713	72.5713	18.6952	
顺义区	226.3656	156.4804	150.4961	97.5568	5.9843						226.3656	156.4804	150.4961	97.5568	5.9843
昌平区	1004.7111	566.0646	528.5686	214.9067	37.4960	70.0299	22.8561	22.8561	7.7537		934.6812	543.2085	505.7125	207.1530	37.4960
大兴区	194.9423	124.9947	124.6581	100.1589	0.3366						194.9423	124.9947	124.6581	100.1589	0.3366
怀柔区	297.7200	221.5850	213.4354	5.4961	8.1496						297.7200	221.5850	213.4354	5.4961	8.1496
平谷区	198.2990	190.3471	190.2522	21.1545	0.0949						198.2990	190.3471	190.2522	21.1545	0.0949
县	57.7311	34.2630	33.9021	22.1252	0.3609						57.7311	34.2630	33.9021	22.1252	0.3609
密云县	43.6996	20.6983	20.5260	14.1440	0.1723						43.6996	20.6983	20.5260	14.1440	0.1723
延庆县	14.0315	13.5647	13.3761	7.9812	0.1886						14.0315	13.5647	13.3761	7.9812	0.1886

表 8-2 审批建设用地情况统计(二)

计量单位：公顷

	城镇村建设用地							单独选址建设用地				
		商服用地	工矿仓储用地	住宅用地	公用管理与公共服务用地	交通运输用地	其他		交通运输用地	水利设施用地	能源用地	其他
甲	1	2	3	4	5	6	7	8	9	10	11	12
合计	4472.6153	335.9967	355.9992	1140.2210	1407.4350	1018.4252	214.5382	70.0299	70.0299			
市辖区	4414.8842	335.1647	346.2434	1116.9921	1395.9359	1006.8419	213.7062	70.0299	70.0299			
朝阳区	303.1525			25.3356	62.2946	16.3455	199.1768					
丰台区	836.5995	26.9925	11.0899	323.7157	264.2925	210.5089						
石景山区	63.1562		29.9685		17.3166	15.3967	0.4744					
海淀区	323.6345	12.7320	23.1760	105.1492	62.1405	120.4368						
门头沟区	578.0854	119.3996	1.0200	168.8870	93.1906	188.7476	6.8406					
房山区	358.7653	0.6000	62.7582	117.2854	87.6604	86.1548	4.3065					
通州区	99.4827			65.1050	8.7694	25.6083						
顺义区	226.3656	7.7838	124.0281	18.3563	33.8768	42.3206						
昌平区	934.6812	86.1637	39.7779	109.0793	522.9413	174.2229	2.4961	70.0299	70.0299			
大兴区	194.9423		49.5642	54.6694	45.0115	45.6972						
怀柔区	297.7200	51.2031		45.7432	147.8601	52.9136						
平谷区	198.2990	30.2900	4.8606	83.6660	50.5816	28.4890	0.4118					
县	57.7311	0.8320	9.7558	23.2289	11.4991	11.5833	0.8320					
密云县	43.6996	0.8320	9.7558	11.6608	9.3218	11.2972	0.8320					
延庆县	14.0315			11.5681	2.1773	0.2861						

表 8-3 国有土地供应签订合同情况(一)

(按区县分列)

计量单位：宗、公顷、万平方米、万元

	出让小计					协议出让				
	宗地数	面积		规划建筑面积	成交价款	宗地数	面积		规划建筑面积	成交价款
			新增					新增		
甲	1	2	3	4	5	6	7	8	9	10
合计	225	1077.2457	984.9588	1998.1176	7203278.90	74	232.5389	218.1761	512.6629	226312.03
市辖区	218	1041.0373	948.7504	1930.8083	7081528.40	74	232.5389	218.1761	512.6629	226312.03
东城区	2	2.0083		7.5887	209000.00					
西城区	3	4.7587		33.2870	739357.00					
朝阳区	17	42.9569	27.4754	129.7913	1422334.43	8	5.6421	0.7148	31.1393	51795.18
丰台区	13	38.6389	36.9614	101.7022	539146.14	7	10.6908	10.6663	27.4106	19842.14
石景山区	7	31.1786	30.9822	88.5278	78401.40	6	30.0686	29.8722	84.6428	41152.01
海淀区	11	17.6238	16.4278	32.6243	343893.54	8	9.7683	8.5723	17.5503	16646.54
门头沟区	5	12.6130	4.1280	35.2761	164742.59	2	3.3754	0.6029	11.5909	1792.59
房山区	13	69.9826	62.9429	122.9797	300201.81	3	12.9667	12.9667	19.2249	3983.81
通州区	39	153.1932	127.7325	282.7128	769717.16	7	28.0435	24.0279	51.6833	16738.34
顺义区	17	68.7764	68.7764	102.1327	198058.74	3	10.9737	10.9737	14.2720	5071.16
昌平区	24	72.1493	68.8012	140.9910	333534.46	20	46.5501	46.4004	85.8540	28327.03
大兴区	35	219.1697	213.7790	395.4773	1303919.31	6	73.2106	72.9841	167.8447	39941.31
怀柔区	4	63.4309	63.0167	64.6617	86704.17	1	0.4142		0.9052	127.17
平谷区	8	23.8641	23.8208	42.8058	55756.35	1	0.0433		0.0481	24.03
亦庄开发区	20	220.6929	203.9061	350.2499	536761.30	2	0.7916	0.3948	0.4968	870.72
县	7	36.2084	36.2084	67.3093	121750.50					
密云县	5	28.8633	28.8633	59.8823	118982.00					
延庆县	2	7.3451	7.3451	7.4270	2768.50					

表 8-3 国有土地供应签订合同情况(一)

(按区县分列)

计量单位：宗、公顷、万平方米、万元

	招标出让					拍卖出让					挂牌出让				
	宗地数	面积	新增	规划建筑面积	成交价款	宗地数	面积	新增	规划建筑面积	成交价款	宗地数	面积	新增	规划建筑面积	成交价款
甲	11	12	13	14	15	16	17	18	19	20	21	22	23	24	25
合计	23	91.8066	74.5938	243.1902	2250564.16						128	752.9002	692.1889	1242.2645	4726402.71
市辖区	22	80.1736	62.9608	214.5134	2199864.16						122	728.3248	667.6135	1203.6320	4655352.21
东城区	1	0.5785		0.3355	17500.00						1	1.4298		7.2532	191500.00
西城区	3	4.7587		33.2870	739357.00										
朝阳区	5	13.5367	10.2136	45.7121	528324.25						4	23.7781	16.5470	52.9399	842215.00
丰台区	3	17.9269	17.9269	40.0011	356404.00						3	10.0212	8.3682	34.2905	162900.00
石景山区	1	1.1100	1.1100	3.8850	37249.39										
海淀区	1	1.4300	1.4300	4.0000	56986.00						2	6.4255	6.4255	11.0740	270261.00
门头沟区											3	9.2376	3.5251	23.6852	162950.00
房山区											10	57.0159	49.9762	103.7548	296218.00
通州区	5	5.3541		30.7200	287071.52						27	119.7956	103.7046	200.3095	465907.30
顺义区	1	22.4922	22.4922	47.5540	129215.00						13	35.3105	35.3105	40.3067	63772.58
昌平区	1	3.1984		5.1035	15980.00						3	22.4008	22.4008	50.0335	289227.43
大兴区											29	145.9591	140.7949	227.6326	1263978.00
怀柔区	1	9.7881	9.7881	3.9152	31777.00						2	53.2286	53.2286	59.8413	54800.00
平谷区											7	23.8208	23.8208	42.7577	55732.32
亦庄开发区											18	219.9013	203.5113	349.7531	535890.58
县	1	11.6330	11.6330	28.6768	50700.00						6	24.5754	24.5754	38.6325	71050.50
密云县	1	11.6330	11.6330	28.6768	50700.00						4	17.2303	17.2303	31.2055	68282.00
延庆县											2	7.3451	7.3451	7.4270	2768.50

表 8-3　国有土地供应签订合同情况(一)

(按用地类型分列)

计量单位：宗、公顷、万平方米、万元

	出让小计					协议出让				
	宗地数	面积		规划建筑面积	成交价款	宗地数	面积		规划建筑面积	成交价款
			新增					新增		
甲	1	2	3	4	5	6	7	8	9	10
合计	225	1077.2457	984.9588	1998.1176	7203278.90	74	232.5389	218.1761	512.6629	226312.03
商服用地	71	149.5807	117.4419	421.6999	2510432.82	39	36.8145	30.9138	94.9350	86361.66
工矿仓储用地	80	465.0057	448.8691	572.0278	339799.71	1	3.5228	3.5228	4.2000	630.00
住宅用地	54	403.4825	361.1450	895.1416	4254274.93	16	145.6910	138.9029	340.2042	101548.93
其中：高档住宅用地										
其中：普通商品住房用地	41	277.5296	235.1921	604.2690	4163299.48	3	19.7381	12.9500	49.3316	10573.48
其中：中低价位、中小套型用地	4	19.6788	17.4564	43.8913	355880.00					
其中：其他住房用地	13	125.9529	125.9529	290.8726	90975.45	13	125.9529	125.9529	290.8726	90975.45
公共管理与公共服务用地	20	59.1768	57.5028	109.2483	98771.44	18	46.5106	44.8366	73.3237	37771.44
特殊用地										
交通运输用地										
水利设施用地										

表 8-3 国有土地供应签订合同情况(一)

(按用地类型分列)

计量单位：宗、公顷、万平方米、万元

	招标出让					拍卖出让					挂牌出让				
	宗地数	面积		规划建筑面积	成交价款	宗地数	面积		规划建筑面积	成交价款	宗地数	面积		规划建筑面积	成交价款
			新增					新增					新增		
甲	11	12	13	14	15	16	17	18	19	20	21	22	23	24	25
合计	23	91.8066	74.5938	243.1902	2250564.16						128	752.9002	692.1889	1242.2645	4726402.71
商服用地	17	47.3742	35.5822	141.9553	1901803.16						15	65.3920	50.9459	184.8096	522268.00
工矿仓储用地											79	461.4829	445.3463	567.8278	339169.71
住宅用地	6	44.4324	39.0116	101.2349	348761.00						32	213.3591	183.2305	453.7025	3803965.00
其中：高档住宅用地															
普通商品住房用地	6	44.4324	39.0116	101.2349	348761.00						32	213.3591	183.2305	453.7025	3803965.00
中低价位、中小套型用地	1	2.2224		6.2227	23880.00						3	17.4564	17.4564	37.6686	332000.00
其他住房用地															
公共管理与公共服务用地											2	12.6662	12.6662	35.9246	61000.00
特殊用地															
交通运输用地															
水利设施用地															

表 8-3　国有土地供应签订合同情况(二)

(按区县分列)

计量单位：宗、公顷、万平方米、万元

	划拨				租赁					其他供地方式				
	宗地数	面积		规划建筑面积	宗地数	面积		规划建筑面积	租金	宗地数	面积		规划建筑面积	收入
			新增				新增					新增		
	1	2	3	4	5	6	7	8	9	10	11	12	13	14
合　计	189	449.8408	330.6522	781.3749										
市辖区	180	441.3928	324.6097	776.6801										
东城区	1	0.5706												
西城区	5	3.0931		11.3604										
朝阳区	11	85.3459	50.5091	202.1599										
丰台区	18	55.3168	52.1424	137.6678										
石景山区	4	4.0622	0.5100	7.1445										
海淀区	31	83.9866	73.6924	97.6942										
门头沟区	10	19.6236	1.7844	41.4263										
房山区	11	34.7454	26.1759	40.9849										
通州区	10	12.2865	9.2802	9.1442										
顺义区	15	26.3841	26.3841	24.3973										
昌平区	22	36.4262	34.8021	95.8993										
大兴区	33	62.6136	37.1628	81.9778										
怀柔区	4	11.1069	11.1069	24.7743										
平谷区	4	5.4419	0.6700	1.7522										
亦庄开发区	1	0.3894	0.3894	0.2970										
县	9	8.4480	6.0425	4.6948										
密云县	5	2.6195	2.1838	1.2350										
延庆县	4	5.8285	3.8587	3.4598										

表 8-3 国有土地供应签订合同情况(二)

(按用地类型分列)

计量单位：宗、公顷、万平方米、万元

	划拨				租赁					其他供地方式				
	宗地数	面积		规划建筑面积	宗地数	面积		规划建筑面积	租金	宗地数	面积		规划建筑面积	收入
			新增				新增					新增		
	1	2	3	4	5	6	7	8	9	10	11	12	13	14
合计	189	449.8408	330.6522	781.3749										
商服用地														
工矿仓储用地														
住宅用地	48	229.2047	163.1807	614.5975										
其中：高档住宅用地														
普通商品住房用地														
中低价位、中小套型用地														
经济适用住房用地	46	229.0585	163.1807	614.0036										
廉租住房用地	2	0.1462		0.5939										
公共管理与公共服务用地	130	196.6930	146.6599	147.5680										
特殊用地	3	4.8931	4.8931	5.6908										
交通运输用地	7	16.6664	13.5349	13.3886										
水域及水利设施用地	1	2.3836	2.3836	0.1300										

表 8-4 国有土地使用权交易情况

（按区县分列）

	转让			出租		
	宗数（宗）	面积（公顷）	转让金（万元）	宗数（宗）	面积（公顷）	租金（万元）
甲	1	2	3	4	5	6
合计	40	165.6365	354377.19			
市辖区	35	153.8920	346228.85			
东城区	1	0.2973	4990.00			
西城区	2	1.8206	106744.60			
朝阳区						
丰台区	1	0.5362	5216.14			
石景山区						
海淀区						
门头沟区						
房山区	1	4.7819	3034.30			
通州区	2	2.1263	7471.96			
顺义区	6	89.7864	123999.52			
昌平区	3	15.9217	41022.22			
大兴区	1	0.8608	1280.00			
怀柔区	12	18.2876	13442.11			
平谷区	3	3.7124	7027.00			
亦庄开发区	3	15.7608	32001.00			
县	5	11.7445	8148.34			
密云县	3	8.6185	6504.34			
延庆县	2	3.1260	1644.00			

表8-4 国有土地使用权交易情况

（按用地类型分列）

		转让			出租		
		宗数（宗）	面积（公顷）	转让金（万元）	宗数（宗）	面积（公顷）	租金（万元）
甲		1	2	3	4	5	6
合计		40	165.6365	354377.19			
商服用地		3	2.1179	111734.60			
工矿仓储用地		31	146.8676	196922.41			
住宅用地		2	1.6836	8245.96			
其中	别墅、高档公寓						
	普通商品房	2	1.6836	8245.96			
	经济适用房						
	其他住房						
公共管理与公共服务用地		4	14.9674	37474.22			
特殊用地							
综合用地							
储备用地							
其他用地							

表 8-5 北京市国有建设用地使用权登记发证统计表

计量单位：宗、万平方米

项目	合计		国有土地使用权初始登记														国有土地使用权变更登记								国有土地使用权注销登记	
					出让		划拨		政府储备		入股		授权经营		国家租赁				转移登记				其它			
																			大业主		小业主					
	宗数	面积	宗数	面积	宗数	面积	宗数	面积	宗数	面积	宗数	面积	宗数	面积	宗数	面积	宗数	面积	宗数	面积	宗数	面积	宗数	面积	宗数	面积
甲	1	2	3	4	5	6	7	8	9	10	11	12	13	14	15	16	17	18	19	20	21	22	23	24	25	26
累计	7782	7795.52	1256	3174.45	675	1780.15	544	908.03	35	475.41					2	10.86	6526	4621.07	405	2042.17	5193	40.26	928	2538.64	73	286.38
东城区	587	64.05	86	19.29	29	12.24	57	7.05									501	44.76	10	0.80	405	1.03	86	42.93		
西城区	460	67.27	112	23.44	97	12.41	14	9.76	1	1.27							348	43.83	55	19.07	265	1.62	28	23.14		
朝阳区	3310	882.49	160	279.16	58	94.09	96	119.04	6	66.03							3150	603.33	71	31.53	2889	9.34	190	562.46	6	7.44
丰台区	536	373.58	74	214.88	36	55.57	32	78.88	6	80.43							462	158.70	12	3.87	377	5.29	73	149.54	1	0.55
石景山区	176	256.25	27	48.72	14	28.30	13	20.42									149	207.53	21	150.58	106	0.22	22	56.73		
海淀区	920	408.08	154	356.78	73	99.34	81	257.44									766	51.30	27	8.42	724	2.92	15	39.96		
门头沟区	53	220.24	35	56.52	14	30.98	21	25.54									18	163.72	8	118.40			10	45.32	4	4.31
房山区	167	530.82	97	309.54	64	236.45	29	60.02	4	13.07							70	221.28	32	85.26			38	136.02		
通州区	276	664.31	114	414.32	45	172.66	59	93.73	10	147.93							162	249.99	12	36.03	99	0.51	51	213.45		
顺义区	360	2023.52	84	338.33	62	282.68	22	55.65									276	1685.19	16	1349.04	188	9.18	72	326.97		
昌平区	243	515.21	43	213.13	29	123.34	12	44.06	2	45.73							200	302.08	30	37.48	108	10.00	62	254.60	1	3.16
大兴区	238	644.15	108	430.56	65	259.18	39	97.32	4	74.06							130	213.59			32	0.15	98	213.44	38	199.03
怀柔区	98	223.82	21	106.97	11	54.47	8	5.61	2	46.89							77	116.85	44	77.26			33	39.59	14	23.28
平谷区	74	164.53	25	75.80	21	70.31	4	5.49									49	88.73	19	34.21			30	54.52	4	2.94
密云县	162	430.32	73	149.80	31	137.98	42	11.82									89	280.52	13	23.07			76	257.45	3	36.37
延庆县	76	145.25	19	28.75	4	12.55	15	16.20									57	116.50	26	45.46			31	71.04	1	0.63
北京经济技术开发区	46	181.64	24	108.47	22	97.61									2	10.86	22	73.17	9	21.69			13	51.48	1	8.67

表 8-6 北京市国有建设用地使用权抵押权登记发证统计表(一)

(按区县分列)

计量单位：宗、万平方米、万元

项目	自年初累计				本月			
	宗数	抵押面积	评估金额	贷款金额	宗数	抵押面积	评估金额	贷款金额
甲	1	2	3	4	5	6	7	8
总计	5476	6918.63	111902762.80	50352108.12	582	723.89	15939922.75	7360319.10
东城区	320	27.39	6246441.96	3015038.80	21	1.87	240956.08	138436.70
西城区	216	52.71	5484065.10	2339002.08	25	9.10	1087040.24	453107.00
朝阳区	1849	970.30	36631857.97	15509366.97	175	115.15	7684850.04	3725335.88
丰台区	417	225.06	8006112.51	4182377.76	58	27.92	1005240.51	447156.16
石景山区	85	280.43	3428187.52	1298172.61	10	41.39	434135.07	74454.98
海淀区	687	221.72	6630681.39	3076632.26	76	9.02	495957.37	293829.05
门头沟区	28	54.14	997971.49	465140.00	3	4.45	9893.51	4600.00
房山区	139	368.41	3427345.69	1854363.60	15	38.04	436617.36	228128.00
通州区	336	1164.11	11861330.50	5306753.69	39	136.41	1233430.90	596029.00
顺义区	286	958.01	7312292.66	3569311.92	22	54.39	454755.49	217109.33
昌平区	253	642.49	7230933.46	3304954.91	19	68.88	1368726.91	562143.00
大兴区	324	681.61	7294016.78	3500376.47	44	49.47	413499.27	242468.00
怀柔区	125	285.14	808004.16	442614.55	27	75.12	106806.30	71032.00
平谷区	100	241.33	1196404.23	525299.00	5	12.41	33428.00	15150.00
密云县	94	251.86	461118.25	337067.75	13	7.22	19123.63	7800.00
延庆县	45	82.22	142685.11	58290.00	5	4.20	12135.00	5949.00
北京经济技术开发区	172	411.70	4743314.02	1567345.75	25	68.85	903327.07	277591.00

表 8-6　北京市国有建设用地使用权抵押权登记发证统计表(二)

(按用地类型分列)

计量单位：宗、万平方米、万元

项目	自年初累计				本月			
	宗数	面积	评估金额	贷款金额	宗数	面积	评估金额	贷款金额
甲	1	2	3	4	5	6	7	8
总计	5476	6918.63	111902762.80	50352108.12	582	723.89	15939922.75	7360319.10
商服用地	1366	1071.13	35986607.07	15963074.80	139	64.66	4574061.30	2095813.29
工矿仓储用地	1094	2462.58	11415414.87	5079615.17	141	318.42	1665537.83	737672.47
住宅用地	2814	1492.59	38324917.44	17187933.10	282	140.44	5584742.09	2620081.34
城镇单一住宅用地	2188	372.01	8152251.51	4741735.87	210	32.86	882086.41	540817.98
城镇混合住宅用地	626	1120.58	30172665.93	12446197.23	72	107.58	4702655.68	2079263.36
公用管理与公共服务用地	28	96.81	2622695.97	1094119.00	2	3.61	67430.00	30137.00
特殊用地								
交通运输用地	2	39.70	118440.00	60500.00				
水域及水利设施用地								
政府储备用地	172	1755.82	23434687.45	10966866.05	18	196.76	4048151.53	1876615.00
其他土地								

表 8-7　勘查许可证发放情况

计量单位：个、宗、万元

矿种	勘查许可证发证			勘查权出让			
				协议出让方式		招拍挂出让方式	
	新立	有效	注销	宗数	价款金额	宗数	价款金额
甲	1	2	3	4	5	6	7
合计		14					
地热		14					

表 8-8 主要矿种采矿许可证发放情况

计量单位：个、宗、万元

	采矿许可证发证			采矿权出让			
	许可证数			协议出让方式		招拍挂出让方式	
	新立	有效	注销	宗数	价款金额	宗数	价款金额
甲	1	2	3	4	5	6	7
合计		192	5	11	222.50		
地热		147		11	222.50		
矿泉水		34	2				
煤		5					
铁矿		6	3				

表 8-9 北京市矿产种类统计表

<table>
<tr><td colspan="2" rowspan="2">矿 类</td><td colspan="3">探明有资源储量并编入储量表的矿种</td><td colspan="2">已发现但尚未探明资源储量的矿种</td></tr>
<tr><td>名称及矿产地数</td><td colspan="2">矿种数</td><td>名称</td><td>矿种数</td></tr>
<tr><td colspan="2">合 计</td><td>351</td><td colspan="2">67</td><td></td><td>60</td></tr>
<tr><td colspan="2">能源矿产</td><td>煤（29）</td><td colspan="2">1</td><td>地热、石油、天然气</td><td>3</td></tr>
<tr><td rowspan="2">金属矿产</td><td>黑色金属矿产（53）</td><td>铁（46）、锰（1）、铬铁矿（2）、钒（2）、钛（2）</td><td>5</td><td rowspan="2">19</td><td></td><td></td></tr>
<tr><td>有色、贵金属及稀有稀散元素矿产（63）</td><td>铜（8）、铅（7）、锌（9）、铝土矿（1）、钨（3）、铋（1）、钼（8）、镁（2）、铂（1）、钯（1）、金（14）、银（5）、镓（2）、镉（1）</td><td>14</td><td>镍、钴、锡、汞、锑、铑、铱、钌、锇、铌、钽、铍、锆、锶、铈、锗、铟、铊、铼、硒、碲、铀、钍</td><td>23</td></tr>
<tr><td rowspan="3">非金属矿产</td><td>冶金辅助原料非金属矿产（43）</td><td>红柱石（1）、普通萤石（1）、熔剂用灰岩（12）、冶金用白云岩（12）、冶金用石英岩（4）、铸型用砂（1）、冶金用脉石英（4）、耐火粘土（7）、铁矾土（1）</td><td>9</td><td rowspan="3">47</td><td>兰晶石、矽线石、堇青石</td><td>3</td></tr>
<tr><td>化工原料非金属矿产（43）</td><td>硫铁矿（3）、电石用灰岩（8）、制碱用灰岩（1）、含钾砂页岩（2）、含钾岩石（1）、泥炭（28）</td><td>6</td><td>磷、硼、重晶石、蛇纹岩</td><td>4</td></tr>
<tr><td>建筑材料及其它非金属矿产（121）</td><td>石棉（2）、石墨（2）、滑石（1）、长石（2）、叶腊石（1）、透辉石（3）、玉石（4）、水泥用灰岩（23）、建筑石料用灰岩（4）、制灰用灰岩（11）、泥灰岩（1）、玻璃用石英岩（1）、玻璃用砂岩（1）、水泥配料用砂岩（5）、建筑用砂（9）、砖瓦用砂（3）、水泥配料用脉石英（1）、天然油石（2）、陶粒页岩（3）、砖瓦用页岩（6）、水泥配料用页岩（2）、陶瓷土（3）、砖瓦用粘土（7）、水泥配料用粘土（6）、饰面用角闪岩（1）、饰面用辉长岩（1）、饰面用闪长岩（1）、铸石用辉绿岩（2）、建筑用花岗岩（1）、饰面用花岗岩（4）、饰面用大理岩（7）、饰面用板岩（1）</td><td>32</td><td>兰石棉、石膏、高岭土、蛭石、沸石、石榴子石、伊利石、累托石、海泡石、冰洲石、云母、电气石、方解石、方柱石、板岩、陶粒用粘土、白垩、砚石、光学水晶、熔炼水晶、压电水晶、刚玉、麦饭石、透闪石</td><td>24</td></tr>
<tr><td colspan="2">水气矿产</td><td></td><td colspan="2"></td><td>地下水、矿泉水、医疗矿泉水</td><td>3</td></tr>
</table>

注：矿种后括号内数字为矿产地数

表 8-10　北京市地质遗迹一览表

分类	亚类	地质遗迹名称	分类	亚类	地质遗迹名称
地质地貌遗迹	花岗岩地貌	黑熊山花岗岩地貌	构造形迹	褶皱	七渡背斜
		云峰山花岗岩地貌			六道河背斜
		青龙峡花岗岩地貌			红石湾穹隆
		云蒙山花岗岩地貌			排字岭单斜
		紫云山花岗岩地貌		夷平面	东灵期夷平面
		三峪花岗岩地貌			百花期夷平面
		幽谷神潭花岗岩地貌			东岳期夷平面
		清凉谷花岗岩地貌			狼虎期夷平面
		精灵谷花岗岩地貌			唐县期夷平面
		桃园仙谷花岗岩地貌		不整合	黄松峪底砾岩角度不整合
		云蒙峡花岗岩地貌		动力作用构造	房山岩体周围韧性剪切带及剥离断层
		莲花山花岗岩地貌			牛口峪旋卷构造
		碓臼峪花岗岩地貌			圣莲山一带固态流变构造
		松山花岗岩地貌			周口店地区褶叠层和固态流变构造
		古崖居花岗岩地貌	典型地层剖面	新生代	马兰砾石层沉积剖面
		凤凰岭花岗岩地貌			马兰黄土标准剖面
		白虎涧花岗岩地貌			周口店“北京人”一号挖掘点洞穴沉积剖面
		房山花岗岩地貌			太平山北坡下更新统剖面
		大杨山花岗岩地貌			第三系长辛店砾岩
		盘山花岗岩地貌		中生代	坨里唐县期砾石层
		古北口－金山岭－司马台古花岗岩地貌			西山陆相下白垩统剖面
	火山及熔岩地貌	沿河城卫生院古火山机构		古生代	丁家滩－下苇甸寒武－奥陶系地层剖面
		百花山（白草畔）火山岩地貌		中上元古代	十三陵中上元古代地层剖面
		妙峰山火山岩地貌	古人类、古生物化石及遗址	古人类化石及遗址	周口店北京猿人遗址
		燕羽山火山岩地貌			新洞人遗址
		佛爷顶火山岩地貌			周口店田园洞人遗址
		凤驼梁火山岩地貌			山顶洞人遗址
		灵山火山岩地貌			东胡林人遗址
		香山火山岩地貌			上宅人遗址
		钵尔塘古火山口			雪山人遗址

续表

分类	亚类	地质遗迹名称	分类	亚类	地质遗迹名称
地质地貌遗迹	火山及熔岩地貌	倪家洼火山角砾岩管	古人类、古生物化石及遗址	古生物化石及遗址	下德龙湾木化石群
		梨树沟火山角砾岩管			灰峪石炭二叠系地层化石群
		黄松峪火山角砾岩管			下苇甸－丁家滩地层三叶虫化石
		三羊古火山机构			微古植物及藻类化石
	岩溶地貌	十渡岩溶地貌			大灰厂一带化石群
		上方山岩溶地貌	矿物、岩石、奇石及其典型产地	矿物	叶腊石
		圣莲山岩溶地貌			萤石
		龙庆峡岩溶地貌			红柱石菊花石
		天生桥溶蚀地貌		特殊岩石	高庄－石窝汉白玉
		老象峰岩溶地貌			密云沙厂环斑花岗岩
	砂岩地貌	石林峡砂岩峰林地貌			潭柘寺紫石
		飞龙谷砂岩地貌			“圣米”
		塔洼砂岩地貌			京粉翠（蔷薇辉石）
		小昆仑山		奇石	金海石
	峡谷地貌	永定河大峡谷地貌			轩辕石
		白河峡谷地貌		典型矿产地及古采冶遗址	塔洼金矿
		拒马河峡谷地貌			杨树底下金矿
		京东大峡谷地貌			铂（钯）矿
		堆白峪峡谷地貌			砂厂铁矿
		青龙峡峡谷地貌		沉积构造	硅质结核
		乌龙峡谷地貌			叠层石
		龙门涧岩溶峡谷地貌			风暴岩
		湖洞水峡谷地貌			海相沉积波痕群
		龙庆峡峡谷地貌			鳄鱼石
		龙门涧石围屏			斑马石
		湖洞水“一线天”	有特殊意义的水体资源	河流	永定河
		孤山寨“一线天”			拒马河
		碓白峪“一线天”			潮白河
	溶洞	石花洞		湖泊	昆明湖
		银狐洞			密云水库
		黄院洞			怀柔水库
		八奇洞			十三陵水库
		背阴洞			官厅水库
		他窖洞		湿地	汉石桥湿地
		西园洞			野鸭湖湿地

续表

分类	亚类	地质遗迹名称	分类	亚类	地质遗迹名称
地质地貌遗迹	溶洞	鸡毛洞	有特殊意义的水体资源	泉	玉泉山泉址
		清风洞			河北大泉
		孔水洞			潭柘寺泉
		双鹿洞			马刨泉
		张良洞			珍珠泉
		蝙蝠洞		温泉	小汤山温泉
		大窟窿洞			汤泉观温泉
		老道洞		潭和瀑布	碓臼峪潭群
		仙栖洞			京西十八潭
		三清洞			黑龙潭
		龙仙宫			白龙潭
		华严洞			九龙十八潭
		云水洞			幽谷神潭
		京东大溶洞			京都第一瀑
	冰川地貌	潭柘寺冰川遗迹			三叠瀑布
		模式口第四纪冰川擦痕			通天瀑
		灵岳寺冰川遗迹	地质灾害遗迹	泥石流	番字牌西沟泥石流遗迹
构造形迹	断层	八宝山断裂			怀柔怀北镇于家西沟泥石流遗迹
		北石城断裂		滑坡、塌陷、地裂缝	戒台寺滑坡
		王老铺逆断层			顺义区高丽营镇西王路村地裂缝

表 8-11 2012 年度北京市矿产资源开发利用情况(按矿种分类)

矿种	矿山企业数					从业人员(个)	年产矿量		实际采矿能力(万吨/年)	工业总产值(万元)	综合利用产值(万元)	矿产品销售收入(万元)	利润总额(万元)
	合计	大型	中型	小型	小矿		万吨	万立方米					
合计	68	5	17	42	4	21508	1433.68	0	1326	731727	32507	651086.28	160859.51
煤炭	5	2	3	0	0	15046	503	0	295	482409	6250	428773.82	122061
铁矿	6	0	4	2	0	5208	398.1	0	482	224179	20989	210805.46	36047.73
熔剂用灰岩	2	1	1	0	0	83	60	0	50	1815	0	1815	1570
制碱用灰岩	1	1	0	0	0	309	44	0	70	354	137	332	9
叶蜡石	1	0	0	1	0	93	1	0	1	1286	0	1286	373
水泥用灰岩	7	1	6	0	0	145	300	0	280	19184	4237	6158	627
建筑石料用灰岩	3	0	0	3	0	66	20	0	55	142	13	135	42
建筑用白云岩	3	0	0	3	0	47	77.1	0	40	680	0	200	15.2
水泥配料用砂岩	1	0	1	0	0	8	16.2	0	30	865	856	812	193
砖瓦用页岩	3	0	0	3	0	6	0	0	15	0	0	0	0
建筑用花岗岩	1	0	1	0	0	24	9.5	0	8	27	25	27	1
建筑用大理岩	1	0	1	0	0	98	0	0	0	0	0	0	0
矿泉水	34	0	0	30	4	375	4.78	0	0	786	0	742	-79.42

表 8-11　2012 年度北京市矿产资源开发利用情况(按经济类型分列)

矿种	矿山企业数					从业人员(个)	年产矿量		实际采矿能力(万吨/年)	工业总产值(万元)	综合利用产值(万元)	矿产品销售收入(万元)	利润总额(万元)
	合计	大型	中型	小型	小矿		万吨	万立方米					
合计	68	5	17	42	4	21508	1433.68	0	1326	731727	32507	651086.28	160859.51
一、内资企业	65	5	17	40	3	21481	1432.79	0	1326	731727	32507	651086.28	160859.51
国有企业	12	1	4	7	0	289	293.31	0	310	7374	2867	5305	1929
集体企业	15	0	4	11	0	893	168.23	0	156	29081	3406	25244	1200.2
股份合作企业	6	0	1	4	1	54	40	0	65	12497	730	2912	198
联营企业	1	0	0	1	0	8	0.03	0	0	30	0	23	3
有限责任公司	16	1	3	12	0	2478	126.76	0	132	85502	19092	68488	20230.58
股份有限公司	11	3	4	4	0	17716	794.94	0	655	597216	6387	549087.28	137297.73
私营企业	4	0	1	1	2	43	9.52	0	8	27	25	27	1
二、港、澳台商投资企业	2	0	0	2	0	19	0.89	0	0	0	0	0	0
港、澳台商投资企业	2	0	0	2	0	19	0.89	0	0	0	0	0	0
三、外商投资企业	1	0	0	0	1	8	0	0	0	0	0	0	0
外商投资企业	1	0	0	0	1	8	0	0	0	0	0	0	0

表 8-12 北京市地质勘查资质证书统计表

统计截止日期：2012 年 12 月 31 日

序号	资质证号	单位名称	法定代表人	单位住址	邮编	电话	经济类型	批准资质	有效期起	有效期止	传真
1	01201021100106	北京市地质工程勘察院	张勇	北京市海淀区北洼路 8 号	100037	010 - 51166518	国有	液体矿产勘查：甲级；水文地质、工程地质、环境地质调查：甲级；地质钻探：甲级。	2010 - 8 - 12	2014 - 4 - 7	68428346
	11201121100018							地球物理勘查：丙级。	2011 - 7 - 15	2014 - 1 - 4	
2	11200911100005	北京地大地质科技公司	薛清鹏	北京市海淀区学院路 29 号	100083	010 - 82328932	国有	地质钻探：乙级。水文地质、工程地质、环境地质调查：丙级。	2009 - 1 - 5	2014 - 1 - 4	82321419
3	11201321100011	北京航天勘察设计研究院有限公司	郭中泽	北京市丰台区西四环南路 83 号 8 号楼	100071	010 - 68749287	国有	液体矿产勘查：乙级；水文地质、工程地质、环境地质调查：乙级；地质钻探：乙级。	2013 - 6 - 19	2014 - 1 - 4	68749287
4	11201121100017	北京京煤集团地质勘探队	范广才	北京市门头沟区门头沟路 24 号	102300	010 - 69842472	国有	固体矿产勘查：丙级。地质钻探：丙级。	2011 - 7 - 15	2014 - 1 - 4	69842472
5	01200911100199	北京市地质调查研究院	蔡向民	北京市昌平区沙河镇沙阳路 11 号	102206	010 - 51529220	国有	区域地质调查：甲级；固体矿产勘查：甲级。	2009 - 9 - 27	2014 - 9 - 26	51529243
	11201011100018							液体矿产勘查：乙级；水文地质、工程地质、环境地质调查：乙级；地球化学勘查：乙级；地球物理勘查：丙级。	2010 - 8 - 17	2015 - 8 - 16	
6	01200811100007	北京市地质勘察技术院	黄学勤	北京市朝阳区立水桥甲 2 号	102218	010 - 84812649	国有	地球物理勘查：甲级。	2008 - 12 - 30	2013 - 12 - 29	84812087
	1120131110004							液体矿产勘查：乙级；气体矿产勘查：乙级；水文地质、工程地质、环境地质调查：乙级；地球化学勘查：乙级。	2013 - 1 - 29	2018 - 1 - 28	

续表

序号	资质证号	单位名称	法定代表人	单位住址	邮编	电话	经济类型	批准资质	有效期起	有效期止	传真
7	01200811100024	北京市地质矿产勘查开发总公司	付　刚	北京市宣武区南纬路4号	100050	010－62264552	国有	液体矿产勘查:甲级; 固体矿产勘查:甲级; 水文地质、工程地质、环境地质调查:甲级; 地质钻(坑)探:甲级。	2008－12－30	2013－12－29	62264552
	11200911100034							地球物理勘查:乙级。	2009－1－5	2014－1－4	
8	11200911100040	北京万地地质工程公司	夏　孟	北京市海淀区北洼路90号	100037	010－51166238	国有	地质钻探:乙级。	2009－1－5	2014－1－4	68431793
9	01200811100008	北京中煤大地技术开发公司	邢树亭	北京市朝阳区亚运村安苑北里5号	100073	010－63825566 －8317	国有	气体矿产勘查:甲级; 固体矿产勘查:甲级; 地质钻探:甲级	2008－12－30	2013－12－29	
10	01200811100013	核工业北京地质研究院	李子颖	北京市朝阳区安外小关东里10号院	100029	010－64914830	国有	区域地质调查:甲级; 固体矿产勘查:甲级; 遥感地质调查:甲级; 地质实验测试(岩矿鉴定、岩矿测试):甲级。	2008－12－30	2013－12－29	64917143
	11200911100054							水文地质、工程地质、环境地质调查:乙级; 地球物理勘查:乙级; 地球化学勘查:乙级。	2009－1－5	2014－1－4	
11	01200811100035	神华(北京)遥感勘查有限责任公司	刘波坤	北京市海淀区上地信息产业基地上地四街1号	100085	010－62978070	国有	固体矿产勘查:甲级; 遥感地质调查:甲级。	2008－12－30	2013－12－29	58134998
	11200911100059							水文地质、工程地质、环境地质调查:乙级; 地球物理勘查:乙级。	2009－1－5	2014－1－4	
12	01201011100013	首钢地质勘查院地质研究所	邓斌	北京市石景山区晋元庄路23号	100144	010－68865021	国有	固体矿产勘查:甲级; 地质钻探:甲级。	2010－4－19	2015－4－18	68838743
	11200911100060							水文地质、工程地质、环境地质调查:乙级; 地球物理勘查:乙级; 地质钻探:乙级。	2009－1－5	2014－1－4	

续表

序号	资质证号	单位名称	法定代表人	单位住址	邮编	电话	经济类型	批准资质	有效期起	有效期止	传真
13	01200811100016	有色金属矿产地质调查中心	王京彬	北京市朝阳区安定门外北苑五号院四区	100012	010－84922233	国有	区域地质调查：甲级；固体矿产勘查：甲级；遥感地质调查：甲级。	2008－12－30	2013－12－29	84934706
	11200911100063							水文地质、工程地质、环境地质调查：丙级；地球物理勘查：丙级；地球化学勘查：丙级。	2009－1－5	2014－1－4	
14	11201221102003	中兵勘察设计研究院	刘志刚	北京市西城区西便门内大街79号	100053	010－83117601	国有	水文地质、工程地质、环境地质调查：乙级；地球物理勘查：乙级。	2012－3－29	2016－7－14	83117582
15	01200811100015	中材地质工程勘查研究院有限公司	田震远	北京市朝阳区望京西路甲50号1号楼401、402	100102	010－64733180	国有	固体矿产勘查：甲级；地质实验测试（岩矿鉴定、岩土试验、选冶试验）：甲级。	2008－12－30	2013－12－29	64795806
	112012211102020							区域地质调查：乙级；水文地质、工程地质、环境地质调查：乙级；地球物理勘查：乙级。	2012－10－8	2014－1－4	
16	01201011100011	中国地质科学院地质力学研究所	龙长兴	北京市海淀区民族学院南路11号	100081	010－68412325	国有	固体矿产勘查：甲级；水文地质、工程地质、环境地质调查：甲级。	2010－4－19	2015－4－18	68412325
	11200911100069							区域地质调查：乙级；固体矿产勘查：乙级；水文地质、工程地质、环境地质调查：乙级。	2009－1－5	2014－1－4	
17	01201011100128	中国地质科学院矿产资源研究所	王瑞江	北京市西城区百万庄大街26号	100037	010－68335862	国有	固体矿产勘查：甲级。	2010－10－25	2015－10－24	68327263
	11200911100070							区域地质调查：乙级；液体矿产勘查：乙级；地球物理勘查：乙级；地球化学勘查：乙级；地质实验测试（岩矿鉴定）：乙级。	2009－1－5	2014－1－4	

续表

序号	资质证号	单位名称	法定代表人	单位住址	邮编	电话	经济类型	批准资质	有效期起	有效期止	传真
18	01201011100014	中国地质矿业总公司	宋永祺	北京市朝阳区安贞西里三区26楼浙江大厦7层	100029	010－64446979	国有	固体矿产勘查:甲级。	2010－4－19	2015－4－18	64449898
	11200911100071							固体矿产勘查:乙级; 地质钻(坑)探 :乙级。	2009－1－5	2014－1－4	
19	01200811100012	中国建筑材料工业地质勘查中心北京总队	田震远	北京市朝阳区望京西路甲50号－1卷石天地大厦A座	100102	010－64733180	国有	固体矿产勘查:甲级。	2008－12－30	2013－12－29	64795806
	11200911100072							区域地质调查:乙级; 地质实验测试(岩矿测试):乙级。 水文地质、工程地质、 环境地质调查:丙级。	2009－1－5	2014－1－4	
20	01200811100025	中国煤炭地质总局地球物理勘探研究院	霍全明	北京市丰台区靛厂299号	100039	010－81201114－3684221	国有	固体矿产勘查:甲级; 地球物理勘查:甲级。	2008－12－30	2013－12－29	
	11201211102011							液体矿产勘查:乙级; 水文地质、工程地质、 环境地质调查:乙级。 地质钻探:丙级。	2012－6－29	2017－6－28	
21	01200811100009	中国煤炭地质总局勘查总院	徐水师	北京市丰台区靛厂299号	100039	010－88246147	国有	区域地质调查:甲级; 液体矿产勘查:甲级; 气体矿产勘查:甲级; 固体矿产勘查:甲级; 水文地质、工程地质、 环境地质调查:甲级; 地球物理勘查:甲级; 遥感地质调查:甲级; 地质钻(坑)探:甲级。	2008－12－30	2013－12－29	88246147
	11200911100074							地球化学勘查:乙级。	2009－1－5	2014－1－4	
22	01201011100129	中国冶金地质总局矿产资源研究院	闫学义	北京市朝阳区姚家园路105号2座	100029	010－64444539	国有	区域地质调查:甲级; 固体矿产勘查:甲级; 遥感地质调查:甲级。	2010－10－25	2015－10－24	59623581
	11200911100075							遥感地质调查:乙级。	2009－1－5	2014－1－4	

续表

序号	资质证号	单位名称	法定代表人	单位住址	邮编	电话	经济类型	批准资质	有效期起	有效期止	传真
23	11200911300021	北京奇陆地质矿产研究所	方明	昌平区北七家镇宏翔鸿信息中心 419	102209	010－64117305	股份合作	固体矿产勘查:乙级。	2009－1－5	2014－1－4	64117306
24	11201121500020	北京思源建井有限责任公司	王玉国	北京市怀柔区雁栖工业开发区	101400	010－51166230	有限责任	液体矿产勘查:乙级;水文地质、工程地质、环境地质调查:乙级;地质钻探:乙级。	2011－7－15	2014－1－4	51166277
25	11200911500007	北京地调地质勘查有限公司	陈雪敏	北京市朝阳区芳园里小区 22 楼	100020	010－65383504	有限责任	固体矿产勘查:丙级。	2009－1－5	2014－1－4	65386983
26	11200911500008	北京恩地科技发展有限责任公司	唐长钟	北京市朝阳区安华西里 1 区 13 号楼附楼 310	100081	010－64251139	有限责任	固体矿产勘查:乙级。	2009－1－5	2014－1－4	64254513
27	11201211502012	北京合地威技术开发有限公司	魏芳友	北京市通州区郎府工业区	100078	010－58076149	有限责任	地球物理勘查:乙级。地质钻探:丙级。	2012－6－29	2017－6－28	58076150
28	11200911500011	北京华昌新业物探技术服务有限公司	侯树麒	北京市平谷区黄松峪乡政府东侧	100021	010－85801850	有限责任	地球物理勘查:乙级。	2009－1－5	2014－1－4	69932379
29	11200911500012	北京华地四维勘测技术有限公司	徐秀力	北京市海淀区建材城中路 3 号楼 2 层 201(程远大厦 B 座 201)	100096	010－62920262	有限责任	地球物理勘查:乙级。	2009－1－5	2014－1－4	82912706
30	11200911500015	北京华夏建龙矿业科技有限公司	苑占永	北京市丰台区南四环西路 188 号七区五号楼	100070	010－51103290	有限责任	固体矿产勘查:乙级。	2009－1－5	2014－1－4	51103311
31	11200911500016	北京城建勘测设计研究院有限责任公司	金淮	北京市朝阳区安慧里五区六号	100101	010－64922389	有限责任	水文地质、工程地质、环境地质调查:乙级。	2009－1－5	2014－1－4	64921259
32	01201011500130	中色金地资源科技有限公司	王京彬	北丰台区科学城星火路 10 号 180 室(园区)	100012	010－84921115	有限责任	固体矿产勘查:甲级。	2010－10－25	2015－10－24	84922224
	11200911500017							固体矿产勘查:乙级。	2009－1－5	2014－1－4	
33	01201021500056	北京勘察技术工程有限公司	罗壮伟	海淀区学清路 9 号汇智大厦 1205－1209	100080	010－62586887	有限责任	固体矿产勘查:甲级;地球物理勘查:甲级。	2010－4－22	2013－12－29	63961694
	11201321500010							区域地质调查:乙级;水文地质、工程地质、环境地质调查:乙级;地球化学勘查:乙级。地质钻探:丙级。	2013－3－28	2017－6－28	

续表

序号	资质证号	单位名称	法定代表人	单位住址	邮编	电话	经济类型	批准资质	有效期起	有效期止	传真
34	11200911500023	北京聚正中能源工程技术服务有限公司	孙丽青	北京市朝阳区惠新里甲10号4号楼208、209室	100029	010－84651976	有限责任	地质钻探：乙级。	2009－1－5	2014－1－4	84652616
35	11200911500024	北京金百通矿产技术开发有限公司	解永宽	北京市朝阳区安定路35号安华发展大厦726室	100029	010－64410467	有限责任	固体矿产勘查：丙级。	2009－1－5	2014－1－4	64447377
36	11201121500010	北京佳奥特矿产技术有限公司	杨旭东	北京市东城区广渠门内大街80号通正国际大厦1010室	100012	010－84959538	有限责任	固体矿产勘查：丙级。	2011－4－27	2014－1－4	84959538
37	11200911500026	北京瑞丰勘查有限责任公司	郁成惠	北京市东城区朝阳门北大街1号新保利大厦17层17A3	100010	010－64082030	有限责任	固体矿产勘查：丙级。	2009－1－5	2014－1－4	64082032
38	11200911500027	北京盛世蓝筹矿业投资有限公司	黄鹏	朝阳区工体东路丙2号红街大厦3栋1206室	100027	010－84400666	有限责任	固体矿产勘查：乙级。	2009－1－5	2014－1－4	84400020
39	11200911500028	北京盛特伟业科技发展有限公司	王杰	海淀区西三旗沁春家园6号楼1门602号	100096	010－82957550	有限责任	固体矿产勘查：丙级。	2009－1－5	2014－1－4	64820505
40	11200911500029	北京石大开元石油技术有限公司	任志刚	北京市海淀区学院路20号北京石油学院15楼120室	100083	010－82375601	有限责任	地质钻探：丙级。	2009－1－5	2014－1－4	82375601
41	01200911500204	北京市大地开源地质工程有限公司	赵华永	北京市海淀区田村路39号	100039	010－88623813	有限责任	地质钻探：甲级。	2009－9－27	2014－9－26	88622883
	11200911500030							固体矿产勘查：乙级。	2009－1－5	2014－1－4	
42	01200811500011	北京市华清地热开发有限责任公司	黄学勤	北京市朝阳区立水桥甲2号	102218	010－84840477	有限责任	液体矿产勘查：甲级；水文地质、工程地质、环境地质调查：甲级；地质钻探：甲级。	2008－12－30	2013－12－29	84845049
	11200911500036							固体矿产勘查：乙级；地球物理勘查：乙级；地球化学勘查：乙级。地质坑探：丙级。	2009－1－5	2014－1－4	
43	11200911500037	北京市华清源泉地质勘查有限责任公司	胡艳兵	北京市朝阳区安外立水桥甲2号	102218	010－84810621	有限责任	地质钻探：丙级。	2009－1－5	2014－1－4	84810621

续表

序号	资质证号	单位名称	法定代表人	单位住址	邮编	电话	经济类型	批准资质	有效期起	有效期止	传真
44	11200911500038	北京市勘察设计研究院有限公司	沈小克	北京市海淀区羊坊店路 15 号 2 号楼 203 房间	100038	010 - 63961694	有限责任	水文地质、工程地质、环境地质调查：乙级；地质钻（坑）探：乙级。液体矿产勘查：丙级。	2009 - 1 - 5	2014 - 1 - 4	63961694
45	11201111500019	北京市水工环地热工程勘察有限公司	贾成庆	海淀区吴家场路 1 号院 4 号楼 7 层 2 单元 713 室	100036	010 - 67612323	有限责任	液体矿产勘查、丙级；水文地质、工程地质、环境地质调查：丙级；地质钻探：丙级。	2011 - 7 - 15	2016 - 7 - 14	51717948
46	11200911500042	北京西域纵横能源科技有限公司	赵明城	朝阳区广渠门外大街北侧富力城富力家园办公 1 - 2105 号	100022	010 - 65212116	有限责任	固体矿产勘查：乙级。	2009 - 1 - 5	2014 - 1 - 4	65212156
47	11200911500043	北京鑫德地质勘探有限公司	张嘉曦	北京市朝阳区东三环中路 9 号 2604	100020	010 - 85910540	有限责任	固体矿产勘查：丙级。	2009 - 1 - 5	2014 - 1 - 4	85911601
48	11200911500045	北京元亨利贞投资管理有限公司	王芳	北京市大兴区庞各庄镇甜园路 2 号 204 房间	100097	010 - 96096068	有限责任	固体矿产勘查：乙级。	2009 - 1 - 5	2014 - 1 - 4	88466031
49	01200911500203	北京中核大地矿业投资有限公司	李德连	北京市东城区和平里七区 14 号楼	100013	010 - 64220815	有限责任	区域地质调查：甲级；固体矿产勘查：甲级；地质钻探：甲级。	2009 - 9 - 27	2014 - 9 - 26	64227586
	11201121500023							固体矿产勘查：乙级；水文地质、工程地质、环境地质调查：乙级；地球物理勘查：乙级。	2011 - 7 - 15	2014 - 1 - 4	
50	11200911500047	北京中交工程勘察有限公司	逯一新	海淀区车公庄西路 20 号东区 14 栋办公楼 215 室	100044	010 - 65128365	有限责任	水文地质、工程地质、环境地质调查：丙级。	2009 - 1 - 5	2014 - 1 - 4	65128365
51	01200811500032	北京中金泰科勘探技术有限公司	段文岗	海淀区西三环北路 87 号国际财经中心 3 - 504 室	100089	010 - 63284260	有限责任	地质钻探：甲级。	2008 - 12 - 30	2013 - 12 - 29	63360249
	11201121500024							固体矿产勘查：乙级。	2011 - 7 - 15	2014 - 1 - 4	
52	112012221502007	北京中色资源环境工程有限公司	丁继新	朝阳区北苑 5 号院 4 区 19 号楼 2 层东区	100029	010 - 63702715	有限责任	固体矿产勘查：乙级；水文地质、工程地质、环境地质调查：乙级；地质钻探：乙级。	2012 - 6 - 29	2014 - 1 - 4	63702573

续表

序号	资质证号	单位名称	法定代表人	单位住址	邮编	电话	经济类型	批准资质	有效期起	有效期止	传真
53	11200911500053	北京众博达石油科技有限公司	何顺利	昌平区科技园区白浮泉路10号2号楼北控大厦417－1室	100012	010－64856065	有限责任	地质钻探：丙级。	2009－1－5	2014－1－4	64856065
54	11201221502001	天元矿业有限责任公司	陈军峰	通州区新华北路55号二层226室	101149	010－61599514	有限责任	固体矿产勘查：丙级。	2012－3－13	2014－1－4	61599514
55	01200811500028	正元国际矿业有限公司	丁传锡	北京市海淀区创业中路36号5层501室	100028	010－59282121	有限责任	固体矿产勘查：甲级。	2008－12－30	2013－12－29	59282112
	11200911500064							水文地质、工程地质、环境地质调查：丙级；地球化学勘查：丙级。	2009－1－5	2014－1－4	
56	01201011500126	中地宝联（北京）建设工程有限公司	董桂海	北京市西城区后广平胡同38号国英大厦21	100035	010－66503286－8035	有限责任	固体矿产勘查：甲级。	2010－10－25	2015－10－24	66503205
	11200911500067							固体矿产勘查：乙级。	2009－1－5	2014－1－4	
57	11200911500068	中地地矿建设有限公司	王愉吾	北京市通州区芳草园1205号－15号	101113	010－51095562	有限责任	固体矿产勘查：乙级；地质钻探：乙级。水文地质、工程地质、环境地质调查：丙级。	2009－1－5	2014－1－4	51095562
58	01200811600006	中矿资源勘探股份有限公司	王平卫	北京市丰台区海鹰路5号503室	100089	010－58815527	股份有限	固体矿产勘查：甲级；地质钻探：甲级。	2008－12－30	2013－12－29	58815521
	11201121600027							水文地质、工程地质、环境地质调查：乙级；地质坑探：乙级；地球物理勘查：丙级。	2011－7－15	2014－1－4	
59	01200911500005	北京三泰通地勘察技术发展有限公司	尹冰川	海淀区万柳怡水园1#楼1001	100089	010－82563499	其它	固体矿产勘查：甲级。	2009－2－12	2014－2－11	82563499
	11200911900001							地球物理勘查：乙级；地质钻探：乙级。	2009－1－5	2014－1－4	
60	11201223300001	明科矿业（中国）有限公司	孙国良	东城区北三环东路36号环球贸易中心C座1706A室	100191	010－82335198	外资	固体矿产勘查：乙级。	2012－1－13	2014－1－4	82335137
61	11201223302023	维克特地质勘查（北京）有限公司	罗伯特．大卫．考恩	朝阳区望京园603号楼24层2828号	100088	010－82273040	外资	地质钻探：丙级。	2012－12－25	2014－1－4	82273458

续表

序号	资质证号	单位名称	法定代表人	单位住址	邮编	电话	经济类型	批准资质	有效期起	有效期止	传真
62	11201211502013	凯地地质勘查（北京）有限公司	闫长乐	西城区高粱桥路6号A座办公楼8A1单元	100044	010－58302160	有限责任	地质钻探：丙级。	2012－6－29	2017－6－28	58301096
63	01201211202036	北京地大捷飞物探与工程检测研究院	曾校丰	海淀区学院路29号84栋7号	100083	010－82359168	股份合作	固体矿产勘查：甲级；地球物理勘查：甲级。	2012－4－16	2017－4－15	82359168－806
	11201311300007							地质钻探：丙级。	2013－1－29	2018－1－28	
64	01200811100019	北京市地热研究院	邹登亮	北京市海淀区田村路39号	100143	010－88622751	国有	地质钻探：甲级。	2008－12－30	2013－12－29	88622807
	11201111100033							液体矿产勘查：乙级；水文地质、工程地质、环境地质调查：乙级。	2011－8－24	2014－8－9	
65	01200811100005	北京市地质工程设计研究院	齐如明	北京市密云县滨河路46号	101500	010－69041723	国有	固体矿产勘查：甲级；地质钻探：甲级	2008－12－30	2013－12－29	69041772
	11200911100083							液体矿产勘查：乙级；水文地质、工程地质、环境地质调查：乙级。	2009－8－10	2014－8－9	
66	11200911500076	中矿（北京）国际地质矿业有限责任公司	戴韶生	北京市朝阳区安贞西里三区26楼9层901室	100029	010－64418257	有限责任	固体矿产勘查：乙级。地球物理勘查：丙级；地质钻（坑）探：丙级。	2009－8－10	2014－8－9	64418257
67	11200911500077	中科远航矿业有限公司	朱日祥	北京市海淀区金庄1号院1号楼305p	100029	010－82998063	有限责任	固体矿产勘查：乙级；地球物理勘查：乙级。	2009－8－10	2014－8－9	82998090
68	01200811500010	北京金有地质勘查有限责任公司	杨志刚	北京市丰台区星火路10号203室（园区）	100070	010－51337638	有限责任	固体矿产勘查：甲级。	008－12－30	2013－12－29	51337638
	11200911500080							地质钻（坑）探：乙级。水文地质、工程地质、环境地质调查：丙级。	2009－8－10	2014－8－9	
69	11201021500013	北京科若思技术开发有限公司	张雪	北京市海淀区西直门北大街32号院1号楼1705A	100088	010－82001226	有限责任	地球物理勘查：丙级。	2010－4－23	2014－8－9	

续表

序号	资质证号	单位名称	法定代表人	单位住址	邮编	电话	经济类型	批准资质	有效期起	有效期止	传真
70	11201111500021	北京依科瑞德地源科技有限责任公司	苏存堂	北京市昌平区科技园区超前路37号	102200	010-69728906	有限责任	地质钻探:乙级。	2011-7-15	2016-7-14	69728906-719
71	01200911500201	北京华清双泉水井工程有限公司	王月洁	北京市通州区新华北街75号(京华科技园)	101149	010-84965875	股份有限	地质钻探:甲级。	2009-9-27	2014-9-26	84965877
	11200911600079							地球物理勘查:乙级; 地质钻探:乙级。 液体矿产勘查:丙级; 水文地质、工程地质、环境地质调查:丙级。	2009-8-10	2014-8-9	
72	11200911600084	北京天地鸿图测绘有限公司	王文辉	北京市房山区良乡西潞大街3号	102488	010-89356027	股份有限	固体矿产勘查:丙级。	2009-8-10	2014-8-9	89368964
73	11201021100022	中航勘察设计研究院有限公司	刘宁	北京市海淀区知春路56号	100098	010-82118591	国有	水文地质、工程地质、环境地质调查:乙级。	2010-8-17	2014-1-4	82120903
74	01200921600023	北京中色地科矿产勘查研究院有限公司	王京彬	北京市朝阳区大屯路科学园南里风林绿洲I乙号楼1102号	100101	010-84927639	有限责任	固体矿产勘查:甲级; 地球物理勘查:甲级。	2009-3-23	2013-12-29	84927639
	11200921500087							地球化学勘查:乙级。	2009-8-10	2014-1-4	
75	11201121100007	国土资源实物地质资料中心	张新兴	北京市海淀区东升乡双泉堡125号	100083	010-61591727	国有	区域地质调查:乙级; 固体矿产勘查:乙级。	2011-1-4	2015-3-1	61591851
76	01201011100012	北京市地质研究所	王翊虹	北京市西城区德外黄寺大街24号	100120	010-51632050	国有	区域地质调查:甲级; 固体矿产勘查:甲级; 遥感地质调查:甲级。	2010-4-19	2015-4-18	51632199
	11201221102004							水文地质、工程地质、环境地质调查:乙级; 地球物理勘查:乙级; 遥感地质调查:乙级。	2012-4-5	2015-3-1	
77	01200911500202	北京奥瑞安能源技术开发有限公司	杨陆武	北京市海淀区科学院南路2号融科资讯中心C座南楼1207-1210室	100190	010-51652229	有限责任	气体矿产勘查:甲级。	2009-9-27	2014-9-26	82862863
	11201211502006							固体矿产勘查:乙级。 地质钻探:丙级。	2012-6-29	2017-6-28	

续表

序号	资质证号	单位名称	法定代表人	单位住址	邮编	电话	经济类型	批准资质	有效期起	有效期止	传真
78	01201111900184	明达化工地质有限责任公司	谭志来	北京市丰台区西罗园二区甲7号401、403、405、407室	100078	010－67672647	有限责任	地质坑探：甲级。	2011－10－27	2016－10－26	84820939
	11201311500009							水文地质、工程地质、环境地质调查：乙级。	2013－1－29	2013－1－28	
79	11201121500006	北京众合兴勘查技术有限公司	肖红	海淀区上地十街1号院5号楼16层1615	100814	010－63963689	有限责任	地质钻探：乙级。	2011－1－4	2015－3－1	63955226
80	01201011500124	北京华清荣昊新能源开发有限责任公司	王旭	北京市顺义区龙湾屯镇府前街13号	101200	010－84841266	有限责任	地质钻探：甲级。	2010－10－25	2015－10－24	58294961
	11201221502024							地质钻探：乙级。液体矿产勘查：丙级；水文地质、工程地质、环境地质调查：丙级。	2012－12－28	2015－3－1	
81	11201011700003	北京海地人资源咨询有限责任公司	张振凯	北京市西城区西四羊肉胡同地质博物馆618室	100034	010－66557499	有限责任	固体矿产勘查：丙级。	2010－3－2	2015－3－1	58732878
82	01200813100020	派力工程有限公司	陈进	北京市海淀区香山丰户营38号樱桃泉矿泉水厂西侧楼房	100093	010－52960303	中外合资经营	地质钻探：甲级。	2008－12－30	2013－12－29	52960300
	11201123100011							液体矿产勘查：乙级；固体矿产勘查：乙级；水文地质、工程地质、环境地质调查：乙级。	2011－4－27	2015－3－1	
83	012012115022192	北京西蒙矿产勘查有限责任公司	邓国祥	北京市朝阳区北苑5号院四区8号楼三层	100012	010－84934051	有限责任	固体矿产勘查：甲级。	2012－10－7	2017－10－6	84934052
84	11201021500010	北京星辰地质勘查有限责任公司	赵建钦	北京市通州区玉桥西里72号院16号楼1517室	101100	010－60521200	有限责任	液体矿产勘查：丙级；水文地质、工程地质、环境地质调查：丙级；地质钻探：丙级。	2010－3－2	2014－1－4	81518774
85	11201221502021	北京中色物探有限公司	周振义	北京市海淀区长春桥路11号2号楼401室	100089	010－63360249	有限责任	固体矿产勘查：乙级。	2012－11－5	2014－1－4	
86	11201011500014	北京布鲁兰德资源科技有限公司	张宇波	北京市海淀区上地信息路11号彩虹大厦一层103、105号	100085	010－62982707	有限责任	固体矿产勘查：丙级。	2010－8－17	2015－8－16	62982707

续表

序号	资质证号	单位名称	法定代表人	单位住址	邮编	电话	经济类型	批准资质	有效期起	有效期止	传真
107	01201021100089	中国煤炭地质总局特种技术勘探中心	王真奉	北京市丰台区西局南街甲15号	100073	010－63825566－8521	国有	液体矿产勘查:甲级; 固体矿产勘查:甲级; 水文地质、工程地质、环境地质调查:甲级; 地球物理勘查:甲级。	2010－7－12	2013－12－29	823298700
	11201211102009							地质钻探:丙级。	2012－6－29	2017－6－28	
108	01200911100001	中国石油天然气集团公司	蒋洁敏	北京市西城区六铺炕	100724	010－62094157	国有	石油天然气矿产勘查(陆地):甲级。 石油天然气矿产勘查(海洋):乙级。	2009－2－12	2014－2－11	
109	01200911100003	中国海洋石油总公司	傅成玉	北京市东城区朝阳门北大街25号	100010	010－84521593	国有	海洋地质调查:甲级; 石油天然气矿产勘查(海洋):甲级。 石油天然气矿产勘查(陆地):乙级。	2009－2－12	2014－2－11	
110	01200921100025	中国石油化工集团公司	苏树林	北京市朝阳区朝阳门北大街22号	100029	010－64990562	国有	石油天然气矿产勘查(陆地):甲级。石油天然气矿产勘查(海洋):乙级。	2009－3－23	2014－2－11	
111	01201211102039	北京大地高科煤层气工程技术研究院	刘永彬	北京市朝阳区定福庄南里2号楼3021室	100024	010－83298899－8317	国有	气体矿产勘查:甲级; 固体矿产勘查:甲级; 地质钻探:甲级。	2012－4－16	2017－4－15	
112	11201311500005	北京恒金源钻探技术有限公司	王健	丰台区右外开阳里5区4号楼三层328室	100069	010－63380717	有限责任	地质钻探:乙级。	2013－1－29	2018－1－28	
113	11201111500022	北京中地调国际矿业投资有限公司	苑守成	北京市海淀区学院路40号大唐电信物业置业楼110	100191	010－62305116	有限责任	固体矿产勘查:丙级	2011－7－15	2016－7－14	
114	11201111500025	恒达新创(北京)地球物理技术有限公司	刘国庆	北京市朝阳区朝阳门外大街18号21层A2306	100020	010－65884828	有限责任	地球物理勘查:丙级	2011－7－15	2016－7－14	

续表

序号	资质证号	单位名称	法定代表人	单位住址	邮编	电话	经济类型	批准资质	有效期起	有效期止	传真
115	11201111500001	北京安泰联合科技有限公司	孙莉	北京市海淀区知春路 56 号西区中海实业大厦 3 层 316	100098	010 - 82600331	有限责任	地质钻探:丙级。	2011 - 1 - 4	2016 - 1 - 3	
116	11201111500002	北京达创高科科技有限公司	周丹	北京海淀区文慧园路 6 号 C423 室	100040	010 - 68658135	有限责任	地球物理勘查:丙级。	2011 - 1 - 4	2016 - 1 - 3	
117	11201311500003	北京隆科兴市政管网技术有限公司	李方军	北京市海淀区四季青路 8 号 718	100195	010 - 88495531	有限责任	地球物理勘查:乙级。	213 - 1 - 28	2018 - 1 - 28	
118	01201211502035	五矿勘查开发有限公司	王炯辉	北京市海淀区三里河路 5 号院 D 座二层	100044	010 - 68495081	有限责任	固体矿产勘查:甲级。	2012 - 4 - 16	2017 - 4 - 15	
119	01201111900026	北京中色金泰地质勘查科技有限公司	王勇	北京市朝阳区北苑 5 号院 4 区 25 号楼 6 层 601 - 603 号	100012	010 - 84921424	有限责任	固体矿产勘查:甲级; 地质钻探:甲级。	2011 - 4 - 21	2016 - 4 - 20	82921424
120	01201111500027	北京中色泰格地质资源勘查科技有限公司	行英弟	北京市海淀区信息路 30 号上地大厦 2015 室	100085	010 - 84925488	有限责任	固体矿产勘查:甲级; 地球物理勘查:甲级。	2011 - 4 - 21	2016 - 4 - 20	
121	01201111100182	中国地质大学(北京)地质调查研究院	刘文灿	北京市海淀区学院路 29 号	100083	010 - 82322635	国有	区域地质调查:甲级; 固体矿产勘查:甲级; 地球物理勘查:甲级。	2011 - 10 - 27	2012 - 10 - 26	
122	01201111500185	中地远洋(北京)矿业技术有限公司	罗忠秀	北京市海淀区莲花池东路 31 号中裕世纪大酒店 B521	100038	010 - 84351466	有限责任	固体矿产勘查:甲级。	2011 - 10 - 27	2012 - 10 - 26	
123	01201211102034	中化地质矿山总局化工地质调查总院	韩豫川	北京市西城区六铺炕中街 1 号楼东 5 楼	100011	010 - 84263300	国有	固体矿产勘查:积极。	2012 - 4 - 26	2017 - 4 - 25	
124	01201211202037	北京中地创见工程勘察设计院	王体生	北京市海淀区香山南路 92 号院 1 号楼	100080	010 - 62153802		固体矿产勘查:甲级。	2012 - 4 - 16	2017 - 4 - 15	
125	11201321500012	北京东兴普搏地质勘查有限公司	孙东波	北京市宣武区建功西里 1 号楼 22 层 2403 室	100054	010 - 63529138	有限责任	地质钻探:乙级。	2013 - 6 - 19	2016 - 12 - 11	
126	11201111500029	北京高科能源投资有限公司	陈进	北京市海淀区香山丰户营 38 号樱桃泉矿泉水厂西侧楼房	100093	010 - 52960331	有限责任	地质钻探:丙级。	2011 - 12 - 12	2016 - 12 - 11	

续表

序号	资质证号	单位名称	法定代表人	单位住址	邮编	电话	经济类型	批准资质	有效期起	有效期止	传真
127	11201211602008	北京九尊能源技术股份有限公司	李玉魁	北京市海淀区中关村丹棱街3号中国电子大厦B座1609B	100080	010－82607480	有限责任	气体矿产勘查:乙级。地质钻探:丙级。	2012－6－29	2017－6－28	
128	11201111100032	中海油能源发展股份有限公司	霍健	北京市东城区朝阳门北大街25号	100010	010－84526874	国有	地质钻探:乙级。	2011－12－12	2016－12－11	
129	11201311600008	北京桔灯地球物理勘探股份有限公司	赵育刚	北京市朝阳区立清路7号院8号楼13层2单元1601	100107	010－82894069	股份有限	地球物理勘查:乙级。固体矿产勘查:丙级。	213－1－29	2018－1－28	
130	11201221502022	北京华安奥特科技有限公司	悦红军	北京市海淀区北清路103号2号楼2层2－1	100086	010－59812376	有限责任	固体矿产勘查:丙级;地球物理勘查:丙级。	2012－12－25	2017－6－28	59812375
131	11201211602010	北京德邻行远科技有限责任公司	高伟	北京市海淀区宝盛里19号楼	100022	010－88287221	股份有限	气体矿产勘查:乙级。	2012－6－29	2017－6－28	51906268
132	11201221502019	中铁第五勘察设计院集团有限公司	刘培硕	北京市大兴区黄村镇康庄路9号	102600	010－51011506	有限责任	液体矿产勘查:乙级;水文地质、工程地质、环境地质调查:乙级;固体矿产勘查:丙级	2012－9－11	2017－6－28	60256246

北京市国土资源局顺义分局

北京市国土资源局顺义分局（简称顺义分局）于2005年6月22日正式挂牌成立。顺义分局在市国土局领导下，按照管理权限，负责组织实施本行政区域内土地、矿产资源行政管理工作。分局机关设办公室、纪检监察科、财务科、土地利用科、地籍科、执法监察科、地质矿产科、耕地保护科职能科室，以及土地利用事务中心、土地管理储备中心顺义区分中心、土地权属登记事务中心、国土资源执法队、国土所8个下属事业单位。

近年来，在市国土局党组和顺义区委、区政府的正确领导下，顺义分局以深入贯彻落实科学发展观为指导，围绕市、区重点工程项目，积极开拓发展空间，保障发展用地，为全区经济转型跨越发展提供资源保障，取得显著成绩。

主动服务，保障经济社会发展取得新业绩

顺义分局对市、区重点项目和各镇招商引资项目用地采取主动工作、积极推进的工作方式，在实际工作中将各级各类重点项目、折子工程、便民工程作为工作重点，主动联系用地单位，形成靠前服务、主动服务的工作格局；建立用地预审、征地、供地协调联动的全程保障机制，全面提高用地审批效率和服务保障能力，加强横向沟通和纵向协调，确保报市局审批项目能够及时获得批复。在全局的努力下，年内完成用地预审64件，涉及面积845.09公顷;项目复函157件；年内共办理征地结案17宗，完成集体土地征收前期工作32宗，上报征地面积743.9120公顷；办理国有建设用地使用权划拨13宗，划拨面积19.7496公顷；完成国有建设用地使用权工业用地出让12宗，出让面积31.7140公顷；办理国有建设用地使用权转让5宗，转让面积共计16.4123公顷。

务实创新，土地储备工作取得新进展

本年，全区累计完成一级开发投资61.22亿元，其中以分中心为主体的投资项目为59.43亿元，占投资总量的97%，累计完成一级开发面积230公顷。2012年，全区共完成招拍挂土地25宗，土地总面积161.35公顷，其中，完成交易22宗，总面积121.34公顷，总成交价26.27亿元，实现政府土地收益5亿元，增值9554.41万元。其中，经营性用地7宗，总面积81.23公顷，成交5宗，总用地面积59.58公顷，建设用地面积36.25公顷，总建筑规模84.11万平方米，总成交价21.49亿元，实现政府土地收益4.3亿元，增值7941.71万元。工业用地18宗，总面积80.12公顷，成交17宗，土地总面积61.76公顷，建设用地面积46.7公顷，总建筑规模37.35万平方米。总成交价4.78亿元，实现政府土地收益7018.52万元，增值1612.7万元。

强化管理，耕地保护工作取得新突破

年内，顺义分局进一步完善区镇两级土地利用规划数据库的建库工作，完成了《市区乡三级基本

顺义分局组织参观焦庄户抗战博物馆

参加顺义区总工会“建会杯”乒乓球赛

顺义分局组织干部职工学习

农田保护区规划》编制的审批，并积极推进4万亩高标准基本农田和土地复垦项目建设等工作。其中，4万亩高标准基本农田建设，主要集中木林镇23个行政村，项目区总规模6.3万亩，涉及基本农田4.5万亩，项目完成后可新增耕地3500亩，总投资4985.91万元；24个复垦农田项目，已完成了其中6个项目的验收工作，新增耕地1800亩，并且完成了其中6个项目的初验工作，已经上报市国土局申报终验，项目总规模11049.76亩，拟可新增耕地1554.46亩。在工作中，采取主动进取，积极利用政策的工作方式，特别是在建设项目占用量较大，储备耕地指标吃紧，占补平衡工作紧张的情况下，通过积极向市国土局争取边补边占政策及利用库存储备耕地指标保证了建设项目的顺利实施。顺义分局争取到了边补边占政策，对全区重点工程、绿通项目的审批程序提供了便捷服务。通过8个拆迁村复垦方案的制定，完成了21个重点工程，3000亩耕地的占补平衡工作。自行补充了20个项目的占补平衡工作，共占用723.2亩耕地指标，缴纳区财政耕地开垦费13001.77万元。

节约集约，土地管理方式实现新转变

顺义分局扎实推进节约集约模范县（市）创建工作，加强土地批后监管，加大地价款催缴力度等管理新方式的推进，年内，顺义分局组织人员，对区内2007年至2011年市办出让项目共计79宗用地使用情况逐宗调查和踏勘，留取影像资料，收集项目建设有关资料。对1993年至2010年区办出让项目共计739宗进行了初步调查和踏勘，已完成552宗项目初步踏勘工作。并于9月开始按照市国土局要求，分别对市办29宗、区办部分项目进行调查及二次踏勘，调查踏勘范围涉及29个镇及8个经济功能区，拍摄项目影像资料1278张。

强基固本，基础业务建设取得新进展

顺义分局重视基础业务的建设与发展，年内共办理土地抵押权初始登记286宗，国有土地使用权抵押权注销登记246宗，国有土地使用权登记360宗，宅基地使用权登记288宗，完成日常土地登记档案数字化整理共392件，并按照新版的《北京市国土资源局行政许可事项和行政服务事项办理规则》对登记系统的运行流程和登记类型进行了及时修改。顺义分局的地籍管理信息系统还得到了全面升级，解决了原有系统运行环境下无法实现图形处理功能的问题，初步实现了带图作业。对国有建设用地使用权土地登记和土地抵押权初始登记结果进行网上主动公开，并完成了对2006至2011年土地登记结果网上主动公开的补录工作，本年顺义分局在市国土局网站上共公布土地登记结果1751条，其中国有建设用地使用权登记1295条，土地抵押权初始登记456条。完成各类档案整理归档1156卷，并全部实现数字化。完善各项档案管理制度21项，实现了顺义分局档案工作的规范化管理。积极开展农村土地确权登记发证工作。顺义分局建立了视频监控指挥中心，为基层单位配置了监控终端，目前已经完成51个摄像头的安装调试工作，可监控面积达115万亩，实现对90%的基本农田、85%的耕地和12个私挖盗采易发区的全面监控。

顺义分局领导参加“6·25”全国土地日宣传活动

顺义分局开展趣味运动会

顺义区天竺镇楼台村违法建筑拆除现场

北京市国土资源局昌平分局

市国土局局长魏成林来昌平分局调研资产管理、土地执法、国土所建设等工作

本年，北京市国土资源局昌平分局（简称昌平分局）紧密围绕市国土局党组和昌平区区委、区政府的中心工作，以"双保"为目标，以促进用地方式转变和保障重大项目落地为重点，坚持"主动服务保增长，规范管理保红线，维护权益惠民生，强化队伍树形象"的理念，依法行政、创新思路、主动作为，以规划为龙头，以土地储备开发整理和卫片执法工作为抓手，以地籍管理为基础，全面推动各项工作落实。

保发展、促民生，全面落实年度计划。实现土地储备开发投资70亿元，完成土地储备开发面积492.51公顷，超额完成了市政府下达的任务，为重点功能区的建设提供了用地保障；严格落实国土部对保障性住房用地应保尽保要求，多措并举、全力推进，全年完成保障性住房供地90.77公顷，完成计划的109%，位列全市前三名。

强化土地矿产执法监察，有效遏制违法占地、非法盗采高发态势。逐步实现政府领导、部门配合、镇街参与、齐抓共管的工作格局，完善部门联动机制；通过日常巡查、卫片检查、变更调查等多种形式，坚定不移的抓好违法违规用地、私挖盗采等违法行为的查处，维护我区国土资源管理良好秩序。

强化基础性工作管理，高效办理征地及农用地转用手续，严格履行民主程序，执行征前公示、征后公告制度，切实保护被征地农民利益；进一步加大耕地保护力度，实现耕地总量动态平衡；加强地灾防治，保障人民群众生命财产安全；积极开展地质灾害隐患点治理和矿山地质环境治理；科学编制、严格执行土地利用总体规划，统筹安排生活、生态和生产用地，推进生态文明建设；积极发挥地籍管理的基础和保障作用，严格依法完成地籍调查，优质高效做好土地登记，妥善调处土地权属争议。

年内，昌平分局全面落实中央、各级政府关于反腐倡廉建设的部署，扎实推进惩治和防腐败体系建设，完善监督和制约机制，积极开展多种学习活动，提高全体干部队伍素质。牢固树立"服务型政府"意识，转变工作作风和服务态度，提高服务意识和工作效率，切实发挥国土资源管理在经济社会发展中的作用。

昌平分局自主创新调研课题专家评审会

昌平分局首次对两起涉嫌非法占用耕地案件进行了破坏程度鉴定

昌平分局加班加点完成第一批农村土地调查确权工作

昌平分局与匈牙利地方发展部代表团交流地籍管理工作

昌平分局积极开展“12·4”全国法制宣传日活动

昌平分局编写《昌平区镇、村干部国土资源知识读本》

昌平分局督促镇街从严从速处理违法占地建设

北京市国土资源局石景山分局

石景山国土分局五四青年节活动

北京市国土资源局石景山分局（简称石景山分局）为市国土局的派出机构，在市国土局的领导下，按照管理权限，负责组织实施本行政区域内土地、矿产资源的行政管理工作。根据“三定”方案（定职责、定岗位、定人员），分局设立办公室（财务科）、综合科、地籍科、土地利用科（耕地保护科）、地质矿产科、政工科、纪检监察科、执法监察队、土地权属登记事务中心、土地利用事务中心、土地储备分中心、国土管理所、土地一级开发管理中心（区属事业单位）。

近年来，在市国土局的正确领导下，在石景山区区委、区政府的大力支持下，石景山分局以科学发展观为统领，深入贯彻落实党的十八大精神，以服务地区经济发展为重点，创新工作思路，转变工作作风，取得了显著成绩。

创新工作思路，服务区域经济发展效果显著

为提高工作效率，促进区域经济发展，石景山分局以市、区重点项目为主，创新工作思路，树立主动服务意识，贯彻集约节约理念，积极推行“绿色通道”建设，简化审批程序，规范审批流程，保障受理及时、办理及时、批复及时。年内，完成了26个项目的建设项目用地预审审批工作，审批用地面积约226.27公顷；办理了5个建设项目国有建设用地供地方案、划拨审批；纳入市政府绿色审批通道的101个项目，已完成用地预审53个；申请建设用地133.0889公顷，办理征地结案110.6707公顷；完成国有建设用地36.17公顷，占供地总量的36.17%；共办理了商品房土地出让申请44套，收取出让金696823元。年内，石景山区被国土资源部授予首届“全国国土资源节约集约模范县（市）”。

推动土地上市，土地储备项目交易高效运作

石景山分局十分注重对土地上市交易的理论研究，年内出版了《经营性用地入市交易实务》，一方面提升了全体人员的理论素养，另一方面促进了土地项目交易的顺利开展。年内，石景山分局共运作土地储备项目38个，项目总用地面积约858公顷，建筑规模约870万平方米。完成投资12.5亿元，融资66亿元，累计取得主要手续29件，启动拆迁工作项目的住宅拆迁累计走户率达84%，非住宅拆除累计完成65%。

石景山分局开展七一党日活动

夯实基础数据，地籍确权登记工作有序落实

为全面掌握基础数据，年内开展了2011年度土地变更调查外业核查工作，最终完成“二上”数据。更新城镇地籍调查数据并开展集地调查内业数据库建

市国土局领导调查地质灾害隐患点

设，完成了数据库建设工作方案和技术方案。完成了石景山区百万亩新增林地地块图上核查工作，并对今后4年新增林地地块进行筛选，遴选出2013年拟新增林地地块。切实摸清了“家底”，为本区经济进一步发展奠定坚实基础。年内，完成了区教育局、园林局等70宗城镇国有土地使用权划拨、出让登记确权工作及各项权属审核工作，对瑞达、京汉等一级开发项目共计23宗地的权属审查意见，抵押登记审核39件。

严格依法行政，国土资源管理秩序得到规范

年内，石景山分局核查了石景山区2011年度土地变更调查涉及的135块图斑、本年87块图斑，占耕地的违法用地已经全部处理完毕并恢复耕种条件，违法占用耕地的问责比例降到了零，通过了2011年度土地卫片执法检查省级验收。立案查处案件7宗，结案7宗，罚款147.53万元，没收地上违法建筑物面积18360平方米。联合公安部门制止1起非法盗采砂石案件，责令当事人自行拆除2家非法加工砂石厂将违法盗采砂石情况制止在萌芽状态。累计下发“责令停止国土资源违法行为通知书”27件。

石景山分局组织拓展训练

切实保障民生，维护群众权益工作落到实处

坚持以积极主动做好信访， 年内，共受理65件信访件，缓解了与人民群众的矛盾，被评为“北京市国土资源系统信访先进工作单位 ”。落实汛期“七包七落实”工作，特别是在今年“7·21”特大自然灾害中，做了大量细致有效的工作，起草了《石景山区人民政府关于进一步加强地质灾害防治工作方案》，对新增隐患点及时做出了《隐患点治理初步方案》，并着手开展治理工作。

改进工作作风，廉政风险防控理念深入人心

年内，石景山分局部署了46项党风廉政和反腐败工作任务，大力开展廉政文化建设，组织理论学习，增强了拒腐防变的责任感和使命感。组织梳理分局集体决策事项22项，涉权事项目录149项，针对每一职权事项，明晰了业务工作和管理事项的操作步骤，进行廉政风险识别防控，为全面有效履行国土资源管理职能打下发坚实的基础。本年，石景山 分局被国土资源部评为“全国国土资源系统纪检监察先进集体”。

石景山分局开展执法检查工作

全国国土资源系统纪检监察

先进集体

中华人民共和国国土资源部

二〇一二年七月

石景山分局荣获全国国土资源系统纪检监察先进集体

北京市国土资源局通州分局

通州区“4·22”世界地球日宣传活动

通州分局志愿者赴东升小学开展庆六一“小手拉大手”慰问活动

通州分局主题团日拓展活动

本年，市委、市政府提出“打造功能完备的城市副中心”重要指示精神。一年来，通州分局紧紧依靠市国土局、区委、区政府的坚强领导，通过全局干部职工的齐心协力，社会各界各级部门的理解支持和帮助，始终坚持以“双保”工程为主线，以国土资源基础工作为支撑，积极主动服务，严格规范管理，大力推动首都城市副中心建设，为通州区经济社会全面协调可持续发展做出了新的贡献。

一、“双保工程”成效显著，为城市副中心建设提供有力支撑

（一）增加土地供应，加快审批速度，在“保”上做好文章。

年内，办理划拨、出让土地59宗，面积345.36公顷，其中保障性住房项目供地10宗，供地总面积63.08公顷，完成了市政府下达的年度指标任务。办理建设用地预审146件，总用地面积1910公顷；受理征占地项目25个，总用地面积约296公顷，新获批复项目4个，总用地面积86公顷。

（二）坚持市场取向，大力推进土地交易的市场化进程，在“细”上把好关口。

年内，入市交易土地39宗，总用地面积约269公顷，建筑规模344万平方米，成交总价143亿元，政府土地收益42.16亿元，土地市场保持连续多年无流标、流拍记录。本年收取土地出让金总额1.04亿元，为通州区的发展起到了推进性作用。

（三）强化执法监察，查处违规违法用地，在“硬”上较真务实。

年内，共拆除地上物25.5万平方米，腾退土地383亩，收缴罚款共计678.52万元。完成国土部2011年度土地卫片执法检查验收工作，下达行政处罚决定书114宗，查处到位率100%，通过部、市卫片执法检查验收。

（四）加强耕地保护，推进高标准基本农田建

设，在“质”上加大投入。

年内，完成26个村土地开发项目的竣工验收，建设规模333公顷，实现新增耕地面积127公顷。6万亩高标准基本农田已基本建成（目前，已完成8个项目，完成5.14万亩建设任务，剩余1.3万亩将于4月全部完成）。通过土地开发整理工作，提高了通州区耕地和基本农田的生产能力，让农民增收受益的同时，为占补平衡提供了保障。

二、基础工作全面加强，国土资源管理水平不断提升

（一）开展土地登记工作

本年，土地登记工作创历史之最，调查国有土地3511宗，发证率87.27%；调查集体土地所有权2510宗，颁发集体土地所有权2402宗，确权登记颁证率达到95.7%，完成了年初市国土局要求发证率90%的目标。本年的工作量是1993到2011年 19年工作总量的63%。

（二）加强土地规划，土地利用总规划成果更加完善。

年内，通州区开展了三级基本农田保护区的规划编制工作，保护区面积44.4万亩；本年5万亩平原造林空间规划已全面完成，2013年5万亩新增地块已全面核查上报成果；未来近10万亩新增地块正在抓紧核查，为全区生态环境建设在用地空间上提供了保障。

（三）保障机关规范运转，深入推进依法行政。

加强财务规范化管理，积极配合市审计局完成市国土局的延伸审计工作。加大政府信息公开力度，将2006年以来产生的应主动公开的政府信息进行了补录，依申请信息公开工作逐步完善。完成公车清理整顿工作，规范公车使用制度，按要求实行单车费用核算，降低了各项费用。信访办结率达95%，获市国土局系统信访工作先进单位。调研工作取得新进展，获通州区组织系统优秀调研成果。不断提高服务管理水平，后勤工作保障到位。

三、党风廉政和干部队伍建设持续加强。

（一）加强党风廉政工作，有力促进中心工作开展。

签订《落实党风廉政建设目标责任书》，在中层以上干部中推行党风廉政建设承诺制度。建立健全通州分局外部监督机制，聘请5名政风行风社会监督员，开展党员廉政承诺活动。组织全局党员结合自身岗位职责、工作特点，做出具体廉政承诺事项，接受群众监督。严格执行“三重一大”制度，形成公开透明的议事决策环境，确保领导班子决策事项的科学性，防止决策随意化、主观化和权力滥用的发生。

（二）深化干部人事制度改革，领导班子和干部队伍活力得到增强。

由市国土局输送1名正处级领导干部，任通州分局局长；初次尝试以竞争上岗的方式选拔干部，选拔产生2名正科级领导干部。不断完善平时考核、量化考核和全方位考核机制，顺利完成年度考核工作，19名同志被评为优秀等次、11名同志获嘉奖、2名同志荣记三等功，干部队伍整体素质进一步提高。

通州分局组织党员重温入党誓言活动

通州分局参加区运动会

通州分局共青团参加植树活动

北京市地质矿产勘查开发总公司
简　介

★ 公司背景

北京市地质矿产勘查开发总公司（简称地矿总公司）隶属北京市地质矿产勘查开发局。公司具有由国家经贸部授予的对外工程承包经营权、相关的劳务及物资输出权和境外经商办企业的资格，持有国土资源部颁发的地质灾害评估、勘查、设计、施工甲级资质；固体矿产勘查甲级资质、液体矿产勘查甲级资质、水文地质、工程地质、环境地质调查甲级资质、地质钻探探甲级资质；地球物理勘查乙级资质；持有国家建设部和北京市建委颁发的市政公用工程施工总承包二级企业资质。是国内一流的地质公司，在地质灾害治理、矿山环境工程、生态恢复治理的勘查、设计、施工以及地质勘查（固体矿产、液体矿产勘查方面）等多个领域形成较强的行业竞争优势。

地矿总公司在山西太行峡谷开展党日活动

★ 人员、技术和设备

地矿发总公司拥有一批经验丰富的专家团队、专业技术队伍，专业实力雄厚；同时外延技术配套齐全、设备精良，施工队伍实力强大，是国内一流的工程和综合性项目施工队伍。

★ 主营兼营业务

地质灾害、城市环境地质、矿山环境地质等各类地质环境防治工程技术及施工；地质矿产勘查、开发，水工环调查；市政共用工程施工；地基基础工程施工；凿井工程施工；热泵、地热等新能源开发与利用。

★ 服务理念

地矿总公司追求“集团化、实业化、多元化、国际化”的发展目标，恪守：“责任至高、服务至上、质量至精、信誉至诚”的经营理念，始终贯彻“顾客第一，品质卓越，持续改进、尽善尽美”的质量方针。通过了质量、职业安全与健康、环境安全等三项国际标准认证，倡导“激情、创新、合作、共赢”的企业精神，注重科学化、规范化管理，信守合同、精诚合作，竭诚与新老朋友携手并进，共创未来。

★ 地质环境防治方面业务主要成果

地矿总公司作为地勘主力军，拥有一批水文地质、工程地质、环境地质、岩土工程、工程预算等项专业强大的专家团队和具有丰富实战经验的专业技术骨干队伍，先后在10省市为地方政府申请67项、数十亿元矿山环境治理资金。共完成地质灾害危险性评估800余项，矿山环境勘查设计项目300余个，治理施工项目近百项，地质灾害勘查设计项目100余项，治理施工项目80余项，地质环境业务基本形成产业链，并不断拓展新型业务、向公益性发展，完成了一批有影响力的重大业务。先后在三峡库区、“5·12”震区、北京‘7·21’应急地灾调查、奥运环境治理、资源枯竭型城市及国家地质环境治理示范性项目中承担多个项目，在北京、华北、东北地区具有一定的知名度和行业影响。

★ 地质勘查业务方面主要成果

资源勘查领域，近年公司先后完成了内蒙、新疆、云南、山西等地40余项矿产勘查项目；受北京、山西、内蒙、中矿联等政府和机构委托，完成矿山资源储量核实及动态检测项目百余项。近三年，在全国8省区完成了水源、地源热泵项目60余个。

★ 市政业务方面主要成果

公路、桥梁及隧道工程也是公司的传统产业。多年来，公司承揽了京沪高速公路、北京顺平公路等部分大型公路、桥梁与隧道工程施工，承担八通线、4号线等多条线路首都地铁降水工程施工。江苏连云港开发区大浦桥桥梁工程，获得连云港建设局颁发的“市优质结构工程”奖项。

地址：北京市宣武区南纬路4号

电话：63179920　传真：63011805